ZIMMERPFLANZEN AUS DER PAPIERWERKSTATT

FÜR CHERYL, MAE AND VIRGINIA

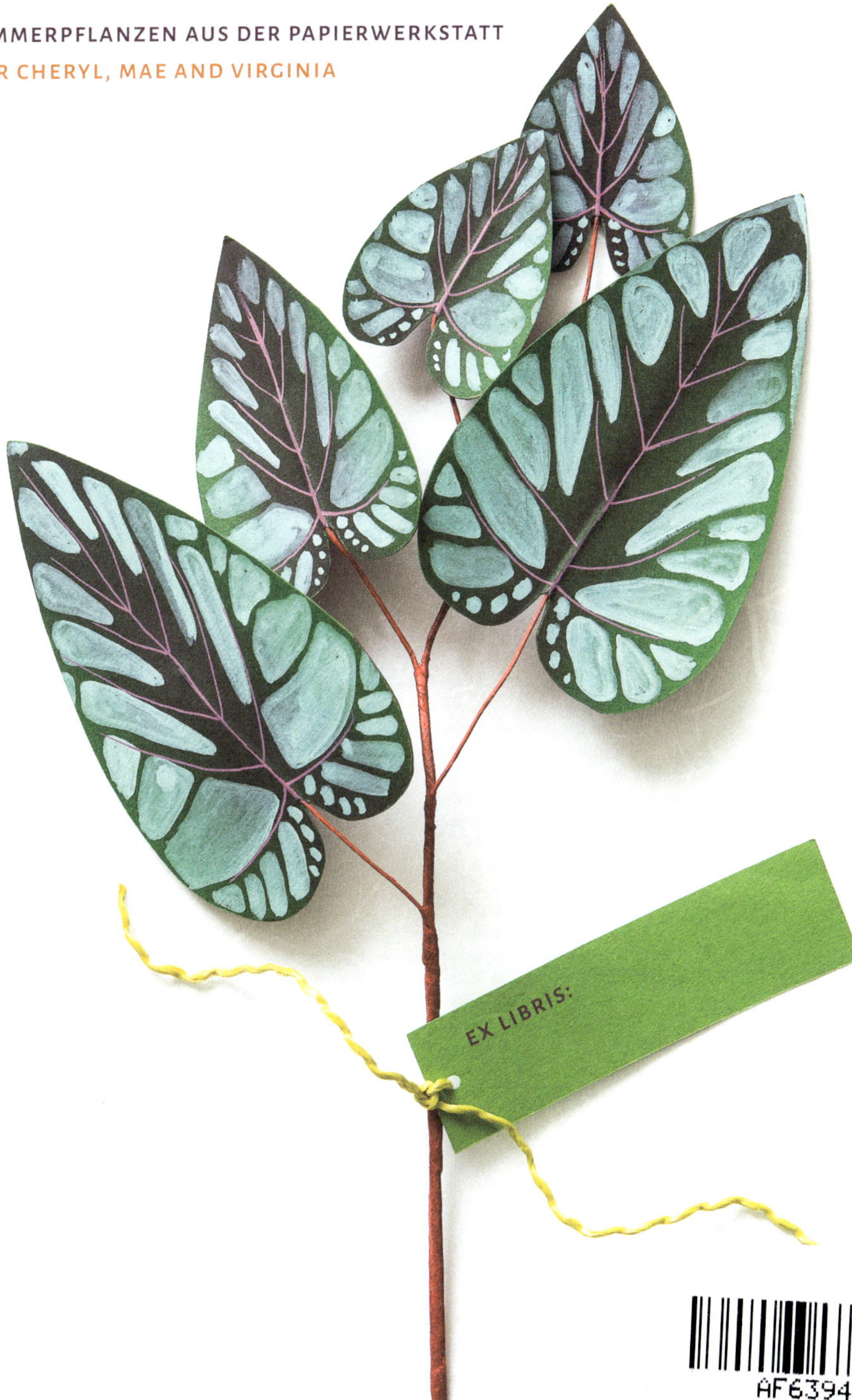

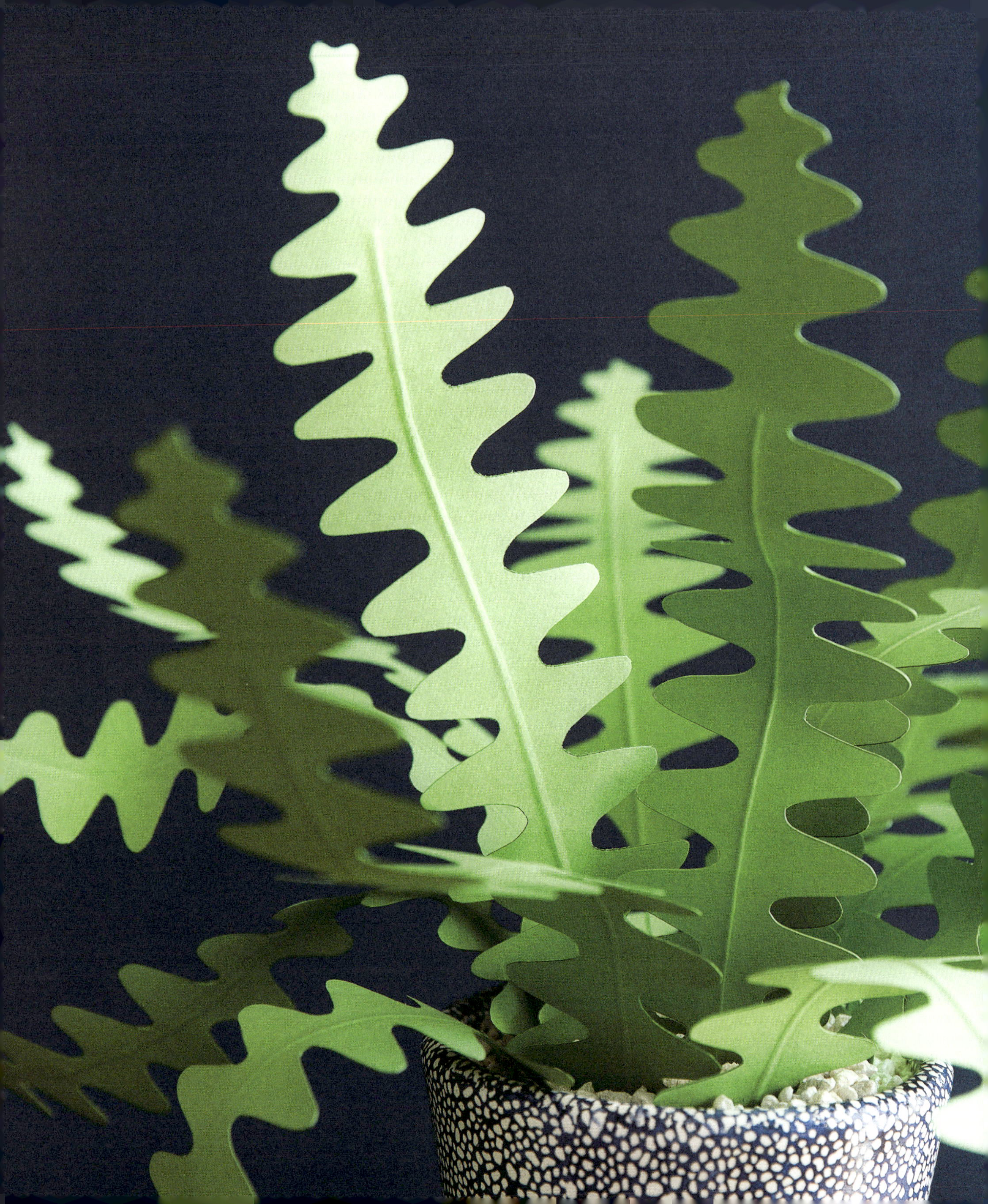

Zimmerpflanzen aus der Papierwerkstatt

TÄUSCHEND ECHT UND PFLEGELEICHT

CORRIE BETH HOGG

FOTOS: CHRISTINE HAN

ÜBERSETZUNG: JULIA GILCHER

verlag hermann schmidt

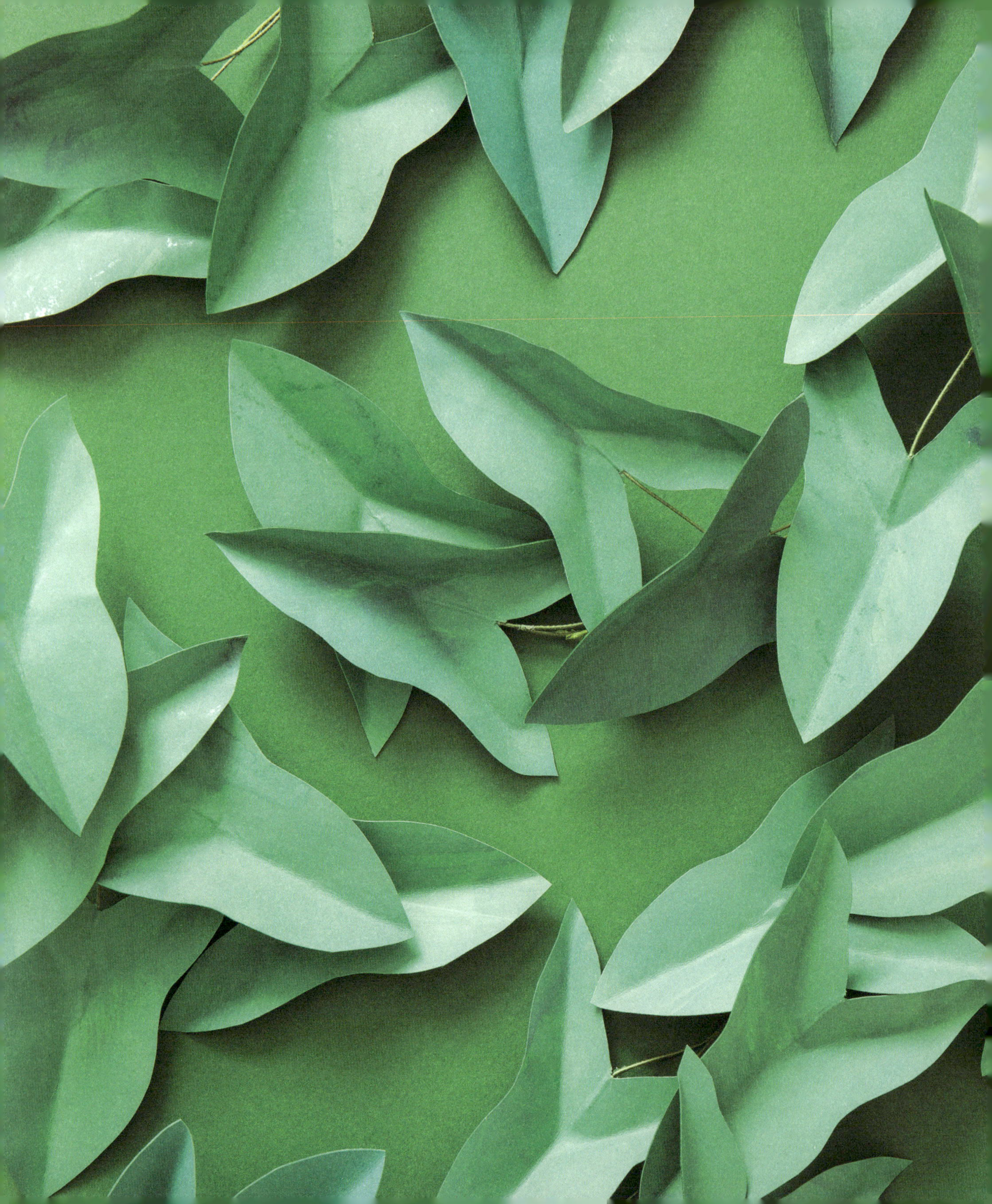

Inhalt

VORWORT VON DAVID STARK

Die Sorte Künstler, die wie Schamanen arbeiten, haben mich immer fasziniert. Sie vollbringen Wunder aus dem Nichts. Ihre Werke scheinen von Menschenhand unberührt zu sein. Es ist, als kämen diese Kunstwerke direkt aus dem Himmel, ohne dass je an ihnen gearbeitet wurde. Sie sind einfach.

Corrie Beth Hogg ist eine solche Künstlerin. Seit 14 Jahren habe ich das Vergnügen, unter der Leitung meiner Firma, David Stark Design and Production, mit ihr zusammenzuarbeiten. Im Lauf dieser Jahre hat sich unser Team viele Dinge mit Papier ausgedacht, die verrückt klangen, doch wenn sie zum Leben erweckt wurden, von einer oft fremdartigen, schrulligen Schönheit waren, hergestellt mit größter handwerklicher Sorgfalt – sodass schließlich selbst die absurdeste Idee zu ultimativ stilvollen Ergebnissen führte. Ob es darum ging, die Decke des großen Ballsaals des Waldorf Astoria Hotels mit herabhängenden tropischen Pflanzenblättern aus Papier für eine Gala der Carnegie Hall mit Dschungelthema zu dekorieren oder, ganz am anderen Ende der Skala, filigrane Blüten und Bienen aus dem Papier alter Bücher zu erschaffen und in Glasglocken wohnen zu lassen, Corrie zaubert, indem sie das Alltägliche in etwas Besonderes verwandelt.

Wie macht sie das? Natürlich ist es schwierig, genau festzulegen, worin sich die besondere Begabung eines Künstlers oder einer Künstlerin äußert, doch eine Sache, die ich schon immer sehr bewundere, ist Corries Fähigkeit, die Dinge herunterzubrechen und ein System zu entwickeln, das in logischen, methodischen Schritten zum gewünschten Ergebnis führt. Die Veranstaltungen, für die meine Agentur gebucht wird, finden häufig in einem großen Rahmen statt, manchmal sind Tausende Gäste geladen. Da wäre es unmöglich für eine Person, alle Elemente solcher Dekorationen alleine herzustellen.

So wurde Corrie mit der Zeit zu einer Expertin im Verfassen wunderbar klarer Schritt-für-Schritt-Anleitungen, die es unseren talentierten Elfen erlauben, selbst zu zaubern. Für mich ist es sehr spannend zu sehen, wie sie ihre Fähigkeiten gebündelt hat, um dieses Buch zu schreiben, in dem sie so bereitwillig ihre Tipps und Tricks, ihren ganz eigenen Humor und vor allem ihre großartigen Ideen teilt.

Für diejenigen von uns, die die Natur ebenso lieben wie Handgemachtes, wird dieses reizende Buch mit seinen tollen Fotos sicher ein Liebling im Bücherregal werden. Mein Rat: Verwenden Sie es nicht nur als gutes Tutorial, um Ihre eigenen Versionen von Corries Kreationen zu gestalten, sondern nutzen Sie es auch als Inspirationsquelle. Warum nicht fünf todschicke Königsbegonien aus Papier zusammen mit schimmernden Kerzen auf dem Festtagstisch platzieren? Warum nicht für drinnen einen Blumenkasten mit Ihrer ganz persönlichen Kombination von Papierpflanzen bestücken? Hier warten 30 wunderbare Projekte darauf entdeckt zu werden, doch Mutter Natur hat noch so viel mehr Pflanzenarten erschaffen, die es zu erkunden lohnt. Wenden Sie Corries zahlreiche Methoden auch an, um ihre Lieblingsgewächse oder auch ihre eigenen Züchtungen aus Papier zu kreieren. Vergessen Sie dabei nicht, eine gute Zeit zu haben.

Corrie verleiht allem, was sie anfasst, Spaß und gute Laune. Von ihren außergewöhnlichen künstlerischen Talenten einmal abgesehen, ist es einfach ein großes Glück, ihr fröhliches Gemüt mitzuerleben. Diese Energie ist ansteckend und durch das ganze Buch hindurch zu spüren. Überzeugen Sie sich selbst!

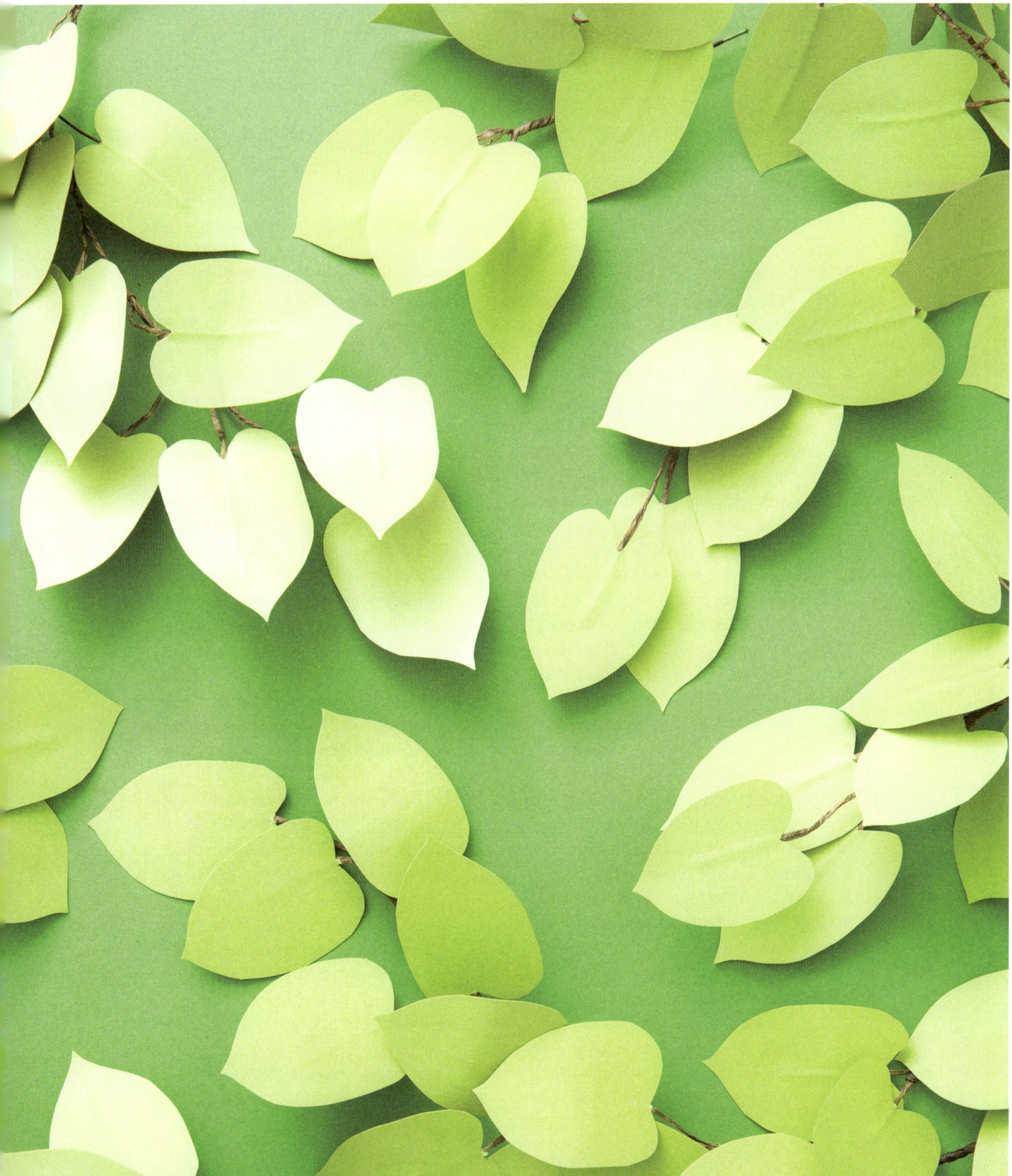

EINLEITUNG

Meine Liebe zur Natur und meine Leidenschaft für die Kunst sind eng miteinander verflochten – das waren sie schon immer. Als Kind, das in der Nähe des Nationalparks Gulf Islands National Seashore im südlichen Teil von Mississippi aufwuchs, verbrachte ich so manchen Nachmittag im Kanu auf den Bayous oder durch die Wälder streifend. Dann bastelte ich riesige Traumfänger aus Efeu, das ich aus unserem Garten holte und dessen Ranken ich verzwirbelte und mit den Schätzen schmückte, die ich am Tag gesammelt hatte: Federn, Muscheln oder Eichelkappen. Den ersten Kunstunterricht hatte ich mit acht Jahren und begann in einem jungen Alter, meine Zukunft als Künstlerin zu planen. Zuerst studierte ich Malerei am Memphis College of Art, bevor ich nach New York City ging, um meine Kunstwelt-Träume zu verwirklichen.

Obwohl ich das urbane Leben liebe, nahm ich vor einigen Jahren eine Auszeit von der Stadt, um für eine Saison auf einem Biobauernhof im nördlichen Kalifornien zu arbeiten. Meine Zeltbehausung erlaubte mir, jeden Morgen mit der Dämmerung zu erwachen, und meine Tage kreisten um Pflanzen. Morgens pflückte Basilikum, nach dem Mittagessen jätete ich den Rucola und wartete geduldig einen Tag nach dem anderen, dass die Tomaten reiften. Meine kostbarsten Momente waren einmal mehr diejenigen, in denen ich das Naturerlebnis mit meiner künstlerischen Ader verbinden konnte, indem ich Blumenbouquets für den Bauernmarkt band oder das angebotene Gemüse ansprechend arrangierte.

In diesem Gemütszustand kehrte ich nach Brooklyn zurück, wo ich aktuell lebe und arbeite – nur einige Blocks vom Botanischen Garten und dem Prospect Park entfernt, die ich fast jedes Wochenende besuche. Diese Räume im Freien sind von unschätzbarem Wert für meine Inspiration, zum Luftholen und für dringend benötigte Ruhepausen vom Stadtleben. Es sind übrigens auch die Orte, an denen ich viele Pflanzen für mein Buch gefunden habe.

In der Natur hole ich mir neue Kraft und Inspiration ... beim Backpacking auf dem Appalachian Trail ebenso wie bei einem Spaziergang im Park oder auch in einem kleinen Eckchen meines Appartements, in dem ein paar Zimmerpflanzen überleben können. Mit dem Basteln von Papierpflanzen habe ich angefangen, weil ich eine Geigenfeige in meinem fensterlosen Wohnzimmer haben wollte. Von ihrer Grünfärbungen bis zu ihren launenhaften Gebärden erfreuen mich diese Papierkreationen genauso wie meine lebenden Pflanzen. Auch wenn das Papier nur eine begrenzte Haltbarkeit hat, besonders im Vergleich zu Plastikpflanzen, stecke ich bei der Anfertigung einer Pflanze so viel Sorgfalt und Aufmerksamkeit in jedes einzelne Blatt, dass ich sie vielleicht sogar noch mehr schätze.

Papier war nicht immer das Medium meiner Wahl. Viele Jahre habe ich Bilder, Kollagen und Stoffskulpturen gefertigt. Mit Papier zu arbeiten begann ich auf eine Anfrage meines langjährigen Mentors und Freundes David Stark hin, der das Vorwort zu diesem Buch geschrieben hat. David hat immer gewusst und darauf vertraut, dass ich jemand bin, der Dinge herstellen kann. Ich habe viele Jahre in seiner Firma, David Stark Design and Production, gearbeitet und sie wurde zu einem zweiten Zuhause für mich. Mein Job gibt mir endlose Möglichkeiten,

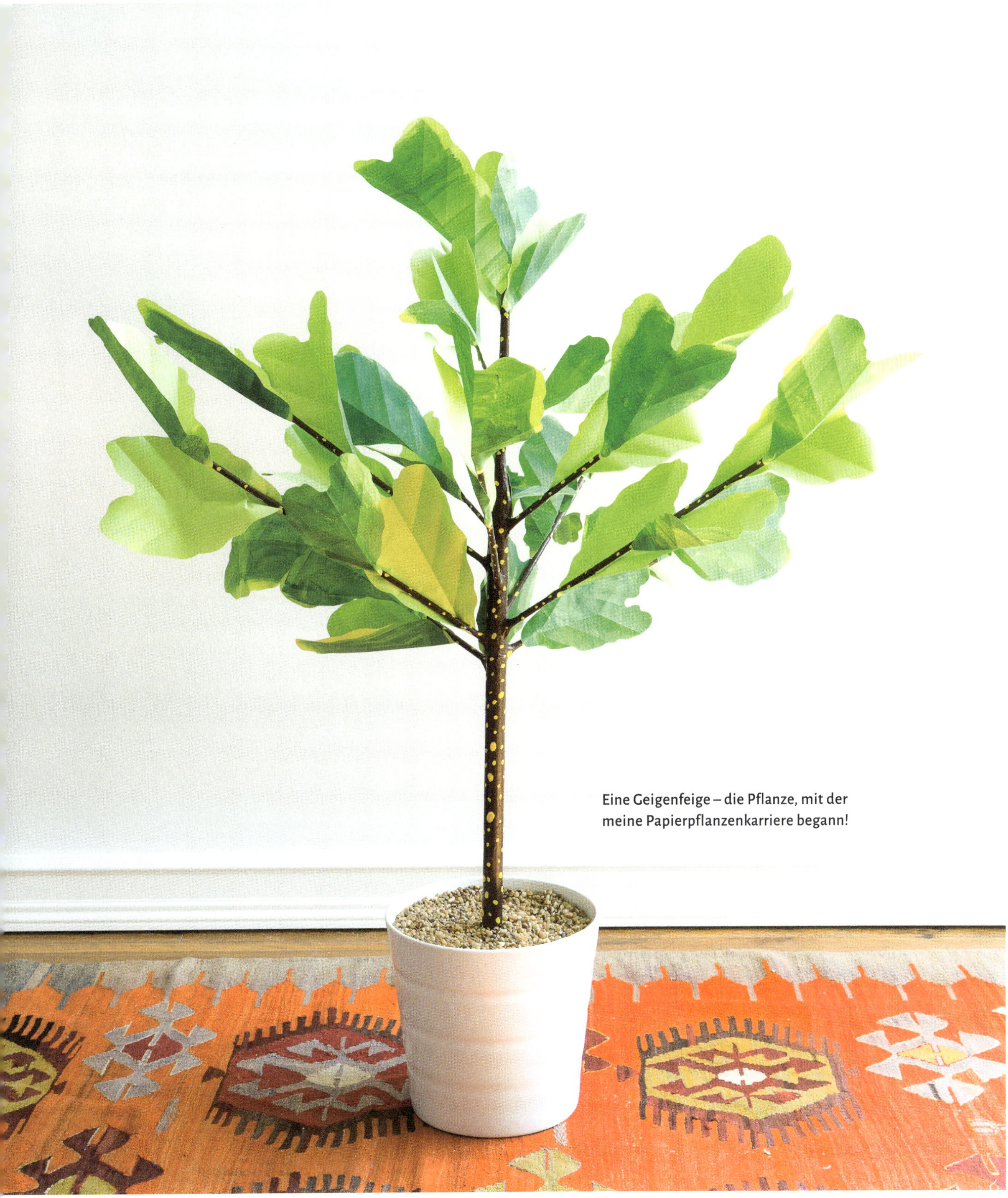

Eine Geigenfeige – die Pflanze, mit der meine Papierpflanzenkarriere begann!

mich kreativ auszuleben, und ich weiß nie, was mich als Nächstes dazu anregen wird, von einem Tag auf den anderen etwas Neues auszuprobieren. Diese spannende Vielfalt gibt mir die Freiheit, in meinem eigenen Studio neue, zündende Ideen zu entwickeln – wie meine aktuelle Leidenschaft, Papierpflanzen!

Von meiner allerersten Herausforderung – der Fertigung einer lebensgroßen Babygiraffe aus Papier – bis hin zu all den unterschiedlichen Pflanzen, Vögeln, Schmetterlingen und anderen Papiergestalten hat dieses Material den Weg in mein Herz gefunden. Ich liebe es, das Wunder zu erleben, wie aus etwas Gewöhnlichem wie Papier, Draht und etwas Farbe ein Objekt entstehen kann, das ich wirklich mag. Wenn Sie Ihre eigenen Versionen der Projekte in diesem Buch herstellen, hoffe ich, dass Sie genau mit dieser Einstellung herangehen (oder weitermachen). Genießen Sie die pure Freude, die sich einstellt, wenn Sie mit ihren eigenen Händen etwas Neues erschaffen. Nicht jedes Blatt muss perfekt sein, nicht jeder Schnitt und jede Markierung müssen genau gleich ausfallen. Genießen Sie den Schaffensprozess. Erfreuen Sie sich daran, diese Pflanzen für sich selbst, für Ihr Zuhause oder als besonderes Geschenk für einen lieben Menschen zu machen.

In diesem Buch werden Sie detaillierte Anleitungen für die Herstellung von 30 meiner Lieblingspflanzen finden, außerdem demonstriere ich an fünf zusätzlichen Projekten, wie Sie die Pflanzen kunstvoll präsentieren können. Viele der Pflanzen werden Ihnen wahrscheinlich geläufig sein, andere vielleicht auch exotisch wirken. Pilea peperomioides und Geigenfeigen habe ich gewählt, weil sie beliebt, als echte Pflanzen aber auch nicht einfach in der Pflege sind. Manchmal entscheide ich mich auch einfach für die Fertigung einer Pflanze, weil mir ihre Farbe oder ihre Form besonders gefällt. Aus welchem Grund auch immer man sie herstellt – die gute Nachricht ist, dass man für Papierpflanzen weder einen grünen Daumen noch ein sonnendurchflutetes Zuhause braucht. Das Einzige, was man benötigt, sind zwei willige Hände, etwas Bastelbedarf und eine scharfe Schere!

Viele Projekte in diesem Buch sind einfach und können an einem Nachmittag umgesetzt werden, ein paar wenige können aber auch ein Wochenende in Anspruch nehmen. In den meisten Fällen habe ich versucht, der echten Pflanze so nahe wie möglich zu kommen. Doch ganz gleich, ob Ihnen eine realistische Abbildung oder etwas aus Ihrer eigenen Fantasie vorschwebt, experimentieren und spielen Sie ein wenig. Letztlich entsteht ein Werk aus allem, was Sie inspiriert, fasziniert oder umtreibt. Sind Sie bereit, Ihren eigenen Indoor-Garten zu kreieren? Dann lassen Sie uns ein paar Papierpflanzen basteln!

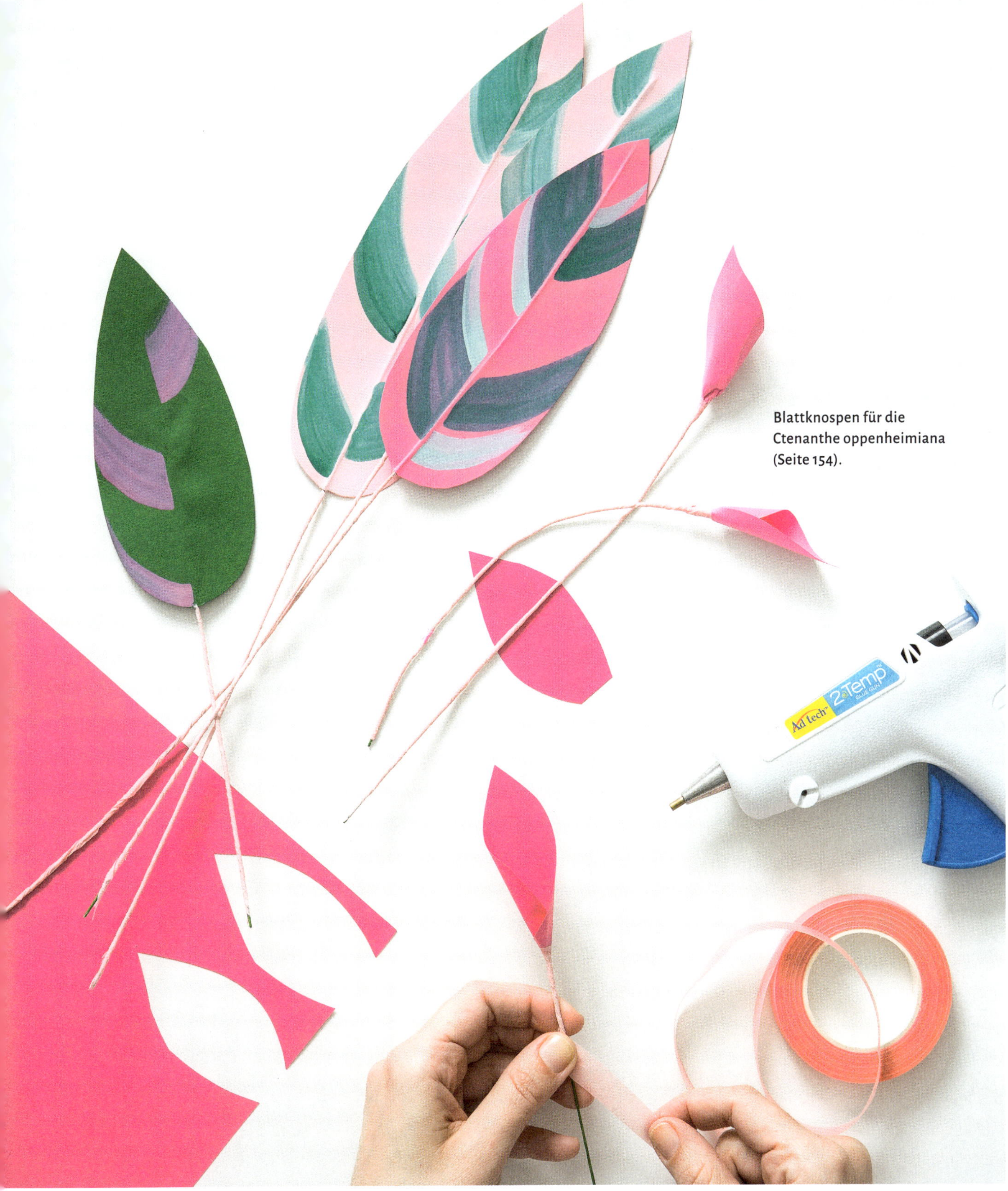

Blattknospen für die Ctenanthe oppenheimiana (Seite 154).

Erste Schritte

Werkzeuge & Materialien

In diesem Kapitel gebe ich einen Überblick über die Werkzeuge und Materialien, die ich beim Herstellen von Papierpflanzen am liebsten verwende. Sie sind in Bastelläden und im Kunstfachhandel sowie bei zahllosen Onlinehändlern erhältlich (es gibt eine kleine Liste mit Händlern unter »Bezugsquellen« am Ende des Buches). Wenn Sie sich mit dem benötigten Zubehör vertraut gemacht haben, können Sie im nächsten Schritt zu den Techniken übergehen.

WERKZEUGE

Zur Herstellung von Papierpflanzen brauchen Sie wenig spezielle Werkzeuge. Die meisten hier aufgelisteten Gegenstände haben Sie wahrscheinlich sogar schon zu Hause. Nehmen Sie sich Zeit, um sich mit meinen Empfehlungen vertraut zu machen, und prüfen Sie, dass Ihre Werkzeuge in einem guten Zustand sind – nichts ist frustrierender als Papier mit einer stumpfen Schere zu schneiden. Nicht für jedes Projekt in diesem Buch benötigen Sie alle aufgelisteten Werkzeuge, doch den richtigen Helfer zur Hand zu haben, wenn er gebraucht wird, wird Ihnen das Arbeiten erleichtern und zu wunderschönen Ergebnissen führen.

GRUNDAUSSTATTUNG

SCHNEIDELINEAL UND MASSBAND
Sie benötigen ein Schneidelineal aus Metall als feste Kante, wenn Sie Papier mit einem Cutter- oder Bastelmesser schneiden. Für die Projekte in diesem Buch sollte das Lineal mindestens 50 cm lang sein. Außerdem brauchen Sie ein flexibles Maßband, etwa um Töpfe von innen ausmessen zu können.

DRAHTSCHERE UND NADELZANGE
Eine Drahtschere werden Sie bei fast jedem der hier vorgestellten Projekte einsetzen. Nadelzangen dagegen werden seltener zum Einsatz kommen.

STIFTE Sie brauchen einen weißen Stift, um Schablonen auf dunkles Papier zu übertragen (die weißen Striche sind auf dunklem Papier besser zu erkennen), einen HB-Bleistift und einen Marker. Es ist außerdem gut, einen Spitzer und einen guten Radiergummi zur Hand zu haben.

FALZBEIN Dieses Werkzeug wird üblicherweise beim Falten von Papier zum Glätten der Kanten verwendet. Die Spitze des Falzbeins ist gut geeignet, um das Papier präzise um den Draht herumzubiegen.

SCHNEIDEMATTE Ich empfehle Ihnen die Verwendung einer Schneidematte, die mindestens ein Maß von 40 × 60 cm hat.

WÄSCHEKLAMMERN Ein sehr praktisches Utensil, um geklebte Teile zusammenzuhalten, während der Kleber trocknet.

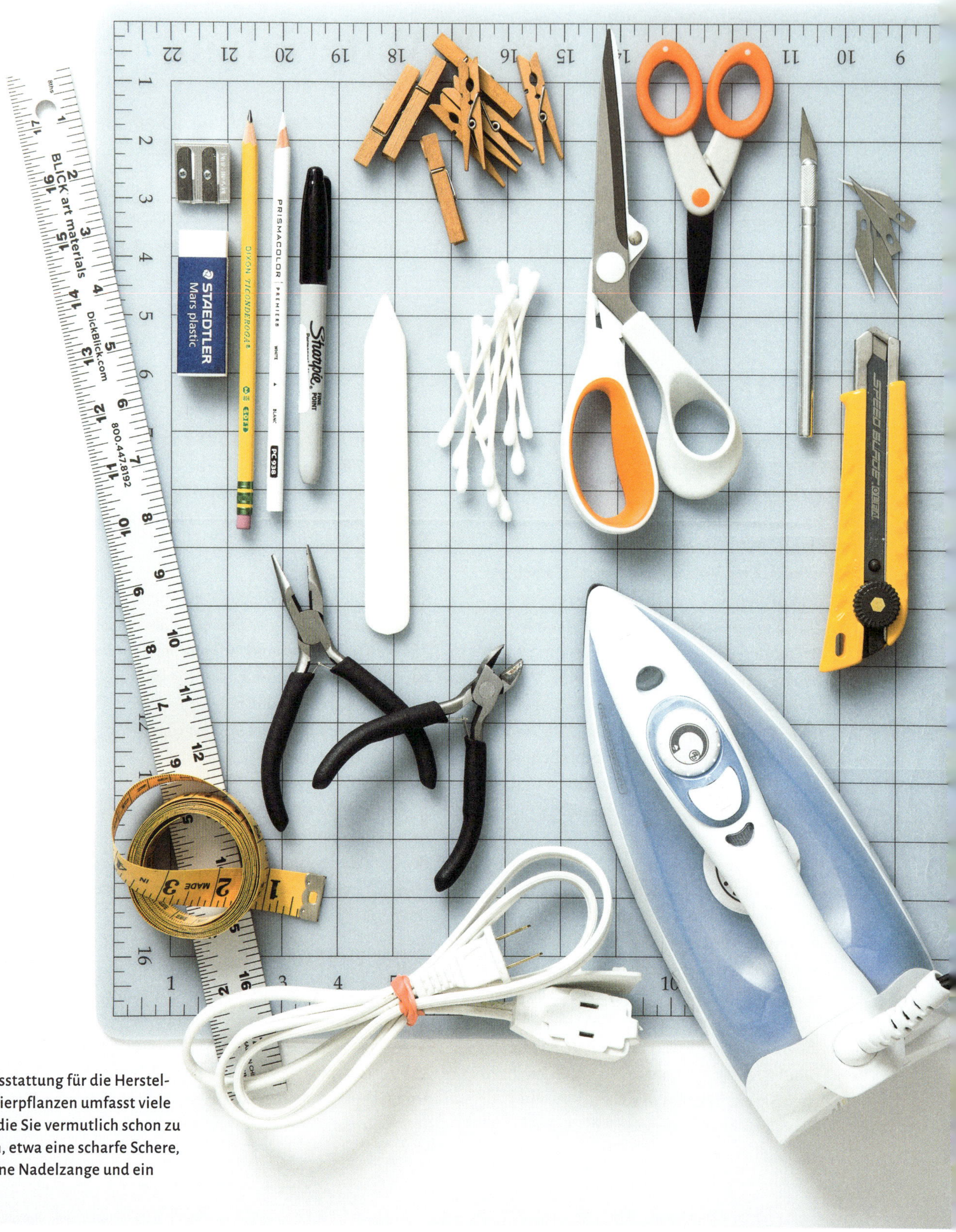

Die Grundausstattung für die Herstellung von Papierpflanzen umfasst viele Werkzeuge, die Sie vermutlich schon zu Hause haben, etwa eine scharfe Schere, ein Lineal, eine Nadelzange und ein Bügeleisen.

WATTESTÄBCHEN Sie eignen sich gut zum Auftragen von Kleber und Alkohol.

SCHEREN Kaufen Sie sich eine hochwertige scharfe und gut in der Hand liegende Schere. Kennzeichnen Sie sie als Ihre Papierschere und verwenden Sie sie nicht für Stoff und andere Materialien. Kein Muss, aber durchaus nützlich, ist auch eine kleinere Schere für Detailarbeiten.

MESSER Ein Bastelmesser wird Ihnen helfen, genaue Schnitte zu machen, und ein Cutter ist super zum Schneiden von dickerem Material. Halten Sie für das Bastelmesser ein paar Ersatzklingen auf Vorrat.

BÜGELEISEN Das Bügeleisen ist meine Geheimwaffe beim Arbeiten mit Papier. Ich empfehle, ein günstiges zu besorgen, das ausschließlich fürs Basteln verwendet wird. Ansonsten seien Sie darauf gefasst, es nach einigen Projekten reinigen zu müssen.

VERLÄNGERUNGSKABEL Es wird nicht unbedingt benötigt, aber Sie werden sehr froh darüber sein, falls Ihr Werktisch nicht direkt neben einer Steckdose steht.

MAL-UTENSILIEN

MALPINSEL Ich empfehle, ein Sortiment weicher Borstenpinsel zur Hand zu haben, inklusive 2,5 cm breiten Flachpinseln für Farblösungen, kleinen Flachpinseln zum Auftragen von Kleber sowie kleinen Rund- und Linierpinseln für feinere Arbeiten. Preiswerte Lasurpinsel eignen sich für Arbeiten mit trockenem Pinsel und um Gips aufzutragen.

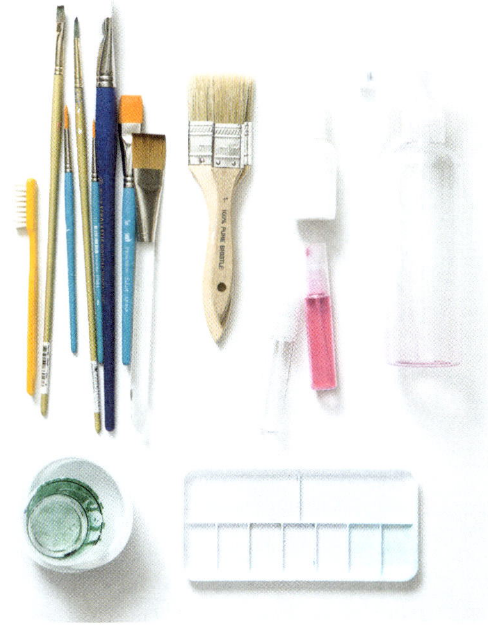

Mal- und Markiermaterialien reichen von kleinen Malpinseln bis zur Sprühflasche.

KLEINE SPRÜHFLASCHEN Sie sind nützlich, um Spritzer mit verdünnter Farbe oder Farbverläufe aufzusprühen.

GROSSE SPRÜHFLASCHE Nehmen Sie eine mit verstellbarer Öffnung – das ist perfekt zum Befeuchten von Papier.

ZAHNBÜRSTE Eine Alternative zur kleinen Sprühflasche, um Spritzer auf das Papier aufzutragen. Außerdem können Sie damit Ihre Pinsel und Sprühflaschen reinigen.

MISCHPALETTE Zum Mischen und Verdünnen von Farben, erhältlich im Kunstfachhandel – oder Sie plündern Ihren gelben Sack, denn leere Joghurtbecher sind ebenso gut geeignet.

WERKZEUGE FÜR HOLZARBEITEN

Für einige Projekte in diesem Buch werden Holzwerkzeuge benötigt. Sie müssen kein geübter Tischler sein, aber wenn Sie sich die Zeit nehmen, sich mit diesen Gerätschaften vertraut zu machen, wird Ihnen das die Arbeit erleichtern.

HANDSÄGE Eine Laubsäge ist gut geeignet, um Rundholzstäbe für Äste zu schneiden, aber andere kleine Handsägen funktionieren auch. Die auf der gegenüberliegenden Seite abgebildete Laubsäge ist erschwinglich, leicht und für unsere Zwecke ideal.

HECKENSCHERE Sie ist kein typisches Holzwerkzeug, aber mit einer scharfen Heckenschere lassen sich kleine Holzstäbe auf die gewünschte Größe schneiden.

SCHRAUBZWINGEN Ich bevorzuge Schraubzwingen mit Gleitschiene, wie die von Quick Grip, aber auch jede andere mittelgroße Schraubzwinge wird für die Projekte in diesem Buch ausreichen. Man sollte mindestens zwei zur Hand haben. Schraubzwingen sind wichtig für sicheres Arbeiten – in Kombination mit Holzklötzen verhindern sie, dass Rundholzstäbe sich während des Schneidens drehen.

HOLZKLÖTZE / HOLZBRETTCHEN
Sie werden gebraucht, um zusammen mit Schraubzwingen Rundholzstäbe beim Sägen zu fixieren.

BOHRMASCHINE / BOHRER Ein kleiner Akkubohrer ist ideal für die Projekte in diesem Buch.

BOHREINSÄTZE Ich empfehle die Anschaffung eines Bohrersets mit Größen von 1,5 mm bis 12 mm. Die meisten Sets enthalten vier oder mehr Bohreinsätze. Notieren Sie sich die Größen, die Sie haben, damit Sie beim Kauf von Rundholzstäbe eine passende Größe auswählen können.

SCHUTZBRILLE Es ist dringend empfohlen, eine Schutzbrille zu tragen, wenn Sie mit einer Bohrmaschine arbeiten.

ATEMSCHUTZMASKE Wenn Sie mit Steckschaum arbeiten, sollten Sie unbedingt einen Atemschutz tragen.

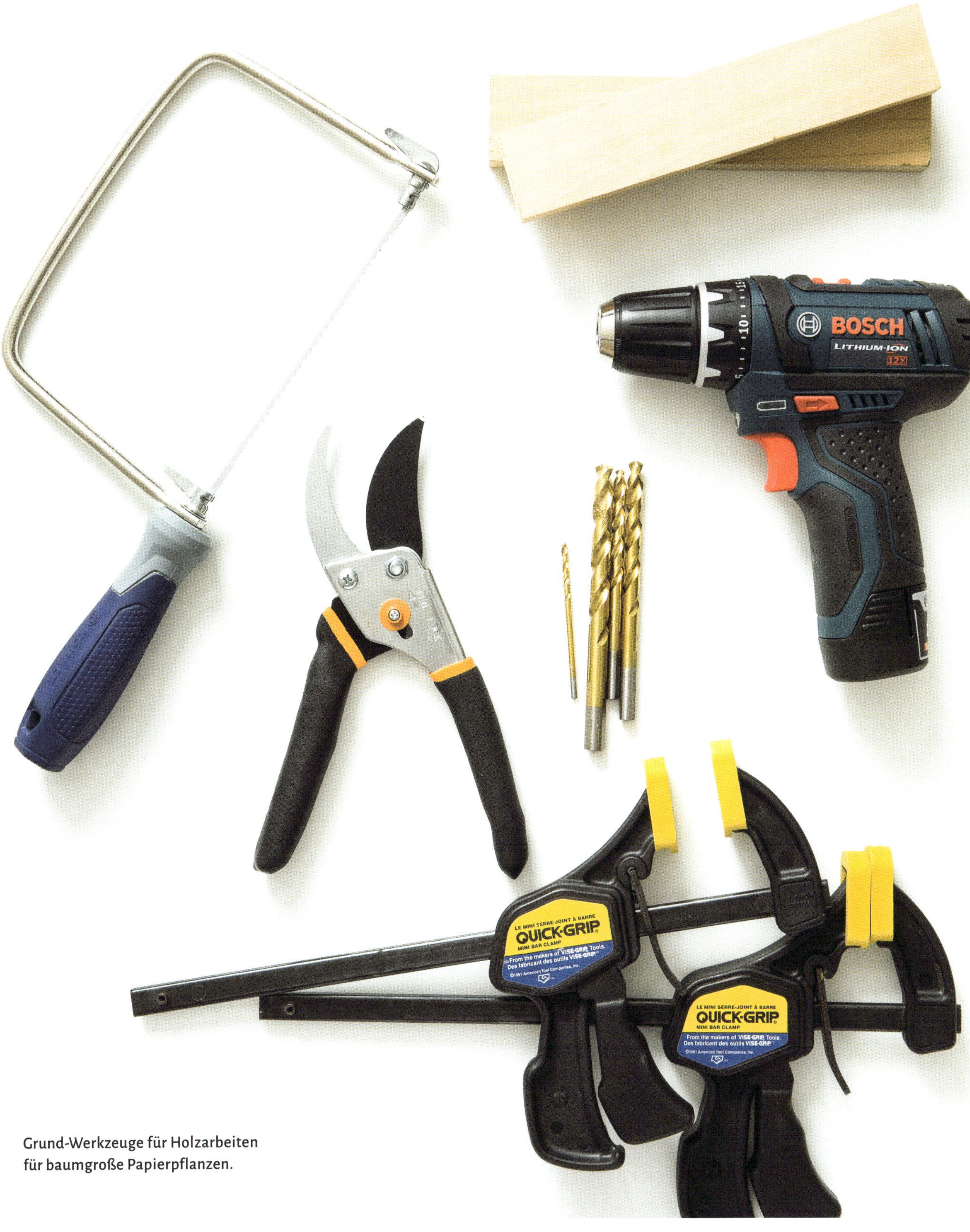

Grund-Werkzeuge für Holzarbeiten
für baumgroße Papierpflanzen.

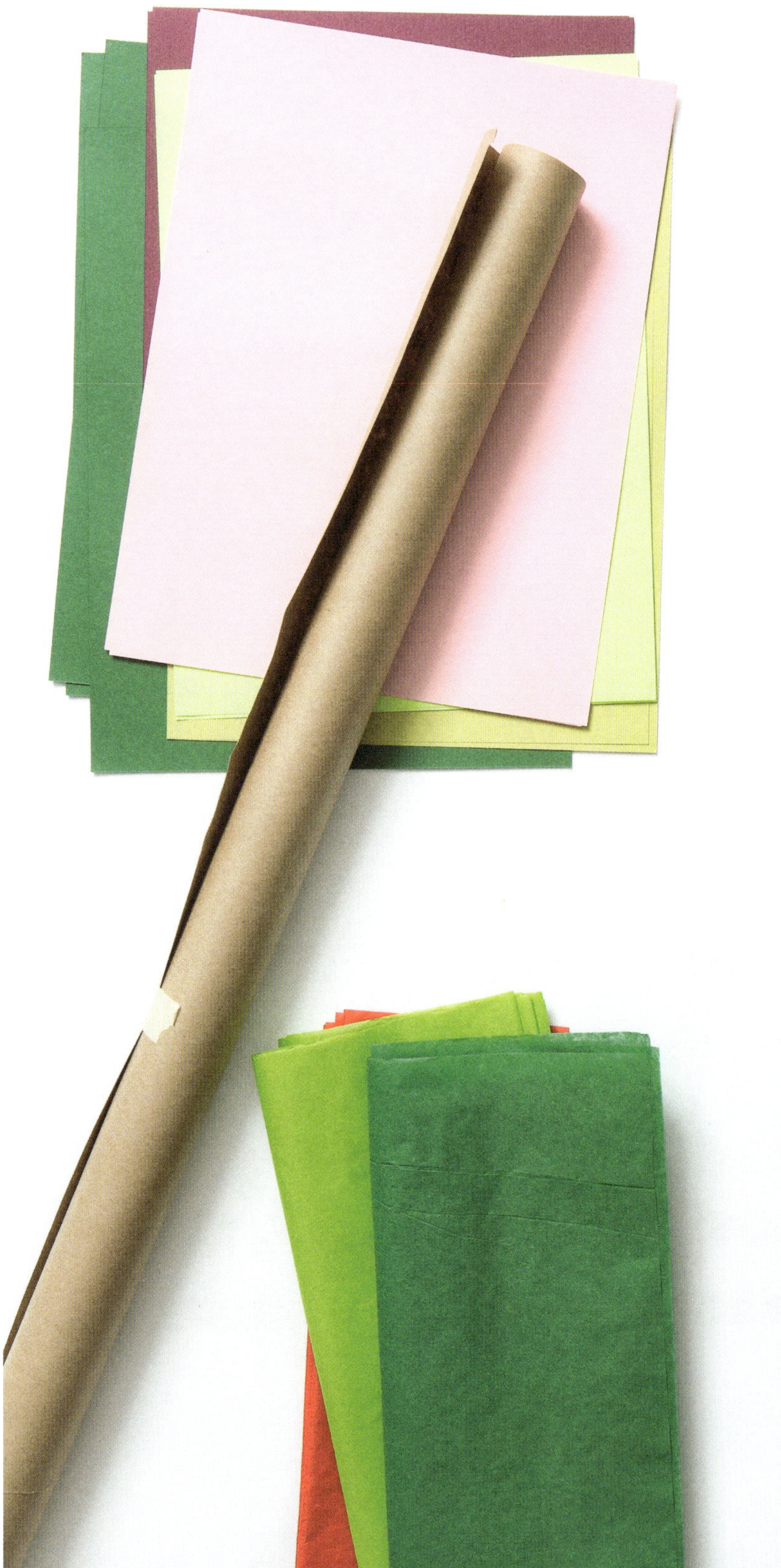

Verschiedene Papiersorten für die Herstellung von Blättern, Blüten und Drahtgeflechten an der Unterseite der Blätter.

MATERIALIEN

Die Wahl der richtigen Materialien für Ihre Projekte ist wichtig. Ich rate Ihnen, zuerst nur kleine Mengen zu kaufen und auszuprobieren, was für Sie am besten funktioniert und welche Marken Ihnen zusagen. Die meisten Materialien, die ich in diesem Buch verwende, können online bestellt werden, aber ich kann Ihnen nur ans Herz legen, bei Ihrem Kunstfachhandel vor Ort vorbeizuschauen, um sie wirklich zu sehen und anfassen zu können.

PAPIER

Für die meisten Projekte in diesem Buch wird Bastelpapier oder -karton in A4 verwendet. Bastel- oder Tonpapier hat in der Regel eine Stärke von 100 g bis 120 g. Es ist leicht zu falten und zu handhaben, aber nicht ganz so dünn wie normales Kopierpapier. Bastelkarton kann alles zwischen 220 g und 350 g sein. Für unsere Projekte hier ist eine Stärke von 220 g bis 240 g ideal. Verwenden Sie möglichst nicht das typische dünnere Tonpapier, das Sie für Kinder kaufen würden, es ist meist von geringer Qualität und die Farbe wird mit der Zeit schnell verblassen. In Bastelläden finden Sie in der Regel eine Vielzahl hochwertiger Papiere. Online sind sie auch erhältlich, eine kleine Auswahl an Händlern findet sich am Ende des Buches unter »Bezugsquellen«.

PACKPAPIER Eine Rolle Packpapier zur Hand zu haben ist praktisch, um Blattformen und Farben auszutesten, um Ihre Arbeitsflächen zu schützen und auch für einige dekorative Elemente, die in diesem Buch vorgestellt werden. Die Farbe des Papiers passt gut zu den Brauntönen, die in der Natur vorkommen. Braune Papiereinkaufstüten sind eine geeignete Alternative zu Packpapier.

SEIDENPAPIER Für einige wenige Projekte in diesem Buch wird Seidenpapier verwendet. Ich habe immer verschiedene Grüntöne parat, die zu den Bastelpapier und -kartonbögen passen, mit denen ich arbeite.

PAUSPAPIER Es wird nicht für die Umsetzung der Projekte selbst benötigt, ist aber hilfreich, um die Schablonen am Ende des Buches abzupausen.

KARTONAGE Dieses sehr stabile Papier wird als Verpackungsmaterial eingesetzt und ist ideal geeignet, um mehrfach verwendbare Schablonen herzustellen. Kartonagen sind auch als Bögen beziehungsweise Platten in vielen Kunstfachhandlungen erhältlich.

ÜBERGROSSES PAPIER Zwei Projekte in diesem Buch werden mit extragroßem Papier realisiert. Ich empfehle hier stabilen Karton von mindestens 41 × 61 cm Größe.

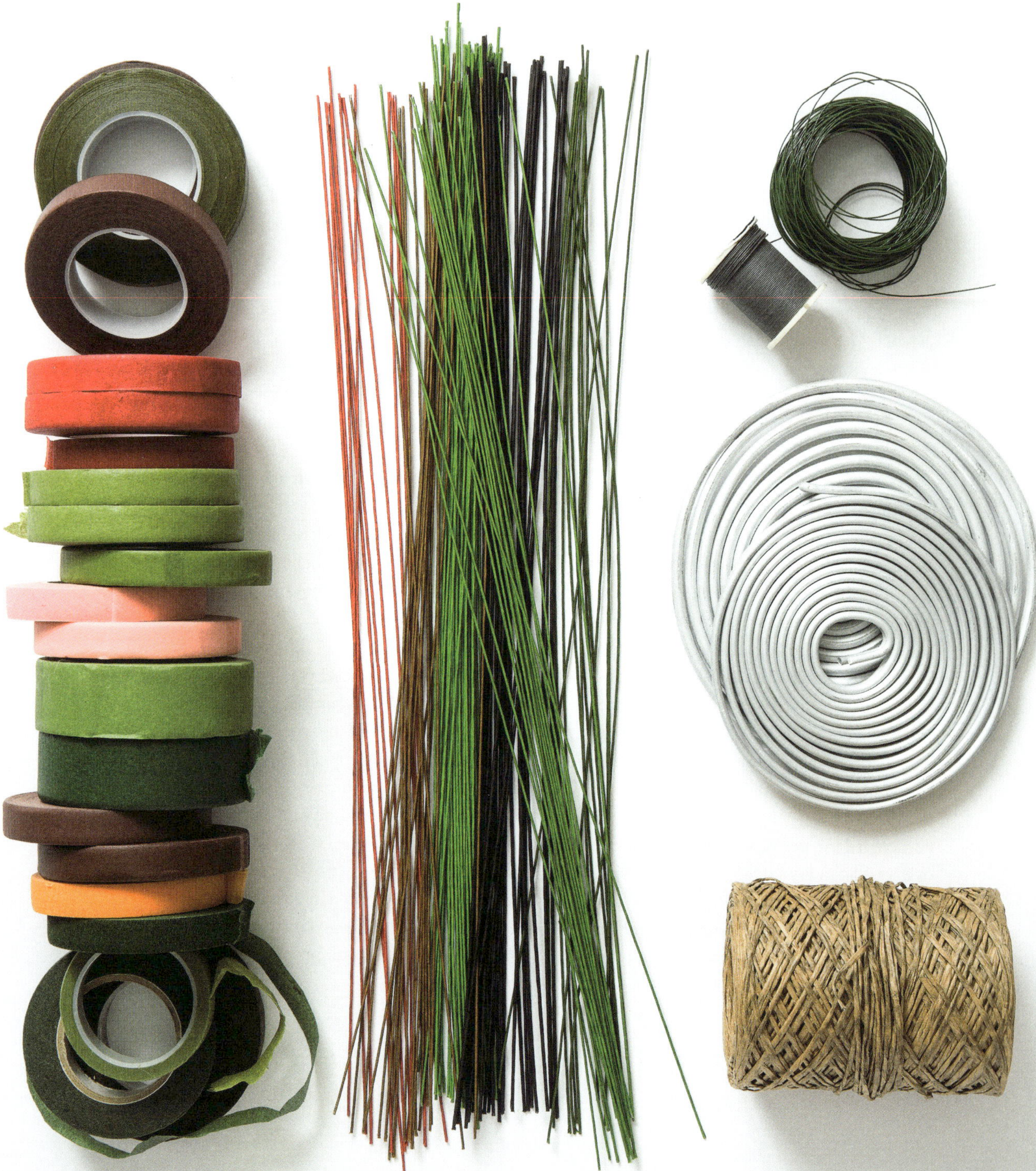

Floristenband und Draht gibt es in zahlreichen Farben – perfekt für einen Garten aus Papierpflanzen.

FLORISTENBAND UND DRAHT

FLORISTENBAND Das auch als Floristen-Tape oder Blumenband bekannte Floristenband ist ein leicht haftendes, flexibles Band, das in einer großen Farbauswahl und in Breiten von 12 mm bis 2,5 cm erhältlich ist. Für die Projekte in diesem Buch benötigen Sie es in Grün, Dunkelgrün, Rosa, Rot, Orange, Braun und Schwarz.

BLUMENSTIELDRAHT Dieser Steck- oder Basteldraht ist meist in 40 cm oder 45 cm lange Stücke zugeschnitten. Ich mag die mit Papier umwickelte Variante, die es in Rot, Grün, Braun und Schwarz zu kaufen gibt. Bloßer oder mit Stoff überzogener Draht funktioniert aber auch gut. Sie brauchen Blumenstieldraht in den Stärken 0,8 mm, 1 mm und 1,2 mm für die Projekte in diesem Buch.

SPULENDRAHT Auf einer Spule aufgewickelter Draht ist dünn und flexibel. Für die vorgestellten Projekte verwende ich 0,5-mm-Spulendraht.

ARMATURDRAHT Dieser biegsame Draht dient normalerweise der Herstellung der Armatur, einer Art Gerüst für Skulpturen, aber er eignet sich auch prima als dicker, langer Stiel für Papierpflanzen. Für die Projekte im Buch wird 3 mm und 5 mm dicker Armaturdraht benötigt.

PAPIERDRAHT Dieser von der Firma Oasis hergestellte Draht ist 0,4 mm stark und mit Kraftpapier umhüllt. Er ist praktisch, weil seine bräunliche Farbe der von natürlichen Pflanzen ähnelt und weil er sich gut bearbeiten lässt. Da er sehr dünn ist, eignet er sich jedoch nicht für Steh- oder große Pflanzen.

KLEBSTOFFE

BÜGELEINLAGE Aufbügelbare Einlagen kommen hauptsächlich in der Handarbeit auf Stoff zum Einsatz, können aber auch auf Papier angewendet werden.

DOPPELSEITIGE KLEBEFOLIE Hier gibt es große Qualitätsunterschiede, nicht alle sind stark genug – ich bevorzuge hier Markenprodukte.

KLEBESTIFT / FLÜSSIGKLEBER Ob als Klebestift oder dickflüssige Variante aus der Tube oder Flasche: Beides funktioniert für unsere Zwecke.

HOLZKLEBER Ich bevorzuge den schnell trocknenden Weißleim auf PVAC-Basis oder säurefreie Varianten.

HEISSKLEBEPISTOLE UND -PATRONEN Ich empfehle eine Heißklebepistole mit Regulierschalter. Auf hoher Leistung werden die Teile fester zusammenkleben als bei niedriger. Heißklebepatronen gibt es in zwei Durchmessern, achten Sie darauf, die richtige Größe für Ihre Pistole zu wählen.

KLEBEBAND UND PAPIERKLEBEBAND Zum Befestigen von Steckschaum im Blumentopf verwenden Sie gewöhnliches Klebeband. Braunes Papierklebeband oder -packband kommt zum Einsatz, wenn Sie den Draht an Papier befestigen.

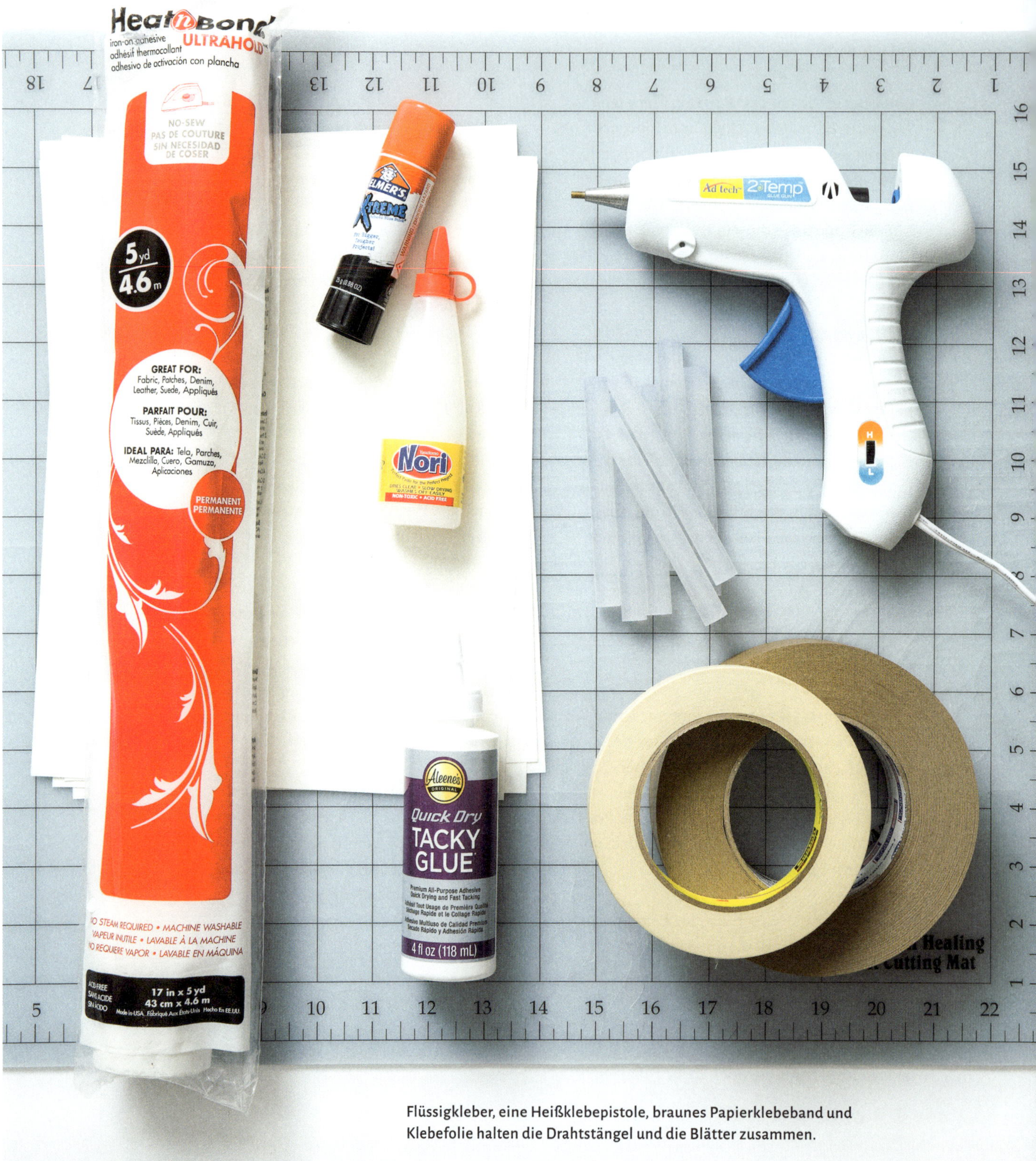

Flüssigkleber, eine Heißklebepistole, braunes Papierklebeband und Klebefolie halten die Drahtstängel und die Blätter zusammen.

FARBEN & STIFTE

Ich verwende in diesem Buch zwei Sorten von Farbe: Acrylfarbe und Gouache. Aufgrund ihrer jeweiligen Eigenschaften werden sie unterschiedlich angewendet und aufgetragen. Markier- und Gelstifte kommen zum Einsatz, um feine Details auf die Blätter zu malen. In manchen Projekten werden zwei oder mehr dieser Farben und Stifte gebraucht, um den gewünschten Effekt oder ein bestimmtes Muster zu erzielen. Beide werden in einem großen Farbspektrum angeboten.

ACRYLFARBEN Sie sind nützlich, um große Flächen zu bemalen. Acrylfarben können mit Wasser verdünnt werden, um mithilfe einer Bürste oder Sprühflasche Farblösungen auf Papier zu bringen. Ich benutze Acrylfarben auch, wenn ich mit Pappmaschee arbeite. Wenn diese Farbe einmal eingetrocknet ist, kann sie nicht wiederverwendet werden.

GOUACHE Hierbei handelt es sich um eine blickdichte, matte Wasserfarbe. Mit Gouache ergänze ich Details auf Blättern, wenn sie fertiggebastelt sind.

GELSTIFTE Gelstifte sind in einer großen Farbauswahl erhältlich und perfekt geeignet, um dünne dekorative Linien auf Blätter zu zeichnen. Ich mag Gelroller besonders gern.

ALKOHOLMARKER Mit Layoutmarkern auf Alkoholbasis lassen sich tolle Details auf Blätter aufbringen. Die Tinte blutet ins Blatt ein und sorgt so für einen natürlichen Look.

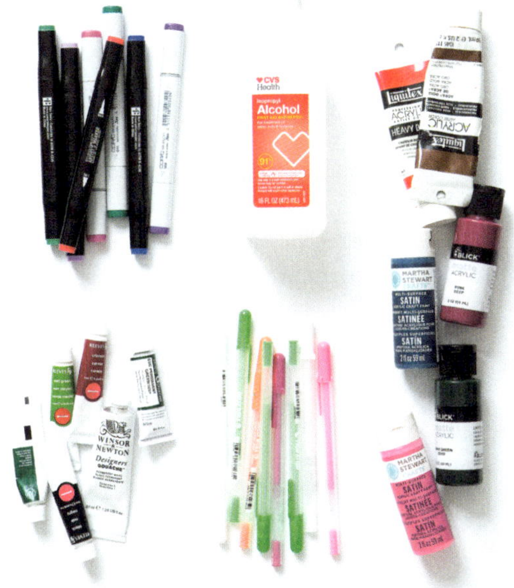

Acrylfarben, Gouache und Gelstifte gehören in den Werkzeugkasten jedes Papierpflanzenkünstlers.

ALKOHOL Isopropylalkohol bzw. Isopropanol, also die Sorte, die sich im Erste-Hilfe-Kasten befindet, kann verwendet werden, um die Farbe von Alkoholmarkern dekorativ ausbluten zu lassen.

PAPPMASCHEE-ZUBEHÖR

Für die Projekte im Buch, für die Holzwerkzeuge benötigt werden, brauchen Sie auch ein paar wenige Pappmascheematerialien. Das sind aber keine außergewöhnlichen Dinge, die meisten davon werden Sie aber vermutlich in Ihrer Vorratskammer finden.

MEHL Es gibt fertige Pappmascheemischungen zu kaufen, doch das gute alte Weißmehl, mit Wasser angerührt, tut es auch.

ZEITUNGSPAPIER Einfach im Altpapier kramen.

RÜHRSCHÜSSEL UND SCHNEEBESEN Diese Materialien benötigen Sie zum Anrühren der Pappmascheemasse.

GIPS Das ist Grundierung auf Künstlerart. Eine Grundierung auf Acrylbasis aus dem Baumarkt oder Bastelladen funktioniert aber genauso.

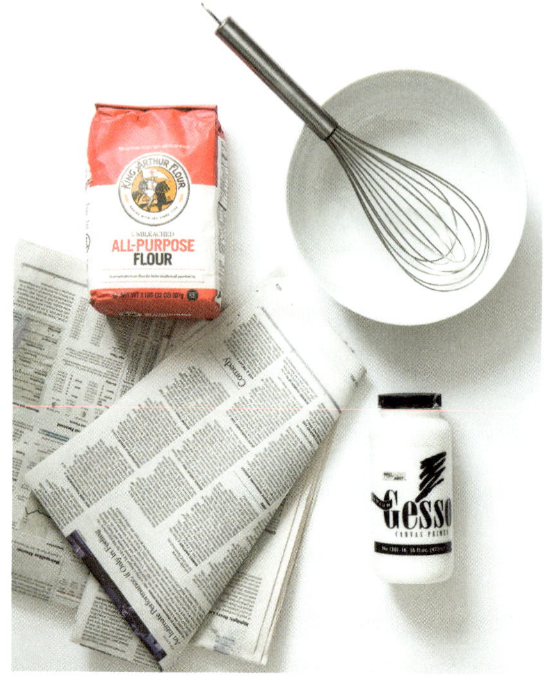

Das meiste Zubehör für Pappmaschee finden Sie in Ihrer Küche.

ZUBEHÖR FÜR GRÖSSERE PAPIERPFLANZEN

KUNSTSTOFFSCHLAUCH Biegsam, hohl und in verschiedenen Größen in jedem Baumarkt erhältlich.

RUNDHOLZSTÄBE Holzstäbe braucht man, um Bäumchen zu fertigen. Sie benötigen verschiedene Größen, mit Durchmessern zwischen 3 mm und 2,5 cm.

SPIESSE Handelsübliche Holzspieße (die man auch in der Küche verwendet) halten wunderbar Pflanzenteile und Steckschaum zusammen.

ZIEGELSTEINE Eine große handgefertigte Pflanze kann schnell ganz schön schwer werden und umkippen. Um dies zu vermeiden, platzieren Sie einfach einen (halben) Ziegelstein unten im Topf.

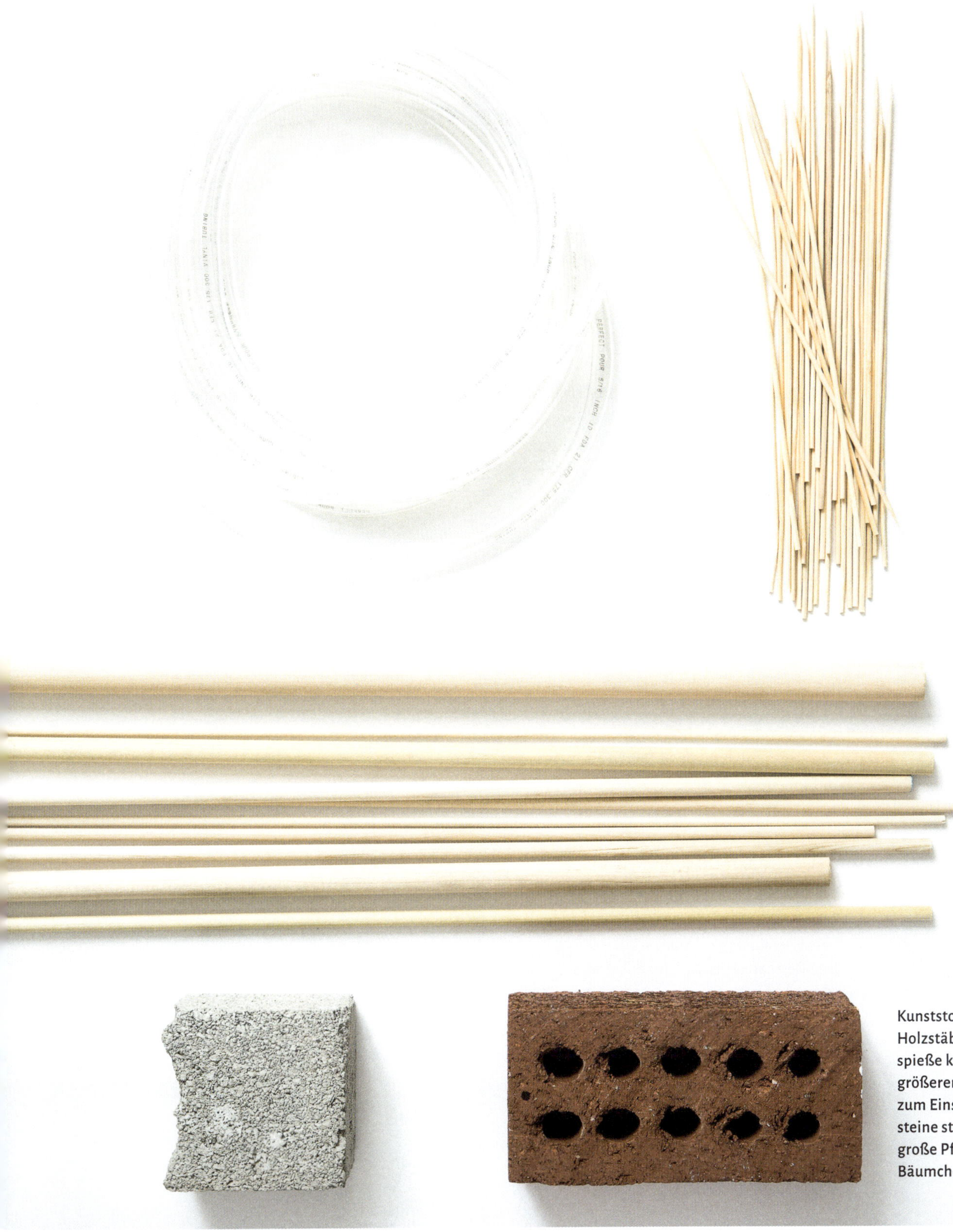

Kunststoffschlauch, Holzstäbe und Holzspieße kommen bei größeren Pflanzen zum Einsatz. Ziegelsteine stabilisieren große Pflanzen und Bäumchen.

SCHAUMSORTEN

Schaum ist essenziell, wenn es ans Zusammenbauen der Pflanze in einem Topf geht – er hält die Stängel der Pflanze sicher an ihrem Platz. Der Handel bietet viele Schaumvarianten an. Ich habe meine Favoriten, aber alle unten aufgelisteten Arten funktionieren. Seien Sie ruhig geizig – Sie können problemlos die Schaumverpackung zum Beispiel von Elektrogroßgeräten verwenden, sie muss nur in Ihren Topf passen.

STECKSCHAUM Dieser Schaum gehört für viele Pflanzenkünstler zur Grundausstattung. Er ist am einfachsten zurechtzuschneiden und zu formen, allerdings verursacht er eine Menge Staub beim Schneiden, sodass Sie dabei zu Ihrem Schutz auf jeden Fall eine Atemmaske tragen sollten. Steckschaum eignet sich besonders zur Stabilisierung von kleineren Pflanzen.

STYROPORPLATTEN UND -FORMEN Klassisches Styropor gibt es als Platten (die Sie auf die Größe Ihres Topfs zurechtschneiden müssen) oder als Scheiben. Sie sind beim Zusammenbauen der Pflanze einfach zu handhaben, wenn man zu viel davon verwendet, können sie aber auch krümeln.

ISOLIERPLATTEN Diese dichten und starken Schaumplatten werden typischerweise beim Hausbau verwendet und sind in Baumärkten zu finden. Auch wenn sie beim Zuschneiden etwas mehr Muskelschmalz erfordern als die anderen, sind sie aufgrund ihrer Haltbarkeit mein Favorit.

BEHÄLTNISSE

Hier haben Sie eine Gelegenheit, kreativ zu werden. Sie können Ihre Papierpflanzen so gut wie überall »hineintopfen«: in klassische Terrakottatöpfe, Keramikschalen, Körbe, Kübel und mehr. Im Unterschied zu echten Pflanzen müssen Ihre Papierkreationen nicht in wasserdichten Behältnissen stehen. Warum sie also nicht in einer hübschen Papiertasche, in einem Kaffeebecher oder einer alten Kanne präsentieren? Scheuen Sie sich nicht, mit Ideen zu spielen und außerhalb der Box – oder des Topfs – zu denken!

Schaum wird verwendet, um die Stängel im Behältnis zu fixieren.

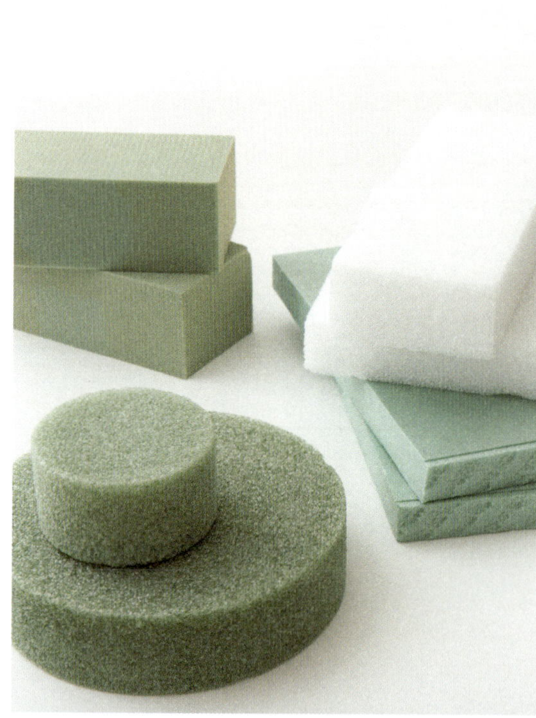

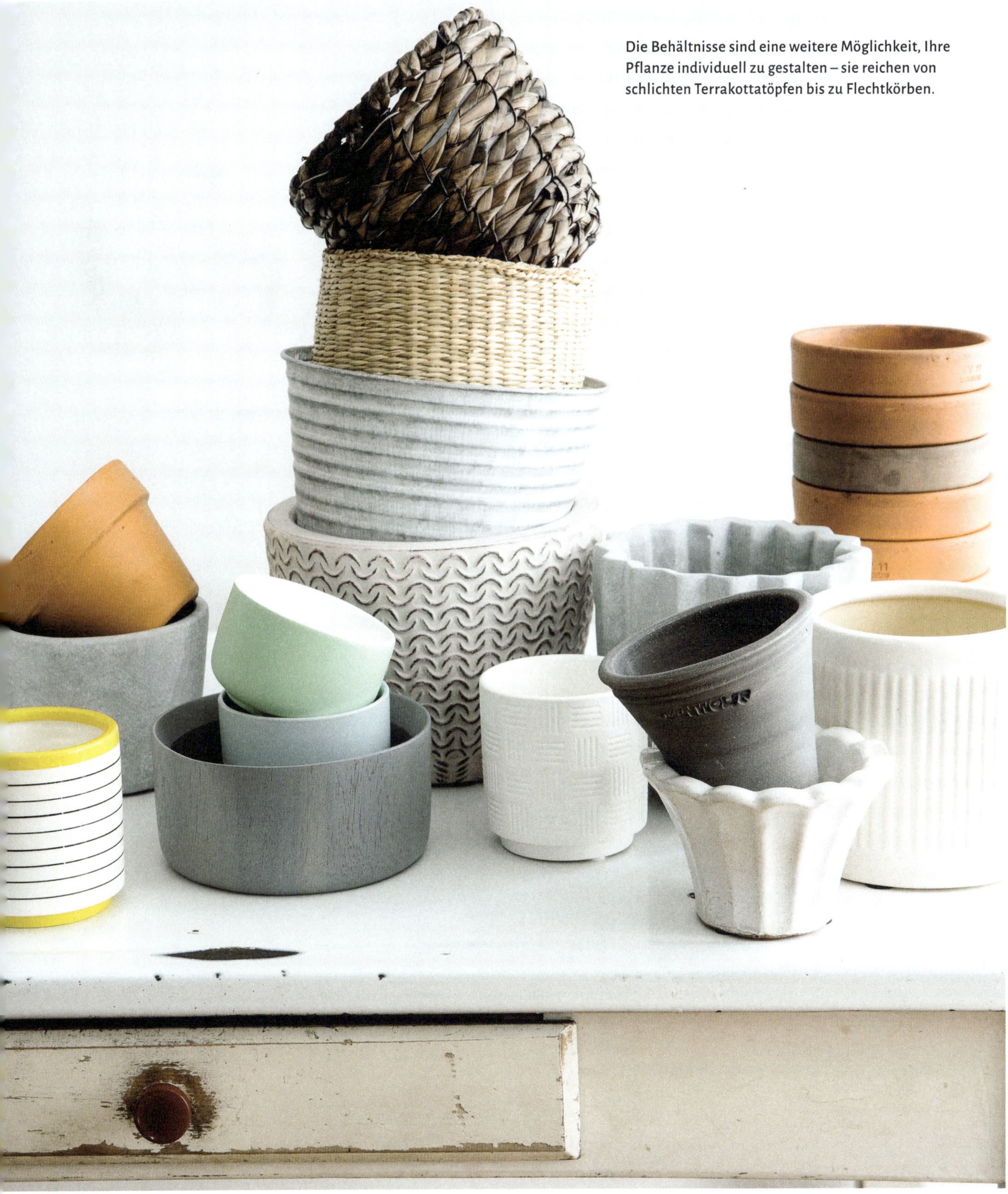

Die Behältnisse sind eine weitere Möglichkeit, Ihre Pflanze individuell zu gestalten – sie reichen von schlichten Terrakottatöpfen bis zu Flechtkörben.

BODENBELAG

Nachdem Sie Ihre Papierpflanze in einem Behältnis zusammengebaut haben, sollten Sie den Schaum abdecken. Dafür können Sie viele unterschiedliche Materialien in Betracht ziehen. Meistens benutze ich Kies, aber auch Papierschnipsel, Moos, Muscheln, größere Steine und Sand sind geeignet. Wenn Sie keinen Riesensack Kies aus dem Gartencenter nach Hause schleppen wollen, können Sie auch im Künstler- bzw. Floristikbedarf vorbeischauen, dort gibt es oft auch kleinere Packungen mit hübschen Steinen, oder in der Zoohandlung bei den Aquarien, wo Kieselsteinchen in kleinen Mengen verkauft werden.

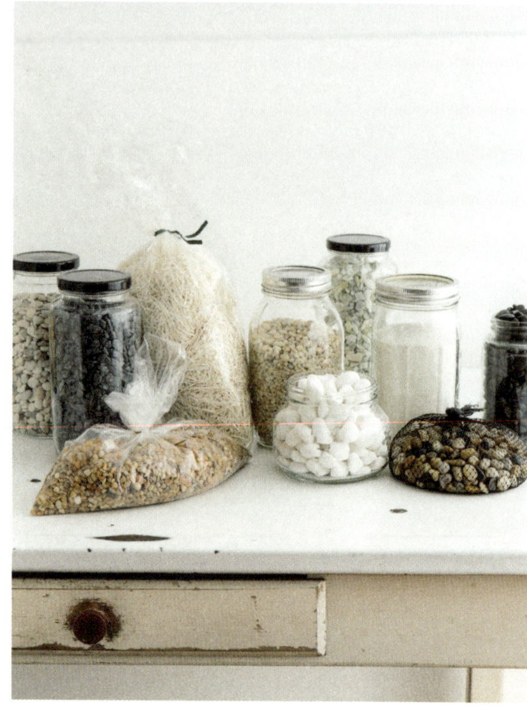

Ihnen stehen zahlreiche Optionen für Bodenbeläge zur Verfügung.

IHR ARBEITSPLATZ

Ich rate Ihnen, einen Extraplatz zum Werkeln einzurichten, egal ob es nur ein Tisch in einer Ecke Ihres Schlafzimmers oder ein ganzer Raum in Ihrem Haus ist. Selbst wenn Sie am Wochenende Ihren Esstisch umfunktionieren, sollten Sie gut organisiert sein, das heißt, alle Ihre Werkzeuge und Materialien zusammenhaben und Ihren Arbeitsplatz schützen. Eine gute Vorbereitung ist wichtig, um ein Projekt bei seiner Verwirklichung vor Augen zu haben. Stimmen Sie sich auf Ihren Erfolg ein! Einen Extraplatz für Ihre Arbeiten zu haben, wird es Ihnen erleichtern zu beenden, was Sie angefangen haben. Denn auch wenn Sie unterbrechen müssen, wartet Ihr Projekt an seinem Platz darauf, wieder aufgenommen zu werden. Nehmen Sie sich einen bequemen Stuhl, legen Sie ein paar inspirierende Klänge auf und legen Sie los!

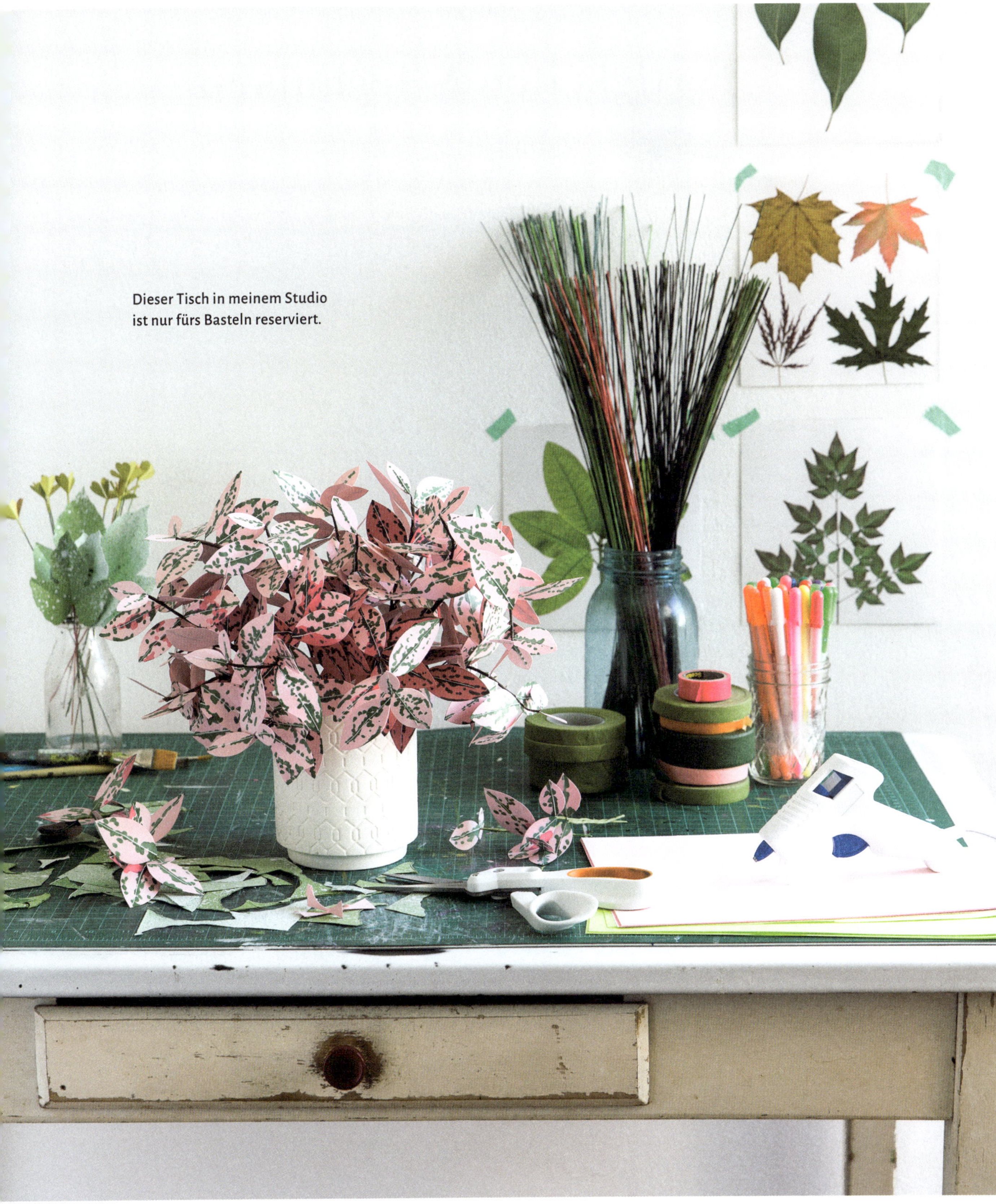

Dieser Tisch in meinem Studio
ist nur fürs Basteln reserviert.

Fertigkeiten & Techniken

Viele Fertigkeiten habe ich mir selbst durch Probieren angeeignet. Dabei konnte ich auch auf Techniken zurückgreifen, die ich aus meiner Zeit als Malerin kenne und die ich nutze, um die Pflanzen realistisch wirken zu lassen. Wenn ich beispielsweise mit einem leicht gesättigten Pinsel male, kann ich dem Papier Struktur verleihen, wohingegen das Malen mit einer verdünnten Lösung einen gleichmäßigeren Farbton ergibt. Einige Techniken erfordern ein wenig Übung, andere werden Ihnen vermutlich auf Anhieb leichtfallen.

DIE TEILE EINER PAPIERPFLANZE

Bevor wir in die Techniken zur Herstellung von Schablonen für Blätter, zum Aufmalen von Details und zur Schaffung weiterer Papierpflanzenelemente eintauchen, folgt zunächst ein Überblick über die Einzelteile der Pflanzen, die in diesem Buch vorkommen. Obwohl die fertigen Pflanzen sich sehr voneinander unterscheiden, sind die Elemente, aus denen sie gefertigt sind, im Grunde immer die gleichen.

DAS BLATT Der Hauptakteur und das wichtigste Element einer jeden Pflanze. Alle ausgeschnittenen Papierformen sind Blätter, auch wenn sie klingen- oder farnartig geformt sind.

DER BLATTSTIEL Sobald ein Draht an einem Blatt befestigt ist, wird er zum Stiel.

STÄNGEL Wenn mehrere Blattstiele miteinander verbunden sind, bilden sie einen Stängel. Diese machen den Großteil der Pflanzenform aus.

RANKE Ähnlich einem Stängel, aber länger und hängend. Wenn viele Blattstiele miteinander verbunden werden und herabhängen, bilden sie eine Ranke.

WURZELANSATZ Die dickliche, feste Basis einer Pflanze. Sie imitiert die Form, in der die Pflanze aus dem Boden herausragt und aus der die Stängel abgehen.

LUFTWURZELN Diese zerfurchten, schrumpeligen Wurzeln wachsen gerade aus dem Haupttrieb heraus. Luftwurzeln können aus Papier oder Floristenband hergestellt werden und sind hübsche Details, um den Charakter einer Pflanze zu unterstreichen.

BLÄTTCHEN ODER KNOSPEN Kleine eingerollte Blätter, die aussehen wie junge Blattknospen. Damit erhalten Ihre Pflanzen ein noch realistischeres Aussehen.

BLÜTE In diesem Buch wird nur für ein Projekt eine Blüte hergestellt. Sie besteht aus Seidenpapier.

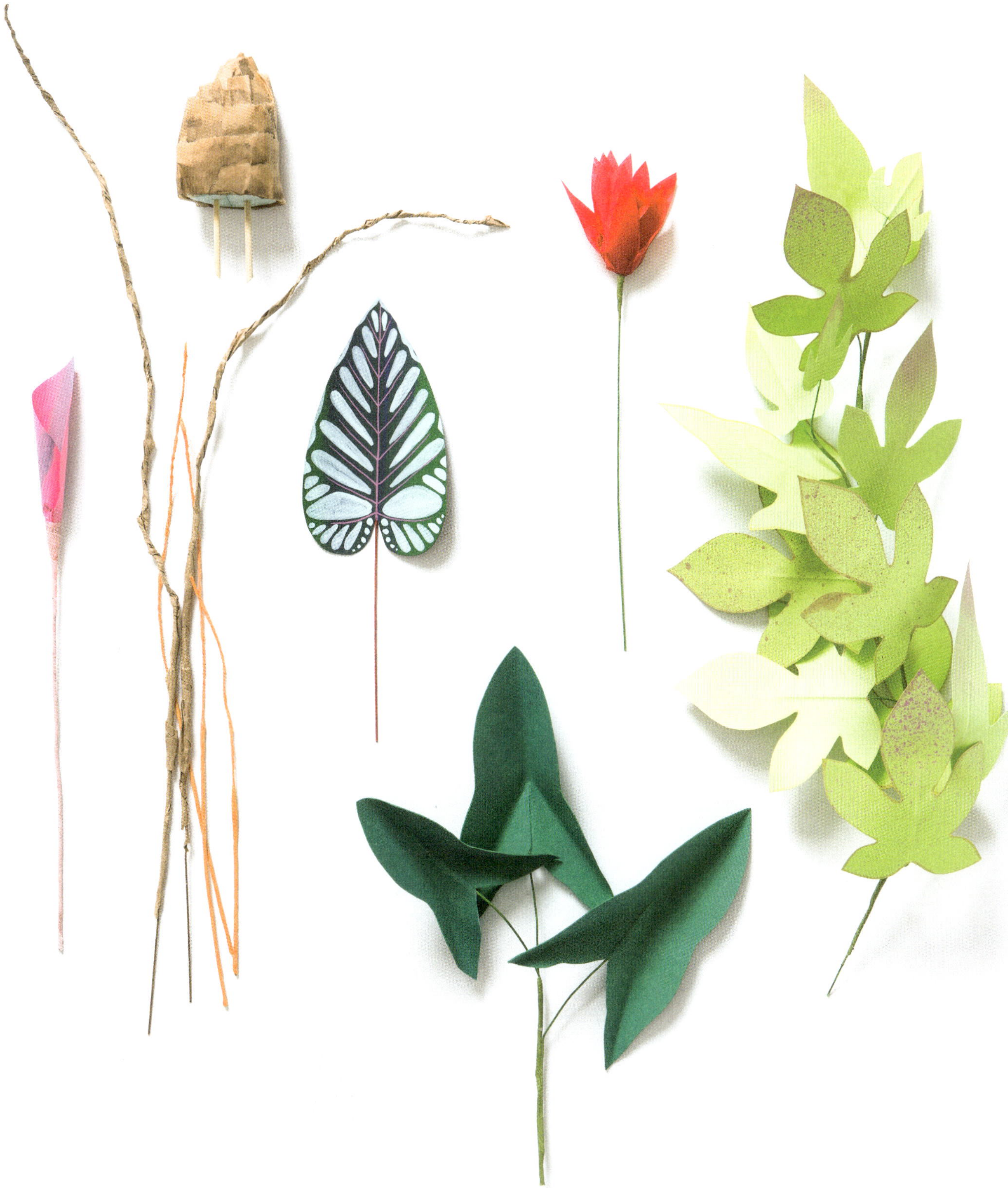

SCHABLONEN ANFERTIGEN UND VERWENDEN

Der erste Schritt zur Herstellung einer Papierpflanze besteht in der Anfertigung einer Schablone. Sie finden die Schablonenmuster für alle Blätter in diesem Buch ab Seite 250. Sie können die Schablonenmuster entweder mithilfe eines Kopierers aus dem Buch kopieren oder sie mit Bleistift auf Pauspapier übertragen. Die meisten Schablonen sind in Originalgröße abgebildet, einige müssen aber auch vergrößert werden, da die späteren Pflanzenblätter die Größe der Buchseiten überschreiten. Der Vergrößerungsfaktor ist auf den betreffenden Seiten vermerkt.

Die kopierte oder gezeichnete Schablone schneiden Sie aus, legen sie auf einen Bogen stabilen Karton bzw. Kartonage und zeichnen die Form nach. Dann schneiden Sie die Kartonschablone vorsichtig mit einer Schere und / oder einem Bastelmesser aus und versehen sie mit dem Pflanzennamen. Schablonen können mehrfach verwendet werden – werfen Sie sie also nicht weg, sondern bewahren Sie sie für den nächsten Gebrauch auf.

Bei einigen Projekten im Buch werden die Blätter zugeschnitten, bevor die Drähte daran angebracht werden, während andere erst dann zugeschnitten werden, wenn sie bereits an den Drähten befestigt sind. Es empfiehlt sich also, immer zuerst die Anleitung durchzulesen, bevor man mit dem Zeichnen und Ausschneiden der Schablonen beginnt. Bei Blättern, die ausgeschnitten und erst später mit den Drähten verbunden werden, können Sie Ihre Schablone in beliebigen Winkeln und Richtungen so auf dem Papier anordnen, dass Sie möglichst viele Blätter auf einem Bogen unterbringen. Werden die Blätter erst ausgeschnitten, wenn sie an den Drähten befestigt sind, muss die Platzierung der Blätter auf dem Papier auf die Position der Drähte abgestimmt werden.

Zum Übertragen der Schablonen lege ich mir immer einen HB-Bleistift und einen weißen Buntstift bereit. Da ich für die verschiedenen Pflanzen häufig dunkles Papier verwende, zeichne ich die Schablonen mit Weiß nach – die hellen Linien sind auf dem dunklen Papier einfach besser zu erkennen.

Eine Schablone übertragen.

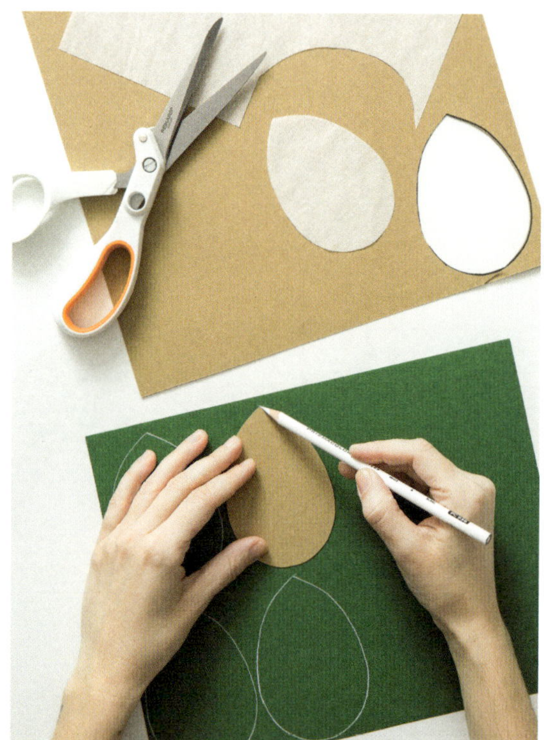

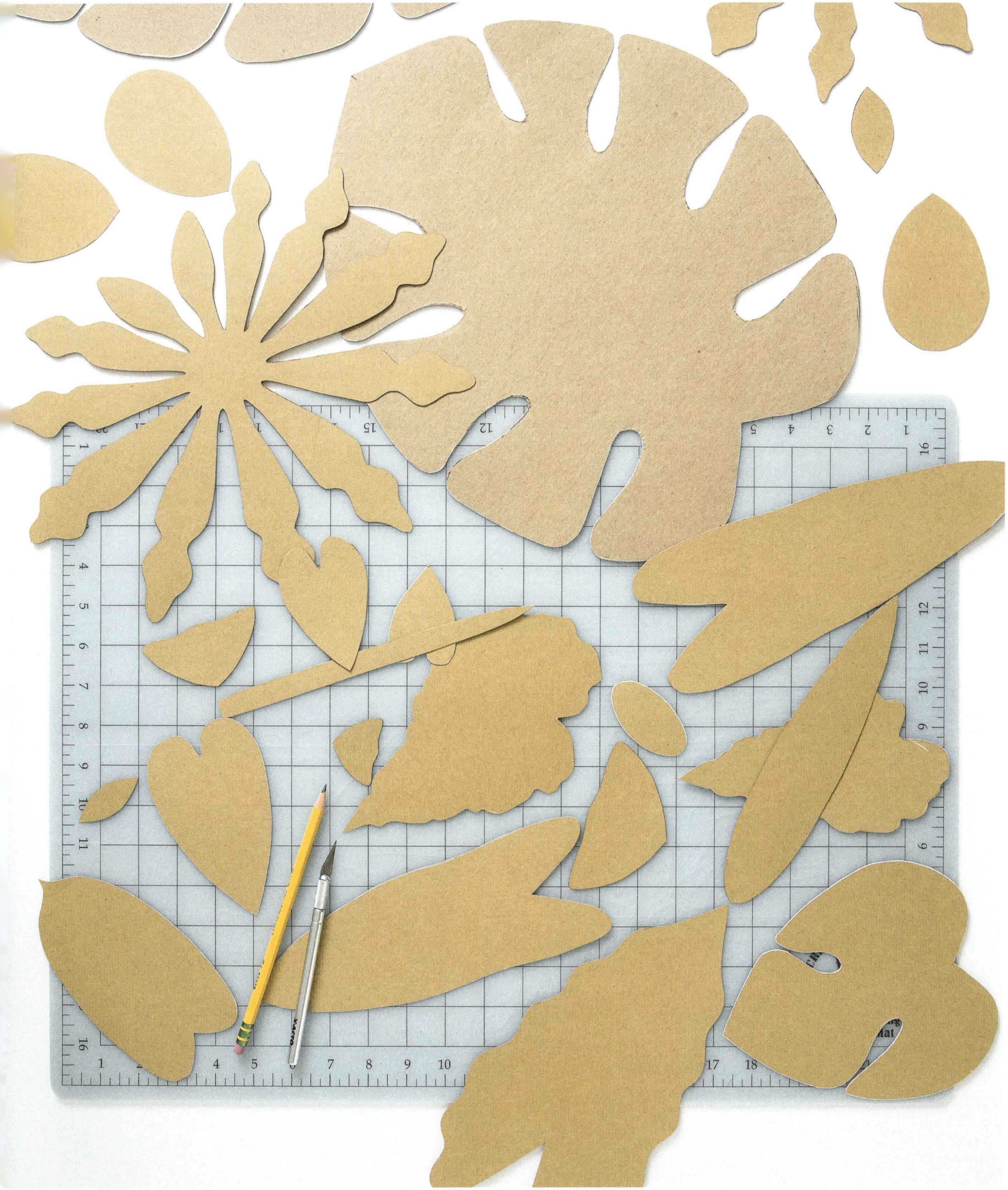

FARBE AUF PAPIER AUFTRAGEN

FARBLÖSUNGS- UND TROCKENPINSEL-TECHNIK

Die Natur bringt feine Grünnuancen hervor, die sich so nicht in den Bastelpapieren aus dem Kunstfachhandel wiederfinden. Häufig suche ich mir das Papier, das dem gewünschten Farbton am nächsten kommt und verändere es, indem ich eine dünne Schicht Acrylfarblösung auftrage.

Hierfür mischen Sie etwas Farbe mit Wasser, ungefähr im Verhältnis ein Anteil Farbe zu ½ Anteil Wasser. Wenn Sie also zum Beispiel 1 Teelöffel (5 ml) Farbe verwenden, verdünnen Sie diese mit ½ Teelöffel (25 ml) Wasser. Ein gleichmäßiges Ergebnis erhalten Sie, indem Sie das Papier zuerst ein wenig mit Wasser aus einer Sprühflasche benetzen. Das nennt man »Nass-in-Nass-Technik«. Auf das feuchte Papier lässt sich die verdünnte Farbe gleichmäßiger auftragen, ohne dass Pinselstriche zu sehen sind. Ich wende die Nass-in-Nass-Technik auch an, wenn ich subtile Farbverläufe mit mehr als einer Farbschattierung erreichen möchte.

Wenn eine zweite Schicht verdünnter Farbe in kleinen Mengen auf feuchtes Papier aufgebracht wird, blutet sie aus und vermischt sich mit der ersten Farbschicht. Solange die Farbe noch feucht ist, können Sie eine weitere feine Schicht Wasser aufsprühen, um die Farbe noch etwas mehr verlaufen zu lassen.

Wenn ich Strukturelemente auftragen möchte, verwende ich Acrylfarbe mit einer Trockenpinsel-Technik. Ein trockenerer Pinsel erzeugt kratzigere, geradere Linien. Für diese Technik bleibt das Papier trocken und Sie stippen Ihren Pinsel nur minimal in die Farbe, sodass nur wenige Borsten mit Farbe befeuchtet sind. Dann bemalen Sie das Papier, wie in der jeweiligen Anleitung vorgegeben.

In den Anleitungen ist angegeben, wie viel Blatt Papier Sie jeweils benötigen. Ich empfehle Ihnen, vor dem Schneiden und Kleben zunächst alle Blätter zu bemalen, komplett trocknen zu lassen und erst danach mit ihnen weiterzuarbeiten. Sie können das Papier auf einem Wäscheständer trocknen oder es auch einfach auf Zeitungspapier auf dem Boden auslegen. Wenn sich das Papier beim Trocknen sehr gewellt hat, können Sie es vorsichtig mit einem Bügeleisen glätten.

1 Eine Sprühflasche verwenden.
2 Farblösung mit dem Pinsel auftragen.
3 Papier mit zwei Farben bemalen.
4 Mit Trockenpinsel-Technik malen.

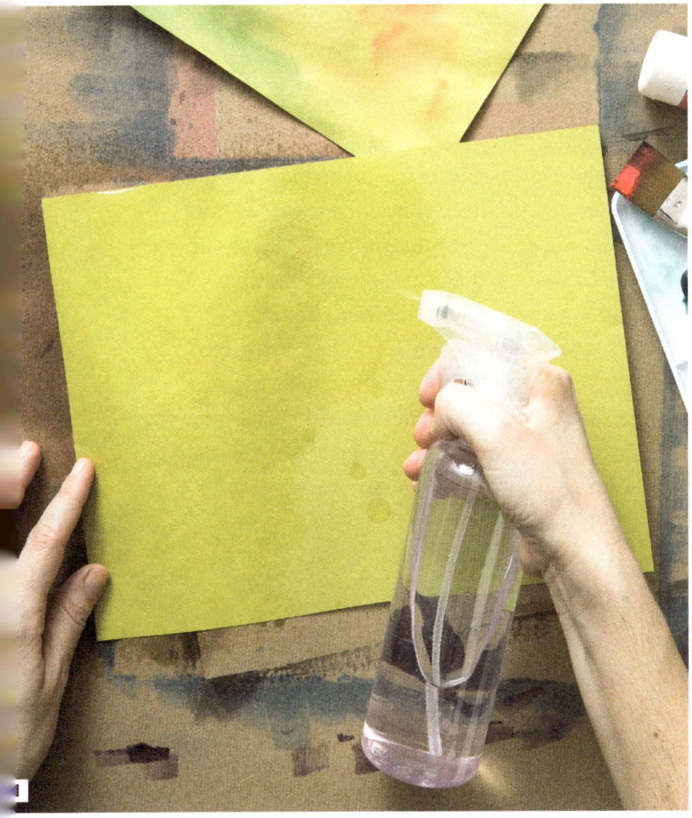
1

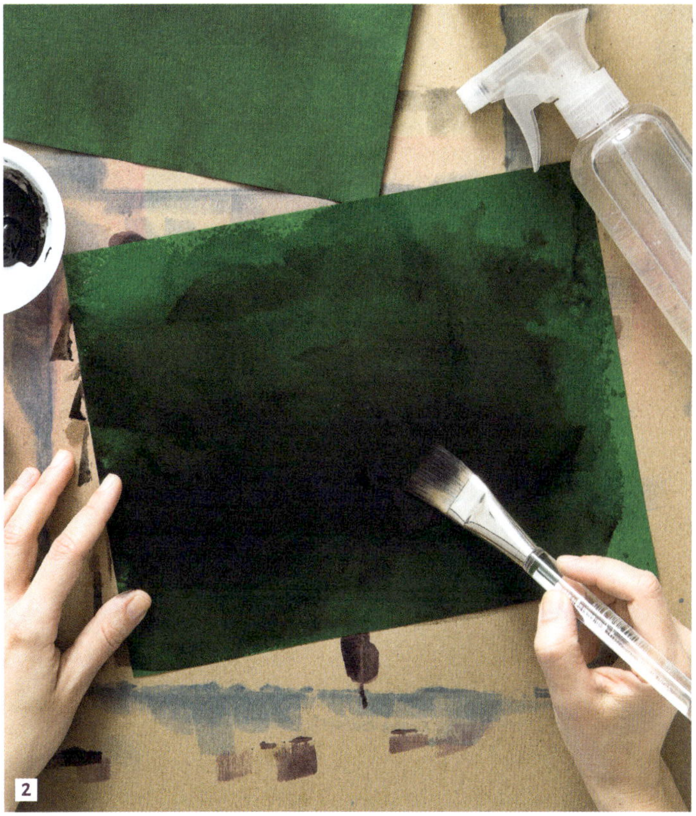
2

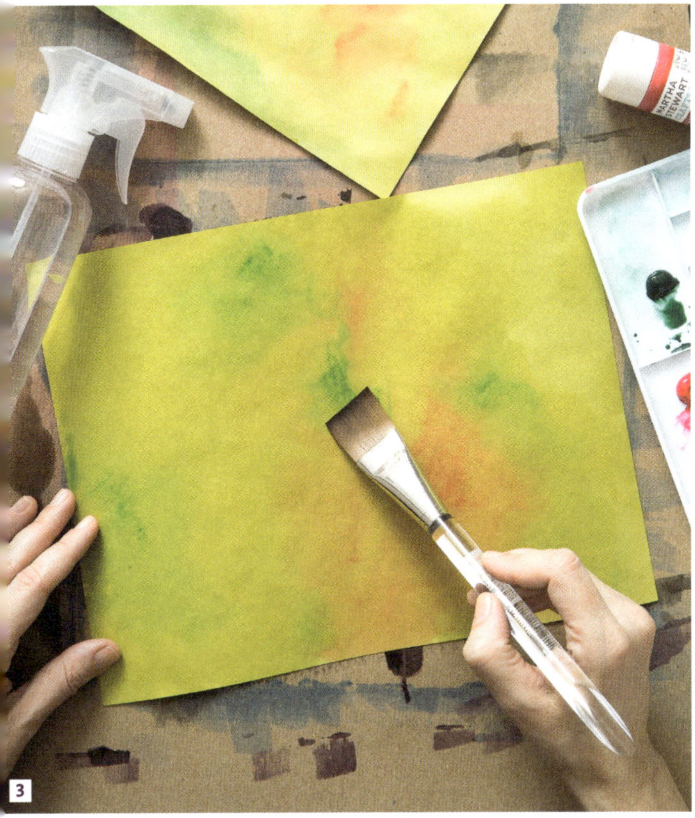
3

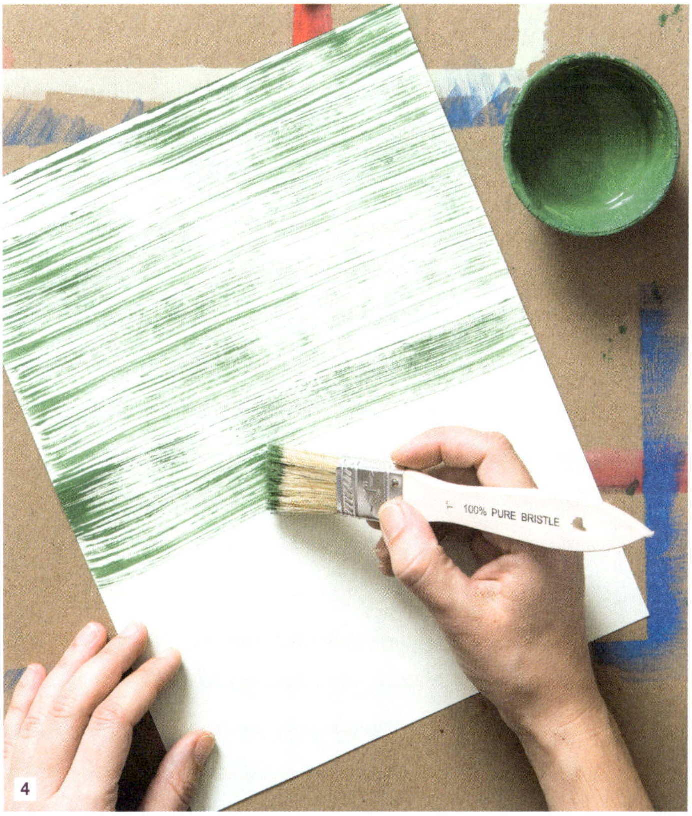
4
100% PURE BRISTLE

FARBE AUF PAPIER AUFSPRÜHEN

Natürliche Blätter haben meist keine ebene, einheitliche Farbe. Sie können leicht gesprenkelt sein oder eine bestimmte Textur aufweisen. Sprenkel und Texturen lassen sich gut mit einer Sprühflasche erzielen, und sie machen Ihre Pflanze sowohl interessanter als auch realistischer. Verdünnen Sie zunächst Acrylfarbe mit Wasser, im Verhältnis ein Anteil Farbe zu zehn Anteilen Wasser, ½ Teelöffel (2,5 ml) Farbe beispielsweise vermischen Sie mit fünf Teelöffeln (25 ml) Wasser. Für einen helleren Farbton können Sie noch etwas mehr Wasser nehmen. Experimentieren Sie bei der Verdünnung ruhig etwas, um herauszufinden, welche Farbintensität Ihnen gefällt – manche Farben können mehr oder weniger Wasser brauchen. Am einfachsten lassen sich Farbe und Wasser in einer Schüssel oder einem sauberen Joghurtbecher vermischen. Die Farben von manchen Herstellern verhalten sich beim Mischen störrischer als andere und müssen eventuell etwas länger gerührt und gematscht werden.

Wenn die Farbe komplett mit dem Wasser vermischt ist, füllen Sie sie in eine Sprühflasche. Mein Tipp: Verwenden Sie eine kleine Sprühflasche mit Deckel, so können Sie die Farbe später wiederverwenden und außerdem ist der Sprühkopf vor dem Eintrocknen geschützt (wenn Sie mit dem Sprühen fertig sind, empfiehlt es sich, den Sprühkopf auszuspülen). Die Entfernung, die Sie beim Sprühen zum Blatt einhalten, entscheidet über den Effekt. Wenn Sie die Flasche nah ans Papier halten, bekommen Sie einen konzentrierten Strich und keine Nebeleffekte über das ganze Blatt. Winkeln Sie die Sprühflasche scharf an, erhalten Sie an der Stelle, die der Flasche näher ist, eine höhere Farbsättigung. Probieren Sie einfach aus, wie sich unterschiedliche Entfernungen, Winkel und Verdünnungsverhältnisse auswirken. Sie können auch mehrere Farben in Schichten mit unterschiedlichen Techniken auftragen, um verschiedene Effekte zu erzielen. Bereiten Sie das Papier für ein Projekt immer vor, bevor Sie beginnen, und lassen Sie die Farbe trocknen, bevor sie damit weiterarbeiten.

Papier mit verdünnter Farbe besprühen.

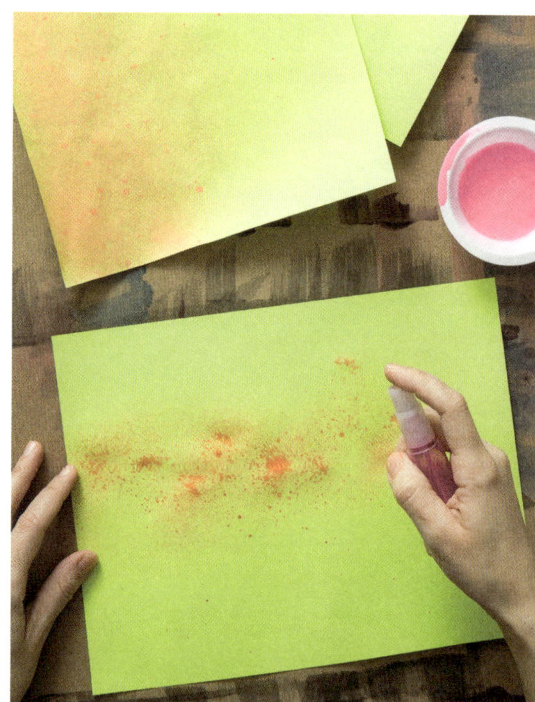

MIT KLEBSTOFFEN ARBEITEN

Eine der kniffligsten Aufgaben beim Papierpflanzenbasteln ist das Anbringen von Papier an Draht – es erfordert etwas Übung, ein flaches Objekt (Papier) an ein rundes Objekt (Draht) zu kleben. Nachfolgend erläutere ich verschiedene Methoden, die für mich funktionieren. Manche sind austauschbar, andere nicht. Wenn Sie die Pflanzen im Buch herstellen, werden Sie vielleicht feststellen, dass Ihnen eine bestimmte Methode mehr zusagt als die andere, und wenn Sie genügend Erfahrung gesammelt haben, können Sie die Projekte nach Ihren Vorlieben und gewünschten Ergebnissen anpassen. Ich klebe ein Stück Draht beispielsweise lieber zwischen zwei Papierblätter, als es nur an einer Seite zu befestigen, weil so einerseits das Blatt stabilisiert wird und dennoch beweglich bleibt und weil das Blatt dadurch andererseits realistischer aussieht. So kann ich auch dekorative Elemente auf beide Seiten eines Blatts auftragen. Trotzdem funktioniert diese Methode nicht für jede Blattform und bei jeder Pflanzenart.

In einigen Fällen habe ich mich aufgrund der Reihenfolge der einzelnen Arbeitsschritte für einen bestimmten Klebstoff entschieden oder wegen der Art, wie Stängel und Blatt miteinander verbunden sind – manche Blätter verlaufen senkrecht, andere hingegen parallel zum Draht. Die verschiedenen Klebstoffe haben unterschiedliche Eigenschaften. Heißkleber zum Beispiel ist sehr stark, aber nicht sehr flexibel. Bügeleinlagen sind flexibel, aber das Anbringen dauert länger. Doppelseitige Klebefolie geht schnell, aber man braucht eine sichere Hand, da sie sich nicht mehr ablösen und verschieben lässt. Flüssigkleber sind die günstigste Variante, aber sie brechen und krümeln mit der Zeit. Holzleim trocknet zwar schnell und bleibt einigermaßen flexibel, kann dünneres Papier aufgrund seiner Feuchtigkeit aber wellig werden lassen. Wie man sieht, haben alle Klebstoffe, die ich ausprobiert habe, ihre Vor- und Nachteile, und alle finden ihren Platz in meinem Werkzeugkasten.

PAPIER-KLEBEBAND-METHODE

Die schnellste Methode, Draht und Papier zu verbinden, ist, Papierklebeband zu verwenden. Sie ist ideal für kleinere Blätter, die so schmal sind wie das Band (ca. 5 cm). Nicht alle Papierklebebänder sind stark genug für diesen Zweck, aber die braune Packbandvariante aus Papier hält definitiv. Das braune Papierklebeband eignet sich außerdem perfekt für Pflanzen, die natürlicherweise eine braune Blattunterseite haben oder deren Blätter mit dem Alter braun werden. Wenn es also ein wenig zwischen den Blättern herausspitzt, wirkt das realistisch. Wenn Sie den Dreh bei dieser Technik heraushaben, denken Sie auch daran, wenn Sie beginnen, Ihre eigenen Papierpflanzen zu entwerfen. Wir werden diese Methode beim Herzblättrigen Philodendron anwenden, für den wir in der Anleitung kleine Blätter anfertigen werden, die auf der Oberseite grün und auf der Unterseite braun sind. Sie werden Drahtpaare entlang der unteren und oberen

Papierkanten platzieren und jedes Paar mit einem Stück Papierklebeband befestigen. Dafür legen Sie das Blatt Papier horizontal vor sich hin und platzieren ein Stück Draht 2,5 cm von der kurzen Papierkante entfernt so, dass es die Unterkante des Papiers 4 cm überragt (oder die Länge, die Sie für den Stängel gewählt haben). Dann platzieren Sie ein weiteres Stück Draht darüber, das die Oberkante des Papiers um dieselbe Länge überragt wie das untere.

Schneiden Sie ein Stück Papierklebeband zurecht und kleben Sie es vorsichtig über die zuvor auf dem Papier platzierten Drahtstücke – achten Sie darauf, den Draht nicht zu verschieben und das Klebeband parallel zu den Papierkanten auszurichten. Mithilfe eines Falzbeins können Sie das Band entlang der Drahtkonturen festdrücken.

Diese Schritte wiederholen Sie mit dem nächsten Drahtpaar, 2,5 cm von der Kante des vorherigen entfernt, so lange, bis Sie insgesamt acht Drahtstücke mit vier Streifen Klebeband angebracht haben.

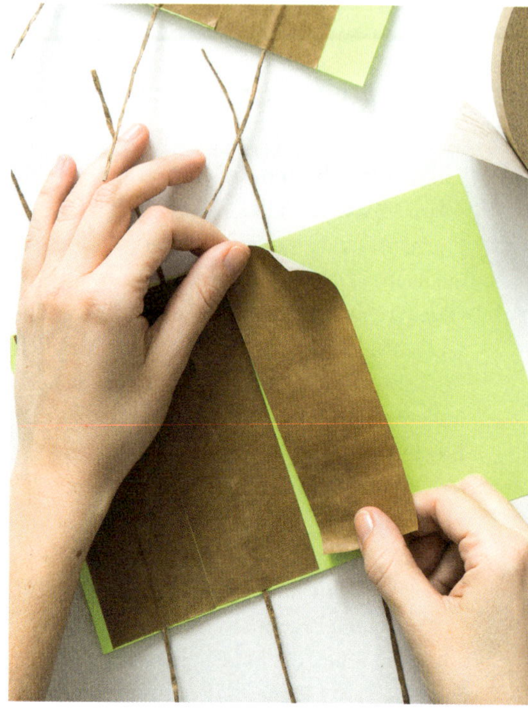

Die Papier-Klebeband-Methode.

HEISSKLEBE- UND SEIDENPAPIER-METHODE

Mithilfe einer Heißklebepistole und von Flüssigkleber lässt sich die Verbindungsstelle, an welcher der Stängel senkrecht aus dem Blatt hervorsteht, optimal verstecken. Doch die Methode eignet sich auch noch für andere Fälle. Sie kommt in diesem Buch viermal zur Anwendung: bei Pilea peperomioides, der Wassermelonen-Peperomia, der Kannenpflanze und bei Monstera deliciosa. Diese Methode eignet sich sowohl für Bastelpapier als auch für Karton. In jedem Fall wird zusätzlich farblich passendes Seidenpapier benötigt – je stimmiger die Farbtöne, desto realistischer die Wirkung. Seien Sie bitte vorsichtig, wenn Sie mit einer Heißklebepistole arbeiten: Die Metallspitze und der Kleber selbst können Ihnen Verbrennungen zufügen (ich habe Narben, die das beweisen). Ziehen Sie immer unmittelbar nach dem Gebrauch den Stecker.

Beginnen Sie mit dem Zeichnen und Ausschneiden Ihrer Blattform. Wenn in einer Anleitung dreidimensionale Blätter oder Details angefertigt werden sollen, die den Blättern hinzugefügt werden, kümmern Sie sich darum als Erstes, wie in der jeweiligen

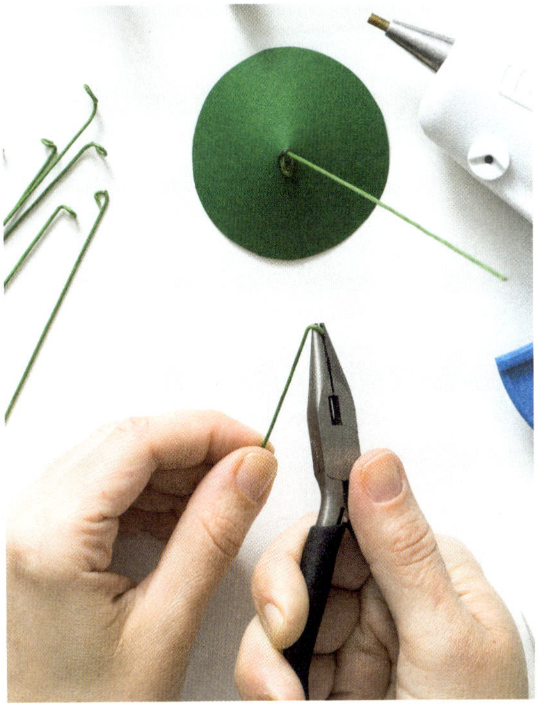

Eine Schlinge machen.

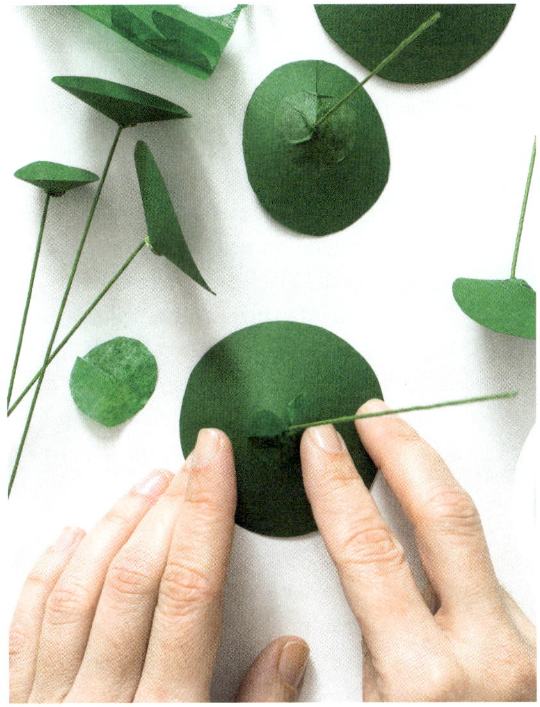

Die Verbindungsstelle mit Seidenpapier kaschieren.

Anleitung erklärt. Danach biegen Sie mithilfe einer Nadelzange ein Ende des Drahts und machen Sie eine kleine Schlinge mit 3 mm Durchmesser (schauen Sie die richtige Drahtstärke und -länge in der jeweiligen Anleitung nach). Die fertige Schlinge greifen Sie mit der Zange und biegen sie senkrecht nach unten. Sie haben nun eine Fläche – die Schlinge – geschaffen, auf welcher der Heißkleber haften kann. Geben Sie eine erbsengroße Menge Heißkleber auf die Rückseite des Blatts und drücken Sie schnell die Drahtschlinge in den Kleber. Halten Sie sie einige Sekunden, bis der Kleber antrocknet. Anschließend schneiden Sie einen Kreis mit 2,5 cm Durchmesser aus dem passenden Seidenpapier aus. Dann schneiden Sie einen Schlitz von der Kante bis zur Mitte (Sie können das Seidenpapier falten, um gleichzeitig mehrere Kreise aus- und einzuschneiden). Tragen Sie mit einem Wattestäbchen oder einem kleinen Flachpinsel eine großzügige Schicht Flüssigkleber auf. Halten Sie das Seidenpapier am Schlitz fest, legen Sie es um den Draht und decken Sie die Schlinge und die Heißklebeverbindung ab. Drücken und streichen Sie das Seidenpapier abschließend glatt.

PAPIERSTREIFEN-METHODE

Diese Methode wende ich an, wenn ich eine Pflanze herstelle, die große, aber feine Blätter hat, und ich die Blätter möglichst dünn belassen will. Man bringt hier Draht an ein Blatt an, indem man Papierstreifen über den Draht klebt. Der Papierstreifen hält den Draht am Platz, der Rest des Blatts kann aber einlagig bleiben. Projekte, in denen die Methode angewandt wird, sind das Pfeilblatt, Calathea orbifolia und die Weiße Kaladie.

Beginnen Sie mit dem Zeichnen und Ausschneiden der Blattformen, wie in der jeweiligen Anleitung angegeben. Dann bringen Sie – sofern in der Anleitung vorhanden – die dekorativen Elemente auf die Blätter auf. Legen Sie das Blatt mit der Oberseite nach unten und platzieren Sie den Draht entsprechend der jeweiligen Anweisung. In einigen Fällen wird der Drahtstängel vom unteren Teil des Blatts abgehen. Bei anderen Projekten soll der Draht mittig auf der Rückseite des Blatts befestigt werden.

Wenn der Draht platziert ist, tragen Sie mit einem Pinsel oder einem Wattestäbchen eine dünne Holzleimschicht auf einen Papierstreifen auf. Drücken Sie den Streifen gut fest. Fahren Sie mit einem Falzbein an den Konturen des Drahts entlang über den Papierstreifen, solange der Klebstoff noch nass ist. Lassen Sie den Leim vollständig trocknen, bevor Sie den Draht biegen oder anderweitig formen.

AUFBÜGEL-METHODE

Auch wenn dies die zeitaufwendigste Methode ist, hat sie ihre Vorteile: Die Bügeleinlage kann feucht werden und hält dennoch am Papier. Ich verwende sie daher, wenn ich das Papier befeuchten möchte, um es in Form zu bringen. Ja, richtig gelesen, das Papier befeuchten! Das ist einer der Gründe, warum Sie auf Billigpapier verzichten sollten – Papier von guter Qualität kann einiges aushalten, einschließlich bemalt, gebügelt, befeuchtet und wieder bemalt zu werden.

Ich nehme die starke, ultrahaftende Variante von Bügeleinlage auf einer Rolle, weil sie in Kombination mit Papier am besten funktioniert. Als Erstes rolle ich ein Stück Einlage ab und schneide sie in 21 × 29,7 cm große Stücke, weil sie dann genau auf A4-Blätter passen. Statt am Bügelbrett arbeite ich an meinem Arbeitstisch, den ich mit einem alten in der Mitte gefalteten Frotteehandtuch abdecke. Wenn Sie Papier bügeln, benötigen Sie eine recht große, glatte Fläche. Ein Badehandtuch ist perfekt, denn es ist groß genug und kann nach dem Gebrauch gewaschen werden.

Ich besitze zwei Bügeleisen. Eins mit Dampf- und Sprühfunktion, 18 verschiedenen Einstellungen und wahrscheinlich könnte es auch eine Textnachricht versenden – das ist das Bügeleisen für meine Kleidung. Das andere ist ein günstiges Teil aus dem 1-Euro-Laden und ausschließlich für die Verwendung mit Papier bestimmt. Letzteres hat nur eine Aufgabe: Es muss heiß werden, nichts weiter. Seien Sie beim Arbeiten mit dem Bügeleisen bitte immer vorsichtig und lassen Sie es niemals unbeaufsichtigt, wenn es eingesteckt ist. Diese Methode werden wir bei der Engelsflügel-Begonie, dem Schiefen

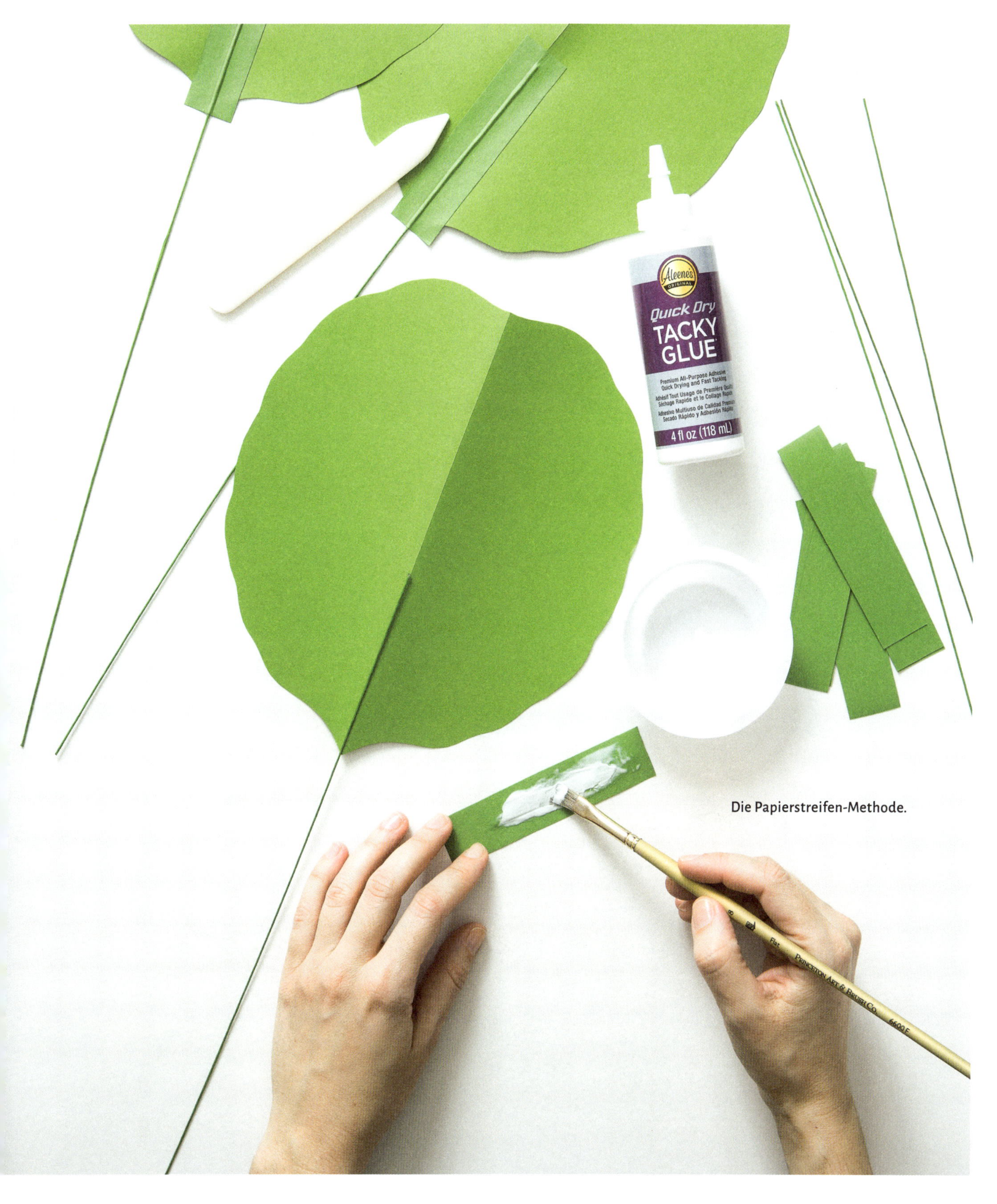

Die Papierstreifen-Methode.

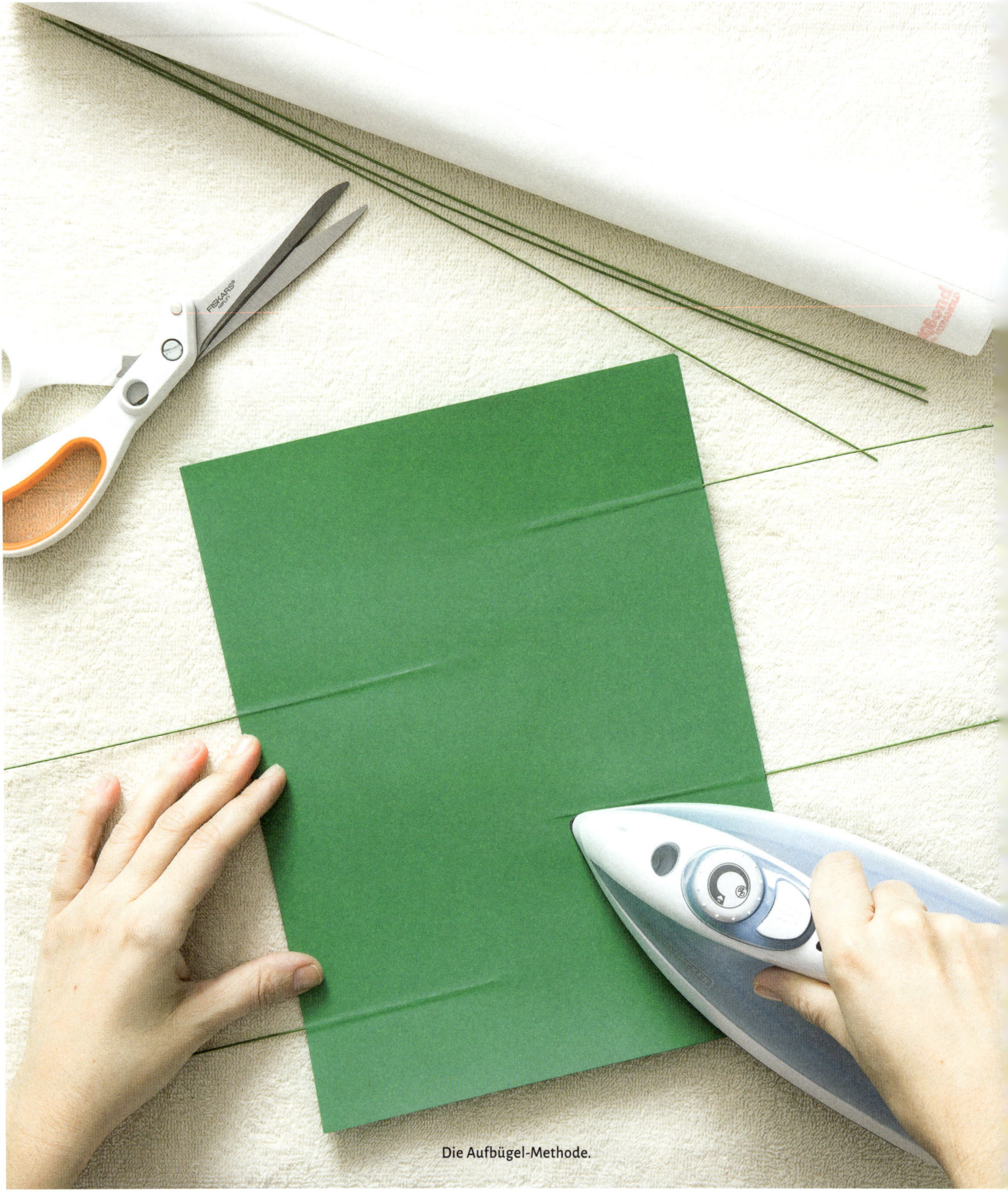

Die Aufbügel-Methode.

Fensterblatt, der Korbmarante und der Purpurtute anwenden.

Bei zwei der Anleitungen mit Aufbügelmethode wird Papier in zwei unterschiedlichen Farben verwendet, um Blätter herzustellen, die auf der Oberseite eine andere Farbe haben als auf der Unterseite. In allen Aufbügelprojekten wird Bastelpapier verwendet und der Draht daran angebracht, bevor die Blätter in Form geschnitten werden. Hierfür legen Sie zunächst die Schablonen auf das Papier und markieren mit einem Bleistift für jedes Blatt in der Mitte und unten die Stellen, wo der Draht platziert werden soll, wobei zu beachten ist, dass der Draht bei jedem Blatt mindestens 2,5 cm überstehen soll. Dann platzieren Sie ein Stück Bügeleinlage über dem markierten Papier (die Kanten aufeinander ausrichten). Die Papierseite der Einlage sollte nach oben, die glänzende Klebeseite nach unten zum Bastelpapier zeigen.

Mit dem auf hoher Stufe (Baumwolle) vorgeheizten Bügeleisen wird die Bügeleinlage auf das Bastelpapier gebügelt, indem Sie das Bügeleisen im Zwei-Sekunden-Takt über die gesamte Fläche gleiten lassen, bis die Einlage komplett haftet. Lassen Sie das Ganze abkühlen, bevor Sie weiterarbeiten. Wenn es abgekühlt ist, entfernen Sie das Trägerpapier. Sie sollten Ihre Markierungen nun durch die Einlage hindurch sehen können. Platzieren Sie den Draht entsprechend der Markierungen. Darüber platzieren Sie dann die zweite Bastelpapierseite so, dass alle Kanten genau übereinander liegen. Bügeln Sie langsam im Acht-Sekunden-Takt über das Papier-Einlage-Sandwich. Beginnen Sie mit sanftem Druck, sobald Sie merken, dass der Draht am Platz bleibt, können Sie den Druck erhöhen und das Papier entlang der Drahtkonturen mit der Spitze des Bügeleisens festbügeln, indem Sie das Blatt entsprechend drehen. Wiederholen Sie dies auf der Rückseite, indem Sie das Sandwich umdrehen und die Konturen des Drahts etwa acht Sekunden lang bügeln, bis der Draht fest an seinem Platz bleibt. Lassen Sie das Papier abkühlen, bevor Sie weiterarbeiten.

DOPPELSEITIGE-KLEBEFOLIEN-METHODE

Das ist meine Lieblingsmethode und ich verwende sie in diesem Buch auch am häufigsten. Allerdings erfordert es ein wenig Übung, die Papiere genau aufeinander auszurichten, weshalb ich empfehle, erst einmal mit Schmierpapier zu üben, bis man den Dreh raushat. Wenn die Blätter einmal damit zusammengeklebt sind, ist es nicht mehr möglich, sie zu verschieben, man muss also genau arbeiten. Doppelseitige Klebefolie ist eine dünne Lage Permanentkleber, die auf beiden Seiten von Trägerpapier geschützt wird. Sie wird in verschiedenen Größen angeboten. Sofern man sie nicht direkt in A4-Größe gekauft hat, schneidet man sich zuerst aus größeren Folien 21 × 29,7 cm große Stücke zurecht. Heben Sie die überschüssigen Stückchen auf – Sie können Sie anstelle des Leims bei der bereits beschriebenen Papierstreifen-Methode verwenden.

Wie bei der Aufbügel-Methode beginnen Sie mit dem Positionieren der Schablonen auf dem Bastelpapier und markieren mit einem Bleistift die Position der Drähte in der Mitte und unten auf jedem Blatt. Auch hier muss der Draht mindestens 2,5 cm überstehen. Um das Ausrichten von Papier und Klebefolie zu erleichtern, legen Sie das Papier

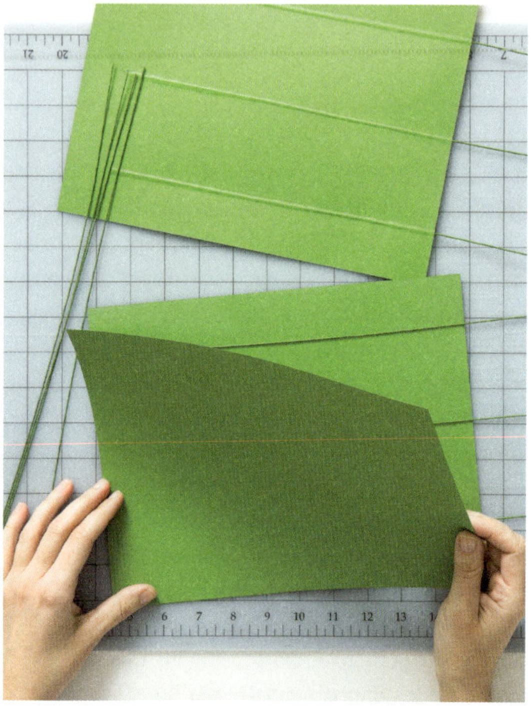

Machen Sie ein Sandwich aus Papier und Draht.

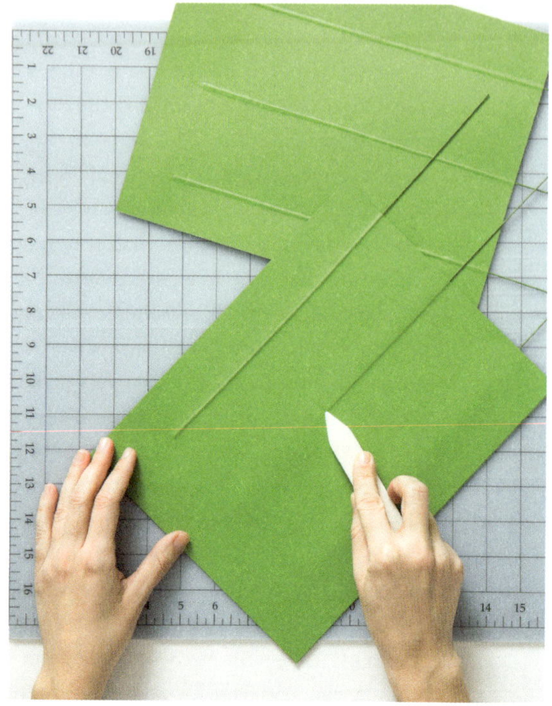

Drücken Sie das Papier mit einem Falzbein um den Draht herum fest.

waagerecht vor sich auf Ihren Arbeitsplatz. Entfernen Sie das Trägerpapier von einer Seite der Klebefolie. Dann mache ich es so, dass ich die Folie ebenfalls waagerecht mit der Klebeseite nach unten halte – die linke Hand hält vorsichtig die linke untere Ecke und die rechte Hand ist etwa in der Mitte rechts. Dann gehe ich mit meiner rechten Hand näher zu meinem Körper, während ich die linke untere Ecke der Folie auf die entsprechende Ecke auf dem Papier ausrichte und zunächst nur diese Ecke festklebe. Anschließend bewege ich mich mit der rechten Hand langsam nach unten und lasse die Folie auf das Papier sinken, wobei ich mit der linken Hand alles an seinem Platz halte. Wenn die Folie einmal aufgebracht ist, wars das – keine Möglichkeit, sie noch einmal anzuheben und zu verschieben. Das heißt, wenn sie mal, wie es mir auch passiert, um einen Zentimeter verrutscht, ist natürlich nicht das ganze Blatt hinüber. Sie können und sollten den Großteil davon verwenden und einfach die Ecke, an der es nicht ganz passt, auslassen, wenn Sie die Drähte positionieren.

Nachdem die Klebefolie aufgebracht ist, entfernen Sie das zweite Trägerpapier und platzieren mithilfe der Markierungen die Drähte und drücken Sie fest auf die Folie. Anschließend bringen Sie das zweite Blatt nach derselben Methode wie oben beschrieben an. Drücken und glätten Sie das Papier sanft mit den Händen. Mithilfe eines Falzbeins drücken Sie nun das Papier auf beiden Seiten um die Konturen des zwischen den Papierseiten klebenden Drahts fest.

BLÄTTER AUSSCHNEIDEN

Sie können entweder eine Schere oder ein Bastelmesser zum Ausschneiden der Blätter verwenden, ganz wie es Ihnen besser gefällt. Bei ein paar Anleitungen habe ich das Schneidewerkzeug angegeben, das sich für ein bestimmtes Blatt am besten eignet. Gelegentlich tauchen auch beide Werkzeuge in einer Anleitung auf, da das Bastelmesser generell besser an enge Stellen kommt oder sehr scharfe Kurven schneidet, man mit der Schere aber schneller vorankommt. Wenn Sie Blattformen ausschneiden, die mit der Doppelseitige-Klebefolien-Methode, der Aufbügel-Methode oder der Papierstreifen-Methode mit Draht verbunden wurden, gibt es noch überschüssiges Papier und der Draht steht über. Nachdem Sie 99 Prozent der Blattform ausgeschnitten haben und unten an der Verbindungsstelle mit dem Draht angekommen sind, schneiden Sie am besten mithilfe eines Bastelmessers das überschüssige Papier von beiden Seiten des Drahts weg. Als Nächstes schneiden Sie unten einen Schlitz parallel zum Draht in das Blatt. Falten Sie die Papierstücke nach hinten und ziehen Sie das Papier ab – es sollte sich lösen. Wenn Sie mit dem Ausschneiden fertig sind, kontrollieren Sie das Blatt auf sichtbare Bleistiftmarkierungen und radieren Sie diese aus.

DETAILS AUF BLÄTTER MALEN

Details sind wichtig, um die Blätter lebensechter und einzigartiger zu machen. Bei manchen Projekten werden die Blätter aus Papier hergestellt, das mit einer Acrylfarblösung bearbeitet wurde. Acrylfarben verwende ich gerne für Lösungen, weil sie halten, sobald sie einmal getrocknet sind. Wenn ich später mit feuchten Markern, Stiften oder Farben Details ergänzen möchte, muss ich keine Angst haben, dass die zuvor aufgebrachte Farblösung verwischt oder sich mit den neuen Farben mischt.

Sie müssen die nachfolgend aufgeführten Methoden, Farben und Stifte eventuell kombinieren, um die gewünschten Effekte bei einer bestimmten Pflanze zu erzielen. Wenn Sie mit diesen Techniken vertrauter werden, stellen Sie womöglich fest, dass Sie lieber mit Markern auf Farben malen oder dass andere Kombinationen für Sie besser funktionieren. Das ist alles Teil des Spiels!

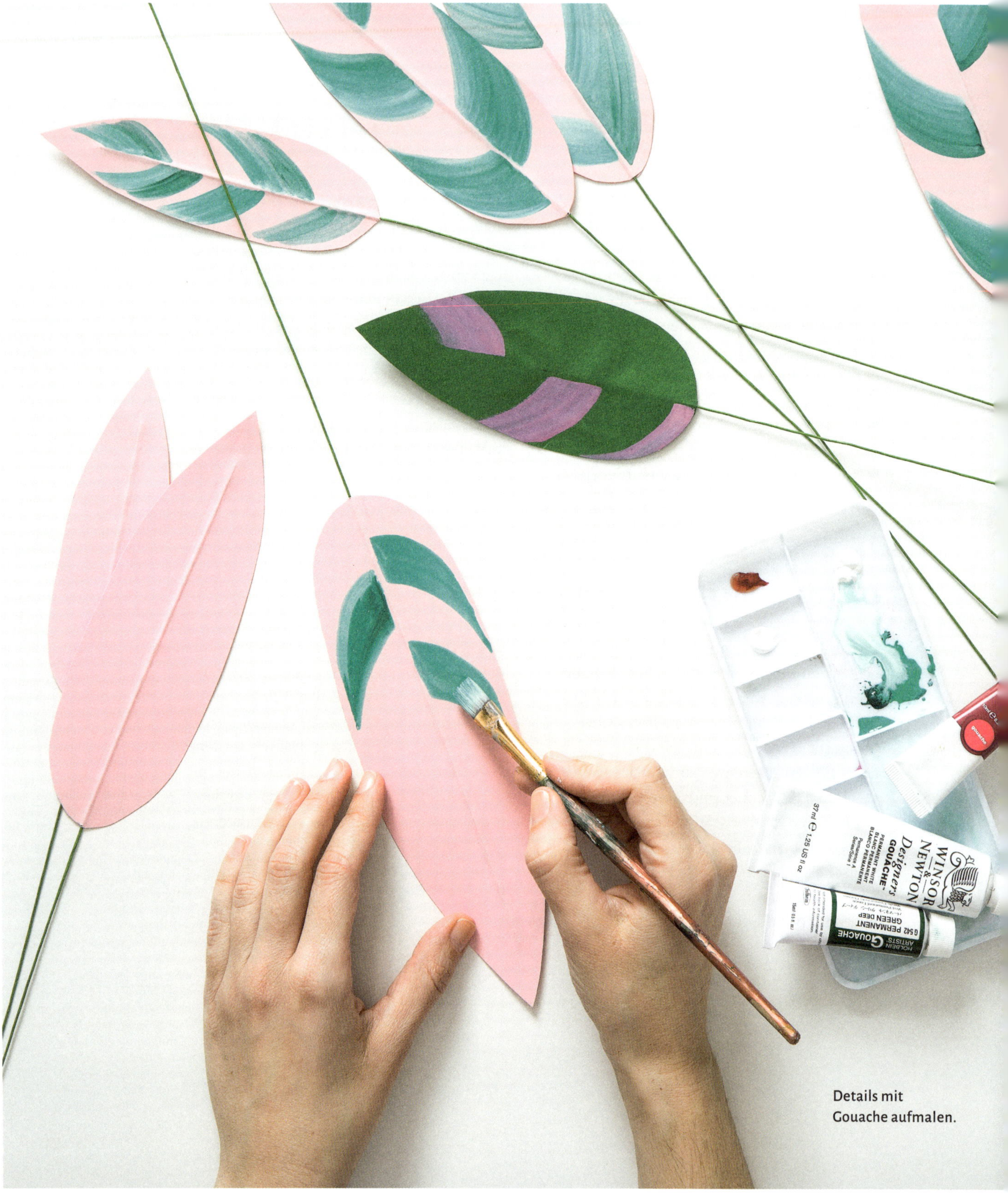

Details mit
Gouache aufmalen.

DETAILS MIT GOUACHE

Gouachefarben sind super für detailreiche Arbeiten. Ich trage Gouache am liebsten zum Schluss auf, da die Farbe auch nach dem Trocknen noch mit Wasser verwischt werden kann. Gouache ist immer matt, was gut mit Papier harmoniert.

Die Farbe kann mit Wasser verdünnt werden, um sie im gewünschten Maß durchscheinend zu machen, oder man lässt sie unverdünnt und komplett deckend. Für die Projekte in diesem Buch sollten ein paar Tropfen Wasser in einer erbsengroßen Menge Gouachefarbe ausreichen, um die gewünschte Konsistenz zu erzielen. Mit ein wenig Gouache kommt man ziemlich weit. Ich empfehle Ihnen, Pinsel mit weichen Borsten zu verwenden und vorab auf einem Schmierblatt (in derselben Farbe wie das Papier für Ihre Pflanze) die Muster, Designs und Farbintensität zu testen. Bei den meisten Projekten sollten die aufgemalten Details etwa so durchscheinend sein wie beschlagenes Glas. Das richtige Werkzeug wird Ihnen helfen, Ihre Verzierungen wie gewünscht aufzutragen; ich gebe bei jeder Anleitung die korrekte Größe und den geeigneten Pinseltyp an. Bei einigen Projekten im Buch werden spezielle Muster auf die Blätter gezeichnet. Sie finden die Mustervorlagen ab der Seite 282.

DETAILS MIT GELSTIFTEN

Der Lieblingsstift von Teenagern rund um den Globus ist eine ausgezeichnete Ergänzung Ihres Werkzeugkastens, um Details auf Blätter zu zeichnen – mit Gelstift gezogene Linien imitieren hervorragend Blattadern. Die Tinte gleitet weich und deckend über das Papier – auch dunkles – und ist in einer großen Farbpalette erhältlich. Bei einigen Projekten werden Gelstifte zusammen mit Layoutmarkern verwendet, bei anderen kommen sie in Kombination mit Gouache zum Einsatz. Denken Sie immer daran, die Gelstifte nach der Verwendung wieder zu schließen, da sie sonst schnell austrocknen.

Details mit Gelstiften aufmalen.

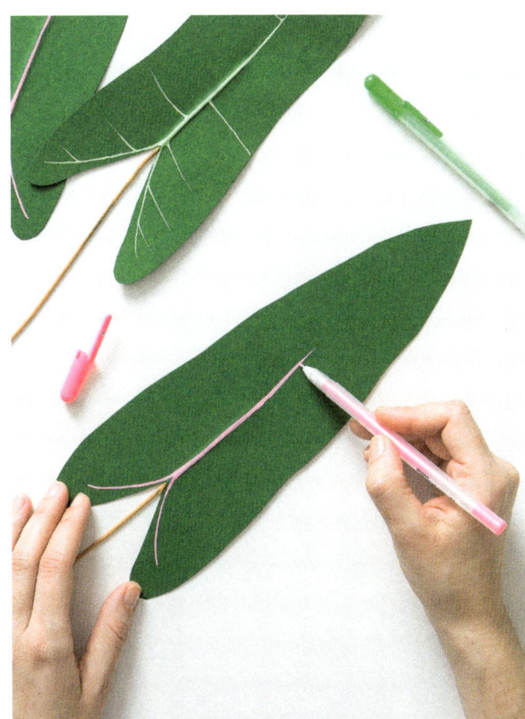

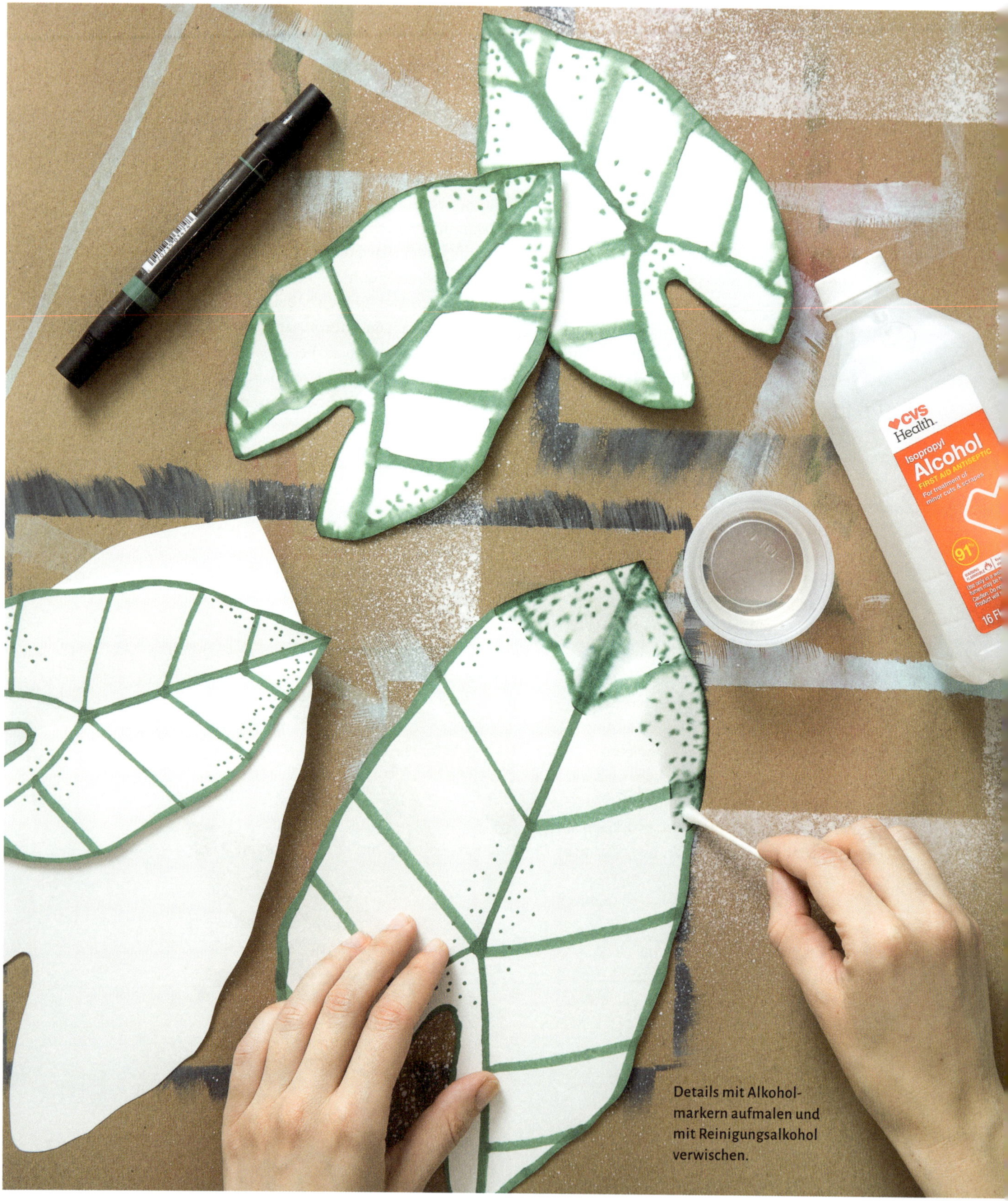

Details mit Alkohol-
markern aufmalen und
mit Reinigungsalkohol
verwischen.

DETAILS MIT ALKOHOL-MARKERN

Marker auf Alkoholbasis sind professionelle Permanentmarker, die schnell trocknen und in leuchtenden und kräftigen Farben erhältlich sind. Anders als Stifte auf Wasserbasis sind die Marker nur mit Alkohol löslich. Sie können entweder einen sogenannten Blender (einen farblosen Alkoholmarker) verwenden oder sich für die kostengünstigere Variante entscheiden: Reinigungsalkohol (Isopropyl) und Wattestäbchen. Alkoholmarker sind in vielen Farben und Spitzengrößen erhältlich.

Wenn Sie Reinigungsalkohol benutzen möchten, gießen Sie als Erstes eine kleine Menge in ein Schälchen oder eine Tasse. Schrauben Sie die Kappe gleich wieder auf, da sich der Alkohol schnell verflüchtigt. Dann zeichnen Sie die Linien und Formen mit dem Alkoholmarker, wie in der jeweiligen Anleitung vorgegeben. Tauchen Sie das Ende eines Wattestäbchens kurz in den Alkohol und streichen Sie damit über die mit Marker gezeichneten Stellen, die Sie verwischen möchten. Mehr Alkohol lässt die Farbe mehr ausbluten. Lassen Sie jedes Blatt komplett trocknen, bevor Sie damit weiterarbeiten. Schützen Sie Ihre Arbeitsplatte mit Zeitungs- oder Schmierpapier vor dem Alkohol und den Markern.

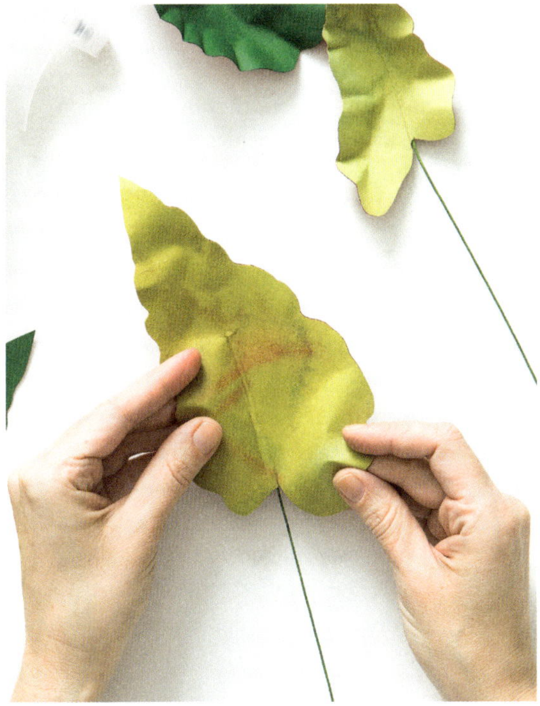

Ein Blatt mit befeuchtetem Papier formen.

MIT FEUCHTEM PAPIER ARBEITEN

Ein großer Vorteil der Aufbügel-Methode besteht darin, dass die Bügeleinlage nass werden darf. Schließlich ist sie für den Gebrauch auf Stoff konzipiert und muss ihre Klebkraft auch behalten, wenn dieser gewaschen wird. Die Idee zu dieser Technik kam mir, als ich ein Video von einem Origamikünstler gesehen habe, der sein Arbeitsstück mit Wasser befeuchtete, um einen schwierigen dicken Falz hinzubekommen. Ich hatte versucht, meine Papierblätter welliger aussehen zu lassen, doch trockenes Papier ruinierte diesen Effekt – die Blätter waren steif und hatten schärfere Kanten, als ich wollte, oder sie blieben schlicht nicht in Form. Feuchtes Papier hingegen wird formbar. Im Gegensatz zum klassischen Falten kann man feuchtes Papier in zwei Richtungen auf einmal formen. Diese Technik ist nützlich, wenn man kleine Wellen in dickes Papier bekommen möchte oder um Blättern plastische Details hinzuzufügen. Wenden Sie diese Technik aber nur bei Blättern an, die mit Bügeleinlage verklebt wurden, denn alle anderen Klebstoffe, die in diesem Buch verwendet werden, gehen kaputt, wenn sie nass werden.

Wenn Sie die Technik anwenden möchten, schneiden Sie zunächst Ihre Blattform aus, dann besprühen Sie das Blatt leicht von beiden Seiten mit Wassernebel. Warten Sie einige Sekunden, damit das Papier das Wasser aufnehmen kann. Halten Sie das Blatt in beiden Händen zwischen den Fingern und arbeiten Sie mit kleinen Bewegungen: Drücken und schieben Sie leicht, variieren Sie die Papiermenge, die Sie bearbeiten. Es kann sein, dass Sie den Draht im Blatt nun ebenfalls formen müssen. Wenn das Papier formbarer werden soll, nehmen Sie etwas mehr – nur einen leichten Nebel – Wasser. Es kann auch zu viel werden: Billiges Papier wird schneller Verschleißerscheinungen zeigen, aber jedes Papier wird früher oder später reißen, wenn es zu nass oder zu sehr bearbeitet wird. Wenn Sie mit dem Formen fertig sind, legen Sie das Blatt zum Trocknen beiseite. Es wird so trocknen, wie Sie es geformt haben.

IHRE PFLANZEN ZUSAMMENSETZEN

MIT DRAHT ARBEITEN

Draht hält in den meisten Projekten dieses Buches alles zusammen. Es ist entscheidend für das Gelingen und die Stabilität einer Pflanze, die jeweils richtige Drahtmenge und -stärke zu verwenden. Nimmt man zum Beispiel dünneren Draht als angegeben, kann es passieren, dass die fertige Pflanze umknickt oder kippt. Dies ist besonders bei stehenden Pflanzen von Bedeutung – mit dem richtigen Draht werden sie von selbst schön aufrecht stehen. Ihre Pflanze soll stark und stabil und dennoch zart und realistisch wirken? Auch hierbei kommt es auf die Wahl des richtigen Drahts an.

Blumenstieldraht wird in der Regel in Millimeter gemessen und angegeben. Für die meisten Projekte in diesem Buch werden 0,8-mm-, 1-mm- und 1,2-mm-Drähte benötigt, für einige wenige braucht man Spulen- und Armaturdraht. Die gute Nachricht ist, dass man sehr einfach einen zusätzlichen Draht zur Unterstützung der Pflanze anbringen kann, wenn man beim Zusammenbauen das Gefühl hat, dass sie herabhängt.

DRAHT MIT FLORISTENBAND UMWICKELN

Die erste Begegnung mit Floristenband kann täuschen: Es fühlt sich nicht besonders klebrig an und wirkt dünn und fragil. Trotzdem ist Floristenband (manchmal auch Blumen- oder Wickelband genannt) ein wichtiger Helfer für viele Floristen und Papierpflanzenkünstler. Floristenband ist essenziell und wird in fast jedem Projekt in diesem Buch zur Anwendung kommen. Es ist eigentlich eher wie Lehm als wie Kleber, hält gut auf sich selbst und ist sehr flexibel. Wir werden es verwenden, um Blattstiele zu Stängeln und Ranken zu verbinden, um die Farbe eines Drahts zu verändern, bevor wir damit arbeiten und um Blattstiele mit längeren oder dickeren Drähten zu verbinden.

Der Klebstoff im Floristenband wird frei, wenn es gespannt wird. Um einen Draht mit dem Band zu umwickeln, spannen Sie ein paar Zentimeter vom Ende des Bands leicht. Dieses Ende drücken Sie dann um den Draht und drehen diesen dabei mit einer Hand, während Sie mit der anderen Hand das Band straffziehen. Ziel ist es, den gesamten Draht bis unten nur wenig überlappend mit dem Band zu umwickeln. Dafür ist es wichtig, dass Sie das Band in einem schräg nach unten geneigten Winkel halten, während Sie den Draht mit der anderen Hand drehen. Wenn Sie zwei oder mehr Drähte zusammenkleben, achten Sie immer darauf, dass sie gerade und parallel zueinander sind – gebogene Drähte sehen durch das Band nicht schön aus. Biegen und formen Sie Drähte immer nachdem Sie sie mit Floristenband verbunden haben. Sobald Sie die gewünschten Stellen umwickelt haben, reißen Sie das Band einfach mit einem Ruck ab und Sie können das lose Ende ordentlich wickeln und dann am Draht festdrücken.

Lassen Sie sich nicht entmutigen, wenn es ein wenig dauert, bis Sie diese Technik beherrschen! Die Arbeit mit Floristenband wird mit der Zeit und ein paar Wiederholungen einfacher. Üben Sie einfach an ein paar Drähten, bevor Sie mit Ihrem Projekt beginnen.

Einen Drahtstängel mit Floristenband umwickeln.

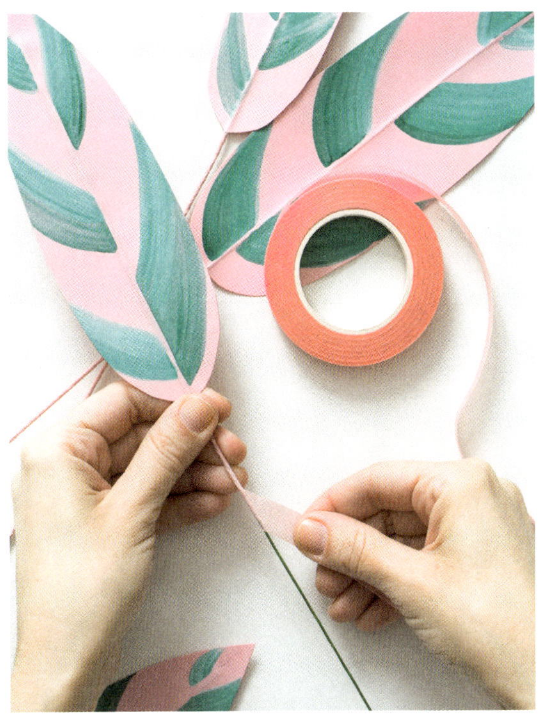

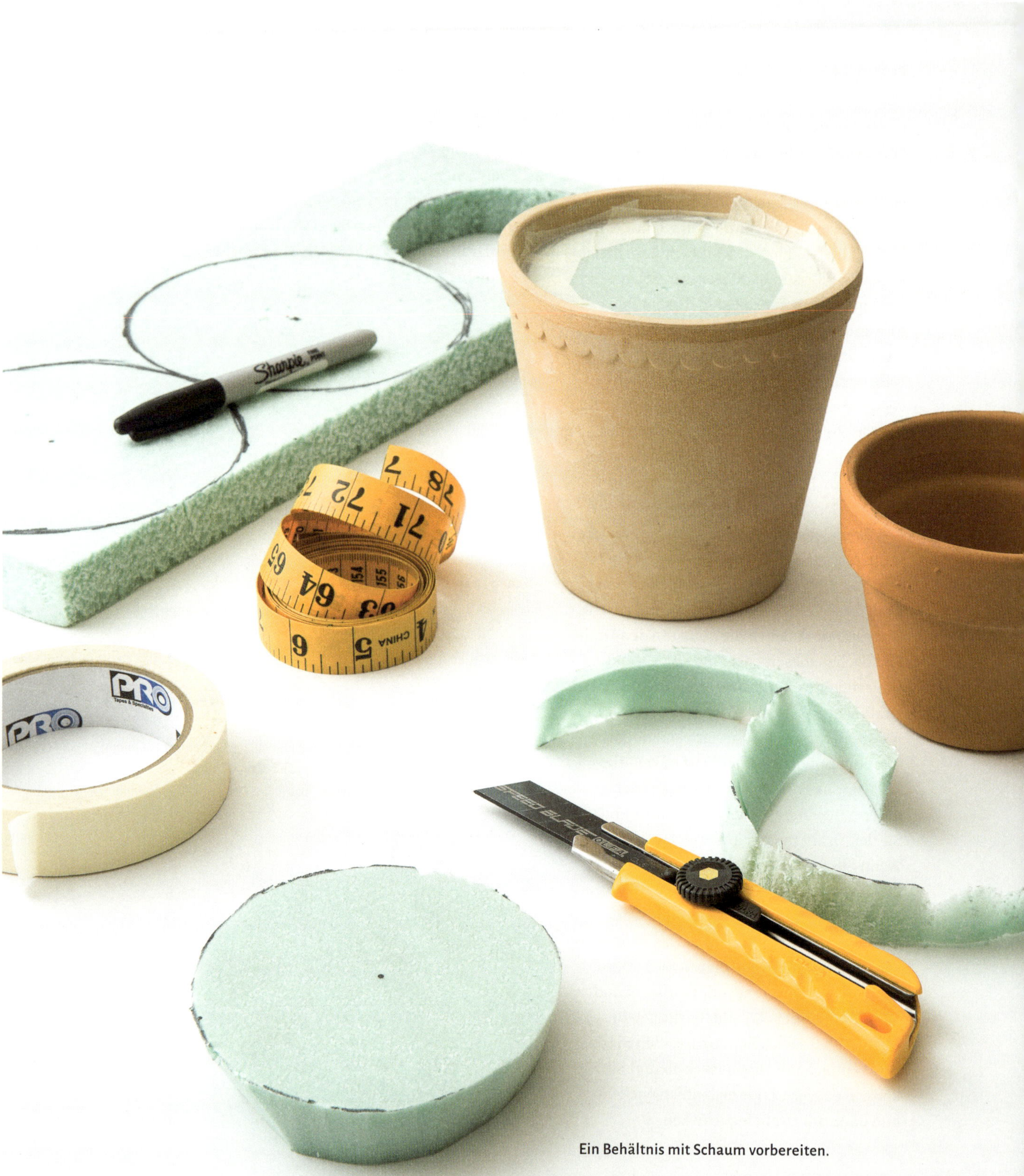

Ein Behältnis mit Schaum vorbereiten.

EIN BEHÄLTNIS MIT SCHAUM FÜLLEN

Wie bereits bei den Materialien beschrieben, benötigen Sie Schaum, um Ihr Behältnis für eine Papierpflanze vorzubereiten. Das ist die Methode, die meiner Ansicht nach am besten funktioniert, aber es gibt auch andere Möglichkeiten, eine Pflanze in einem Topf zu befestigen – beispielsweise kann man die Drähte in Gips oder Zement stecken, was letztlich auch haltbarer ist. Hier habe ich 2,5 cm dicke Isolierschaumplatten, ein Maßband, einen Filzstift, einen scharfen Cutter und Klebeband verwendet. Die Schaumschicht sollte mindestens 2,5 cm dick sein – dicker ist noch besser, wenn sie dünner ist, wird sie die Pflanze nicht halten können.

Als Erstes messen Sie den Durchmesser des Blumentopfinneren, etwa 2 cm von der Oberkante entfernt. Anschließend zeichnen Sie einen Kreis dieses Durchmessers auf das Schaumstück. Falls Sie keinen Zirkel zur Hand oder Schwierigkeiten beim Zeichnen des Kreises haben, ist die einfachste Methode, den Mittelpunkt auf dem Schaum zu markieren und nach außen zu messen. Wenn der Durchmesser beispielsweise 15 cm beträgt, messen Sie 7,5 cm in jede Richtung vom Mittelpunkt ausgehend und markieren diese Stellen. Messen und markieren Sie so oft die 7,5 cm in unterschiedliche Richtungen, bis Sie genügend Punkte haben, um sie zu einem Kreis zu verbinden.

Schneiden Sie den Schaumkreis vorsichtig mit einem Cutter aus. Falls Ihr Topf nach unten hin schmaler wird, müssen Sie den Kreis anpassen. Ich tue das, indem ich den Cutter im entsprechenden Winkel an der Unterkante anlege und mich einmal herumarbeite. Probieren Sie noch einmal, ob der Schaum hineinpasst, und wiederholen Sie die Prozedur bei Bedarf. Der Schaum sollte gut passen, muss aber nicht perfekt geschnitten sein. Wenn Sie den Schaum platziert haben, kleben Sie alle Lücken am Rand des Schaums mit Klebeband ab. Das Klebeband hält den Schaum fest und sorgt später dafür, wenn Sie den Boden mit Kies oder Sand bedecken, dass der Schaum nicht weiter nach unten in den Topf rutscht. Falls Sie mit einem gerade geformten Topf arbeiten und es schwierig finden, den Schaum so einzupassen, dass er hält, stopfen Sie den unteren Teil des Topfs mit zerknülltem Zeitungspapier oder einer weiteren Schaumschicht aus, bevor Sie Ihren Schaumkreis darauflegen – so kommen Sie auf die gewünschte Höhe.

EINEN WURZELANSATZ FERTIGEN

Der untere, etwas härtere Teil einer Pflanze hat dort, wo sie unter die Erde geht, oft eine Verdickung, die hier Wurzelansatz genannt wird. Drei Anleitungen in diesem Buch beinhalten dieses Extrateil: das Pfeilblatt, Philodendron billietiae und das Köstliche Fensterblatt. Um den Wurzelansatz zu fertigen, benötigen Sie Schaum, Holzspieße, Holzleim, einen Cutter, einen Filzstift, braunes Packpapier, eine Heckenschere, braune Acryl- oder Gouachefarbe, einen Pinsel, eine Mischpalette und Wasser.

Für einen kleineren Wurzelansatz von 5 × 2,5 cm Größe reicht eine Lage Schaum.

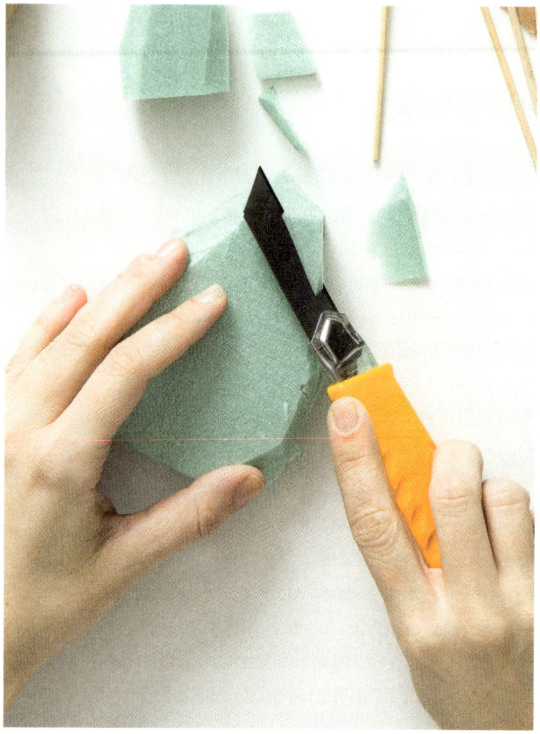

Den Schaum für den Wurzelansatz zurechtschnitzen.

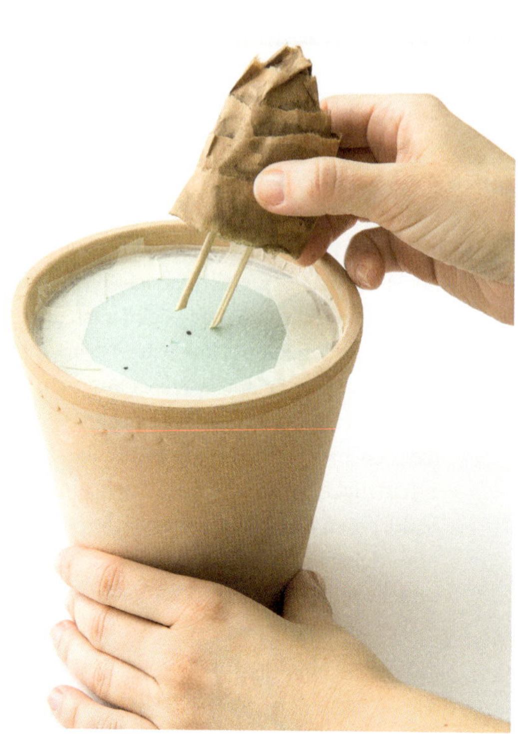

Den Wurzelansatz in den Schaum im Topf stecken.

Für einen größeren Wurzelansatz von etwa 5 × 13 cm Größe stecken und kleben Sie zwei Schaumstücke mit Holzleim zusammen und legen diese zum Trocknen beiseite. Dann reißen Sie mehrere lange, etwa 2,5 cm breite Streifen Packpapier ab. Sobald der Leim getrocknet ist, zeichnen Sie mit einem Filzstift eine Bogenform auf Ihren Schaum und schneiden Sie diese mit dem Cutter aus. Schnitzen Sie den Wurzelansatz dreidimensional, indem Sie ihn drehen und von allen Seiten und Winkeln schneiden. Wenn Sie mit der Form zufrieden sind, umwickeln Sie den Schaum mit den Packpapierstreifen und kleben Sie sie mit Holzleim fest. Ergänzen Sie weitere Packpapierstückchen, bis der Wurzelansatz rundum beklebt ist. Ich gebe gern noch etwas Farbe auf die Stellen, an denen die Papierstreifen sich überlappen. Wenn die Farbe trocken ist, stecken Sie zwei oder mehr Holzspieße in die Unterseite des Wurzelansatzes und vergewissern sich, dass sie gerade und parallel zueinander sind. Schneiden Sie die Spieße mit der Heckenschere so ab, dass sie noch etwa 5 cm aus dem Wurzelansatz herausragen. Halten Sie den Wurzelansatz gut fest und stecken Sie die Spieße in den Schaum, den Sie bereits in dem Topf platziert haben und drücken Sie, bis er fest aufsitzt. Später, wenn Sie die Pflanze zusammensetzen und die Stängel in den Wurzelansatz schieben, sollte es möglich sein, die Drähte durch das Packpapier in den Schaum zu schieben. Im Idealfall sind die Drähte so lang, dass Sie durch den Wurzelansatz hindurch bis in den Schaum im Topf reichen.

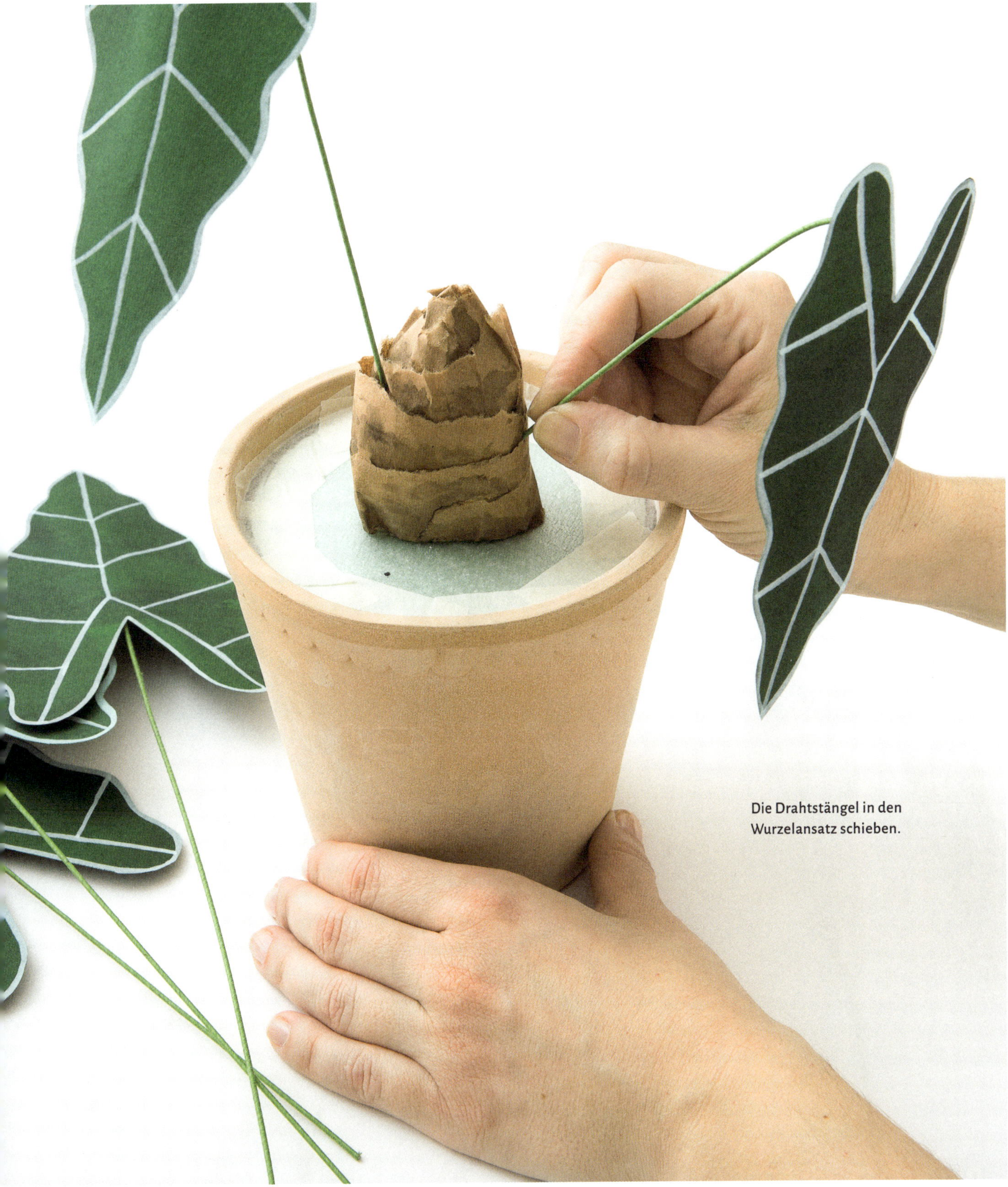

Die Drahtstängel in den Wurzelansatz schieben.

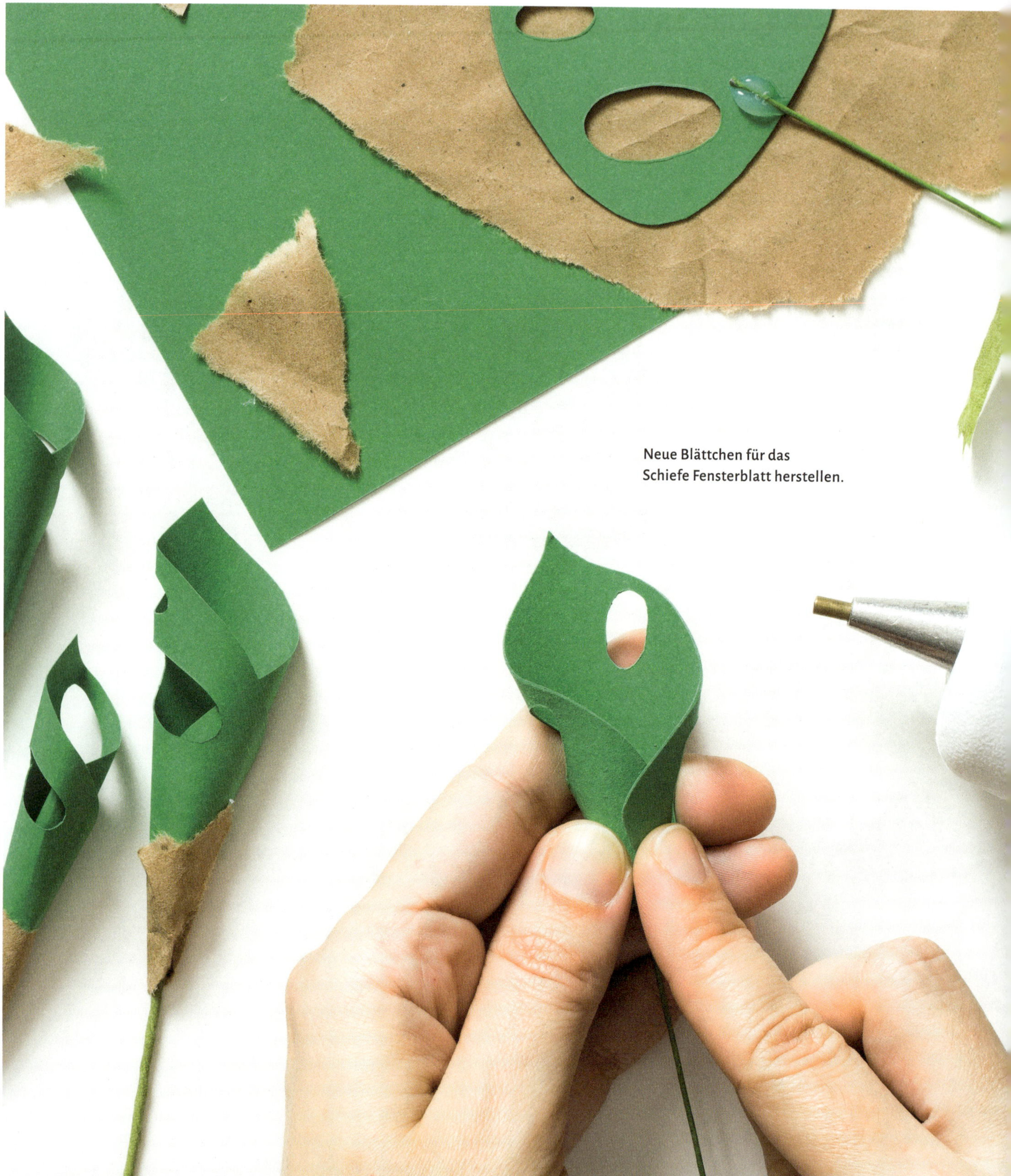

Neue Blättchen für das Schiefe Fensterblatt herstellen.

KLEINE BLÄTTER HERSTELLEN

Um meine Papierpflanzen etwas realistischer wirken zu lassen, ergänze ich häufig ein paar »frische« Blättchen oder Blattknospen. Diese Blättchen fertige ich für verschiedene Pflanzen auf die gleiche, oder zumindest sehr ähnliche, Weise an – was sich unterscheidet, sind die Farben des Papiers und des Floristenbands sowie die Größe des Blättchens. Philodendron billietiae, das Schiefe Fensterblatt und Ctenanthe oppenheimiana bekommen solche kleinen Blättchen.

Beginnen Sie mit dem Ausschneiden einer kleinen Blattform. Diese schneide ich meist freihändig aus, da das Blättchen spä-ter gerollt wird und daher nicht perfekt geschnitten sein muss. Sie können alternativ den oberen Teil eines großen Blatts verwenden. Setzen Sie eine erbsengroße Menge Heißkleber unten mittig auf das kleine Blatt und drücken Sie direkt das Ende eines geraden Blumenstieldrahtstücks in den heißen Kleber. Halten Sie es einen Moment fest, bis der Kleber anfängt zu trocknen. Rollen Sie das Blättchen eng um den Draht herum ein. Geben Sie einen kleinen Punkt Heißkleber auf die Stelle, an der die beiden Ecken überlappen und halten Sie das gerollte Blatt fest. Bekleben Sie die Unterseite des Blättchens an der Verbindungsstelle zum Draht mit Floristenband und wickeln Sie das Band von dort ausgehend um den gesamten Draht bis nach unten. Bei den Blättchen des Schiefen Fensterblatts wird, wie auf dem Foto zu sehen, noch ein kleines Stück Packpapier um den unteren Teil geklebt. Überlegen Sie, wie Sie die Blättchen platzieren können, damit sie beim Zusammenbauen der Pflanze sichtbar sind.

EINTOPFEN & STYLEN

Ein Teil, der richtig Spaß macht, ist die Entscheidung, wie die Papierpflanze letztlich daherkommen soll. Ich habe zum Beispiel mal für eine Freundin eine Papierpflanze in ihren Lieblingskaffeebecher vom College getopft. Das Eintopfen ist einer der Momente, die Ihre Papierblätter, Ranken und Stängel zum Leben erwecken. Wenn man sie mit Bedacht arrangiert, kann man sie der echten Pflanze gut nachempfinden. Bevor Sie mit dem Zusammenbau einer Pflanze beginnen, überlegen Sie, wo sie später stehen wird. So werden Sie beispielsweise eine Ranke auf der rechten Seite der Pflanze herunterhängen lassen und nicht auf der linken, wenn Sie vorher schon sicher sind, dass Sie die Pflanze auf die rechte Seite Ihrer Kommode stellen möchten. Oder Sie haben eine dunkle Ecke in Ihrem Wohnzimmer, die Sie aufpeppen möchten, haben dafür aber nur begrenzten Platz – dann werden Sie eine Pflanze basteln müssen, die an diese Stelle passt, und das richtige Behältnis dafür auswählen. Ein Großteil der Pflanzen in diesem Buch sind für kleinere bis mittelgroße Blumentöpfe gedacht (etwa 5 bis 25 cm Durchmesser). Das bedeutet aber nicht, dass sie nicht auch für größere oder kleinere Behältnisse angepasst werden können.

Der einfachste Weg, einen Draht in dem Schaum im Topf zu befestigen, besteht darin, den Draht etwa 2,5 bis 5 cm vom unteren Ende zu halten und dieses Stück langsam in den Schaum zu stecken. In Steck- und klassischen Styroporschaum lässt sich der Draht leicht hineinschieben. Isolierschaum benötigt etwas mehr Druck. Wenn Sie Probleme dabei haben, den Draht in den Schaum zu stecken, kann es daran liegen, dass der Draht

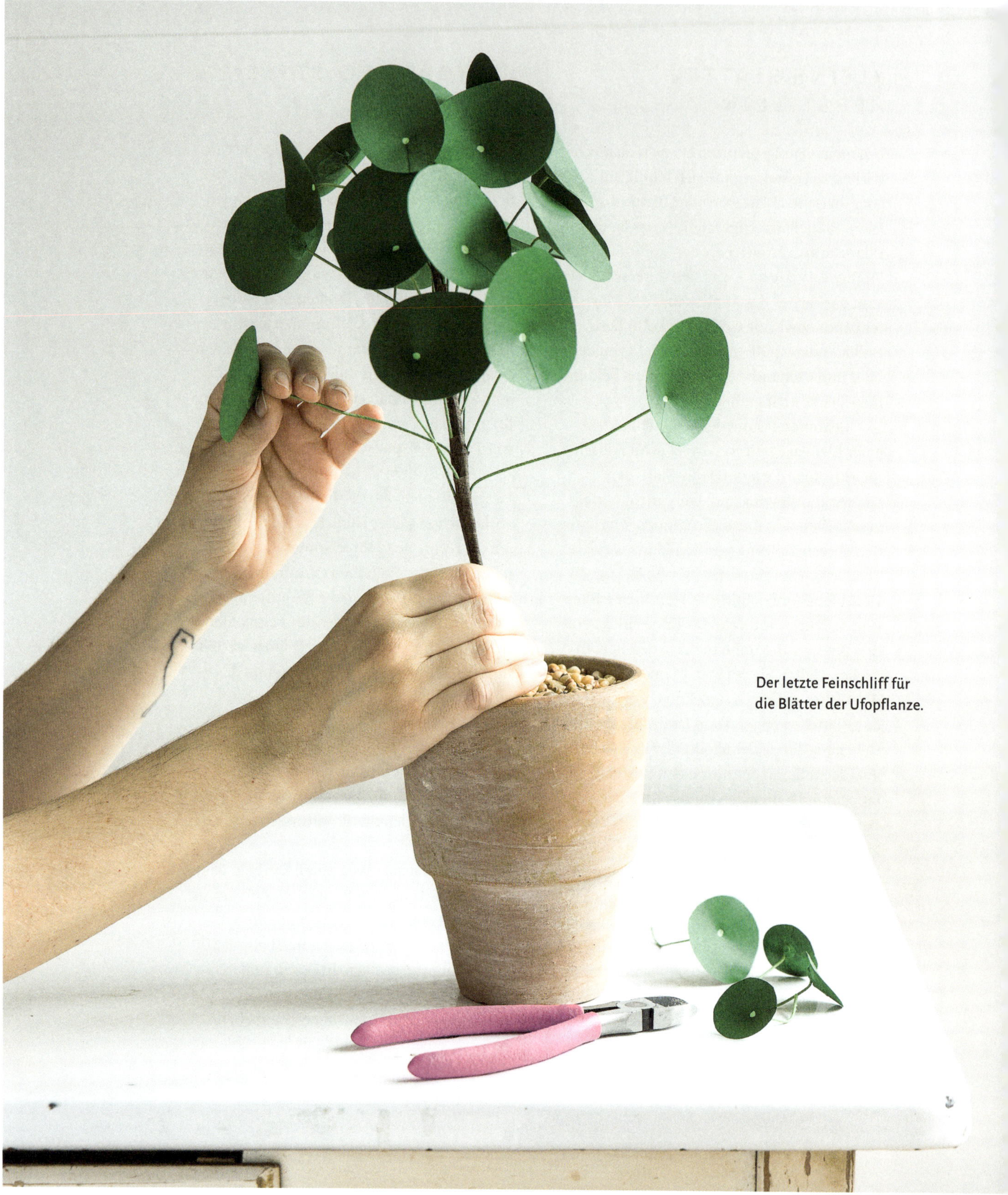

Der letzte Feinschliff für
die Blätter der Ufopflanze.

zu dünn bzw. nicht stark genug ist. Versuchen Sie, mit einem stärkeren Draht ein Loch im Schaum »vorzubohren«, bevor Sie den Drahtstängel der Pflanze hineinschieben. Oder halten Sie den Draht näher am Ende. Wenn Sie den Draht zu weit oben halten, werden Sie den Draht mit dem ausgeübten Druck eher verbiegen, als ihn in den Schaum zu schieben.

Gestalten Sie die Stängel oder Ranken mit den Blättern, bevor Sie sie in den Schaum stecken. Das tun Sie, indem Sie die Blätter und Blattstiele mit einer Hand greifen und den Draht mit der anderen Hand zur Stabilisierung festhalten. Drücken oder drehen Sie die Blätter sanft in die gewünschte Richtung. Versuchen Sie nicht, die Blätter alle in einer Reihe aufzustellen, sondern verändern Sie die Winkel leicht, um feine Unterschiede, Rhythmus und Spannung zu erzeugen. Sie sollten mit dem Gestalten hier nicht haltmachen – werfen Sie beim Eintopfen der Pflanze noch mal einen Blick auf ihre Gesamterscheinung. Mein Rat ist, online ein paar Bilder der echten Pflanze anzuschauen, um zu sehen, wie sie sich ausrichtet und steht. Ich mag meine Papierpflanzen harmonisch, aber nicht symmetrisch angeordnet. Weder möchte ich, dass sie so aussehen, als würden sie gleich überkippen, noch sollen sie so akkurat ausgerichtet sein, dass sie künstlich wirken. Ein Trick, um Papierpflanzen echt wirken zu lassen, ist, die Blätter so zu drehen, dass es aussieht, als würden sie sich in Richtung Sonne neigen, wie lebende Pflanzen es auch tun, selbst wenn das nächste Fenster in einer weit, weit entfernten Galaxis liegt.

DEN SCHAUM BEDECKEN

Einige Pflanzen, die Sie anfertigen werden, sind so dicht, dass Sie sich um dieses Thema keine Gedanken zu machen brauchen – Sie sehen den Schaum ohnehin nicht. Bei anderen aber, wie der Ufopflanze oder den Sassafras-Sämlingen, ist es sinnvoll, den Schaum für den letzten Schliff abzudecken. Ich arbeite hier meist mit kleinem Kies. Verteilen Sie den Bodenbelag Ihrer Wahl gleichmäßig in kleinen Mengen, bis der Boden bedeckt ist. Überfüllen Sie Ihren Topf nicht und machen Sie keine Steinchenhügel – das wird später beim Verrücken nur anstrengend. Füllen Sie so viel auf, wie nötig ist, um den Schaum komplett abzudecken. Kieselsteinchen oder Kies gibt es in verschiedenen Farben, besonders in Zoohandlungen. Dort werden Sie sogar Farben wie Pink und Neonorange, aber auch Weiß, Hellbraun oder Schwarz in unterschiedlichen Packungsgrößen finden. Ich verwende am liebsten weißen, braunen oder schwarzen Kies.

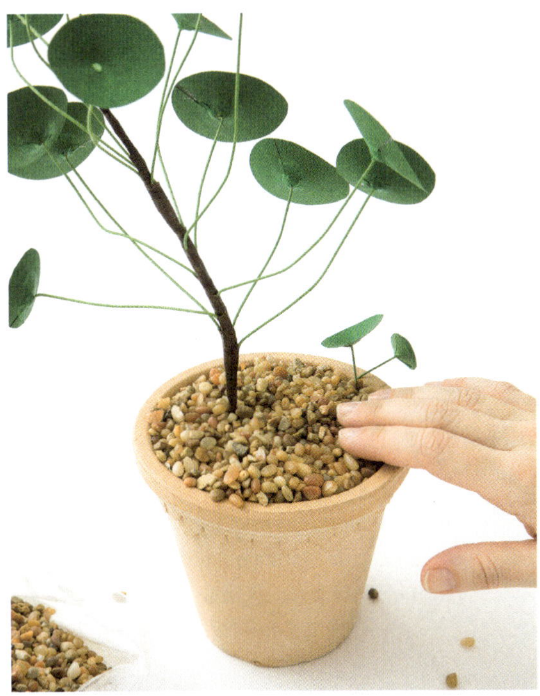

Den Schaum abdecken.

GRÖSSERE PFLANZEN BASTELN

Die Herstellung größerer Papierpflanzen ist eine spaßige und dankbare Angelegenheit. Allerdings braucht man auch mehr Zeit, Material und Platz, sowohl zum Basteln als auch zum Hinstellen. Lassen Sie sich davon aber nicht abschrecken – eine größere Papierpflanze macht sich gut in einem kleinen Raum. Gehen Sie einfach in die Vertikale und stellen Sie sie auf ein Tischchen oder einen Hocker. Ich habe vor vier Jahren einen großen Papierbaum in meinem Wohnzimmer untergebracht und dort steht er immer noch! Wenn sie gut gemacht ist, kann eine Papierpflanze lange halten. In diesem Buch werden wir drei große Pflanzen angehen: das Köstliche Fensterblatt, die Geigenfeige und den Maniok. Die Geigenfeige und der Maniok werden fast gleich gefertigt, lediglich die Blätter und die Bemalung unterscheiden sich.

MIT KUNSTSTOFFSCHLAUCH UND DRAHT ARBEITEN

Wir werden diesen Trick mit Kunststoffschlauch und Armaturdraht nur für ein Projekt in diesem Buch anwenden: für das Köstliche Fensterblatt. Die Technik ist aber für alle Pflanzen mit dicken, kräftigen Stängeln geeignet. Das Grundprinzip dieser Methode ist dasselbe wie bei der bereits beschriebenen Heißklebe- und Seidenpapier-Methode. Sie benötigen dafür eine Heißklebepistole und mehrere -patronen, 5-mm-Armaturdraht, 12-mm-Kunststoffschlauch, ausgeschnittene Monstera-Blätter, passendes Seidenpapier, eine Schere, einen Drahtschneider, eine Nadelzange, dunkelgrünes 2,5-cm-Floristenband und Flüssigkleber.

Genau wie beim Umwickeln von Draht bedecken Sie hier einen Kunststoffschlauch komplett mit Floristenband. Achten Sie darauf, das Band eng und überlappend genug zu wickeln, damit es auf sich selbst kleben kann. Falls der Armaturdraht aufgewickelt ist, machen Sie ihn gerade. Bilden Sie mithilfe der Nadelzange eine Schlinge mit 2,5 cm Durchmesser am Ende des Drahts. Dann biegen Sie die Schlinge mit der Nadelzange parallel zum Draht nach unten. Setzen Sie mit einer Heißklebepistole einen etwa 2-Cent-Münzen-großen Punkt Heißkleber auf die Rückseite des Blatts. Drücken Sie schnell die Drahtschlinge in den Kleber und halten Sie einige Sekunden, bis der Kleber trocknet. Wenn der Kleber fest ist, lehnen Sie ihn an, so dass er aufrecht stehen kann (wenn er umfällt, könnte das Blatt beschädigt werden). Schieben Sie den Kunststoffschlauch zur Verbindungsstelle mit dem Heißkleber über den Draht. Schneiden Sie drei donutförmige Kreise mit 5 cm Durchmesser aus Seidenpapier aus und machen Sie auf einer Seite je einen Schnitt bis zur Mitte. Tragen Sie mithilfe eines Wattestäbchens oder Pinsels eine Schicht Flüssigkleber auf einen der Seidenpapierdonuts auf und kleben Sie ihn um die Verbindungsstelle von Schlauch und Heißkleber. Wiederholen Sie diesen Schritt, bis die Verbindungsstelle komplett verdeckt ist. Lehnen Sie den Schlauch mit dem Draht im Inneren wieder so an, dass er aufrecht steht, bis alles getrocknet ist. Bewegen Sie das Blatt und den Stängel erst, wenn der Kleber komplett fest ist.

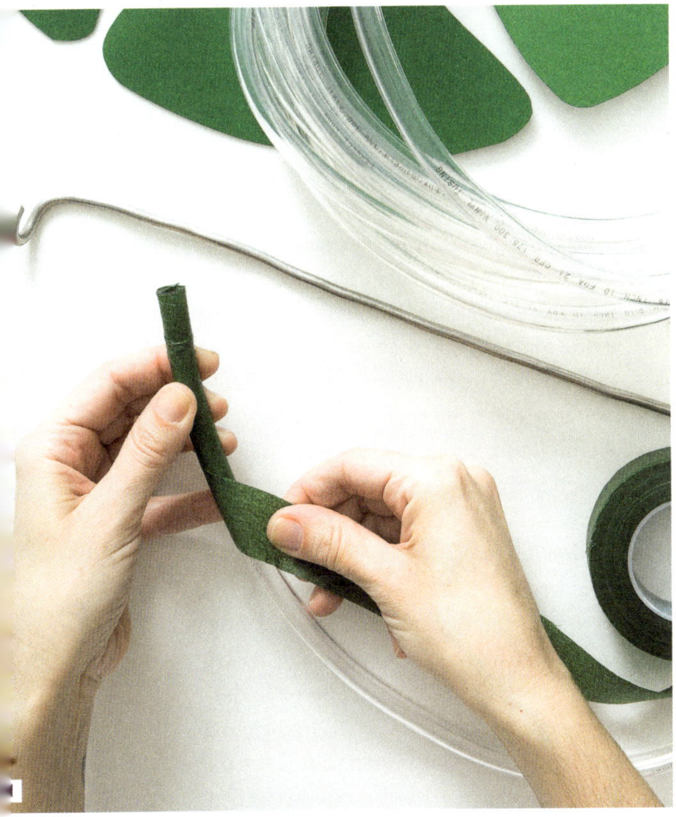

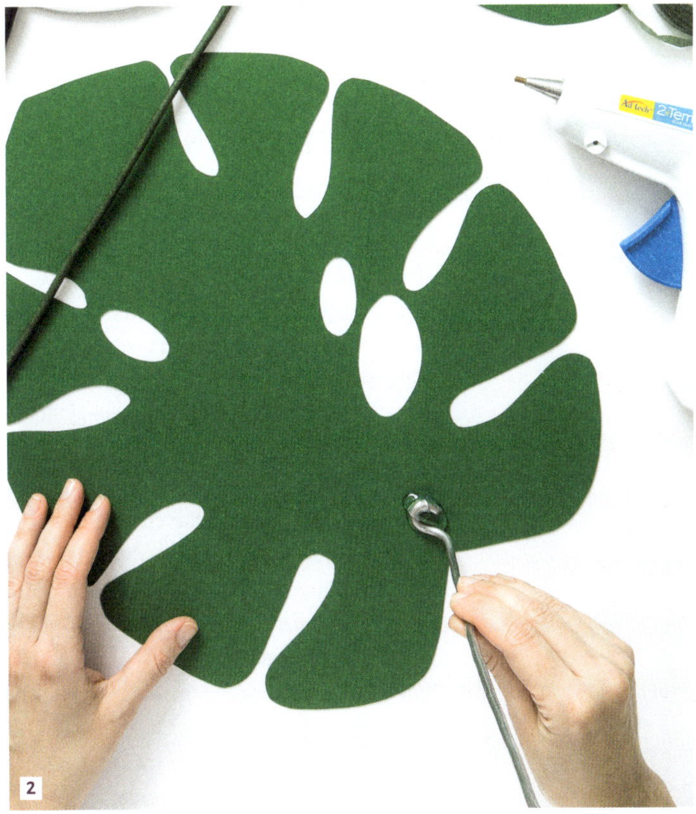

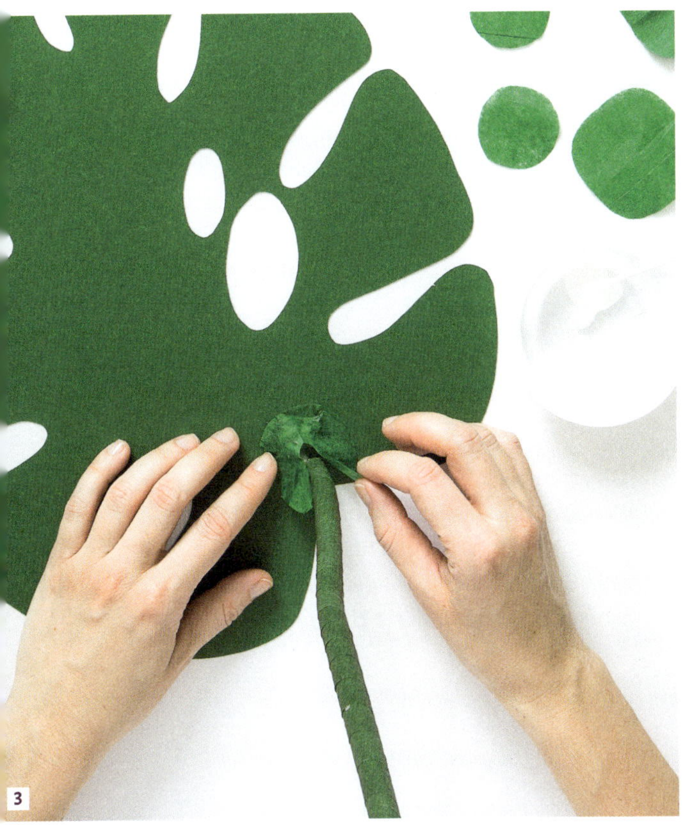

1 Einen Kunststoffschlauch mit Floristenband umwickeln.
2 Eine Schlinge aus Armaturdraht formen und ankleben.
3 Die Verbindungsstelle mit Seidenpapier verdecken.

EIN BEHÄLTNIS FÜR EINE GRÖSSERE PFLANZE VORBEREITEN

Die Methode ist die gleiche wie wenn Sie Schaum in kleinere Gefäße füllen, sollte sich also schon vertraut für Sie anfühlen, aber es gibt ein paar zusätzliche Arbeitsschritte. Da viele der größeren Pflanzen und Bäume oben recht schwer sind, ist es wichtig, die Stäbe und Drähte in dickem, zweilagigem Schaum zu befestigen, um die Pflanze vor dem Umkippen zu schützen. Wenn das Behältnis, das Sie sich ausgesucht haben, leicht ist, rate ich Ihnen, einen Ziegelstein oder ein anderes schweres Objekt unten hineinzulegen. Falls ein Ziegelstein zu groß ist, nehmen Sie einfach einen halben (um einfach und schnell einen Ziegelstein zu teilen, wickeln Sie ihn in ein altes Handtuch und schlagen Sie einmal fest mit dem Hammer in die Mitte des Ziegelsteins – er sollte dadurch in zwei Hälften brechen).

Für die Monstera deliciosa messen Sie die Breite des Topfs einmal 2 cm und einmal 4 cm vom oberen Rand entfernt. Schneiden Sie Kreise dieser Durchmesser aus dem Schaum aus und schrägen Sie die Ränder ab, falls nötig. Befestigen Sie die Schaumkreise mit Klebeband im Topf, zuerst den kleineren und darüber den größeren, wobei sie eng anliegen sollten. Für Bäume messen Sie die Breite etwa auf halber Höhe vom Rand, achten Sie aber darauf, unten auf jeden Fall genug Platz für einen Ziegelstein oder einen anderen beschwerenden Gegenstand zu lassen. Messen Sie noch einmal 2 cm vom oberen Rand. Schneiden Sie Schaumkreise in beiden Durchmessern aus und prüfen Sie, ob sie gut in den Topf passen oder abgeschrägt werden müssen. Schneiden Sie in die Mitte jedes Kreises ein Loch mit einem Durchmesser von 2,5 cm. Gehen Sie dabei vorsichtig vor und achten Sie darauf, dass die Löcher wirklich in der Mitte und genau übereinander platziert sind. Gegebenenfalls brauchen Sie ein Bastelmesser und einen Cutter, um diese Löcher zu machen. Stecken Sie zuerst den kleineren Kreis in den Topf und stellen Sie sicher, dass er gerade und eng anliegend sitzt. Befestigen Sie ihn dann mit Klebeband. Schieben Sie nun gleichmäßig den größeren Schaumkreis hinein, bis er gut sitzt. Bekleben Sie alle Lücken zwischen Schaum und Rändern mit Klebeband.

MIT RUNDHOLZSTÄBEN UND PAPPMASCHEE ARBEITEN

Rundholzstäbe sind eine wunderbare Ergänzung bei der Herstellung von Papierpflanzen. Es gibt sie in fast jedem Kunsthandel und Baumarkt. Sie sind günstig, einfach zu handhaben und vielseitig einsetzbar. In meinem Studio habe ich immer eine Ladung Rundholzstäbe auf Reserve, denn sie sind für viele Dinge nützlich. Genauso geht es mir mit Pappmaschee! Es ist nicht nur eine Technik, die im Kindergarten und für Schulprojekte zum Einsatz kommt, sondern auch ein einfacher, unprätentiöser Helfer bei vielen Bastelarbeiten.

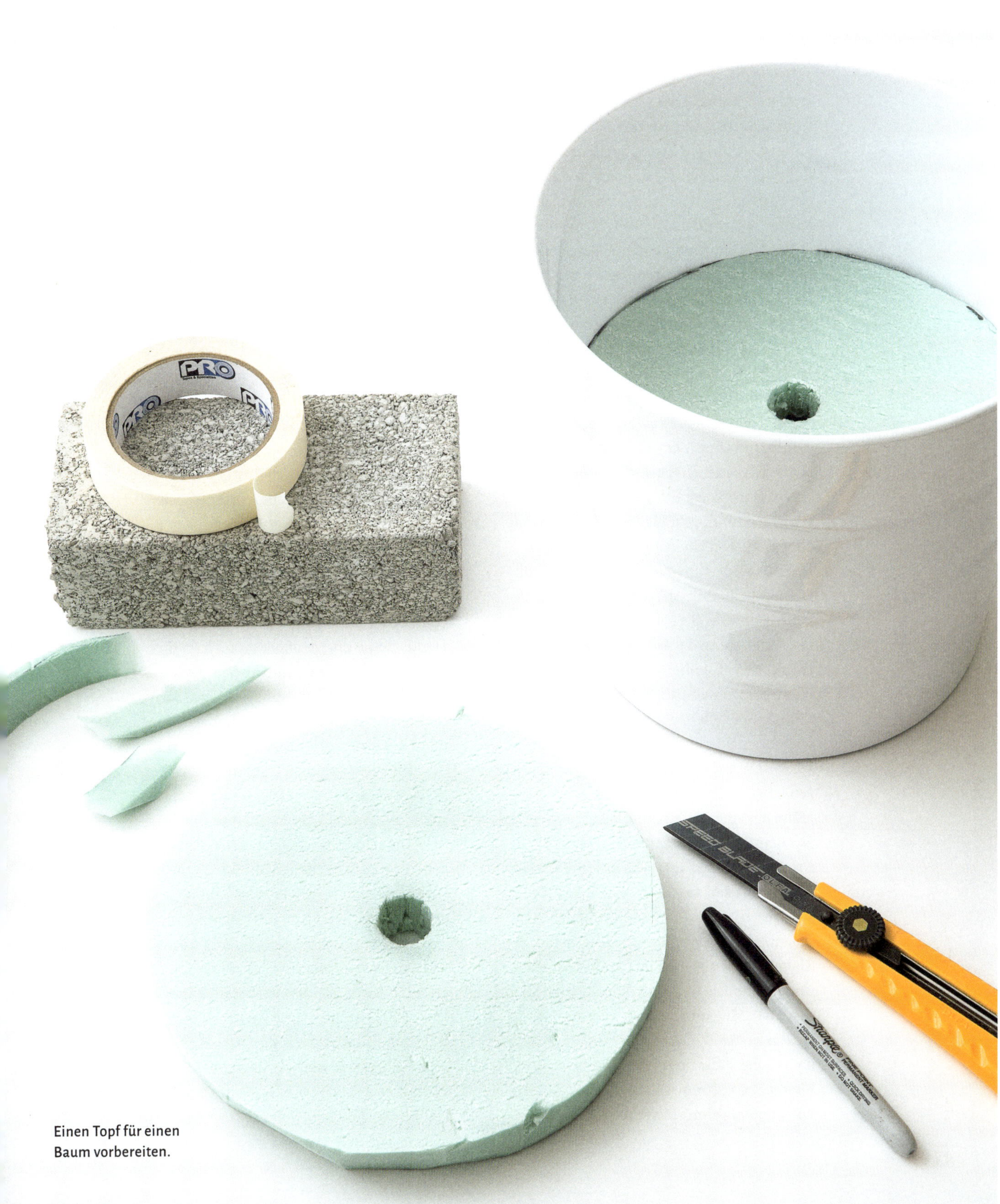

Einen Topf für einen
Baum vorbereiten.

MIT RUNDHOLZSTÄBEN EINEN BAUM ERSCHAFFEN Wir werden dieselbe Technik anwenden, um die Grundform für die Geigenfeige und den Maniok zu machen. Legen Sie sich die Holzwerkzeuge, die auf Seite 16 beschrieben wurden, bereit. Sie werden außerdem ein Sortiment von Holzstäben unterschiedlicher Durchmesser benötigen. Ich verwende einen 2,5-cm-, einen 5-mm-, zwei 6-mm- und zwei 7-mm-Rundholzstäbe à 1,2 m, um einen Baum zu fertigen. Ich empfehle, ein paar auf Reserve zu haben, da gerade die dünneren brechen können.

Sie haben bereits einen Topf mit Schaum gefüllt und ein 2,5-cm-Loch in die Mitte gemacht. Schieben Sie den Rundholzstab mit 2,5 cm Durchmesser durch beide Schaumschichten hindurch, bis Sie auf dem Boden oder dem Ziegelstein angekommen sind. Prüfen Sie, ob Ihnen die Höhe gefällt – da jeder Topf anders ist, sollten Sie selbst beurteilen, was Sie sehen. Mir gefällt es in der Regel, wenn der Holzstab etwa 75 cm bis 1 m aus dem Topf herausragt. Die endgültige Höhe hängt davon ab, wo Sie die fertige Pflanze hinstellen, wie groß der Topf ist und was Ihrem persönlichen Geschmack entspricht. Wenn Sie den 2,5-cm-Stab etwas kürzen möchten, markieren Sie die gewünschte Höhe mit einem Bleistift. Ziehen Sie den Stab aus dem Topf und legen Sie ihn so auf Ihren Arbeitstisch, dass Ihre Markierung knapp über der Tischkante und der längere Teil auf dem Tisch liegen. Etwa 15 cm von der Markierung platzieren Sie auf beiden Seiten des Stabes je einen Holzklotz parallel zueinander und fixieren sie mit einer Schraubzwinge um den Stab. Mit einer zweiten Schraubzwinge befestigen Sie die Holzklötze (mit dem Stab dazwischen) auf Ihrem Arbeitstisch. Sie sollten nicht auf Ihrem schicken Esstisch sägen, ich empfehle einen alten Werktisch oder eine Sperrholzplatte auf zwei Sägeböcken als Unterlage. Verwenden Sie eine Laubsäge (oder eine beliebige andere Handsäge), um auf die gewünschte Länge zu kürzen. Machen Sie sanfte Vor-und-Zurück-Bewegungen mit der Laubsäge. Es gibt keinen Grund, viel Kraft anzuwenden, lassen Sie einfach die Säge ihre Arbeit tun. Der Schnitt muss nicht perfekt sein, also machen Sie sich keinen Kopf, falls er es nicht ist. (Dünnere Stäbe können auch leicht mit einer Heckenschere abgeschnitten werden.)

Wenn Sie den Stamm in der gewünschten Höhe haben, wird es Zeit, einen 15 cm langen Stab mit 6 mm Durchmesser am Ende anzubringen. Um dies zu tun, lassen Sie Ihren 2,5-cm-Stab sicher an Ihrer Arbeitsplatte befestigt.

Bevor Sie mit der Bohrmaschine arbeiten, sollten Sie sich mit den Sicherheitsvorkehrungen vertraut machen: Setzen Sie eine Schutzbrille auf, tragen Sie keine Handschuhe und denken Sie auch an Ihre Kleidung, Ihre Haare und an Schmuck – es darf nichts lose herunterhängen, was sich im Bohrer verfangen könnte. Bohren Sie dann mit einem 3-mm-Einsatz ein Loch in die Mitte des stumpfen Endes Ihres 2,5-cm-Stabes. Tauschen Sie den 3-mm-Einsatz gegen einen 6-mm-Einsatz aus und bohren Sie damit ein 12 mm tiefes Loch in das vorgebohrte Loch. Schieben Sie den 6-mm-Stab in dieses Loch. Möglicherweise müssen Sie etwas drehen, damit er gut hineinrutscht.

Nun ist es an der Zeit, die Äste zu ergänzen. Ich baue normalerweise rund zehn Äste an einen Baum. Schneiden Sie Ihre Stäbe mit einer Heckenschere grob in der Mitte durch. Ihr 2,5-cm-Stab ist weiterhin auf der Arbeitsplatte fixiert und Sie bohren mit dem 3-mm-Einsatz etwa 10 cm vom Ende des 2,5-cm-Holzstabes ein Loch. Wechseln Sie zu einem

5-mm-Bohreinsatz und während Sie gerade in den Stamm hineinbohren, neigen Sie den Bohrer ein wenig, um ein Loch mit einem leichten Winkel zu erhalten. Neigen Sie die Bohrmaschine so, dass sie und Ihre Hand näher am oberen Ende Ihres Baums sind. Bohren Sie nicht die vollen 2,5 cm durch, ein etwa 12 mm tiefes Loch reicht aus. Öffnen Sie die Schraubzwinge, drehen Sie den Stab ungefähr um ein Drittel und klemmen Sie ihn wieder fest. Wiederholen Sie die vorherigen Arbeitsschritte etwas unter- oder oberhalb der Stelle, an der Sie zuvor gebohrt haben. Lösen Sie den Stab dann wieder, drehen Sie ihn noch einmal um ein Drittel und bohren Sie ein drittes Loch. Verwenden Sie diesmal einen 7-mm-Einsatz, nachdem Sie mit dem 3-mm-Einsatz vorgebohrt haben. Dann öffnen Sie die Schraubzwinge, platzieren Sie weiter unten am 2,5-cm-Stab und machen sie fest. Bohren Sie nun 10 bis 15 cm von den ersten drei Löchern entfernt eine weitere Reihe von Löchern. Setzen Sie diese bewusst und immer in leicht abweichenden Positionen und Winkeln um den Stab.

Letztendlich bohren Sie zehn Löcher: zwei mit 5 mm Durchmesser, vier mit 6 mm Durchmesser und vier mit 7 mm Durchmesser. Arbeiten Sie sich am Stab entlang und platzieren Sie etwa alle 10 bis 15 cm immer zwei bis drei Löcher rundherum. Bohren Sie immer zuerst ein kleines Loch vor und wechseln Sie dann zum größeren Bohreinsatz. Und denken Sie daran, Ihren Holzstab immer sicher an der Arbeitsplatte festzuklemmen. Falls Sie aus Versehen durch den ganzen Stab bohren, ist das okay!

Wenn Sie Ihre zehn Löcher in unterschiedlichen Größen gebohrt haben, lösen Sie die Schraubzwinge und stecken Sie den 2,5-cm-Holzstab wieder in den vorbereiteten Topf. Versehen Sie jedes Loch vorsichtig

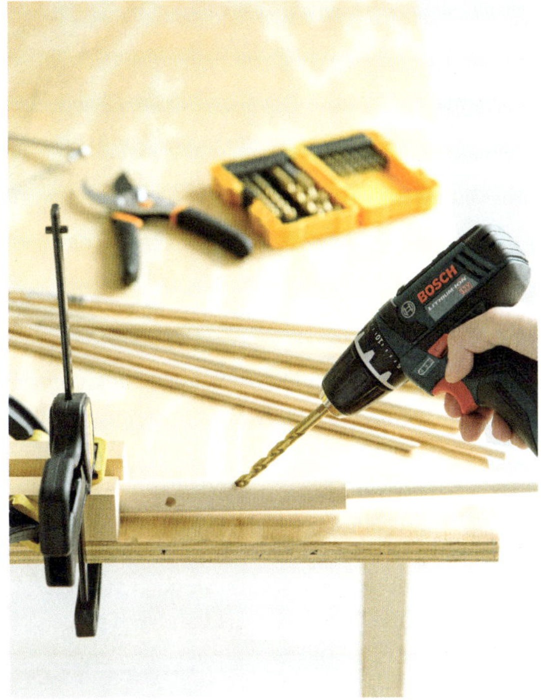

Löcher in Ihren 2,5 cm Rundholzstab bohren, um die Äste anzubringen.

mit einem passenden Stab. Halten Sie den Stamm mit einer Hand nahe der Stelle, an der Sie den kleineren Stab anbringen, und den Ast in der anderen Hand nahe am Ende, das Sie einstecken. Vielleicht werden Sie ein wenig drehen müssen, damit der kleinere Stab gut hält.

Nachdem Sie alle Äste angebracht haben, treten Sie einen Schritt zurück und betrachten Sie die Form Ihres Baums. Mit der Heckenschere können Sie die Äste in die gewünschte Form bringen. Ich schneide meine Äste auf Längen zwischen 40 und 60 cm. Der Grund dafür, dass ich zuerst den ganzen Baum zusammenbaue, bevor ich die Äste zurechtschneide, liegt darin, dass ich Abwechslung in der Länge haben möchte – einige sollen kürzer, andere länger werden – und dennoch das Gleichgewicht der Gesamtkonstruktion erhalten will.

MIT PAPPMASCHEE ARBEITEN Nachdem Ihr Baum nun konstruiert ist, kommt das Pappmaschee ins Spiel. Pappmaschee hilft, die Äste und den Stamm zusammenzuhalten, und seine typische Struktur verleiht den Ästen das Aussehen von Baumrinde. Als Erstes werden Sie den Übergang vom Stamm-Holzstab zum Ast-Holzstab oben glätten wollen. Dies können Sie tun, indem Sie ein kleines Stück Zeitungspapier zerknüllen und es um diesen Verbindungspunkt herumwickeln. Als Nächstes kleben Sie das Zeitungspapier mit Klebeband fest. Wickeln Sie das Klebeband um das Papier, wobei es sowohl über den Stamm als auch den Ast ragt, und formen Sie das Band und das Papier dabei so, dass es einen abfallenden Übergang bildet. Dann reißen Sie etwa sechs Seiten Zeitungspapier in 2,5 cm breite Streifen. Zeitungspapier lässt sich längs (in Gegenrichtung zur Schrift) leichter reißen. Dann reißen Sie die Streifen auf etwa 13 cm Länge.

Pappmaschee ist ganz einfach mit Mehl und Wasser, einer Schüssel und einem Schneebesen hergestellt. Ich empfehle, erst eine kleine Menge anzurühren und mehr nach Bedarf. Ein Eins-zu-eins-Verhältnis ist ideal für eine Pappmascheemischung, das heißt: 125 ml Mehl mit 125 ml Wasser in einer Schüssel mit dem Schneebesen verrühren. Die Masse sollte in etwa die Konsistenz von Pfannkuchenteig haben. Legen Sie Ihren Arbeitsplatz mit Abdeckplane oder mehreren Lagen Zeitungspapier aus.

Wenn Sie möchten, können Sie beim Verarbeiten der Masse Handschuhe tragen. Ich mag es, einfach mit meinen Händen zu arbeiten – auch wenn sie etwas schmutzig werden, habe ich das Gefühl, mit bloßen Händen mehr Kontrolle zu haben. Tauchen Sie ein Stück Zeitungspapier vollständig in die Masse ein und bedecken Sie es von beiden Seiten damit. Während Sie den Streifen in einer Hand halten, fahren Sie mit zwei Fingern der anderen Hand die gesamte Länge entlang, um überschüssige Masse abzustreifen. Wickeln Sie den Streifen um den Baum und drücken Sie das Papier in alle Richtungen glatt an das Holz. Ich fange gern unten am Baum an und arbeite mich dann nach oben. Ich schlage vor, die Streifen auch den unteren Teil des Stamms zum Schaum hin bedecken zu lassen, das stabilisiert den Baum zusätzlich im Schaum. Die Papierstreifen werden sich ein wenig überlappen, da Sie ja den Stamm und die Äste komplett damit bedecken wollen, aber es sollte nicht mehr als eine Schicht werden. Bringen Sie also eine einlagige Pappmascheeschicht auf dem ganzen Baum an.

Ist dies erledigt, lassen Sie den Baum über Nacht trocknen. Das ist ganz wichtig! Denn die Masse muss vollständig trocken sein, verbleibende Flüssigkeit könnte sonst mit der Zeit schimmeln oder modern. Diese Feuchtigkeit darf nicht eingeschlossen werden. Wenn die Masse komplett getrocknet ist, bringen Sie eine zweite Schicht Pappmaschee auf jede Verbindungsstelle auf: überall, wo Äste im Stamm stecken und wo der Stamm in den Schaum eintaucht. Lassen Sie auch die zweite Schicht gut trocknen. Wischen Sie alle Pappmascheereste weg, die vielleicht auf Ihren Topf getropft sind.

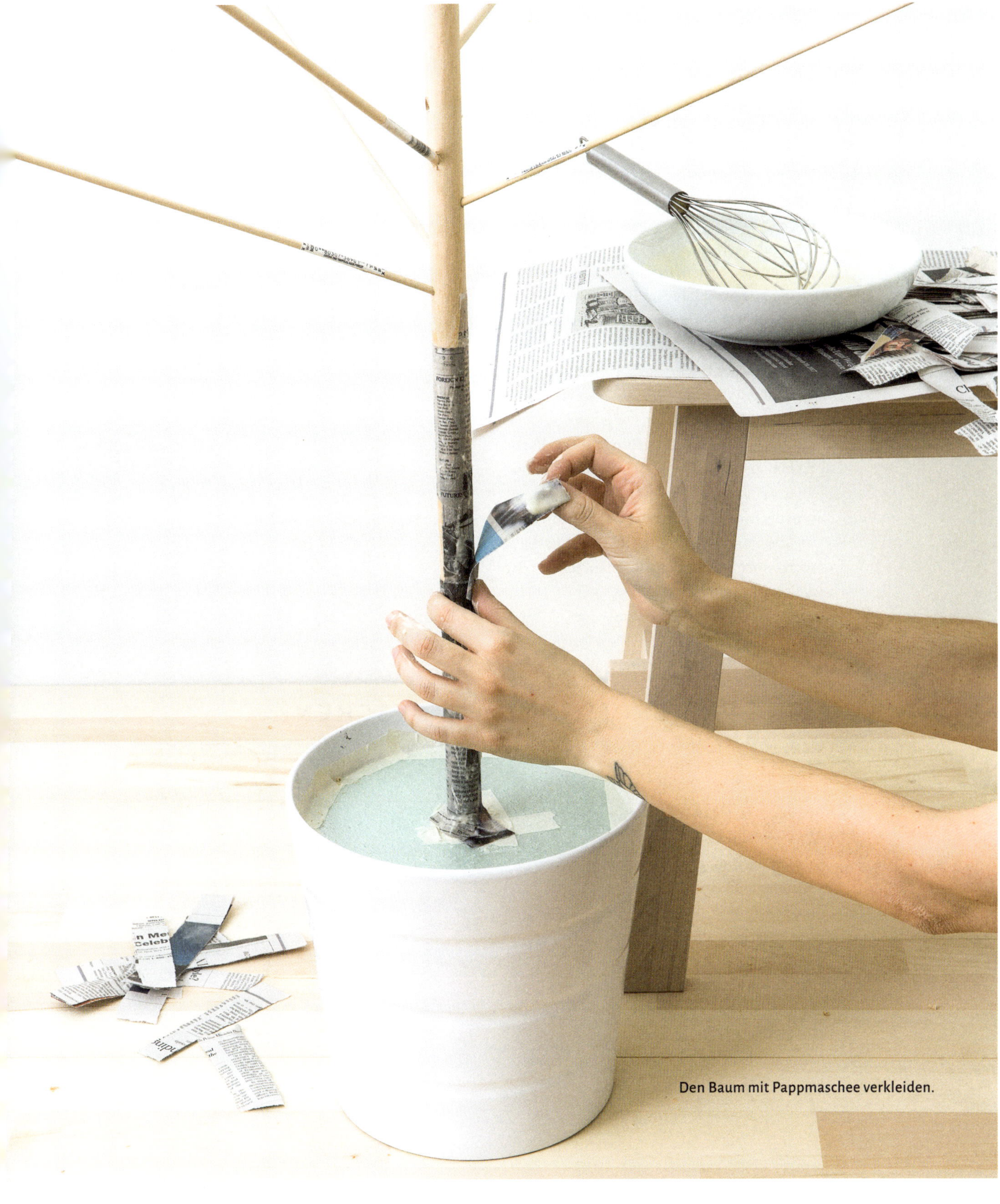

Den Baum mit Pappmaschee verkleiden.

GIPS & FARBE Ich verwende Gips in vielen Projekten, es ist ein Grundarbeitsstoff in meinem Studio – ich mache immer etwas damit –, aber die acryl- oder wasserbasierten Grundierungen aus dem Baumarkt funktionieren genauso gut. Streichen Sie Gips oder Grundierung auf den gesamten Baum, das heißt überallhin, wo Sie zuvor Pappmaschee aufgetragen haben. Dieser Arbeitsschritt ist wichtig, weil hierdurch der Geruch des Mehls, das im Pappmaschee verwendet wurde, eingeschlossen wird. Andernfalls könnte dieser Duft Ameisen oder Nager anziehen. Wenn der Gips trocken ist, folgen Sie den Anweisungen in der jeweiligen Projektanleitung, um den Baum mit Acrylfarbe zu bemalen. Hier ist es wichtig, alle Stellen zu übermalen, an denen Gips verwendet wurde. Die Farbe fungiert wie der Gips als Versiegelungsschicht. Nachdem die Farbe getrocknet ist, bringen Sie entsprechend der Anleitung die Blätter an.

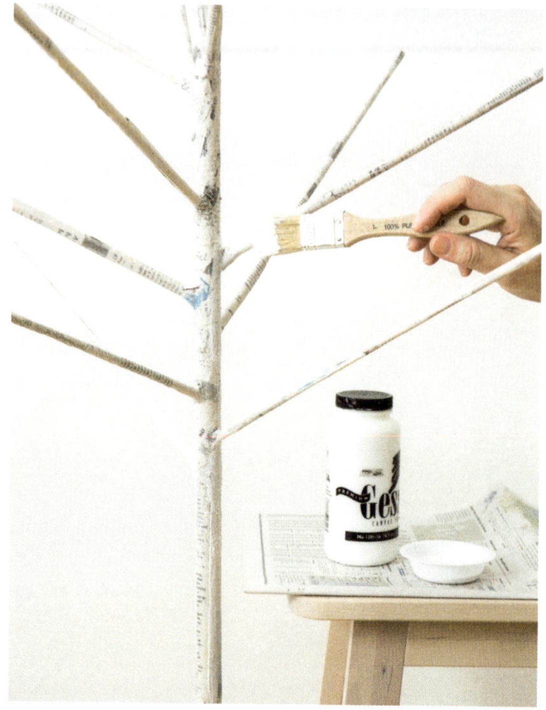

Den Baum mit Gips bestreichen.

EINE PAPIERPFLANZE ALS GESCHENK VERPACKEN

Wählen Sie als Geschenkverpackung für eine Papierpflanze ein flaches Kästchen, dessen Seiten noch so hoch sind, dass sie gegen die Blätter drücken. Setzen Sie die Pflanze in die Mitte und füllen Sie den übrigen Raum mit Papierschnipseln oder Bast aus. Schreiben Sie einen Gruß auf einen hübschen Geschenkanhänger, den Sie an einem Band befestigen, das Sie um das Kästchen binden. Voilà! Ihre handgemachte Papierpflanze ist bereit, einem lieben Menschen eine Freude zu machen.

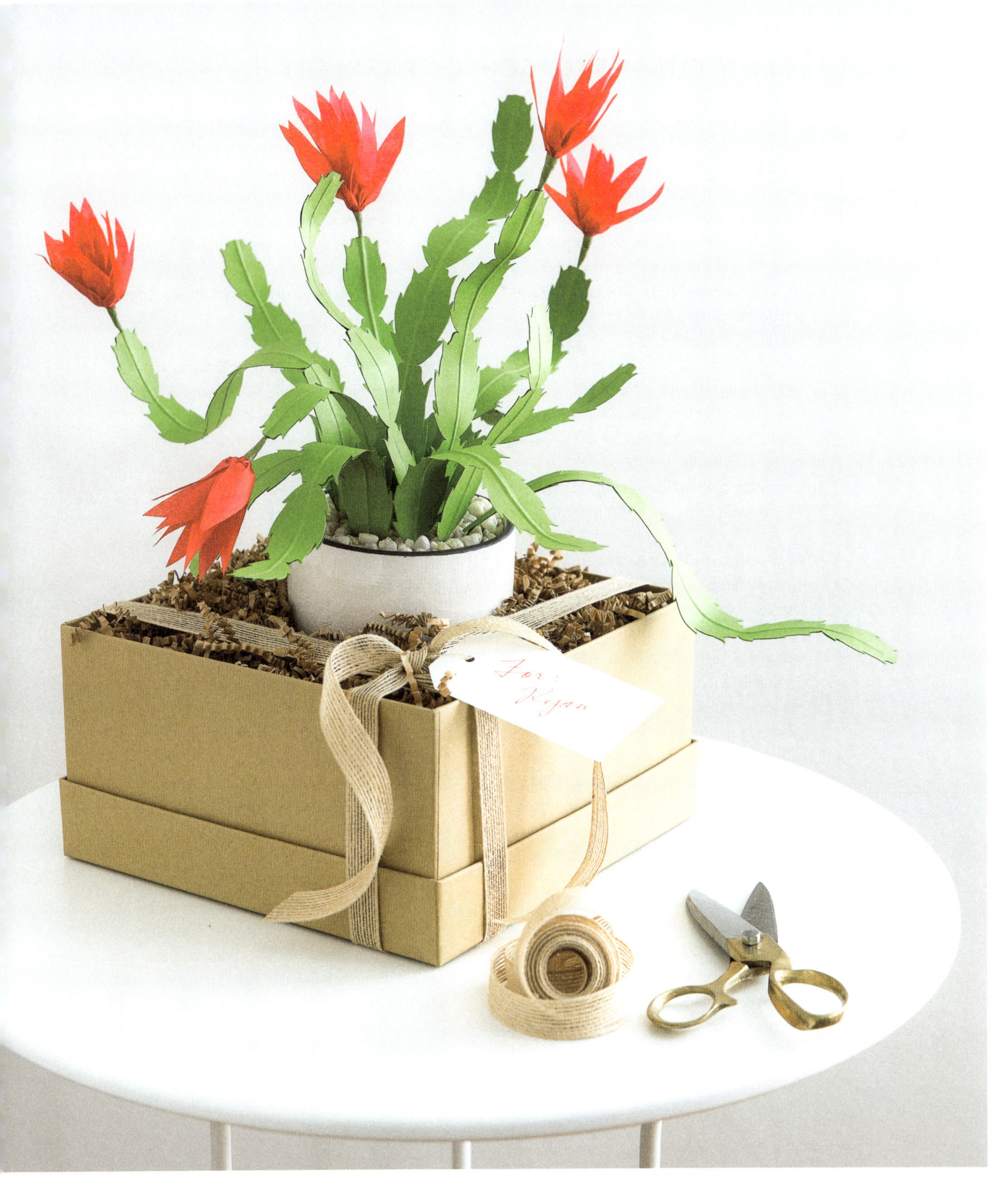
For:
Ryan

WENN EIN MISSGESCHICK PASSIERT

Fehler und Unfälle geschehen, das ist ganz normal und gehört zum Schaffensprozess. Obwohl ich seit Jahren bastle und schon viele Papierpflanzen hergestellt habe, stoße ich immer mal wieder auf Probleme. Ich versuche, jedes Stolpern als Lernprozess zu verstehen, überlege, wie es auszugleichen ist, und laufe weiter. In diesem Abschnitt werde ich einige typische Problemfälle und Lösungen behandeln.

ZUM UMGANG MIT STAUB Ich empfehle Ihnen, Ihre Papierpflanzen vorsichtig mit einem Weichhaarpinsel oder einem Staubwedel zu reinigen. Sie werden mit der Zeit staubig und gerade auf dunkleren Pflanzen wird man es auch sehen – da hilft nur Abstauben!

VOM SONNENLICHT AUSGEBLEICHT Auch das kann passieren und ist leider nicht leicht vorherzusagen. Unterschiedliche Papiersorten bestehen aus qualitativ und quantitativ unterschiedlichen Pigmenten, die ausbleichen können oder eben nicht. Ich hatte eine Papierpflanze, die anfing, blasser zu werden, und stellte sie um, bevor es schlimmer wurde. Die leichte Farbveränderung der Blätter fand ich in diesem Fall nicht störend. Seien Sie sich einfach von Anfang an darüber im Klaren, dass Papierpflanzen vom Sonnenlicht ausbleichen können, und haben Sie ein Auge darauf.

BESCHÄDIGTE BLÄTTER Ihre Katze hat daran gekratzt. Sie sind dagegengerannt. Sie haben auf Ihrer letzten Party Wein abbekommen. Alle Papierskulpturen sind empfindlich, das gilt auch für Papierpflanzen. Wenn ein Blatt beschädigt ist, rate ich Ihnen, den betroffenen Stängel aus dem Topf zu ziehen, das Floristenband abzuwickeln (von unten beginnend) und vorsichtig alle Blätter zur Seite zu legen, bis Sie zum beschädigten Blatt gelangt sind. Entfernen oder ersetzen Sie dieses Blatt durch ein neues, bauen Sie den Stängel wieder zusammen, umwickeln Sie ihn wieder mit dem passenden Floristenband und stecken Sie ihn zurück in den Topf.

DER HEISSKLEBER HÄLT NICHT Davon habe ich gehört. Die häufigste Ursache dafür ist eine zu niedrige Stufe oder Temperatur der Heißklebepistole. Die Bindung einer Niedrigtemperaturpistole ist nie so stark wie die einer heißen Klebepistole. Letztere wird so heiß, dass Sie zum Wasserhahn flitzen müssen, falls Sie aus Versehen die Spitze oder den heißen Kleber berührt haben. Es könnte auch sein, dass Sie nicht schnell genug arbeiten. Heißkleber wird ziemlich schnell fest. Legen Sie sich daher immer alle Teile, die geklebt werden sollen, in Handreichweite bereit, bevor Sie mit dem Kleben beginnen, sodass Sie zügig vorankommen.

EIN DRAHT SCHAUT HERAUS Ab und an wird sich ein Draht aus einem Papier-Draht-Sandwich lösen und herausschauen. Immerhin haben Sie hier einen runden mit einem flachen Gegenstand zusammengeklebt. Am häufigsten passiert das meiner Erfahrung nach bei der Aufbügel-Methode. Erstens war wahrscheinlich die Klebeverbindung nicht so gut gelungen. Denken Sie beim nächsten Mal daran, dass der Aufbügelklebstoff am besten innerhalb der acht Sekunden aktiviert wird, in denen Sie die Konturen des Drahts entlangbügeln. Zweitens könnte das Blatt zu viel abbekommen haben, als Sie mit Wasser daran gearbeitet haben. Die gute Nachricht:

Beide Ursachen sind einfach zu beheben. Verteilen Sie einfach etwas Bastelkleber auf die Seite des Drahts, die in das Blatt gehört, drücken Sie den Draht zurück an seinen Platz und fixieren Sie ihn mit zwei Wäscheklammern. Lassen Sie den Kleber etwa zehn Minuten trocknen und entfernen Sie dann die Klammern wieder.

DAS PAPIER WELLT SICH NACH DEM BEMALEN Das zeugt entweder von einer schlechten Papierqualität oder von zu viel Bearbeitung mit dem Pinsel. Wenn Sie eine Farblösung auftragen, streichen Sie nicht zu oft mit dem Pinsel über dieselbe Stelle – das beschädigt das Papier.

AUS DER SPRÜHFLASCHE KOMMT KEINE FARBE Aller Wahrscheinlichkeit nach ist der Sprühkopf verstopft. Weichen Sie den Sprühkopf in warmem Wasser ein und reinigen Sie ihn dann mit einer alten Zahnbürste. Eventuell müssen Sie auch Ihre Farbe etwas mehr verdünnen.

Denken Sie bei Ihrer Bastelarbeit immer daran, geduldig mit und nett zu sich selbst zu sein! Sie lernen und probieren etwas Neues aus. Das ist etwas Gutes und Bewundernswertes! Haben Sie Freude am Entstehungsprozess der folgenden Projekte. Posten Sie Ihre Werke in den sozialen Medien – ich würde mich wahnsinnig freuen, Ihre Papierpflanzen zu sehen! Verwenden Sie für Ihre Fotos #HandmadeHouseplantsBook und #zimmerpflanzenauspapier.

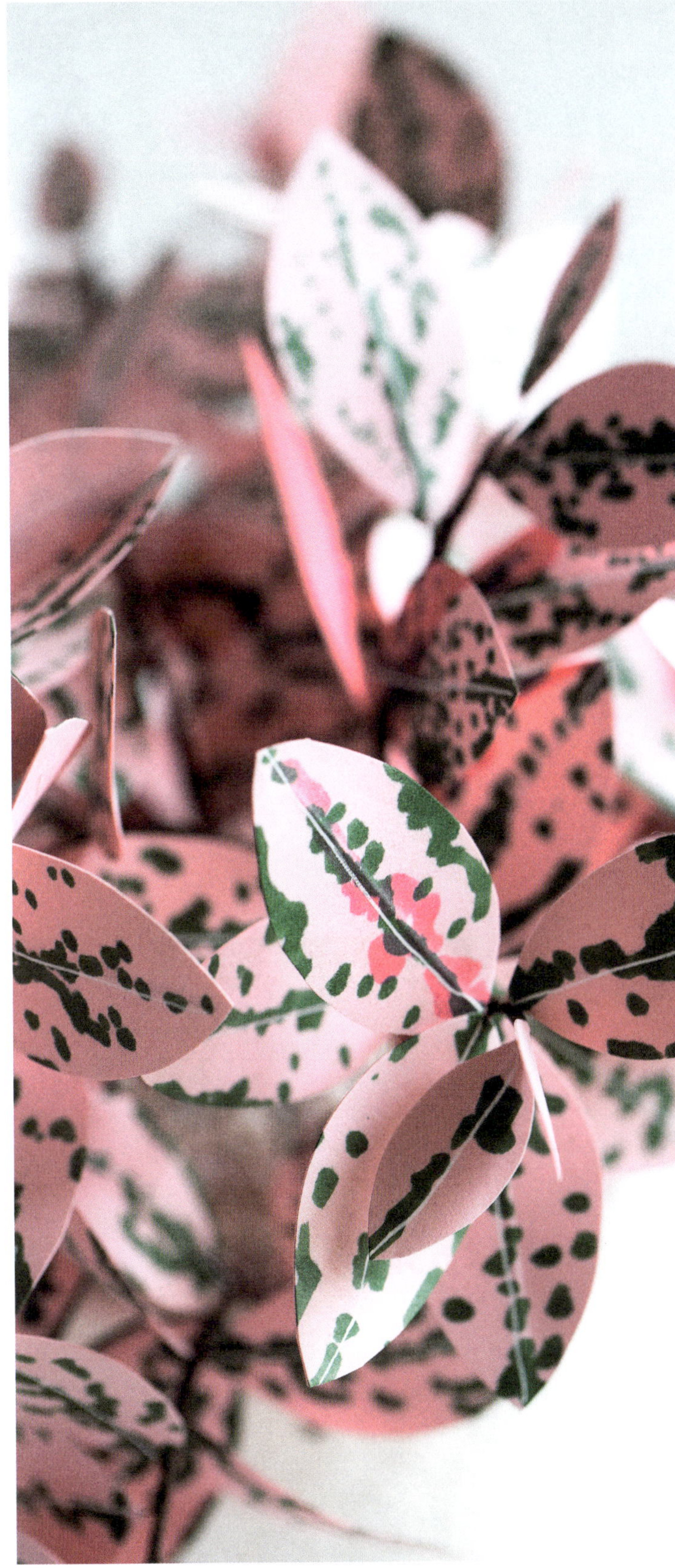

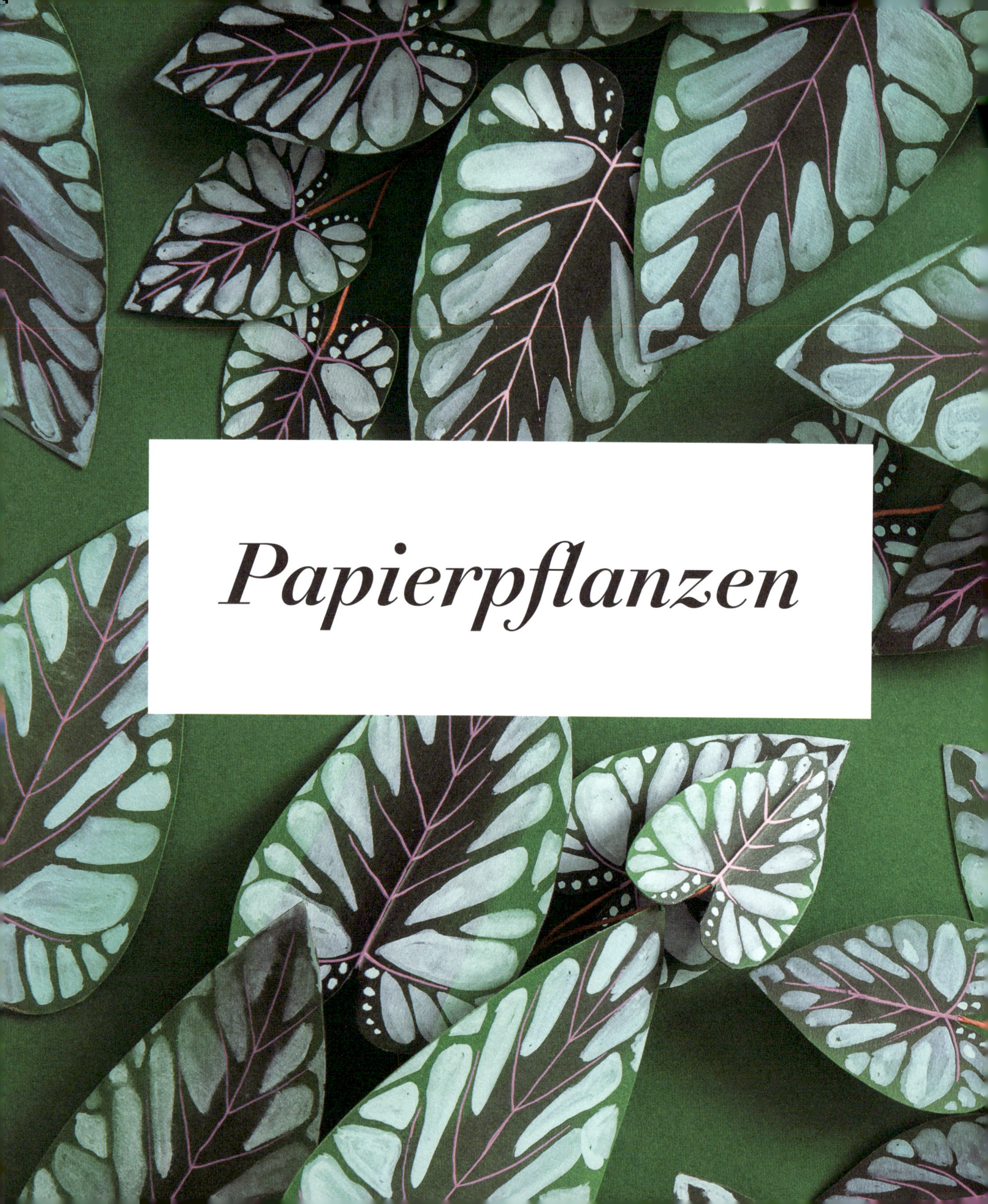

Papierpflanzen

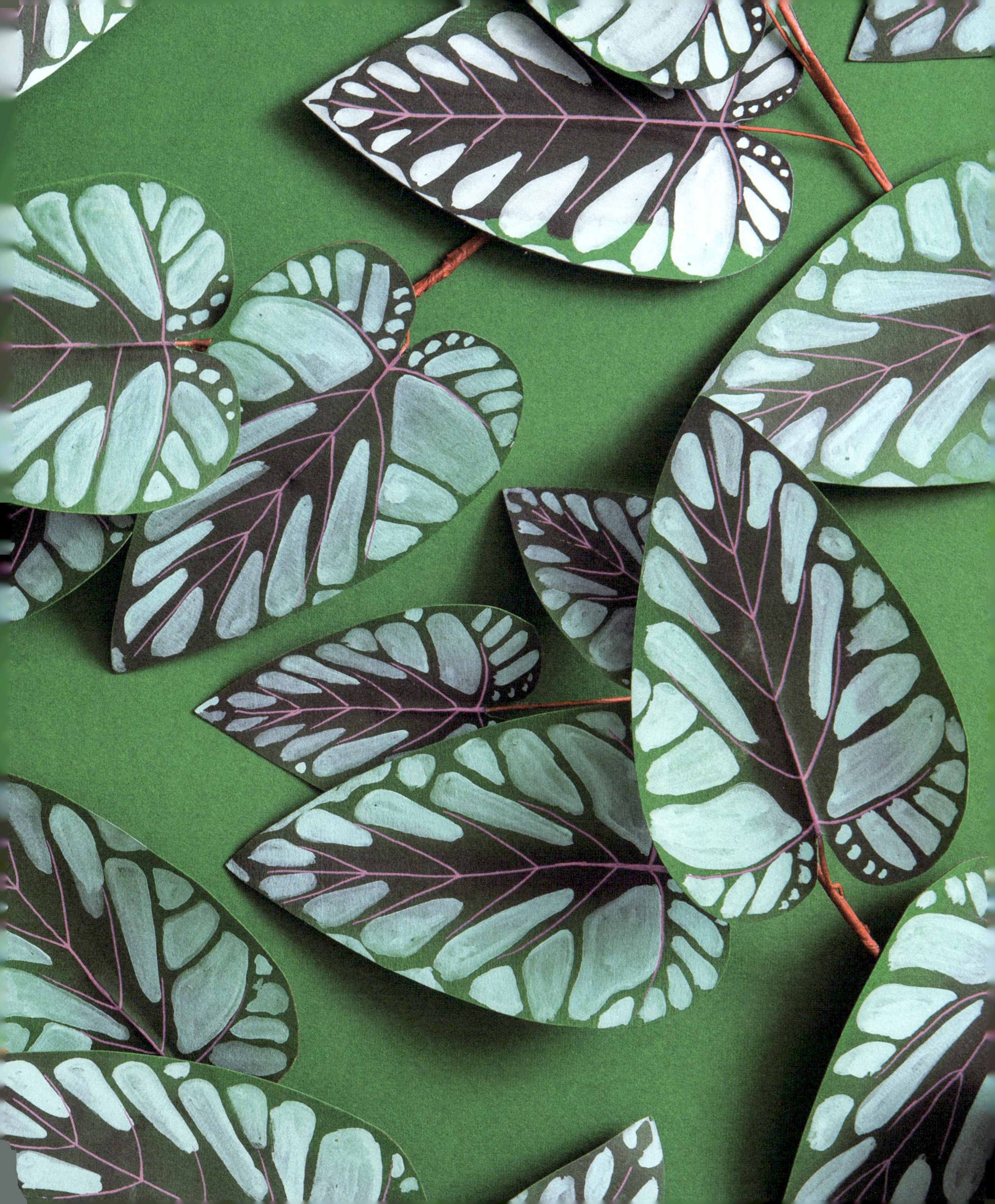

Herzblättriger Philodendron

Der Herzblättrige Philodendron, eine der ersten Pflanzen, die ich nach besten Kräften aus Papier gestaltet habe, verdankt seinen Namen offensichtlich der Form seiner entzückenden Blätter. Es gibt ihn in dunkelgrünen, mehrfarbigen oder zitrusgrünen Varianten. Die auch als *Philodendron hederaceum* bekannte Pflanze wird schon seit Jahrhunderten als Zimmerpflanze kultiviert. Ihre Schönheit lässt sich gut mit Papier wiedergeben, besonders mit der hellgrünen Farbe, die wir hier verwenden werden. Die jungen Blätter dieser Farbvariante sind noch leicht braun, was sich wunderbar mit der Farbe unseres braunen Papierklebebands darstellen lässt.

ECKDATEN

- Diese Pflanze besteht aus etwa 110 Blättern in zwei verschiedenen Größen.
- Sie hat 5 unterschiedlich lange Ranken mit je 10 bis 12 Blättern und 10 Stängel mit je 5 Blättern.
- Sie steckt in einem Blumentopf mit 10 cm Durchmesser.
- Die Endmaße betragen etwa 43 cm Höhe × 33 cm Breite.

MATERIALIEN

- 2 Schablonen (Seite 260)
- 7 Blatt hellgrünes Bastelpapier (A4)
- Brauner Papierdraht
- Braunes Papierklebeband
- 5 Stücke (à 40 cm) brauner gerader Blumenstieldraht (1 mm)
- Braunes Floristenband
- Mit Schaum gefülltes Behältnis
- Kies oder Bodenbelag nach Wahl

WERKZEUGE

- Schere
- Falzbein
- Bleistift
- Bastelmesser
- Drahtschneider

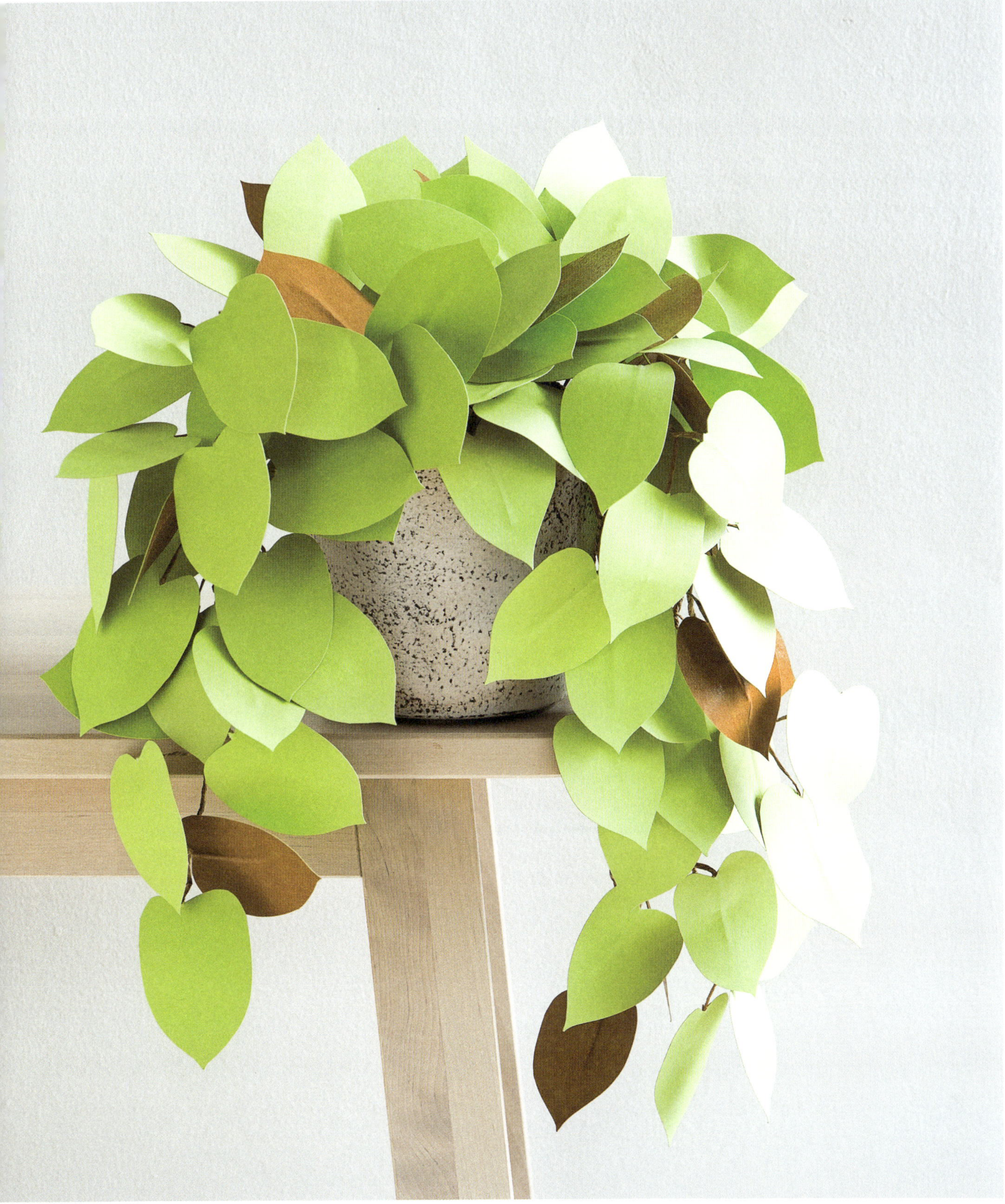

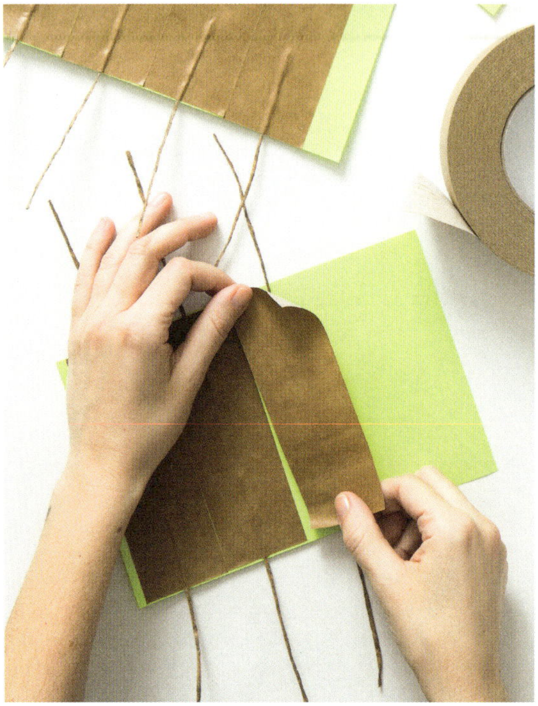

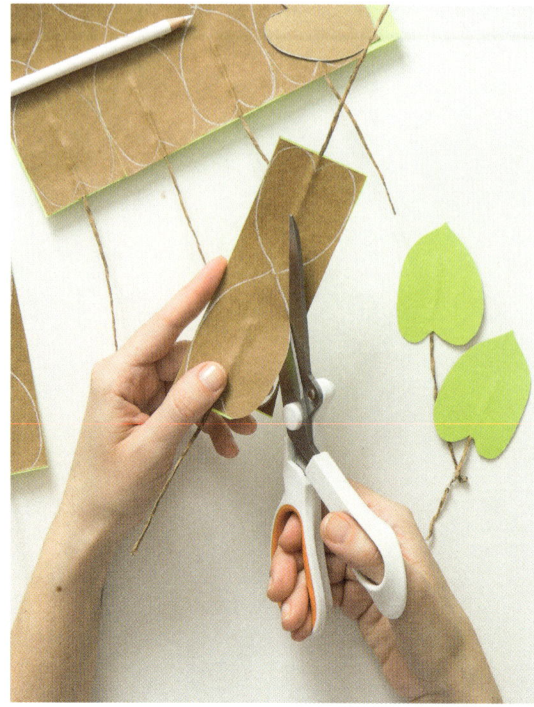

SCHRITT 1

DEN DRAHT MIT DEM PAPIER VERBINDEN

Schneiden Sie zuerst das A4-Papier in der Mitte durch, sodass Sie insgesamt 14 Blatt Papier à 21 × 14,8 cm erhalten. Danach schneiden Sie 110 Stücke Papierklebeband von 15 cm Länge aus. Folgen Sie den Anweisungen auf Seite 37 für die Papier-Klebeband-Methode, um die Drähte auf dem Papier zu befestigen.

SCHRITT 2

DIE BLÄTTER ZEICHNEN UND AUSSCHNEIDEN

Platzieren Sie die zwei Schablonen so auf den beklebten Drähten, dass diese aus der eingekerbten Blattunterseite (und nicht der Spitze) herauskommen. Zeichnen Sie etwa 55 große und 55 kleine Blattformen auf. Wenn nötig, schneiden Sie das Papier, das am Blattstiel klebt, um den Draht herum vorsichtig mit einem Bastelmesser ab.

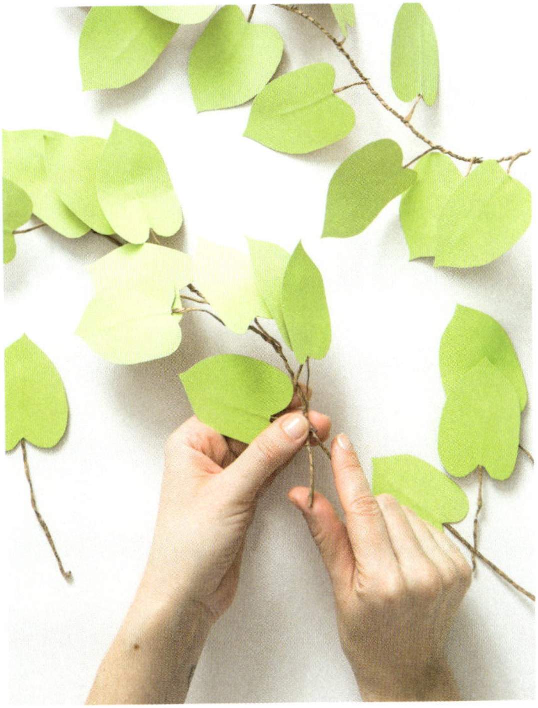

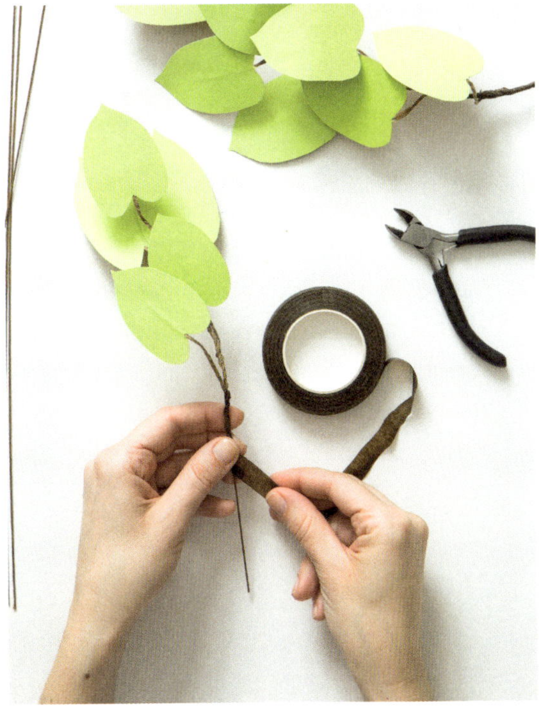

SCHRITT 3

DIE BLATTSTIELE ZU RANKEN UND STÄNGELN VERBINDEN

Für eine Ranke schneiden Sie mithilfe des Drahtschneiders ein 33 cm langes Stück Papierdraht ab. Befestigen Sie die Blattstiele von zunächst zwei kleinen Blättern am Rankendraht, indem Sie die Stiele etwa 5 cm von der Unterseite der Blätter um die Ranke wickeln. Wickeln Sie in 2,5-cm-Abständen weitere Blattstiele um die Ranke, wechseln Sie dabei unregelmäßig zwischen großen und kleinen Blättern, bis etwa 12 Blätter befestigt sind. Wiederholen Sie diese Schritte, um insgesamt drei 33 cm lange Ranken mit je etwa 12 Blättern, zwei 25,5 cm lange Ranken mit je zehn Blättern und zehn 15 cm lange Stängel mit je fünf Blättern zu erhalten.

SCHRITT 4

DIE RANKEN UND STÄNGEL MIT 1-MM-DRÄHTEN VERBNDEN

Schneiden Sie für jede Ranke und jeden Stängel ein 13 cm langes Stück braunen 1-mm-Blumenstieldraht zu. Verbinden Sie den Blumenstieldraht mit dem Ende jeder Ranke und jedes Stängels, indem Sie etwa 5 cm Papierdraht um den Blumenstieldraht wickeln. Dann umwickeln Sie beide mit einer Lage braunem Floristenband.

Bauen Sie die Pflanze, mit den längeren Ranken beginnend, zusammen. Schieben Sie die Ranken nach und nach in den mit Schaum gefüllten Topf und füllen Sie mit den kürzeren Stängeln auf, um die Form der Pflanze auszugestalten. Bedecken Sie den Schaum mit Bodenbelag.

Ufopflanze

Pilea peperomioides, auch bekannt als Chinesischer Geldbaum oder Glückstaler, ist eine meiner Lieblingspflanzen zum Selbermachen. Sie ist auch ein Favorit der Leser+innen meines Blogs. *Pilea peperomioides* ist eine beliebte Pflanze, die nicht aus Samen heranwächst, sondern sich ausschließlich über Ableger von gesunden erwachsenen Pflanzen vermehrt. Auch wenn sie in Europa – im Gegensatz zum Rest der Welt – nicht allzu schwer zu ergattern ist, stellt die Papiervariante eine pflegeleichte und äußerst dekorative Alternative dar.

ECKDATEN

- Die hier abgebildete herabhängende Pflanze besteht aus 25 Blättern.
- Die beiden aufrechten Pflanzen bestehen aus je 15 bis 18 Blättern.
- Sie alle stecken in 11,5 bis 15 cm hohen Blumentöpfen.
- Die Endmaße einer Pflanze betragen ca. 30,5 cm Höhe × 23 cm Breite.

MATERIALIEN

- 3 Schablonen (Seite 258)
- 2 Blatt dunkelgrünes Bastelpapier (A4)
- Flüssigkleber
- Wattestäbchen
- Lindgrüner Gelstift
- 10 Stück (à 40 cm) grüner gerader Blumenstieldraht (0,8 mm)
- Dunkelgrünes Seidenpapier
- Armaturdraht (3 mm)
- Braunes Floristenband
- Mit Schaum gefülltes Behältnis
- Kies oder Bodenbelag nach Wahl

WERKZEUGE

- Bleistift
- Schere
- Behältnis für Kleber
- Wäscheklammern
- Drahtschneider
- Nadelzange
- Heißklebepistole und -patronen

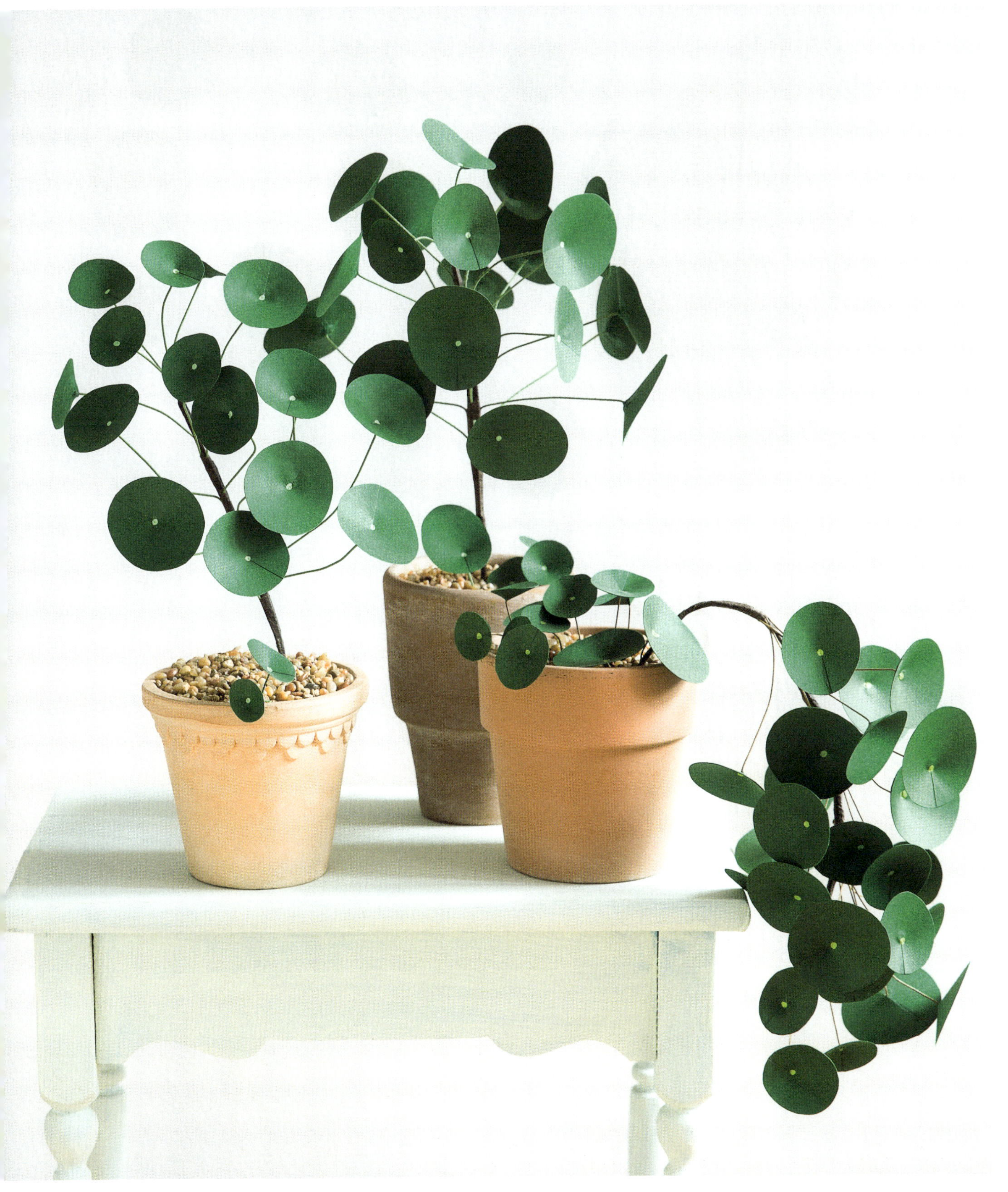

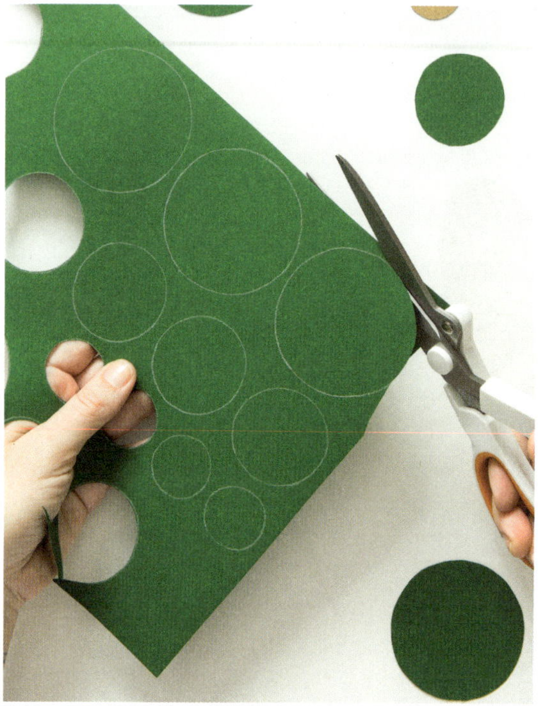

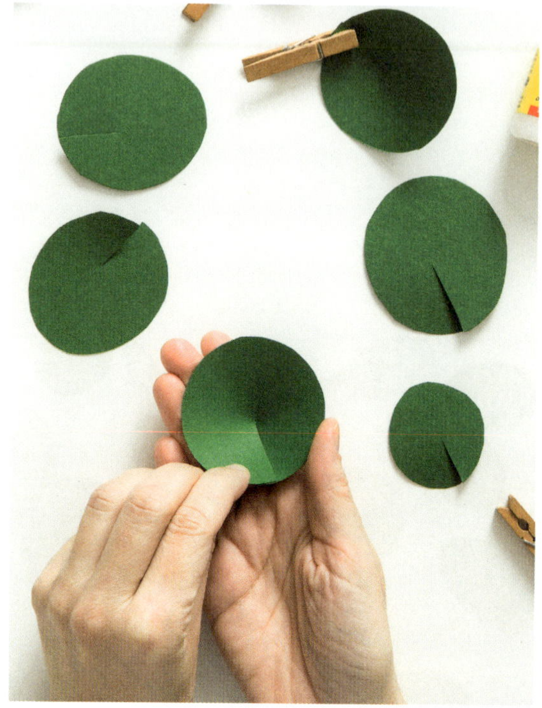

SCHRITT 1

DIE BLÄTTER ZEICHNEN UND AUSSCHNEIDEN

Übertragen Sie mithilfe der drei Schablonen die Blattformen auf das Bastelpapier oder zeichnen Sie verschieden große Kreise freihändig auf das Papier. Je nachdem, wie groß Ihre Pflanze am Ende sein soll, benötigen Sie insgesamt 15 bis 25 Kreise. Schneiden Sie die Blätter mit einer Schere aus.

SCHRITT 2

DIE BLÄTTER DREIDIMENSIONAL ROLLEN UND KLEBEN

Schneiden Sie mit der Schere einen Schlitz vom Rand bis zur Mitte eines Blattes. Streichen Sie dann mithilfe eines Wattestäbchens eine dünne Schicht Klebstoff auf die Kante des Schlitzes. Die gegenüberliegende Kante des Schlitzes drücken Sie auf die Kante mit dem Kleber und formen dabei einen kleinen Trichter. Halten Sie die Kanten mit einer Wäscheklammer zusammen, bis der Kleber komplett getrocknet ist. Verfahren Sie genauso bei den übrigen Blättern.

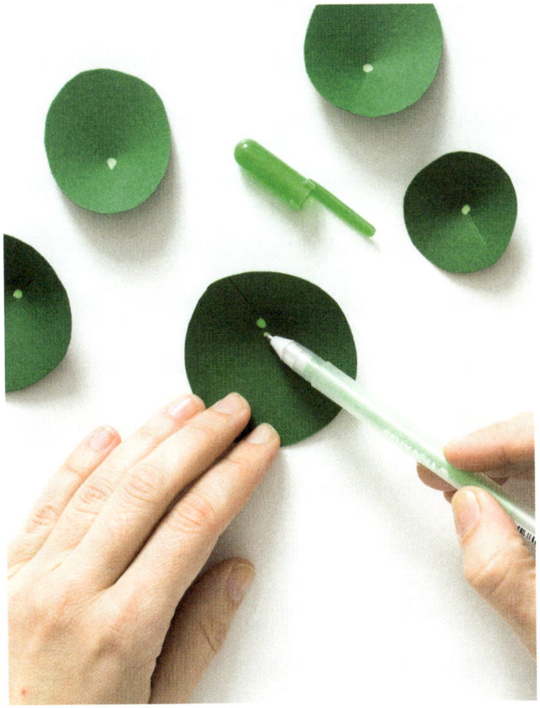

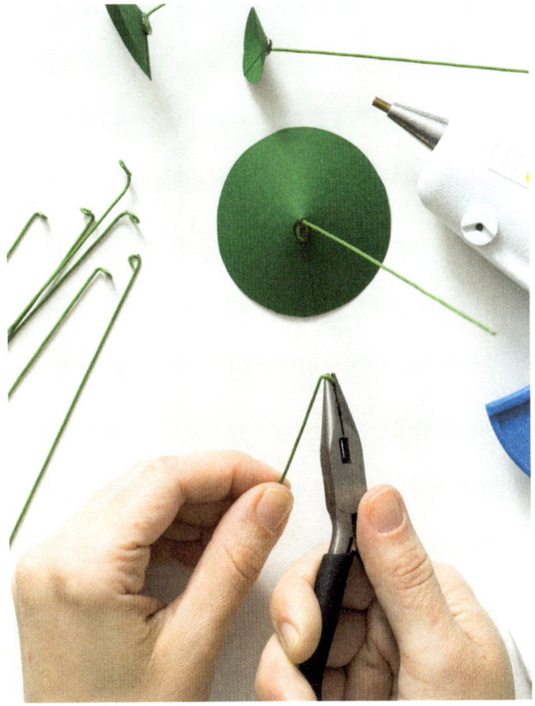

SCHRITT 3

DETAILS AUF DIE BLÄTTER MALEN

Malen Sie mit dem lindgrünen Gelstift einen kleinen Punkt in die Mitte jedes Blatts. Die Tinte wird noch etwa eine Minute feucht bleiben, daher die Blätter trocknen lassen, bevor Sie damit weiterarbeiten.

SCHRITT 4

DEN DRAHT MIT DEN BLÄTTERN VERBINDEN

Mir gefällt es, wenn die Stiele der Pilea-Blätter alle etwas unterschiedlich lang sind, da die Pflanze dadurch realistischer wirkt. Schneiden Sie den 0,8-mm-Draht mit dem Drahtschneider in so viele zehn bis 18 cm lange Stücke, dass für jedes Blatt ein Blattstiel zur Verfügung steht. Bereiten Sie anschließend die Drähte vor und befestigen Sie sie mit Heißkleber auf der Rückseite der Blätter, wie auf Seite 38 bei der Heißklebe- und Seidenpapier-Methode beschrieben. Halten Sie jeden Draht so lange fest, bis der Kleber beginnt, fest zu werden.

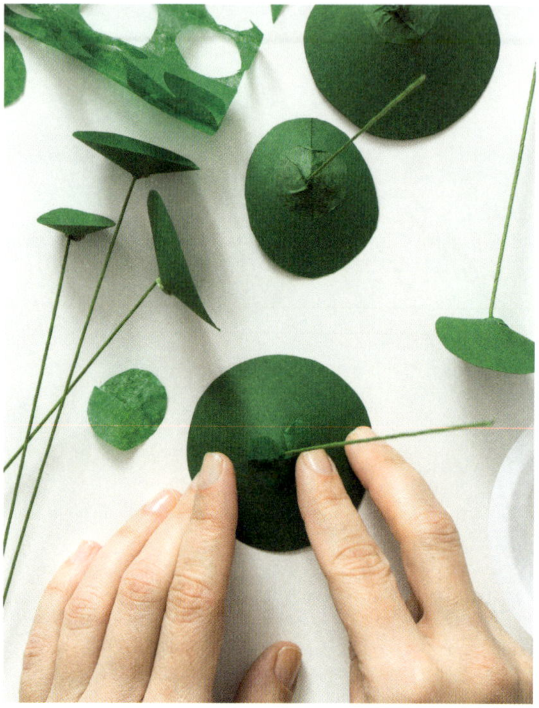

SCHRITT 5

DIE VERBINDUNGSSTELLE VERDECKEN

Verdecken Sie die Verbindungsstelle von Draht und Heißkleber auf jedem Blatt mithilfe von Seidenpapier, indem Sie den Anweisungen auf Seite 38 für die Heißklebe- und Seidenpapier-Methode folgen.

SCHRITT 6 ▶

DIE BLATTSTIELE VERBINDEN

Legen Sie zwei oder mehr Blätter beiseite, die später allein in den Topf gesteckt werden. Schneiden Sie mit dem Drahtschneider ein 30,5 bis 40 cm langes Stück Armaturdraht zu, um daraus den Haupttrieb der Pflanze zu gestalten, und rollen Sie den Draht, falls er gewickelt ist, auf. Wickeln Sie dann mit braunem Floristenband die Stiele von zwei kleinen Blättern etwa 7,5 cm unterhalb der Blätter um den Haupttrieb herum. Befestigen Sie weitere Blattstiele entlang der Ranke, 7,5 bis 10 cm unterhalb der Blätter in 1 bis 2,5 cm großen Abständen. Wechseln Sie dabei unregelmäßig zwischen großen und kleinen Blättern und drehen Sie den Haupttrieb, damit die Blätter von allen Seiten abgehen. Bringen Sie so viele Blätter an, wie Sie möchten, und umwickeln Sie den restlichen Armaturdraht mit braunem Floristenband.

Beginnen Sie unten am Haupttrieb, die Blattstiele nach außen zu biegen, um die Form der Pflanze zu gestalten. Danach biegen Sie den Haupttrieb in einer leichten Kurve oder auch bogenförmig zur Seite und stecken ihn in den mit Schaum gefüllten Topf, wo Sie die Blätter noch weiter beliebig ausrichten können. Dann stecken Sie die beiseitegelegten einzelnen Blätter an den Rand des Topfs und decken den Schaum mit Bodenbelag ab.

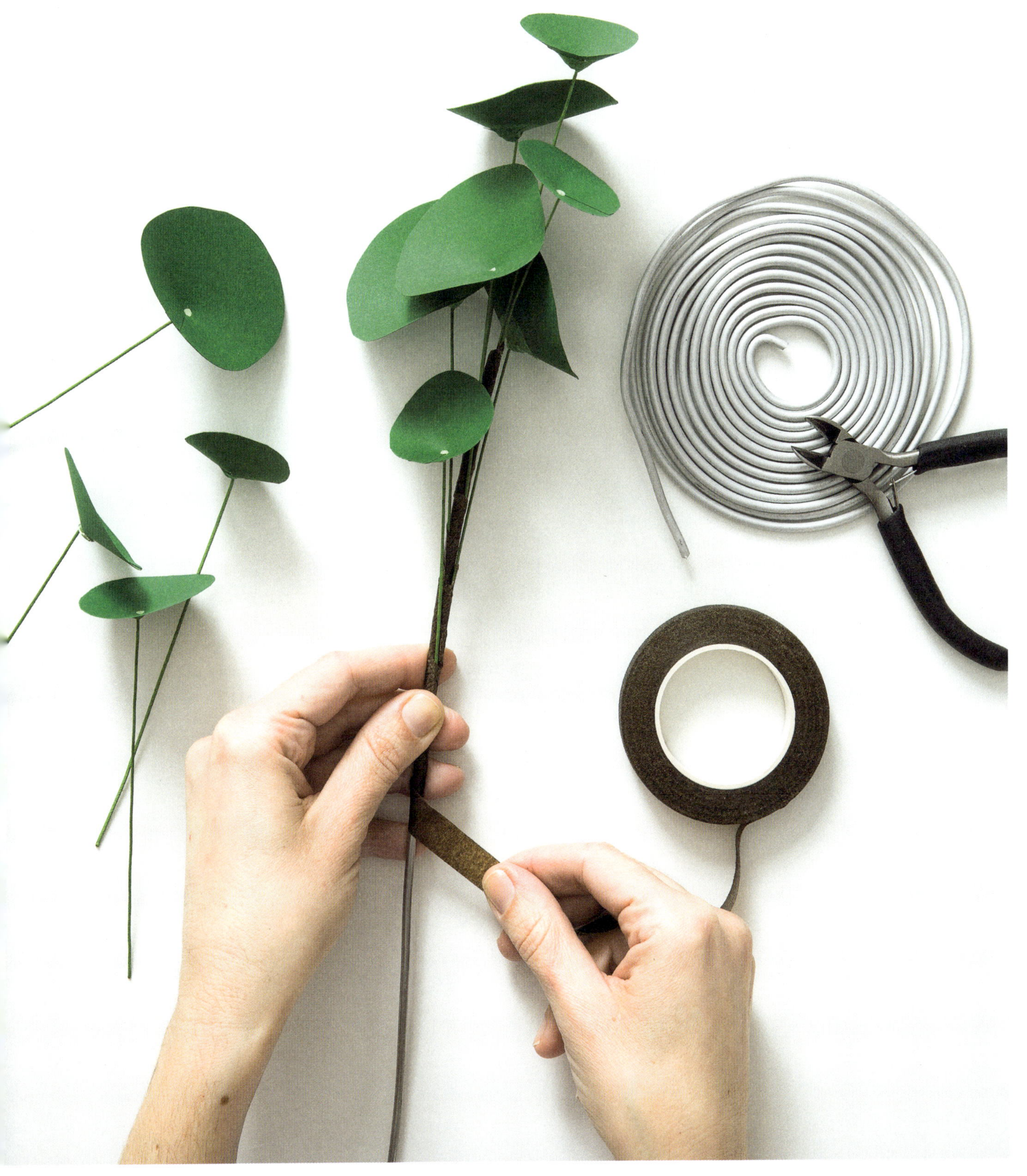

Wassermelonen-Peperomia

Die Peperomien, die auch Zwergpfeffer genannt werden, bilden eine große Pflanzengattung mit über tausend Arten. Sie sind beliebte Zimmerpflanzen. Unsere aus Brasilien stammende Variante hat ihren Namen von der an Wassermelonen erinnernden Maserung ihrer Blätter, welche wir mit Gouache aufmalen werden. Sie können, wie ich es hier getan habe, eine üppige Wassermelonen-Peperomia herstellen oder auch eine etwas reduzierte Version aus einigen Stängeln. Ihre mittelgroßen Blätter sind so dekorativ und hübsch anzuschauen, dass selbst ein einzelnes Exemplar in einer Vase toll aussieht!

ECKDATEN

- Diese Pflanze besteht aus etwa 36 Blättern in einem Blumentopf mit 7,5 cm Durchmesser.
- Die Endmaße der Pflanze betragen etwa 20,5 cm Höhe × 30,5 cm Breite.

MATERIALIEN

- 1 Schablone (Seite 260)
- 6 Blatt Bastelpapier (A4)
- Flüssigkleber
- Wattestäbchen
- Weiße Gouache
- 18 Stück (à 40 cm) brauner gerader Blumenstieldraht (0,8 mm)
- Dunkelgrünes Seidenpapier
- Armaturdraht (3 mm)
- Mit Schaum gefülltes Behältnis
- Kies oder Bodenbelag nach Wahl (optional)

WERKZEUGE

- Bleistift
- Schere
- Behältnis für Kleber
- Wäscheklammern
- Kleiner Rundpinsel
- Mischpalette
- Drahtschneider
- Nadelzange
- Heißklebepistole und -patronen

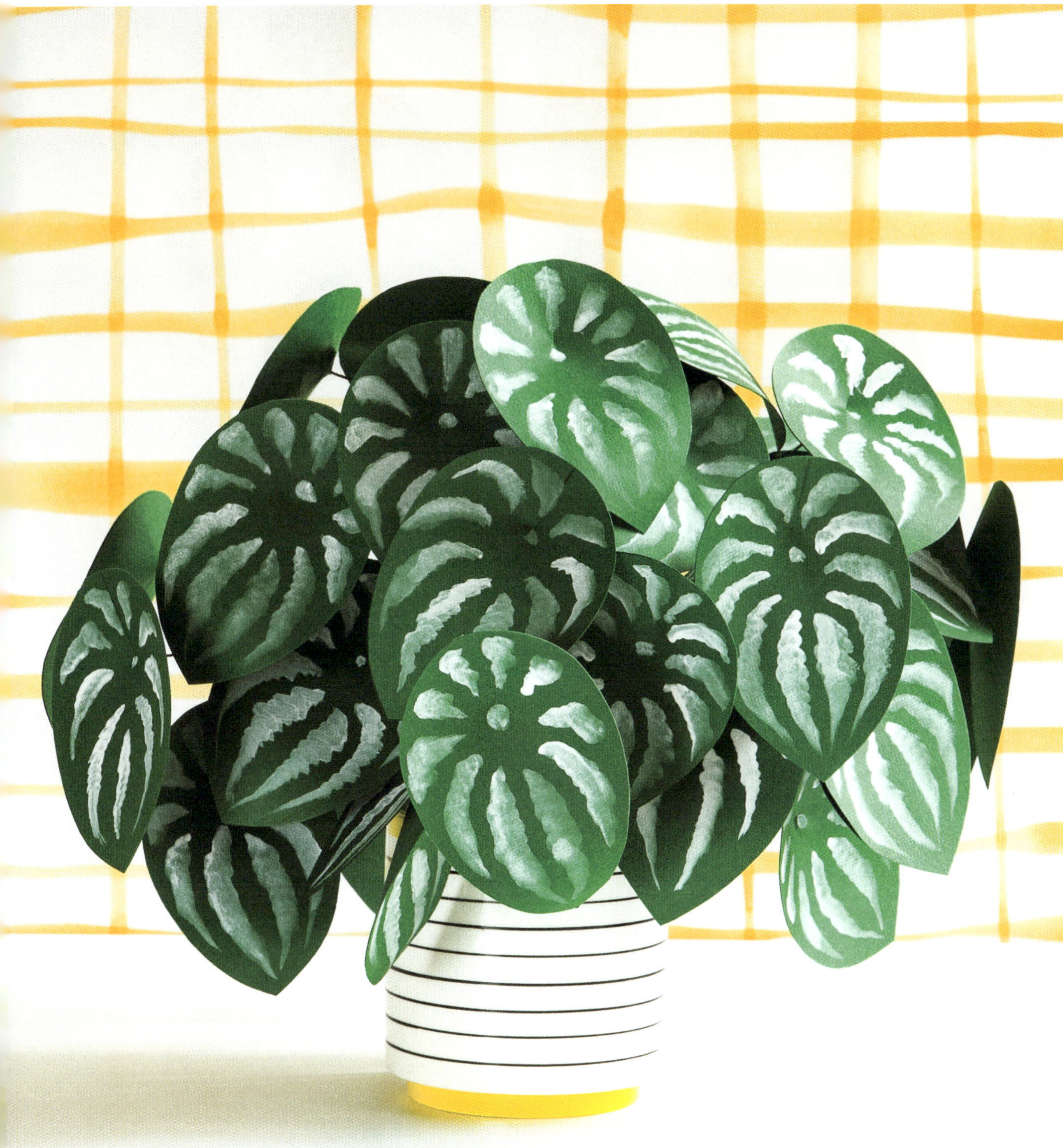

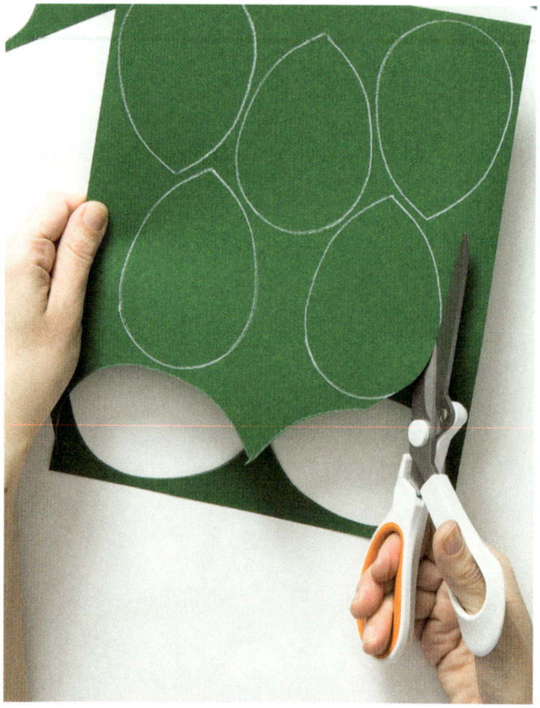

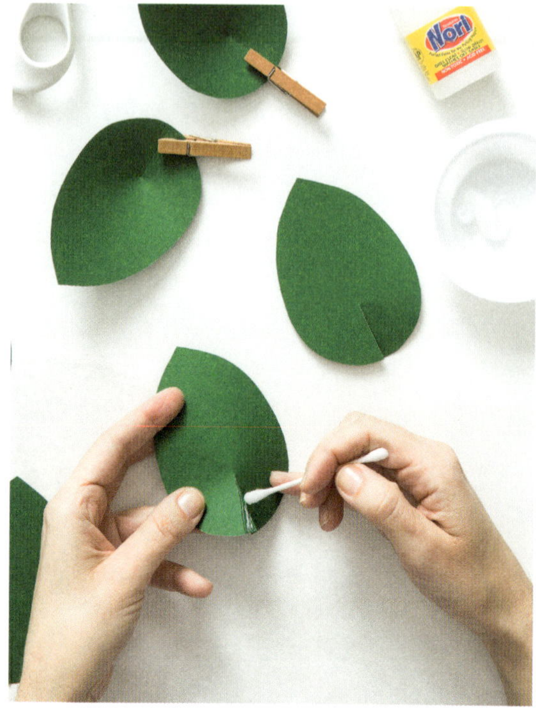

SCHRITT 1

DIE BLÄTTER ZEICHNEN UND AUSSCHNEIDEN

Zeichnen Sie mithilfe der Schablone die Blattformen auf das Bastelpapier. Versuchen Sie, möglichst viele Blätter (etwa sechs bis sieben) auf einem Blatt Papier unterzubringen. Zeichnen Sie insgesamt etwa 36 Blätter auf und schneiden Sie sie mit der Schere aus.

SCHRITT 2

DIE BLÄTTER DREIDIMENSIONAL GESTALTEN

Machen Sie mit der Schere einen 2,5 cm langen Schnitt in den unteren (gerundeten, nicht spitzen) Teil jedes Blatts. Verteilen Sie mit einem Wattestäbchen eine dünne Schicht Flüssigkleber auf einer Schnittkante. Drücken Sie die gegenüberliegende Kante des Schlitzes auf die Kante mit dem Kleber und formen Sie dabei einen kleinen Trichter. Halten Sie die Kanten mit einer Wäscheklammer zusammen, bis der Kleber komplett getrocknet ist.

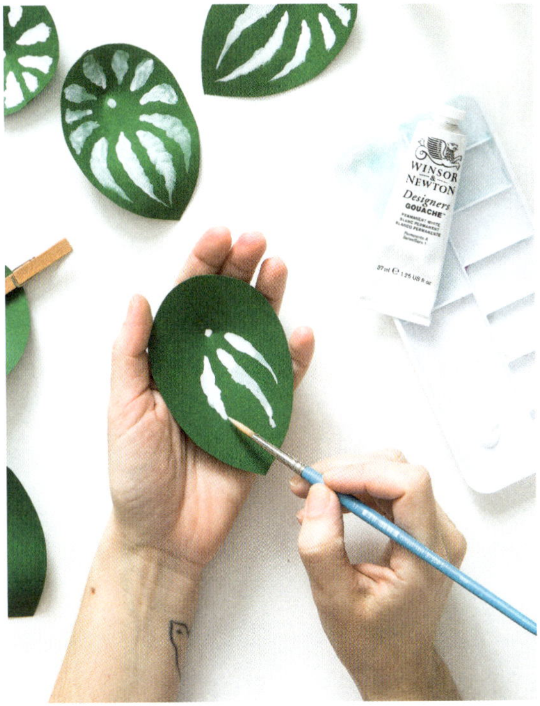

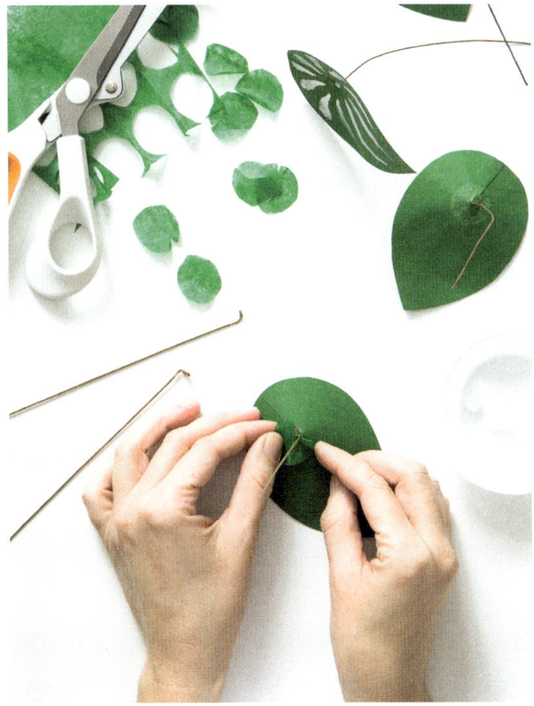

SCHRITT 3

DETAILS AUF DIE BLÄTTER MALEN

Verdünnen Sie weiße Gouache mit ein wenig Wasser und malen Sie mit dem Rundpinsel einen Punkt in die Mitte jedes Blatts. Malen Sie dann wassermelonentypische Streifen von der Blattmitte nach außen hin. Sie können dafür das Muster von Seite 284 verwenden oder freihändig zeichnen.

SCHRITT 4

DEN DRAHT MIT DEN BLÄTTERN VERBINDEN

Schneiden Sie mit dem Drahtschneider so viele 20,5 cm lange Stücke Draht ab, wie Sie benötigen, damit jedes Blatt einen Stiel bekommt. Bereiten Sie anschließend die Drähte vor und befestigen Sie sie mit Heißkleber auf der Rückseite der Blätter, wie auf Seite 38 bei der Heißklebe- und Seidenpapier-Methode beschrieben.

Ich schneide die Drähte zuerst alle auf dieselbe Länge, wenn ich die Pflanze dann zusammenstelle, kürze ich einige Stängel, damit die Pflanze eine rundere Form erhält. Biegen Sie zu diesem Zweck die Drähte in leichte Kurven. Falls die Schaumschicht sichtbar ist, bedecken Sie sie mit einem Bodenbelag Ihrer Wahl.

Kannenpflanze

Einige Biologen gehen davon aus, dass sich die Kannenpflanzen in ihrer heutigen Form über die Jahrtausende durch ständiges Rollen und Falten von Blättern entwickelten – und genau diese Methode werden wir bei der Fertigung dieser Papiervariante anwenden. Ich bin absolut fasziniert von fleischfressenden Pflanzen! Oft weisen sie einzigartige Farbkombinationen auf, um Insekten anzulocken, doch auch Menschen fühlen sich von ihnen angezogen und machen sie zum Gegenstand ihrer Mythen. In der Popkultur wird sie häufig als bedrohlich dargestellt, doch die Kannenpflanze ist in Wahrheit harmlos.

ECKDATEN

- Diese Pflanze besteht aus 10 Blättern, 4 großen und 6 kleinen, in einer 20,5 cm großen Schale.
- Die Endmaße betragen etwa 25,5 cm Höhe × 25,5 cm Breite.

MATERIALIEN

- 2 Schablonen (Seite 251)
- Weiße und rosa Acrylfarbe
- 7 Blatt hellgrünes Bastelpapier (A4)
- 3 Stück (à 40 cm) grüner gerader Blumenstieldraht (0,8 mm)
- Hellgrünes Seidenpapier
- Klebestift
- Mit Schaum gefülltes Behältnis
- Kies oder Bodenbelag nach Wahl

WERKZEUGE

- Farbmischbecher
- 2 kleine Sprühflaschen
- Bleistift
- Schere
- Drahtschneider
- Heißklebepistole und -patronen

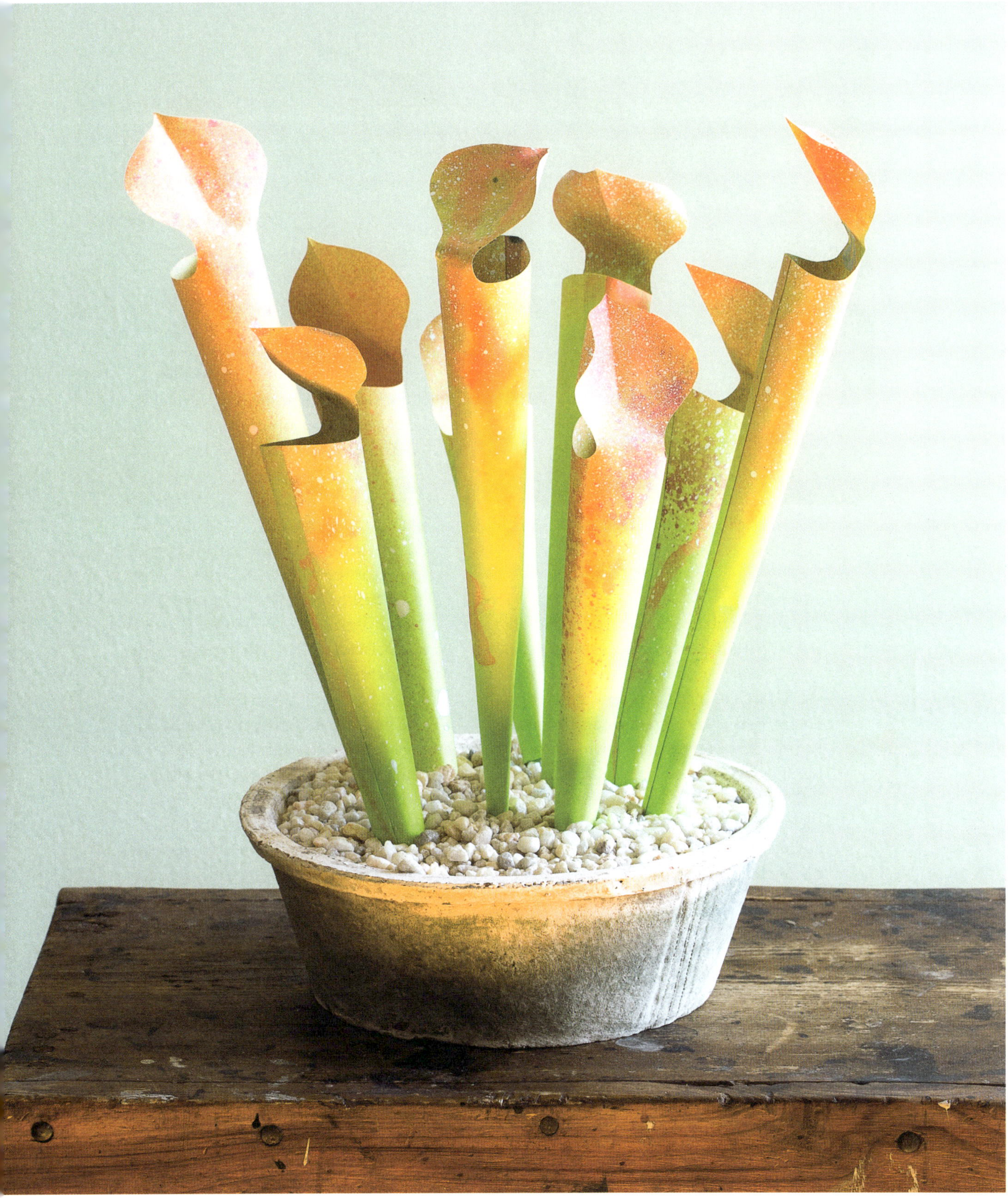

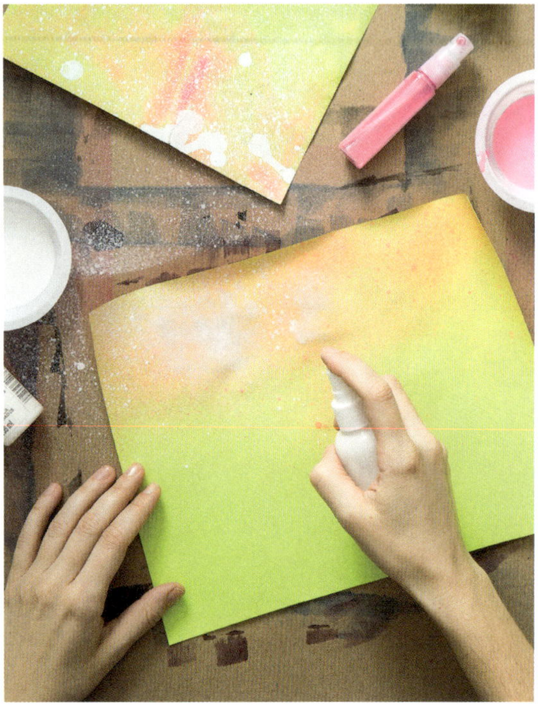

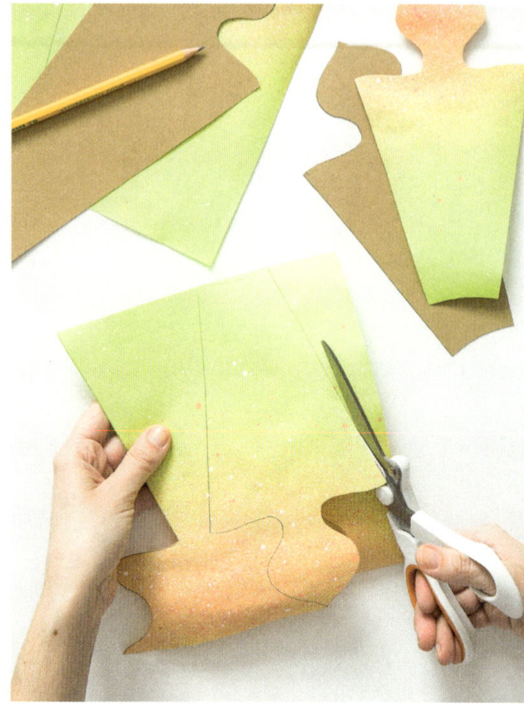

SCHRITT 1

DAS PAPIER VORBEREITEN

Folgen Sie den Anweisungen zum Aufsprühen von Farbe auf Seite 36 und füllen Sie eine Sprühflasche mit verdünnter rosa Acrylfarbe und die andere mit weißer Acrylfarbe. Richten Sie ein Blatt Bastelpapier horizontal aus und besprühen Sie es am oberen Rand mit rosa Farbe. Sobald die Farbe getrocknet ist, sprühen Sie leicht mit der weißen Farbe darüber und lassen sie komplett trocknen. Genauso am oberen Rand der Rückseite des Papiers. Wiederholen Sie das Ganze, um insgesamt drei beidseitig besprühte Blätter zu erhalten. Legen Sie anschließend ein Blatt Bastelpapier vertikal vor sich und besprühen Sie wie oben beschrieben den oberen Rand auf der Vorder- und Rückseite. Wiederholen Sie diesen Schritt mit den restlichen drei Blättern.

SCHRITT 2

DIE BLÄTTER ZEICHNEN UND AUSSCHNEIDEN

Übertragen Sie mithilfe der großen Schablone die Blattformen auf das vertikal besprühte Papier, wobei der obere (spitze) Teil der Schablone auf dem besprühten Teil des Papiers liegt. Verwenden Sie die kleine Schablone, um die Blattformen auf das horizontal besprühte Papier zu zeichnen, wieder mit der Spitze auf dem besprühten Teil. Malen Sie insgesamt vier große und sechs kleine Blätter auf und schneiden Sie sie mit der Schere aus.

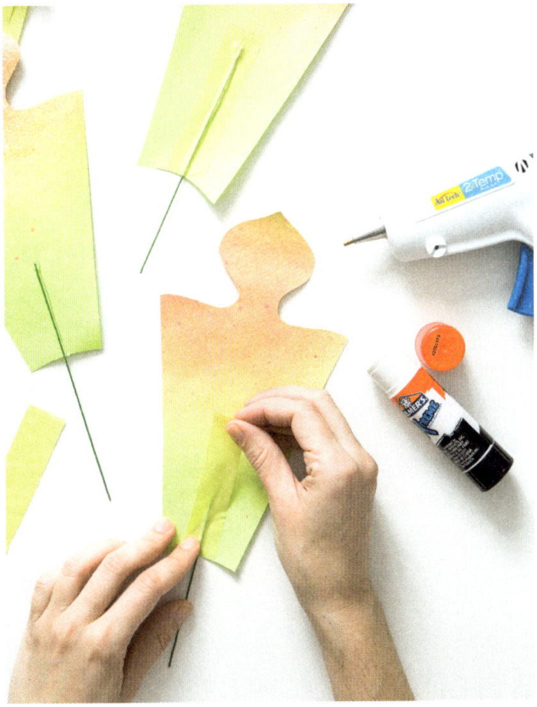

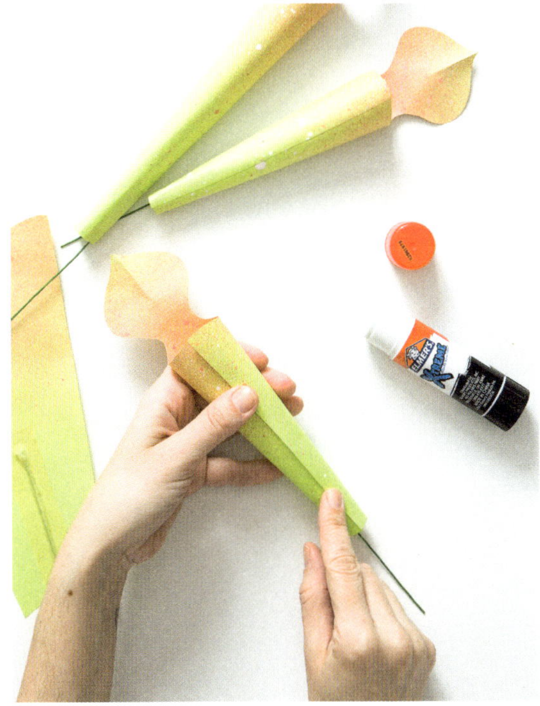

SCHRITT 3

DEN DRAHT MIT DEN BLÄTTERN VERBINDEN

Schneiden Sie mit dem Drahtschneider so viele etwa 13 cm lange Drähte aus, dass jedes Blatt einen Stiel bekommt. Kleben Sie dann mithilfe eines Tropfens Heißkleber ein Drahtstück so auf die Mitte eines Blatts, dass der Draht unten etwa 7,5 cm übersteht. Schneiden Sie mit der Schere zehn Streifen Seidenpapier à 2,5 × 7,5 cm zu. Verteilen Sie mit einem Klebestift (oder etwas Flüssigkleber auf einem Wattestäbchen) eine großzügige Schicht Kleber auf dem Seidenpapier, legen Sie das Seidenpapier auf den Draht und streichen Sie es glatt. Wiederholen Sie dies mit allen Blättern und lassen Sie den Kleber vollständig trocknen.

SCHRITT 4

DIE BLÄTTER FORMEN

Machen Sie einen kleinen Knick in der Mitte der Blattspitze. Dann rollen Sie das Papier zu einer nach unten schmaler werdenden Röhre. Sie können das Papier mehrmals sachte über eine Tischkante schieben, damit es sich leichter rollen lässt. Wenn Sie die gewünschte Form erreicht haben, streichen Sie Kleber entlang einer Kante und drücken Sie die gegenüberliegende Kante etwas überlappend so lange darauf, bis der Kleber beginnt zu trocknen. Halten Sie das Papier noch ein paar Sekunden länger zusammen, bis der Kleber wirklich fest ist.

Schieben Sie die fertigen Blätter in das vorbereitete Behältnis und bedecken Sie den Schaum mit dem gewünschten Bodenbelag.

Pfeilblatt

Das Pfeilblatt ist eine Hybride aus Pflanzen, die aus tropischen Gefilden stammen. Die Blätter sind von so sattem Dunkelgrün, dass sie manchmal fast schon schwarz erscheinen, und das in Kombination mit den weißen Blattadern und den gewellten Außenrändern – ich liebe die Optik dieser Pflanze. Sie setzt in jedem Raum eindrucksvolle, dramatische Akzente. Das Pfeilblatt ist eine ideale Papierpflanze, denn die lebende Verwandte ist giftig für Katzen, kleine Kinder, Kaninchen und alle, die sonst noch Ihre Zimmerpflanzen anknabbern könnten.

ECKDATEN

- Diese Pflanze besteht aus etwa 15 Blättern unterschiedlicher Größen.
- 2 Wurzelansätze in einem Pflanzkorb mit 18 cm Durchmesser.
- Die Endmaße betragen etwa 50 cm Höhe × 43 cm Breite.

MATERIALIEN

- 3 Schablonen (Seite 253, 254)
- Braune und schwarze Acrylfarbe
- 12 Blatt dunkelgrünes Bastelpapier (A4)
- 15 Stück (à 40 cm) grüner gerader Blumenstieldraht (1,2 mm)
- Holzleim
- Schaum
- Holzspieße
- Mit Schaum gefülltes Behältnis
- Kies oder Bodenbelag nach Wahl

WERKZEUGE

- Mischpalette
- Flachpinsel (6 mm + 2,5 cm)
- Kleiner Rundpinsel
- Schere
- Behältnis für Kleber
- Bleistift
- Falzbein
- Drahtschneider
- Cutter
- Heißklebepistole und -patronen
- Große Sprühflasche mit Wasser
- Heckenschere

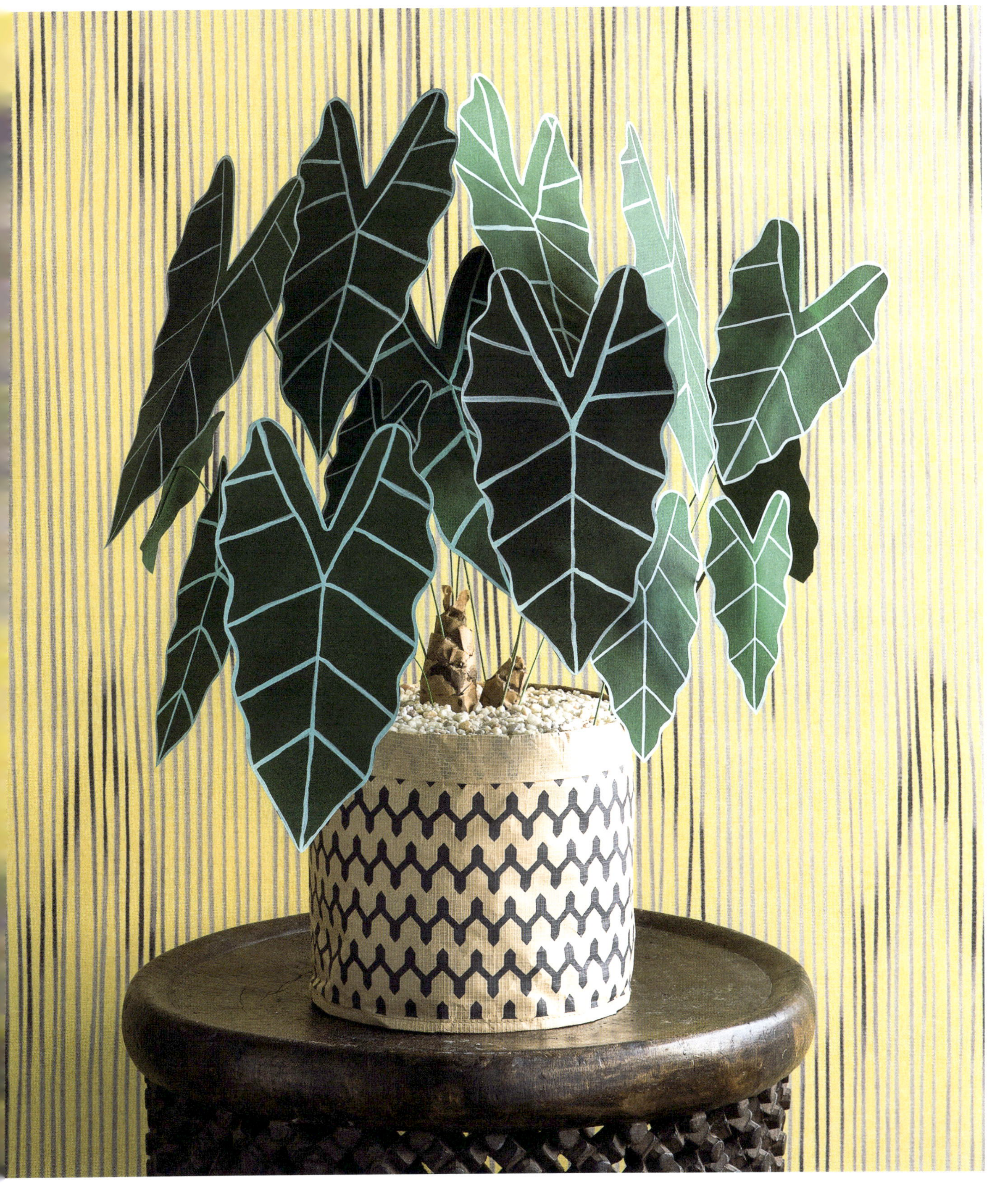

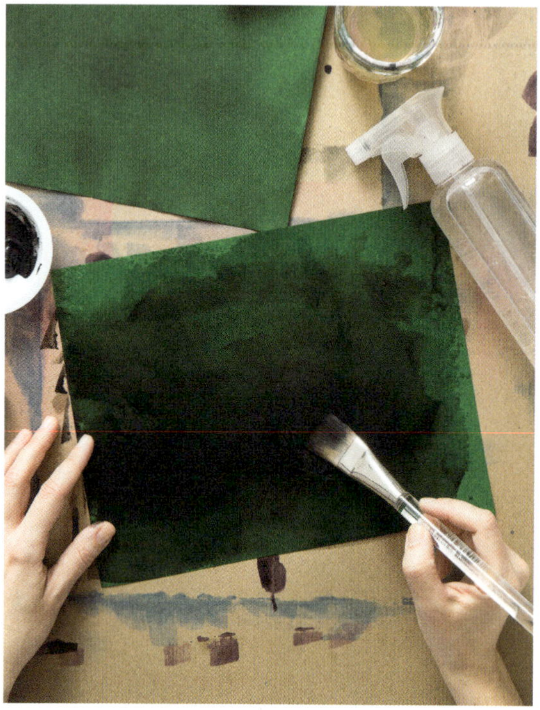

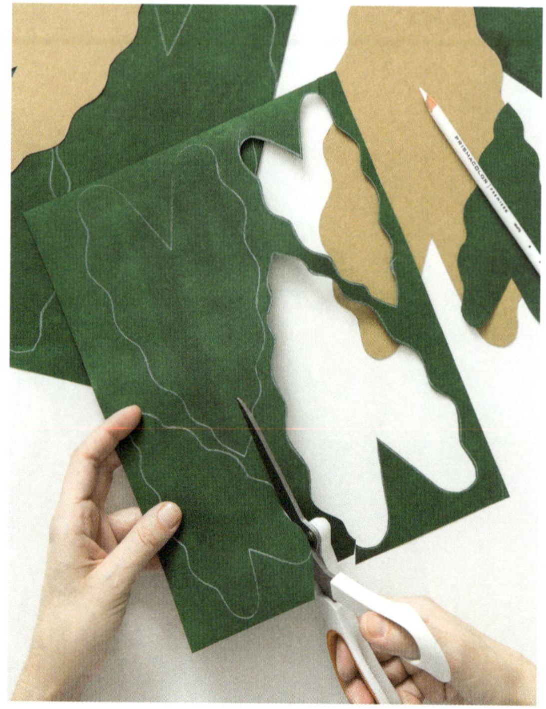

SCHRITT 1

DAS PAPIER VORBEREITEN

Folgen Sie den Anweisungen zur Herstellung einer Farblösung auf Seite 34 und tragen Sie eine Lösung aus schwarzer Acrylfarbe und Wasser auf beiden Seiten der dunkelgrünen Bastelpapierblätter auf. Lassen Sie aber immer zuerst eine Seite trocknen, bevor Sie die zweite bemalen.

SCHRITT 2

DIE BLÄTTER ZEICHNEN UND AUSSCHNEIDEN

Legen Sie ein Blatt Papier zur Seite, um es in Streifen zu schneiden. Zeichnen Sie mithilfe der Schablonen etwa sieben große, vier mittelgroße und vier kleine Blattformen auf die übrigen Bastelpapierblätter. Schneiden Sie die Blätter mit der Schere aus.

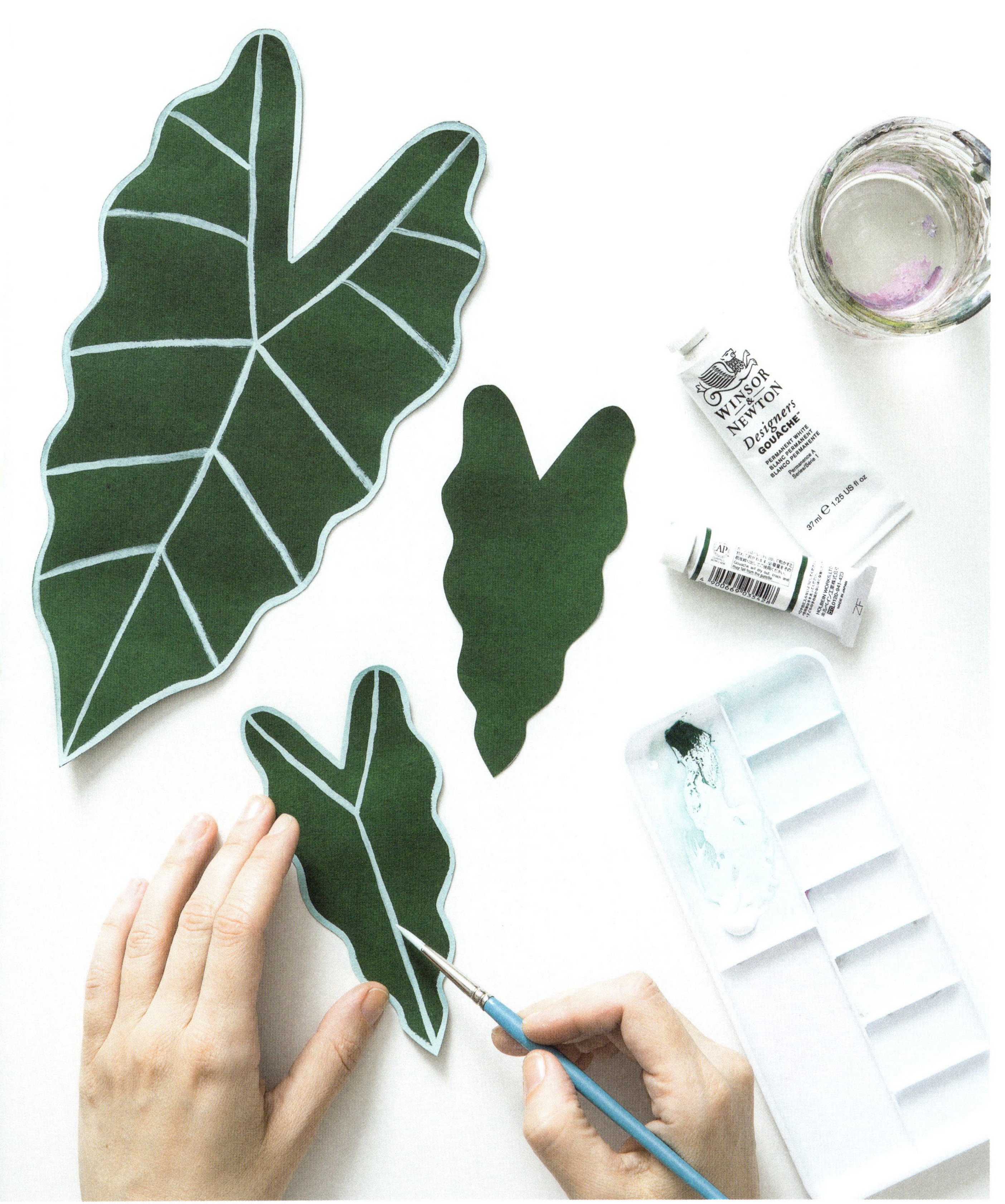
WINSOR & NEWTON
Designers
GOUACHE
PERMANENT WHITE
BLANC PERMANENT
BLANCO PERMANENTE
37 ml ℮ 1.25 US fl oz

◄ SCHRITT 3

DETAILS AUF DIE BLÄTTER MALEN

Mischen Sie grüne und weiße Gouache, um einen blassgrünen Farbton zu erhalten und verdünnen Sie die Farbe mit ein wenig Wasser. Bemalen Sie die Blätter mit dem kleinen Rundpinsel – das Muster von Seite 283 kann Ihnen als Inspiration dienen. Malen Sie entsprechend weniger Linien auf die kleinen Blätter.

SCHRITT 4 ►

DEN DRAHT MIT DEN BLÄTTERN VERBINDEN UND VERSTECKEN

Schneiden Sie das beiseitegelegte Blatt Bastelpapier in 15 Streifen à 2,5 × 10 cm. Legen Sie ein großes Blatt mit der gemusterten Seite nach unten hin und platzieren Sie ein 40 cm langes Stück Draht in der Mitte des Blatts, wobei der Draht an der unteren – eingekerbten – Seite etwa 10 cm überstehen soll. Legen Sie einen Papierstreifen über den Draht und folgen Sie den Anweisungen der Papierstreifen-Methode auf Seite 40. Der Papierstreifen sollte 12 mm bis 2,5 cm von der Einkerbung des Blatts entfernt aufgeklebt werden.

Drücken Sie den Papierstreifen mithilfe des Falzbeins fest um den Draht. Wiederholen Sie diesen Schritt für alle großen Blätter. Im Anschluss schneiden Sie acht Drahtstücke von 25,5 bis 30,5 cm Länge mit dem Drahtschneider zu. Diese befestigen Sie nach der Papierstreifen-Methode an den Rückseiten der mittelgroßen und kleinen Blätter. Gegebenenfalls müssen Sie die Papierstreifen etwas an die Größe der Blätter anpassen.

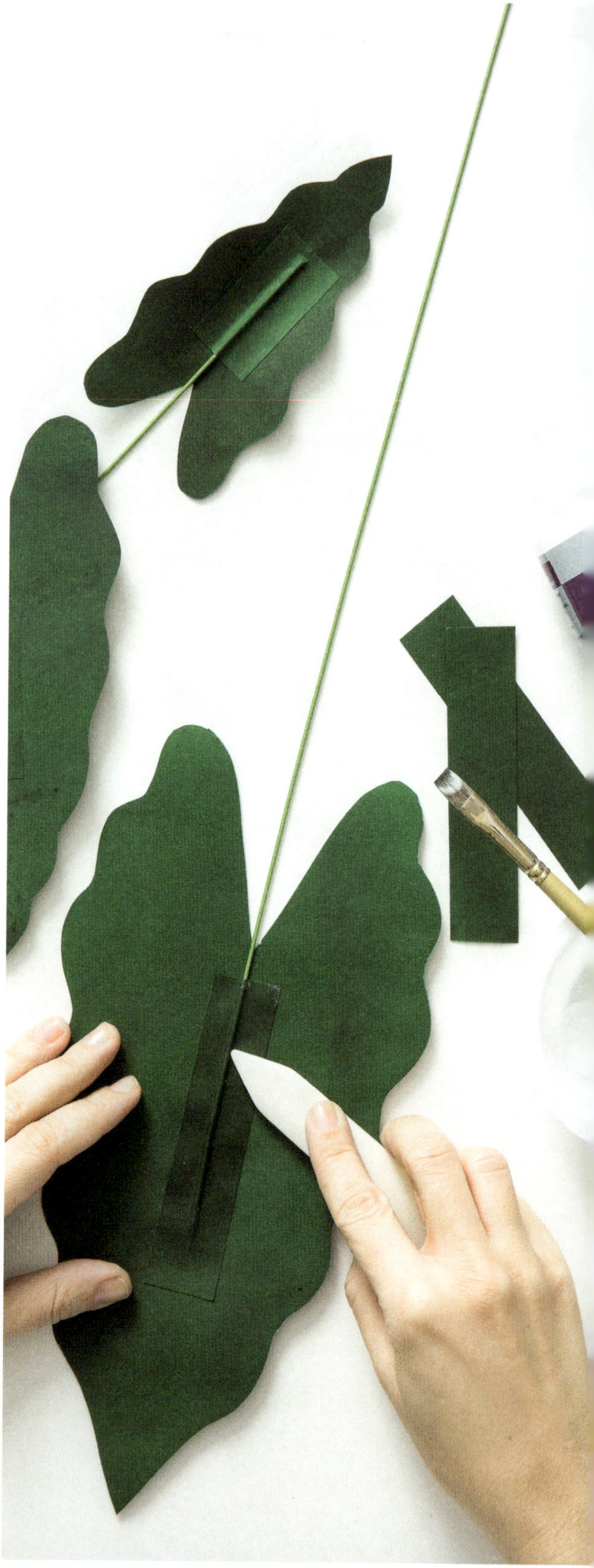

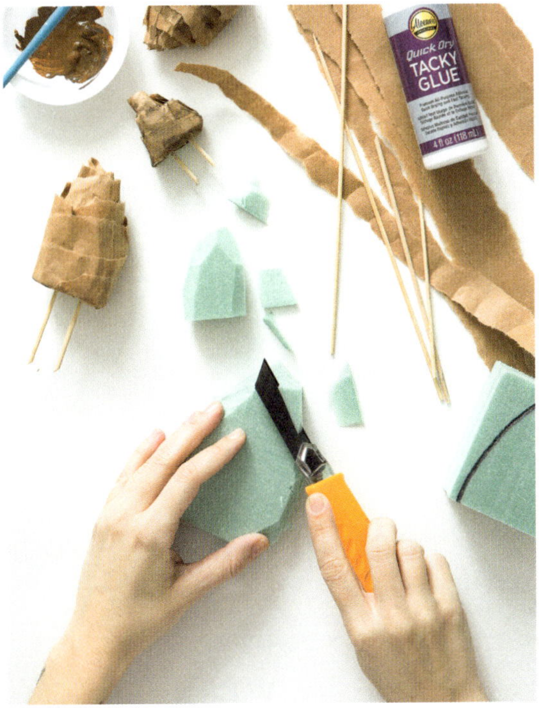

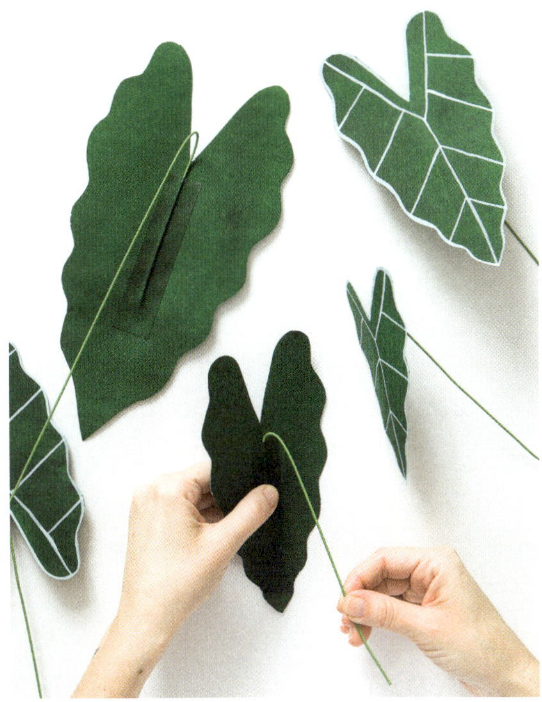

SCHRITT 5

DIE WURZELANSÄTZE BASTELN

Folgen Sie den Anweisungen auf Seite 53 und stellen Sie ein großen und ein mittelgroßen Wurzelansatz her. Stecken Sie beide in den Schaum in Ihrem Pflanzgefäß.

SCHRITT 6

DIE STIELE FORMEN

Halten Sie das Blatt in einer Hand über dem Papierstreifen, mit dem der Draht angeklebt ist, gut fest. Biegen Sie mit der anderen Hand den Draht nach unten, sodass an der Verbindungsstelle des Blattstiels ein kleiner Bogen entsteht. Wiederholen Sie dies mit allen Blättern.

Schieben Sie die Blätter in die Wurzelansätze, stechen Sie dabei den Draht durch das Packpapier bis in die Schaumschicht im Behältnis. Lassen Sie die Blätter in unterschiedliche Richtungen zeigen. Bedecken Sie zum Schluss den Schaum mit Bodenbelag.

Weiße Kaladie

Die üblicherweise im Freien gepflanzte Weiße Kaladie ist ein echter Hingucker! In der Natur sind Blätter von so reinem Weiß wie die dieser Kaladienart sehr selten. Eine Sache, die ich unbedingt noch machen möchte, ist das im Juli stattfindende Kaladien-Festival in Lake Placid in Florida besuchen und entlang der Felder voll dieser Schönheiten fahren. Was für ein unglaublicher Anblick das sein muss – Reihe um Reihe strahlender Buntwurze, von grellpinken über rote und grüne bis hin zu gesprenkelten Varianten! Ich stelle sie mir so beeindruckend wie die Tulpenfelder in den Niederlanden vor.

ECKDATEN

- Diese Pflanze besteht aus 15 Blättern, 10 großen und 5 kleinen, in einem Blumentopf mit 25,5 cm Durchmesser.
- Die Endmaße betragen etwa 38 cm Höhe × 50 cm Breite.

MATERIALIEN

- 2 Schablonen (Seite 266, 267)
- 14 Blatt weißes Bastelpapier (A4)
- Dunkelgrüner Alkoholmarker
- Wattestäbchen
- Isopropylalkohol
- 15 Stück (à 40 cm) grüner gerader Blumenstieldraht (0,8 mm)
- Holzleim
- Mit Schaum gefülltes Behältnis
- Kies oder Bodenbelag nach Wahl

WERKZEUGE

- Bleistift
- Schere
- Behältnisse für Klebstoff und Isopropylalkohol
- Falzbein
- Drahtschneider

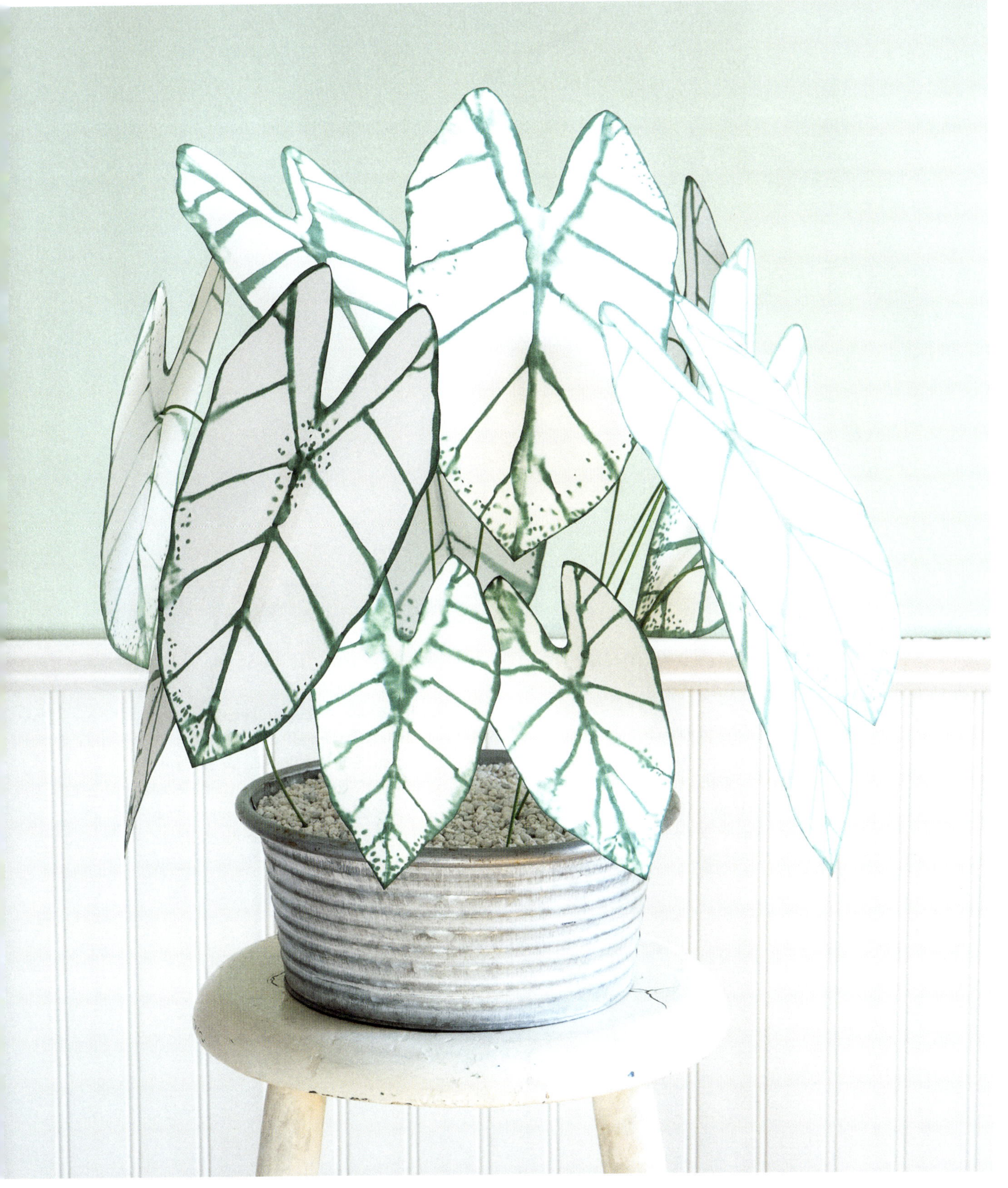

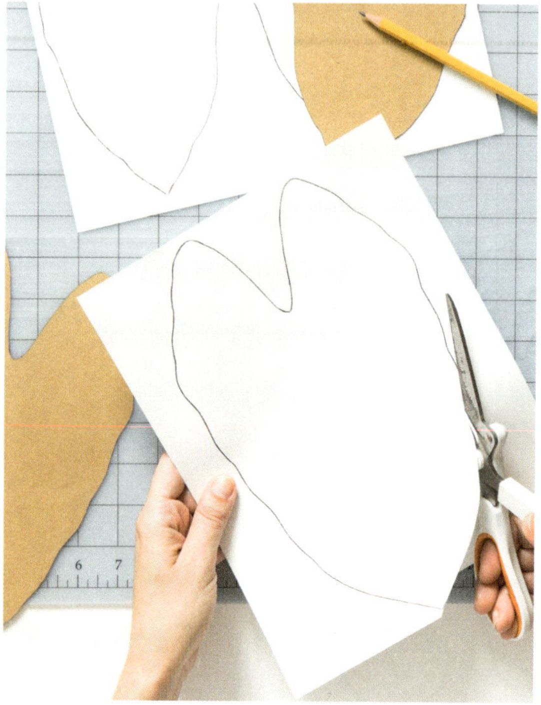

SCHRITT 1

DIE BLÄTTER ZEICHNEN UND AUSSCHNEIDEN

Legen Sie ein Blatt Bastelpapier zur Seite, um es später in Streifen zu schneiden. Mit den beiden Schablonen zeichnen Sie zehn große und fünf kleine Blattformen auf das übrige Bastelpapier. Schneiden Sie die Blätter mit einer Schere aus.

SCHRITT 2 ▶

DETAILS AUF DIE BLÄTTER MALEN

Zeichnen Sie mit dem dunkelgrünen Alkoholmarker Details auf alle Blätter. Das Muster auf Seite 283 können Sie als Orientierungshilfe verwenden. Tauchen Sie dann ein Wattestäbchen in Alkohol und fahren Sie damit über jede Linie, damit die Tinte etwas ausblutet und noch tiefer in das Papier eindringt.

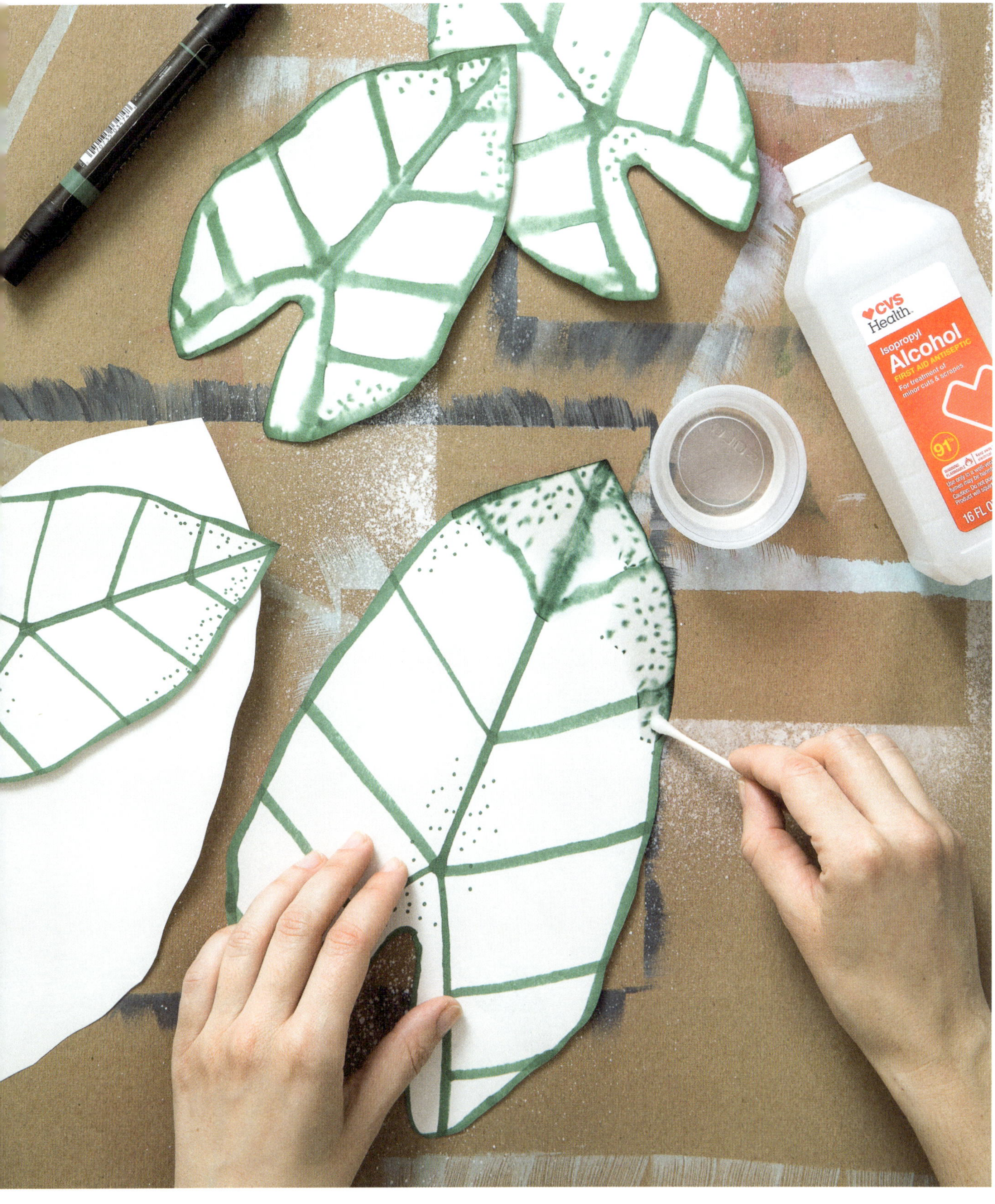
CVS Health
Isopropyl Alcohol
FIRST AID ANTISEPTIC
For treatment of minor cuts & scrapes
91%

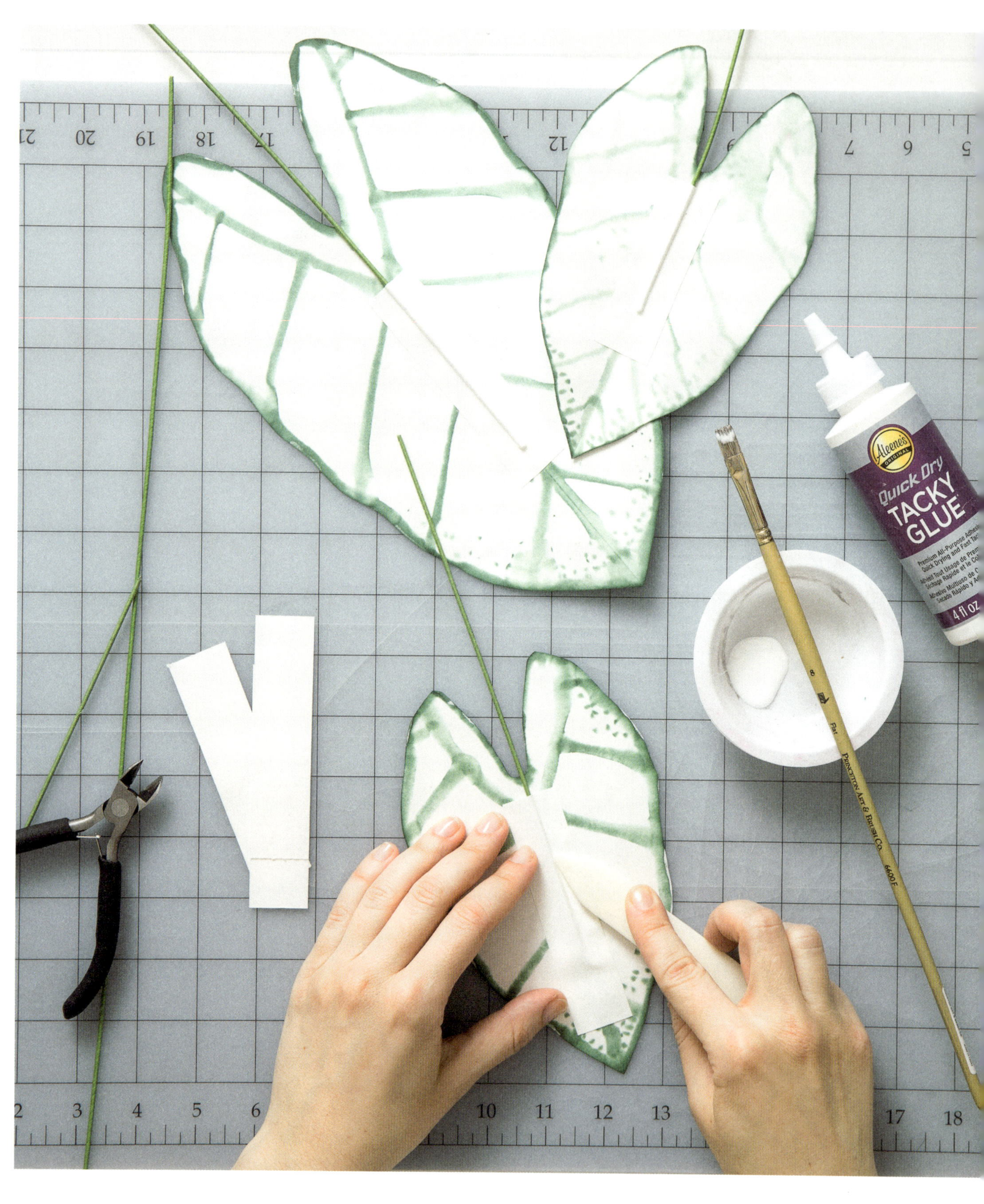
Aleene's
ORIGINAL
Quick Dry
TACKY
GLUE
4 fl oz
Princeton Art & Brush Co.
6600F

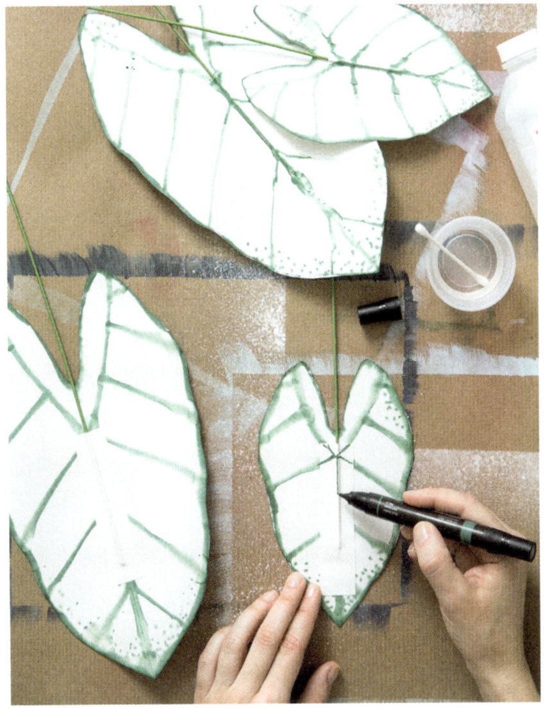

◀ SCHRITT 3

DEN DRAHT MIT DEN BLÄTTERN VERBINDEN UND VERSTECKEN

Schneiden Sie das beiseitegelegte Blatt Bastelpapier in 15 Streifen à 2,5 × 10 cm. Legen Sie ein großes Blatt mit der gemusterten Seite nach unten hin und platzieren Sie ein 40 cm langes Stück Draht in der Mitte des Blatts, wobei der Draht an der unteren – eingekerbten – Seite etwa 10 cm überstehen soll. Legen Sie einen Papierstreifen über den Draht und folgen Sie den Anweisungen der Papierstreifen-Methode auf Seite 40. Der Papierstreifen sollte 12 mm bis 2,5 cm von der Einkerbung des Blatts entfernt aufgeklebt werden.

Drücken Sie den Papierstreifen mithilfe des Falzbeins fest um den Draht. Wiederholen Sie diesen Schritt für alle großen Blätter. Im Anschluss schneiden Sie fünf Drahtstücke von 25,5 bis 30,5 cm Länge mit dem Drahtschneider zu. Diese befestigen Sie nach der Papierstreifen-Methode an den Rückseiten der kleinen Blätter.

SCHRITT 4

DETAILS AUF DIE PAPIERSTREIFEN MALEN

Wenn der Klebstoff vollständig getrocknet ist, wiederholen Sie Schritt 2 für alle Blätter: Verbinden Sie die Linien auf den Blattunterseiten, die durch den Papierstreifen verdeckt werden, und verwischen Sie diese wieder leicht mit einem mit Alkohol getränkten Wattestäbchen.

Halten Sie das Blatt in einer Hand über dem Papierstreifen bzw. dem Draht gut fest. Biegen Sie mit der anderen Hand den Draht nach unten, sodass an der Verbindungsstelle des Blattstiels ein kleiner Bogen entsteht. Wiederholen Sie dies mit allen Blättern. Schieben Sie die Blätter in das mit Schaum gefüllte Behältnis, wobei Sie die Winkel leicht variieren sollten. Bedecken Sie zum Schluss den Schaum mit Bodenbelag.

Calathea orbifolia

Diese Knallerpflanze stammt aus Bolivien und gehört zu den Pfeilwurzgewächsen. Ihre großen, rundlichen Blätter haben ein blassgrünes Muster aus doppelten dünnen Wellenlinien, die sich mit einem Pinsel wunderbar aufzeichnen lassen. Ich liebe subtile Farbspiele bei der Gestaltung meiner Pflanzen – bei dieser hier habe ich mit Papier in zwei verschiedenen, doch nah verwandten Grüntönen gearbeitet, um das etwas hellere Grün zu imitieren, das für jüngere Calathea-Blätter typisch ist. Hierbei handelt es sich übrigens um ein größeres Exemplar – wenn Sie der Anleitung folgen, erhalten Sie eine 76 cm breite Pflanze, die alle Blicke auf sich ziehen wird!

ECKDATEN

- Diese Pflanze besteht aus 17 Blättern, 3 ocker-grünen und 14 mittelgrünen, in einem 23 × 23 cm großen Korb.
- Die Endmaße betragen etwa 61 cm Höhe × 76 cm Breite.

MATERIALIEN

- 1 Schablone (Seite 277)
- 15 Blatt mittelgrünes Bastelpapier (A4)
- 4 Blatt ocker-grünes Bastelpapier (A4)
- Weiße und grüne Gouache
- 17 Stück (à 40 cm) grüner gerader Blumenstieldraht (1,2 mm)
- Holzleim
- Mit Schaum gefülltes Behältnis
- Kies oder Bodenbelag nach Wahl (optional)

WERKZEUGE

- Bleistift
- Schere
- Falzbein
- Mischpalette
- Kleiner Spitzpinsel
- Flachpinsel (6 mm)
- Behältnis für Klebstoff

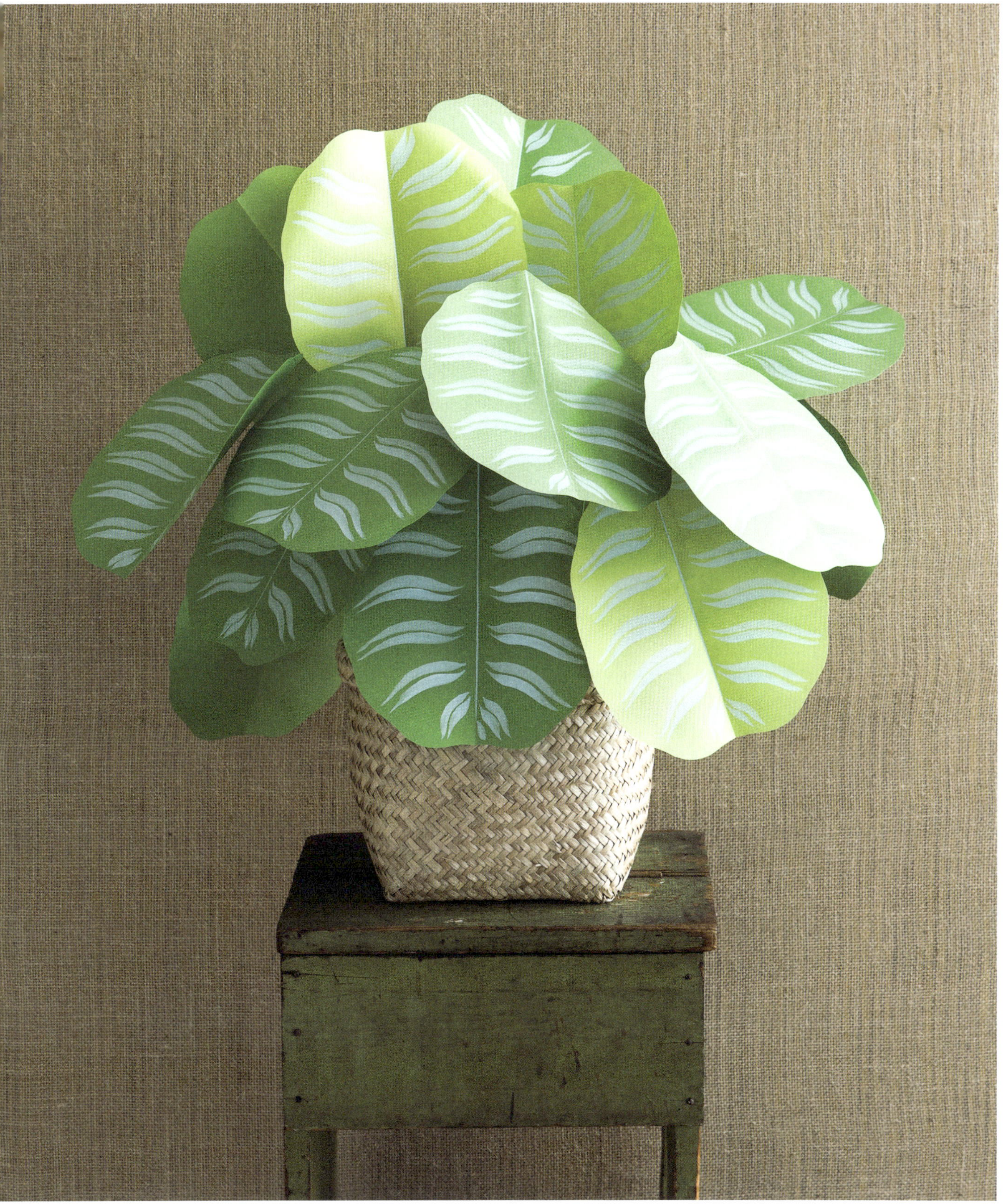

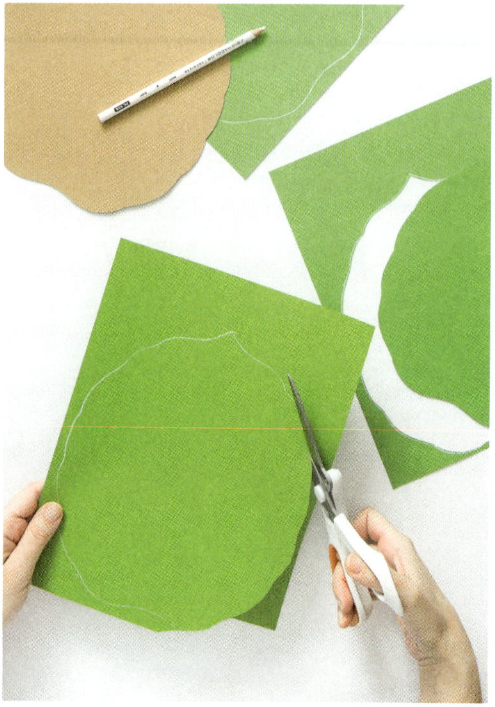

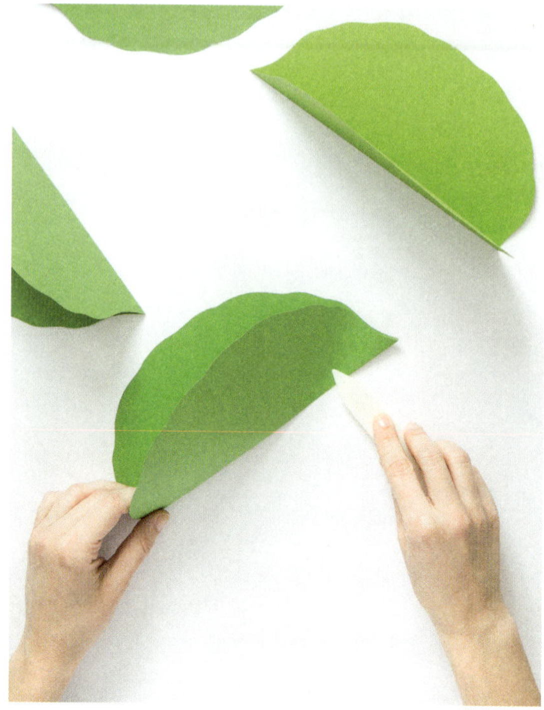

SCHRITT 1

DIE BLÄTTER ZEICHNEN UND AUSSCHNEIDEN

Legen Sie ein Blatt Bastelpapier von jeder Farbe zur Seite, um später Streifen daraus zu schneiden. Zeichnen Sie mithilfe der Schablone 14 Blattformen auf das mittelgrüne und drei Blattformen auf das ocker-grüne Bastelpapier. Schneiden Sie die Blätter mit der Schere aus.

SCHRITT 2

DIE BLÄTTER IN DER MITTE FALTEN

Falten Sie jedes Blatt längs in der Mitte, sodass der Knick sowohl durch die Spitze am unteren Ende als auch die kleine Einkerbung am oberen Ende des Blatts läuft. Fahren Sie die Faltkante jedes Blatts mit dem Falzbein nach.

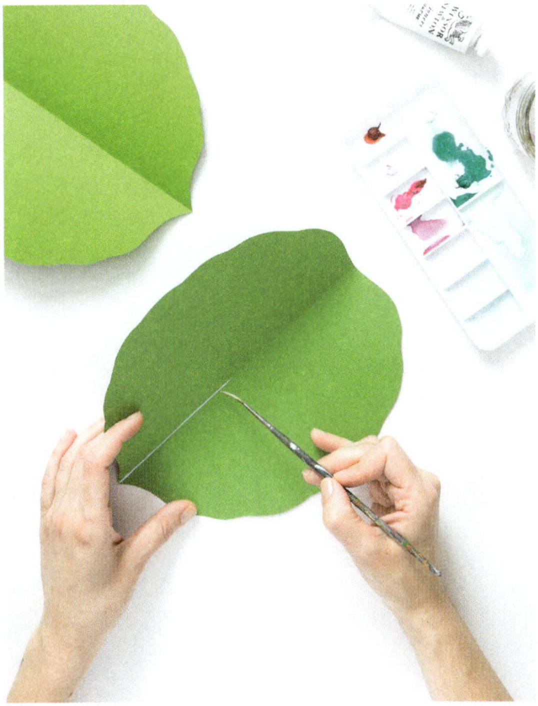

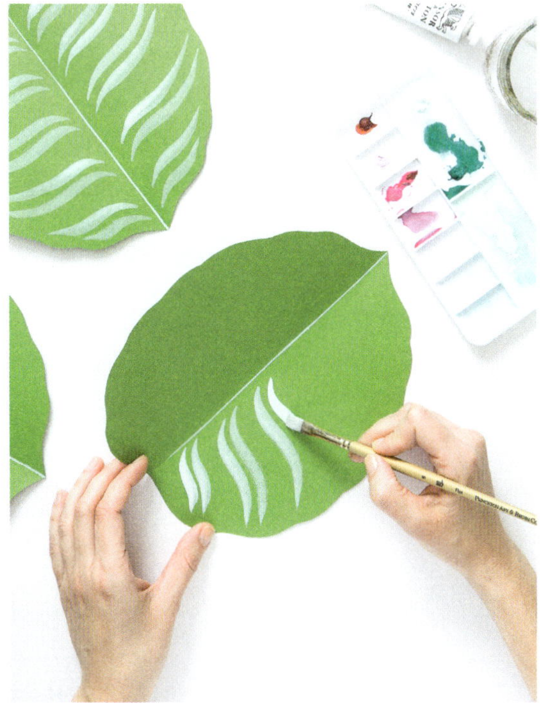

SCHRITT 3

EINE ZENTRALE BLATTADER AUFZEICHNEN

Mischen Sie grüne und weiße Gouache zu einem blassen Grün und verdünnen Sie die Farbe mit ein wenig Wasser. Verwenden Sie den spitzen Pinsel, um eine dünne Linie in jede Blattmitte zu zeichnen; beginnen Sie unten (am spitzen Ende des Blatts). Eine gerade Linie lässt sich einfacher ziehen, wenn Sie die eine Blatthälfte leicht anheben, um eine Art Rille zu bilden, in die Sie hineinzeichnen können.

SCHRITT 4

DETAILS AUF DIE BLÄTTER MALEN

Zeichnen Sie mit der blassgrünen Gouachelösung doppelte Wellenlinien mit dem Flachpinsel auf jedes Blatt. Je nachdem, wie fest Sie auf den Pinsel drücken, werden die Linien dicker oder dünner (wenn Sie mögen, machen Sie erst einen Testlauf auf einem Schmierpapier). Sie können sich am Muster auf der Seite 282 orientieren oder die Wellenlinien freihändig aufzeichnen.

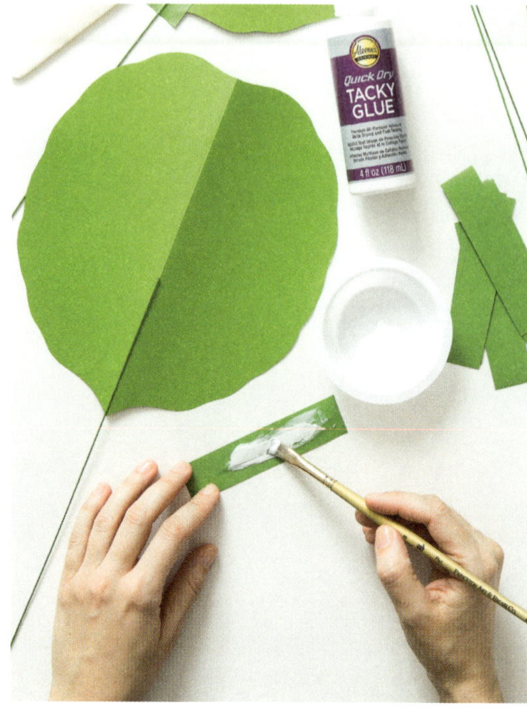

SCHRITT 5 ▶

DEN DRAHT MIT DEN BLÄTTERN VERBINDEN UND VERSTECKEN

Schneiden Sie das beiseitegelegte Blatt Bastelpapier in 17 (14 mittelgrüne und drei ocker-grüne) Streifen à 2,5 × 10 cm – einen für jedes Blatt. Legen Sie ein großes Blatt mit der gemusterten Seite nach unten hin und platzieren Sie ein 40 cm langes Stück Draht in der Mitte des Blatts, also entlang des Knicks, und lassen Sie den Draht etwa 7,5 cm über das spitze Ende hinausragen.

Legen Sie einen Papierstreifen über den Draht und folgen Sie den Anweisungen der Papierstreifen-Methode auf Seite 40. Der Papierstreifen sollte bündig mit der Spitze enden. Drücken Sie den Papierstreifen mithilfe des Falzbeins fest um den Draht. Wenn der Leim getrocknet ist, schneiden Sie den Papierstreifen dort, wo er über die Spitze mit dem Draht hinausragt, den Blattkonturen folgend zurück. Verfahren Sie so mit allen Blättern.

SCHRITT 6 ▶

DIE BLÄTTER UND STIELE FORMEN

Kräuseln Sie die Kanten einiger Blätter, um sie optisch interessant und individuell zu gestalten. Biegen Sie die Drähte der meisten Blätter direkt unterhalb der Verbindungsstelle mit dem Papier nach unten, lassen Sie aber auch fünf oder sechs Blattstiele gerade.

Stecken Sie die Drahtstiele in Ihr mit Schaum gefülltes Pflanzgefäß. Beginnen Sie in der Mitte mit den geraden Stielen und stecken Sie die gebogenen Stiele in leicht unterschiedlichen Winkeln um diese herum. Verteilen Sie die ocker-grünen Blätter zwischen den dunkleren. Falls der Schaum sichtbar ist, bedecken Sie ihn mit Bodenbelag.

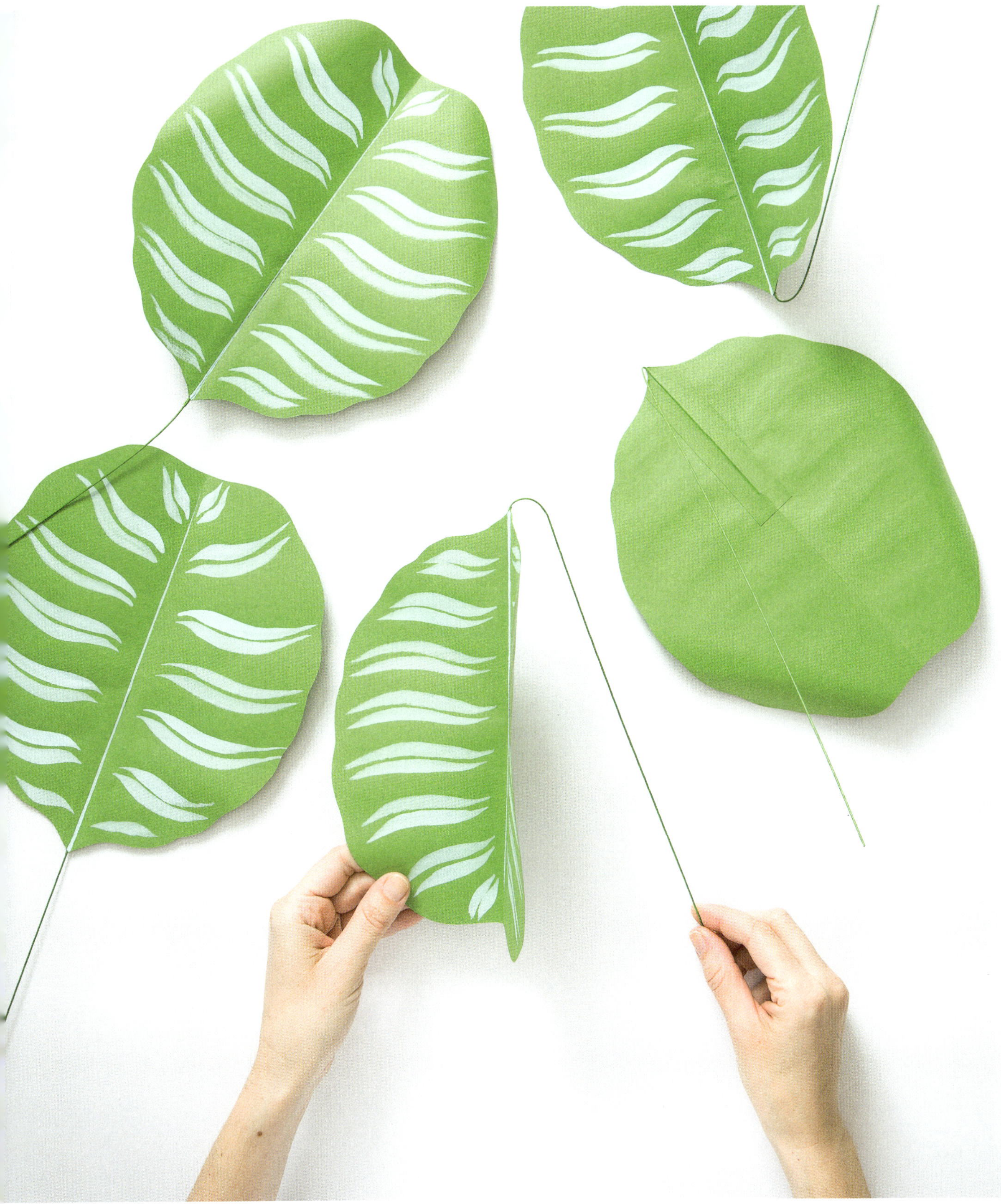

Rosa Keulenlilie

Meine Papierkeulenlilie fällt etwas kleiner aus als ihr lebendes Vorbild aus dem Gartencenter. Ihr palmen- oder grasartiges Erscheinungsbild lässt sich mit Papier gut nachempfinden. Ich habe mich für ein rosa Papier entschieden, es gibt aber auch knallpinke Keulenlilien – falls Ihnen das besser gefällt, würde also auch eine kräftigere Farbe dem Realismus Ihrer Pflanze keinen Abbruch tun. Diese Papierpflanze ist ein Musterbeispiel dafür, warum man keine echten Pflanzen braucht, um sein Zuhause zu dekorieren – ihre rosa Blätter in einem länglichen Pflanzgefäß in der Mitte eines Esstischs platziert sehen fantastisch aus.

ECKDATEN

- Diese Pflanze besteht aus etwa 36 Blättern in zwei unterschiedlichen Größen in einem Blumentopf mit 10 cm Durchmesser.
- Die Endmaße betragen etwa 25,5 cm Höhe × 35,5 cm Breite.

MATERIALIEN

- 1 Schablone (Seite 268)
- Grüne und schwarze Gouache
- 1 Blatt rosa Bastelpapier (A4)
- 2 Blatt rosa Bastelkarton (A4)
- 9 Stück (à 40 cm) grüner gerader Blumenstieldraht (0,8 mm)
- Holzleim
- Mit Schaum gefülltes Behältnis
- Kies oder Bodenbelag nach Wahl (optional)

WERKZEUGE

- Bleistift
- Lineal
- Cutter
- Schere
- Drahtschneider
- Falzbein
- Mischpalette
- Kleiner Rundpinsel
- Flachpinsel (6 mm)
- Behältnis für Klebstoff

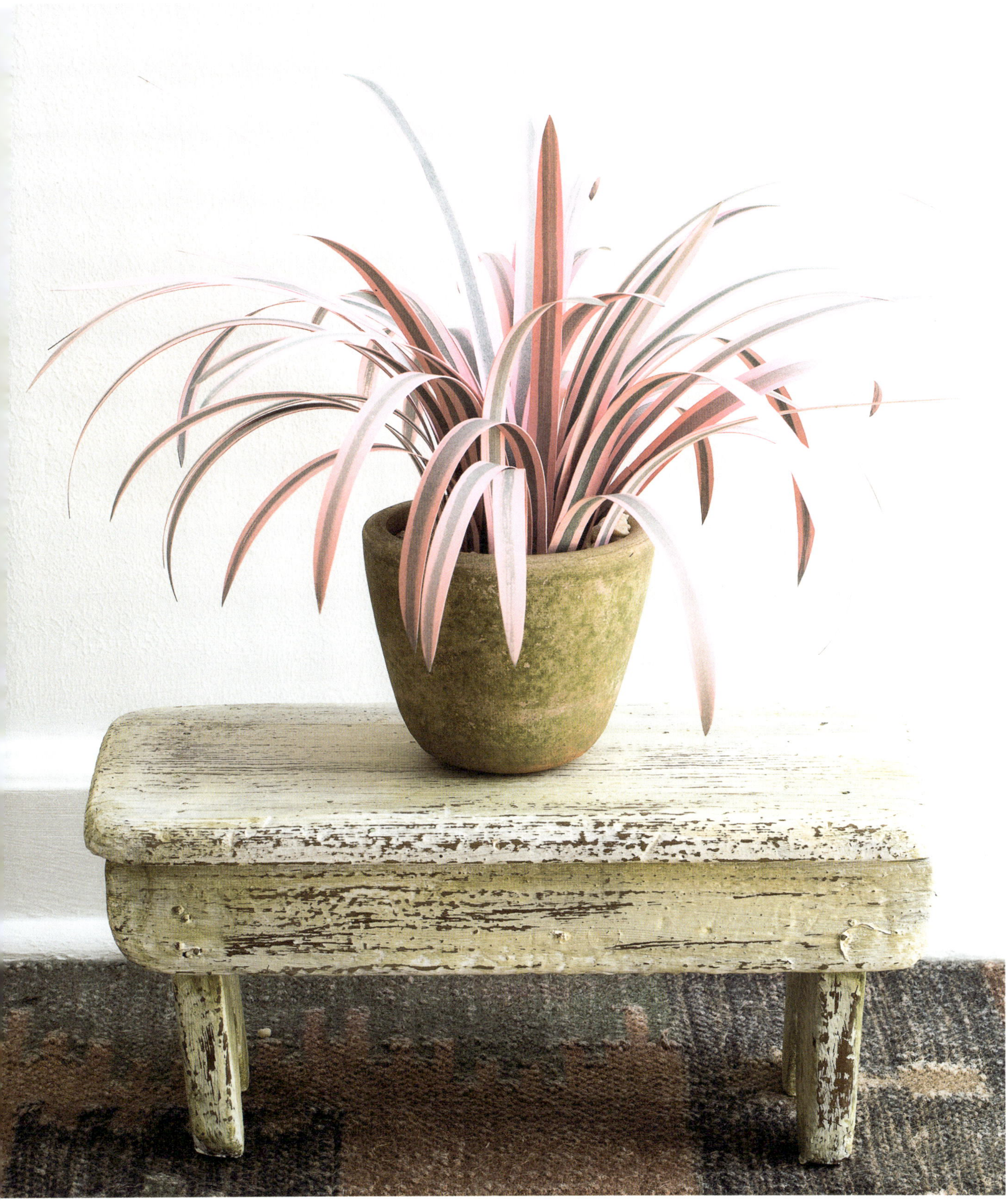

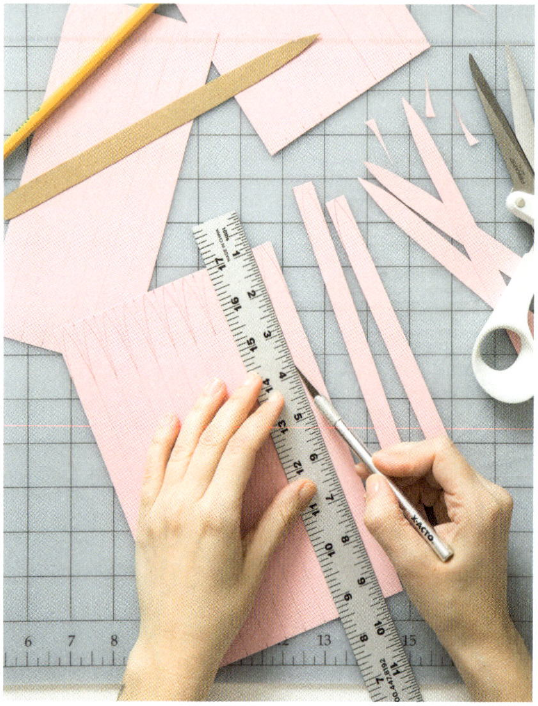

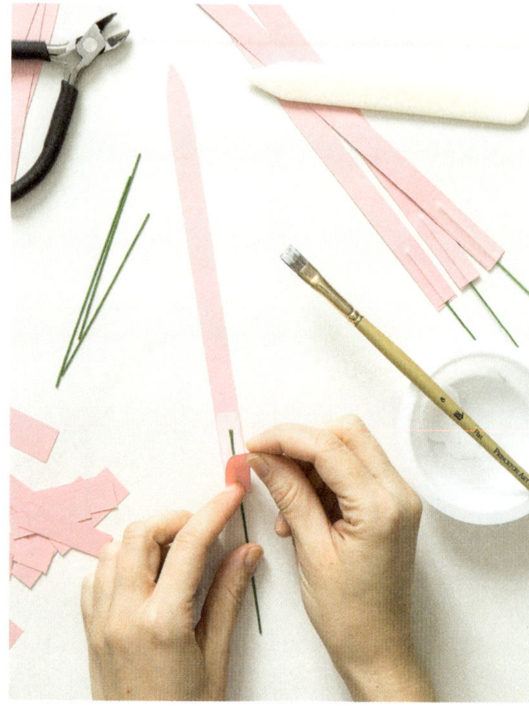

SCHRITT 1

DIE BLÄTTER ZEICHNEN UND AUSSCHNEIDEN

Legen Sie das Bastelpapier zur Seite, um es später in Streifen zu schneiden. Übertragen Sie die Blattform mithilfe der Schablone auf den Bastelkarton. Legen Sie dazu einen Karton horizontal, den anderen vertikal vor sich und nutzen Sie die jeweilige Höhe, um unterschiedlich lange Blätter zu erhalten. Zeichnen Sie etwa 16 kleine und 20 große Blattformen auf. Schneiden Sie mit Lineal und Cutter die geraden Seiten der Blätter und mit der Schere die Blattspitzen zu.

SCHRITT 2

DEN DRAHT MIT DEN BLÄTTERN VERBINDEN

Schneiden Sie das beiseitegelegte Blatt Papier in 36 Streifen à 12 mm × 5 cm. Dann schneiden Sie mit dem Drahtschneider 36 Stücke Draht von 7,5 bis 10 cm Länge. Platzieren Sie ein Stück Draht in der Mitte des Blatts und lassen Sie den Draht etwa 4 cm über das untere Ende des Blatts hinausragen. Legen Sie einen Papierstreifen über den Draht und folgen Sie den Anweisungen auf Seite 40 für die Papierstreifen-Methode. Der Papierstreifen sollte bündig mit dem unteren Teil des Blatts enden. Drücken Sie den Papierstreifen mithilfe des Falzbeins fest um den Draht. Wiederholen Sie diesen Schritt für alle Blätter.

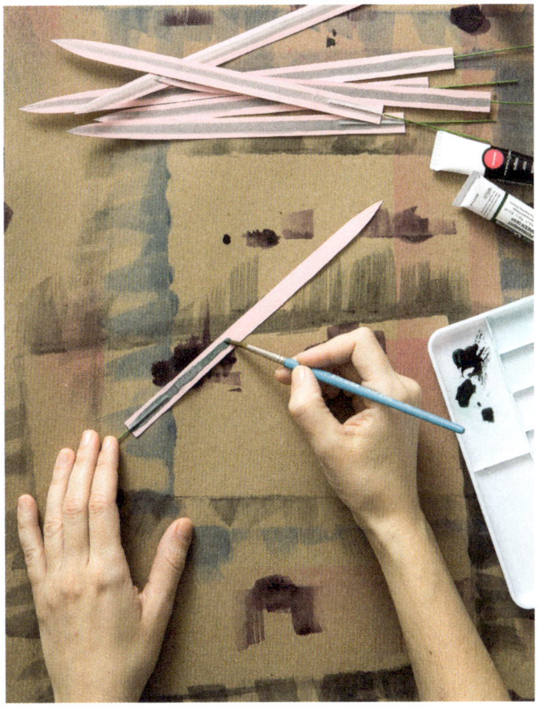

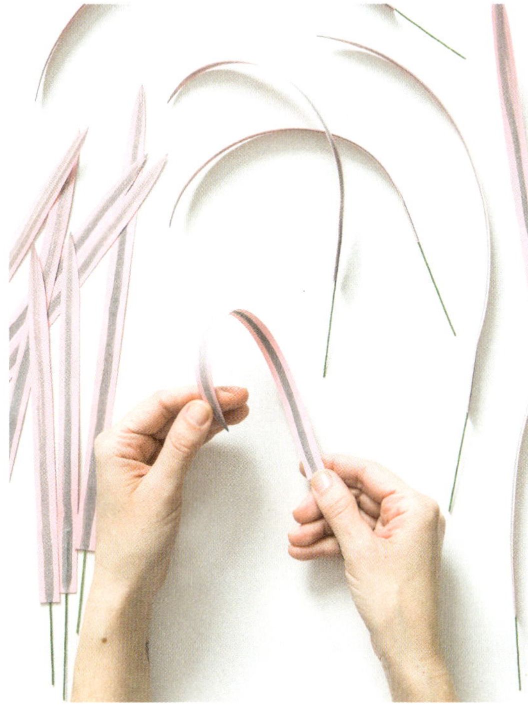

SCHRITT 3

DETAILS AUF DIE BLÄTTER MALEN

Vermischen Sie die grüne und schwarze Gouache zu einem grünlich grauen Farbton und verdünnen Sie die Farbe mit Wasser. Testen Sie die Farbe auf Schmierpapier – die Konsistenz sollte so sein, dass die Farbe blass und durchscheinend auf dem Karton wirkt. Zeichnen Sie mit einem kleinen Rundpinsel von unten nach oben eine Linie in die Mitte jedes Blatts. Wenn die Farbe trocken ist, zeichnen Sie entlang der Mitte der Rückseite.

SCHRITT 4

DIE BLÄTTER FORMEN

Halten Sie das untere Blattende (dort, wo der Draht befestigt ist) gut mit einer Hand fest und biegen Sie das Blatt zwischen zwei Fingern der anderen Hand in eine leichte Kurve. Beginnen Sie in der Mitte des Topfs, die Blätter nach und nach in den Schaum zu stecken. Variieren Sie die Richtungen der Blätter. Bedecken Sie zum Schluss den Schaum mit Bodenbelag.

Engelsflügel-Begonie

Mehrere Begoniensorten werden als »Engelsflügel« bezeichnet. Als Hobbygärtnerin mag ich die umgangssprachlichen Begriffe oft lieber. Viele Alltagsnamen klingen schön und sind so treffend, dass sie mir eine Pflanze noch näher bringen. Wie viele Begonien hat auch diese Sorte Blätter mit einer feuerroten Unterseite. Die jungen Blätter haben unterschiedliche Farben, angefangen bei einem blassen Ocker-Grün mit roten und dunkelgrünen Klecksen. Jedes Blatt ist mit leuchtend weißen Punkten verziert und hat wellige Ränder. Haben Sie gewusst, dass es sogar eine American Begonia Society gibt? Manche Pflanzen werden so geliebt, dass Menschen einen Verein gründen und sich deren Erforschung, Entwicklung und Pflege widmen – oder sie aus Papier nachgestalten!

ECKDATEN

- Die herabhängende Pflanze besteht aus etwa 15 Blättern in unterschiedlichen Größen an einer Ranke.
- Die abgebildete aufrecht stehende Pflanze besteht aus etwa 24 Blättern in unterschiedlichen Größen an 3 unterschiedlich großen Stängeln.
- Beide Pflanzen stecken in einem 13 bis 15 cm hohen Blumentopf.
- Die Endmaße betragen je etwa 45 cm Höhe × 30,5 cm Breite.

MATERIALIEN

- 3 Schablonen (Seite 270, 271)
- Grüne und rote Acrylfarbe
- Weiße Gouache
- 4 Blatt ocker-grünes Bastelpapier (A4)
- 6 Blatt rosa Bastelpapier (A4)
- 12 Stück (à 40 cm) grüner gerader Blumenstieldraht (0,8 mm)
- 2 Stück (à 40 cm) grüner gerader Blumenstieldraht (1 mm)
- 6 Stück Bügeleinlage (A4)
- Grünes Floristenband
- Rundholzstab (56 cm lang, 6 mm Durchmesser)
- Mit Schaum gefülltes Behältnis
- Kies oder Bodenbelag nach Wahl (optional)

WERKZEUGE

- Bleistift
- Schere
- Drahtschneider
- Mischpalette
- Bastelmesser
- Kleiner Rundpinsel
- Flachpinsel (2,5 cm)
- Große Sprühflasche mit Wasser
- Bügeleisen und Bügelunterlage

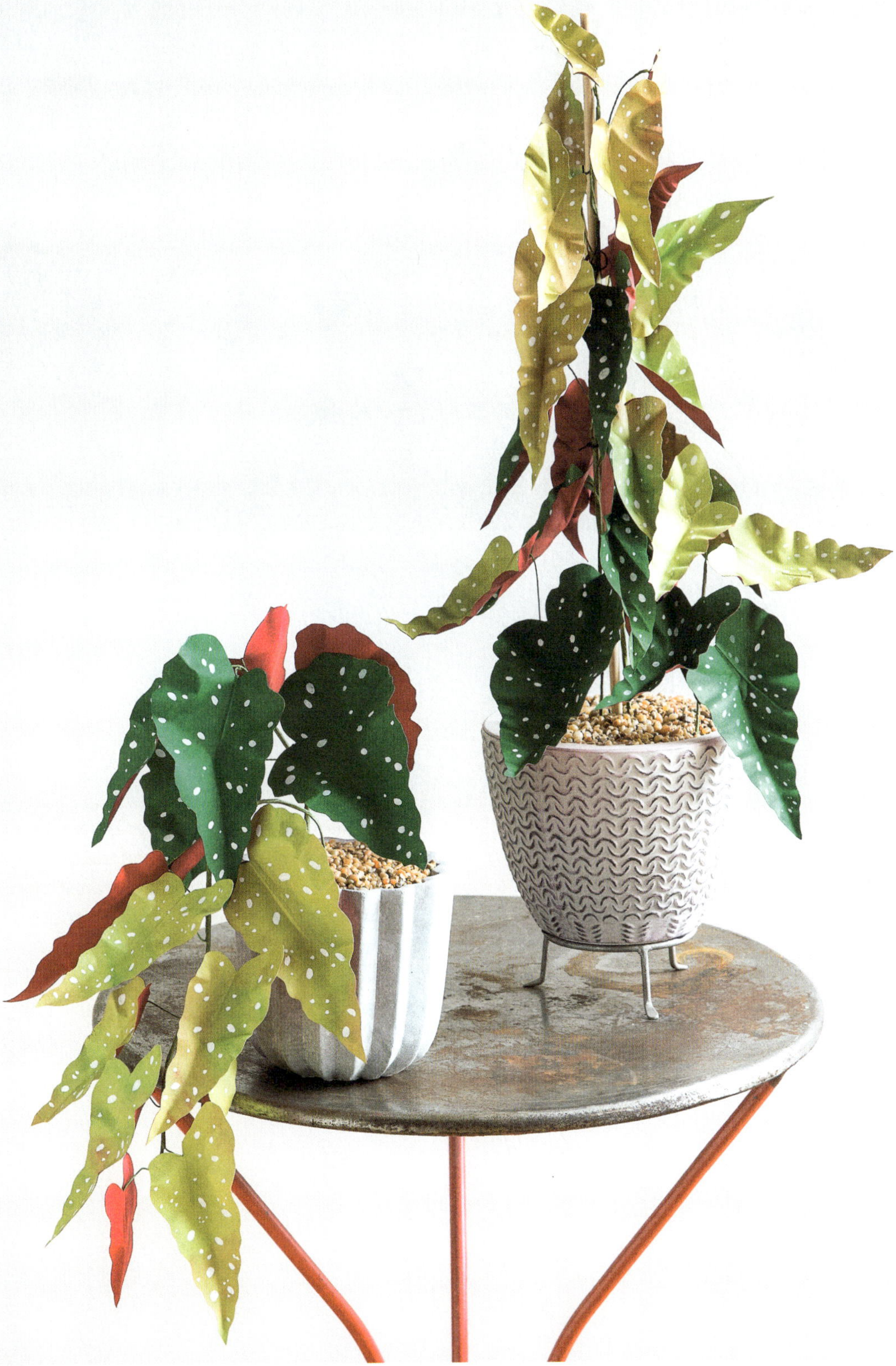

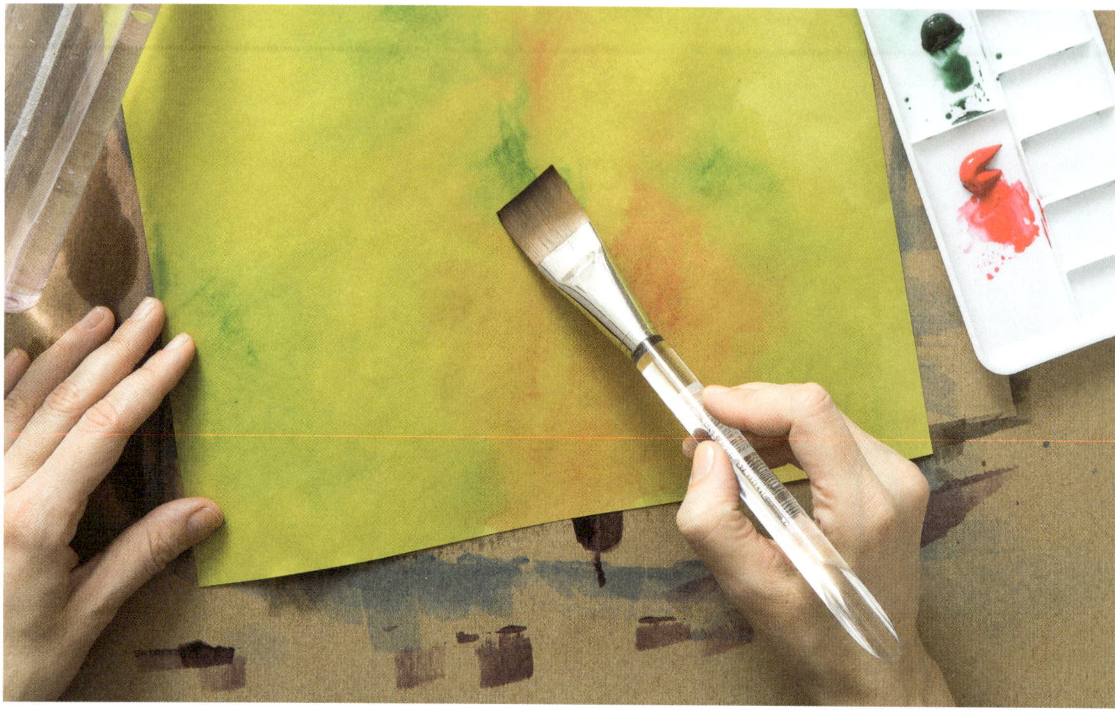

SCHRITT 1

DAS PAPIER VORBEREITEN

Folgen Sie den Anweisungen zur Herstellung einer Farblösung auf Seite 34 und tragen Sie fleckig eine Schicht roter und grüner Farblösung auf eine Seite jedes ocker-grünen Blatts Bastelpapier auf. Lassen Sie das Papier vollständig trocknen. Das dunkelgrüne und das rote Bastelpapier bleiben unbemalt.

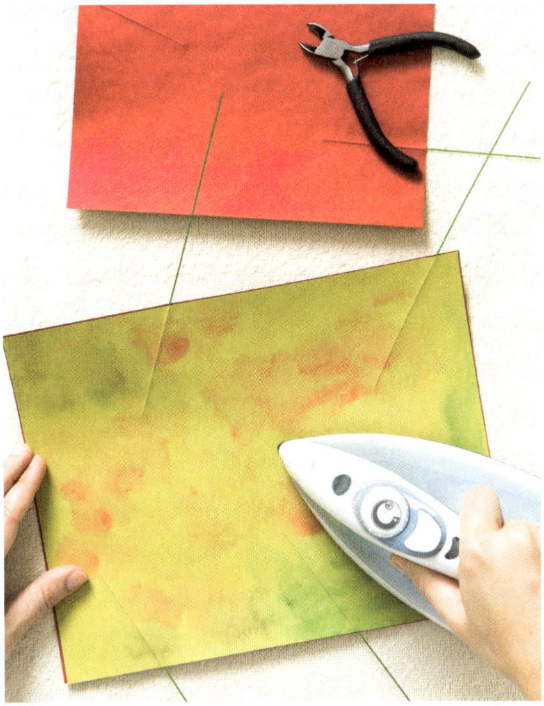

SCHRITT 2

DEN DRAHT MIT DEM PAPIER VERBINDEN

Stellen Sie je nach Pflanze, die Sie anfertigen möchten, 15 bis 24 Blätter unterschiedlicher Größen her. Legen Sie die Blattschablonen auf die roten Bastelpapierblätter (vier bis fünf Pflanzenblätter pro Blatt Papier) und markieren Sie mit Bleistift die Position der Drähte. Schneiden Sie mit dem Drahtschneider den 0,8-mm-Blumenstieldraht in so viele 20,5 cm lange Stücke, wie Sie Blätter vorgesehen haben. Machen Sie etwa zwei Papier-Draht-Sandwiches mit rotem und grünem Papier und etwa vier Sandwiches mit rotem und bemaltem ocker-grünem Papier (bemalte Seite nach außen), wie auf Seite 40 bei der Aufbügel-Methode beschrieben.

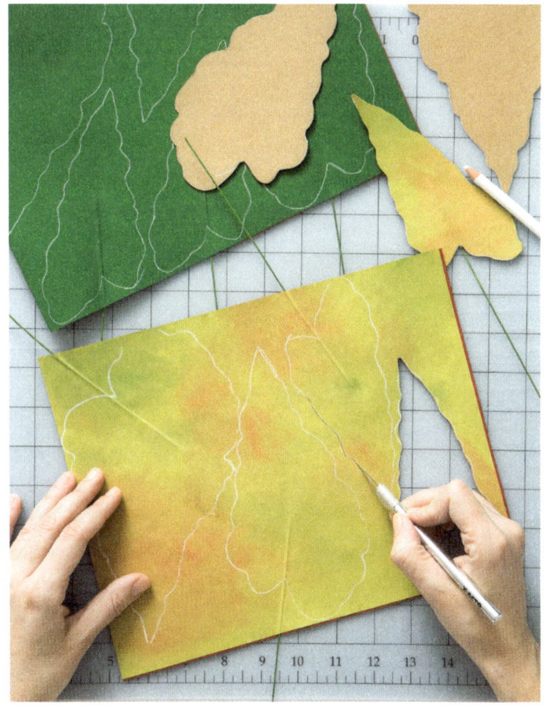

SCHRITT 3

DIE BLÄTTER ZEICHNEN UND AUSSCHNEIDEN

Platzieren Sie die drei Schablonen über den Drähten in den Papier-Draht-Sandwiches und stellen Sie sicher, dass die Drähte jeweils aus der kleinen Einkerbung am unteren Teil des Blatts (nicht am spitzen oberen Ende) herauskommen. Zeichnen Sie 15 bis 24 unterschiedlich große Blätter auf die verschiedenfarbigen Sandwiches und schneiden Sie sie mit einer Schere (oder dem Bastelmesser) aus. Wenn nötig, können Sie vorsichtig mit dem Bastelmesser den unteren Teil des Blatts, aus dem der Draht herausschaut, freischneiden.

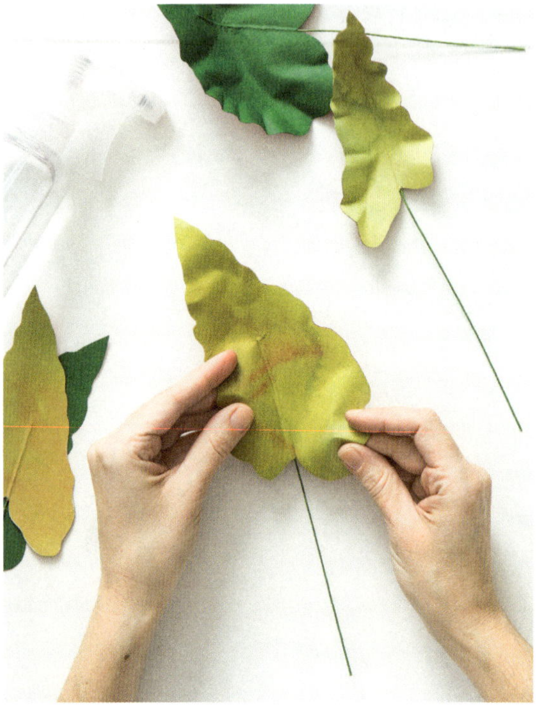

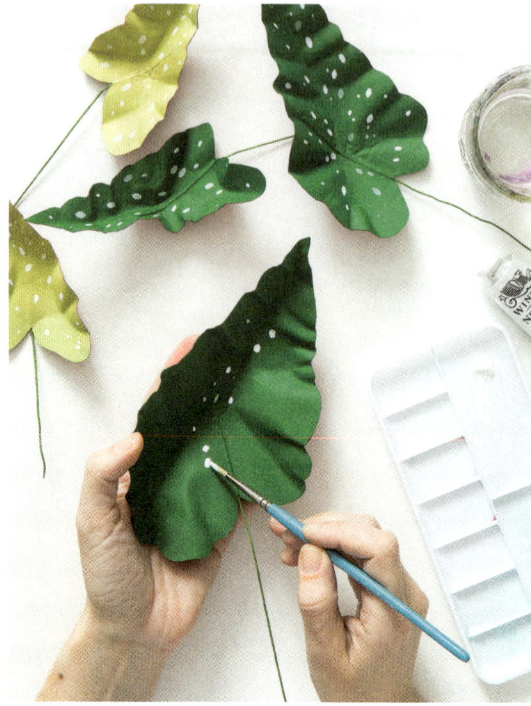

SCHRITT 4

DIE BLÄTTER FORMEN

Folgen Sie den Anweisungen auf Seite 49 zum Arbeiten mit feuchtem Papier, um jedes Blatt durch leichtes Drücken und Schieben auf beiden Seiten zu formen und die Ränder zu kräuseln. Gestalten Sie jedes Blatt ein wenig anders und lassen Sie alle Blätter gut trocknen.

SCHRITT 5

DETAILS AUF DIE BLÄTTER MALEN

Malen Sie mit dem Rundpinsel kleine Punkte aus leicht mit Wasser verdünnter weißer Gouache auf jedes Blatt. Variieren Sie das Muster von Blatt zu Blatt, indem Sie mal mehr, mal weniger Punkte in unterschiedlichen Größen aufmalen.

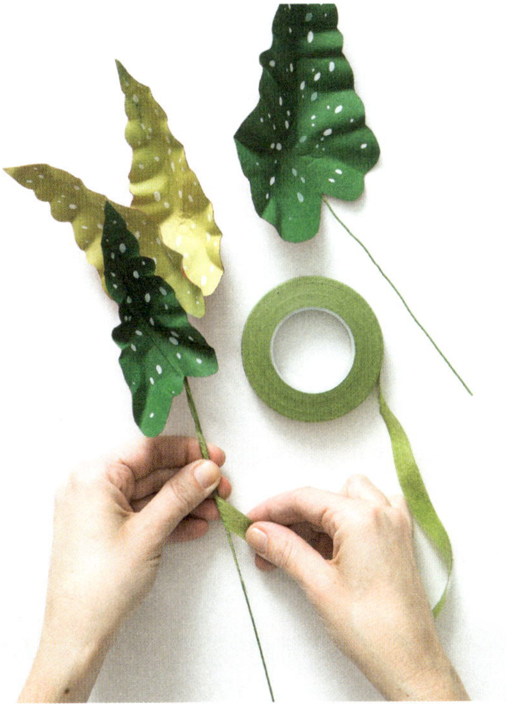

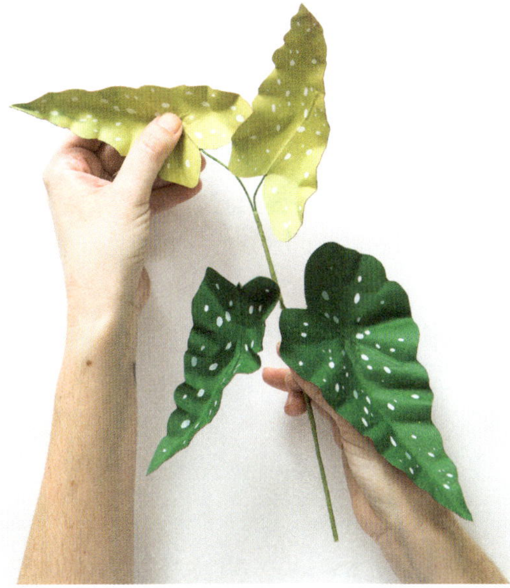

SCHRITT 6

DIE STIELE ZU RANKEN UND STÄNGELN VERBINDEN

Verwenden Sie ein 40 cm langes Stück 1-mm-Draht für den Hauptstängel. Wickeln Sie die Stiele von zwei kleineren Blättern etwa 2,5 bis 5 cm unterhalb der Blattunterseite mit grünem Floristenband um ein Ende des Hauptdrahts. Arbeiten Sie sich weiter nach unten, indem Sie in Abständen von etwa 5 cm weitere Blattstiele um den Hauptstängel wickeln. Wechseln Sie dabei unregelmäßig zwischen großen, mittelgroßen und kleinen Blättern, bis Sie insgesamt etwa 12 Blätter angebracht haben. Wenn Sie eine größere Pflanze fertigen, schneiden Sie mit dem Drahtschneider noch zwei Stücke 1-mm-Draht von je 15 cm Länge und befestigen Sie an diesen Stängeln je drei bis fünf Blätter mit grünem Floristenband.

SCHRITT 7

DIE RANKEN UND STÄNGEL GESTALTEN

Biegen Sie die Blätter in unterschiedliche Richtungen, lassen Sie ab und zu auch mal ein Blatt nach unten zeigen. Gestalten Sie jeden Stängel und jede Ranke individuell. Bauen Sie die Pflanze zusammen, indem Sie den Draht in das mit Schaum gefüllte Behältnis schieben. Formen Sie Ihre Pflanze entweder so, dass die Ranke leicht über den Topfrand herabhängt, oder lassen Sie die Stängel aufrecht stehen. Aus optischen Gründen »stütze« ich meine aufrechte Pflanze mit einem langen Holzstab. Bedecken Sie zum Schluss den Schaum mit Bodenbelag.

Schiefes Fensterblatt

Das Schiefe Fensterblatt, auch bekannt als *Monstera oblique*, ist eine der Pflanzen, die ich unbedingt haben wollte, weil sie mich total verzückt. Mir gefällt, wie ausdrucksstark und individuell jedes einzelne Blatt ist. Die Löcher sind unterschiedlich groß und sitzen an anderen Stellen, sodass sie jedem Blatt seine eigene Persönlichkeit verleihen. Es braucht Geduld und Fingerkraft, all diese Löcher auszuschneiden, aber das Ergebnis ist der Mühe wert. Ich habe die Pflanze in einem Blumentopf arrangiert, sie sieht aber auch toll in einem Hängekorb oder an jedem anderen Ort aus, der ihre Pracht zur Geltung bringt.

ECKDATEN

- Diese Pflanze besteht aus etwa 36 Blättern in zwei unterschiedlichen Größen.
- Diese verteilen sich auf 3 unterschiedlich lange Ranken mit je 5 bis 12 Blättern, 6 Stängel mit je 3 bis 4 Blättern und 3 bis 5 gerollte Blättchen.
- Alle stecken in einem Blumentopf mit 15 cm Durchmesser.
- Die Endmaße betragen etwa 50 cm Höhe × 38 cm Breite.

MATERIALIEN

- 5 Schablonen (Seite 269)
- 19 Blatt mittelgrünes Bastelpapier (A4)
- 18 Stück (à 40 cm) grüner gerader Blumenstieldraht (0,8 mm)
- 4 Stück (à 40 cm) grüner gerader Blumenstieldraht (1 mm)
- 9 Stück Bügeleinlage (A4)
- Packpapier
- grünes Floristenband
- Mit Schaum gefülltes Behältnis
- Kies oder Bodenbelag nach Wahl

WERKZEUGE

- Bleistift
- Schere
- Drahtschneider
- Bastelmesser
- Heißklebepistole und -patronen
- Große Sprühflasche mit Wasser
- Bügeleisen und Bügelunterlage

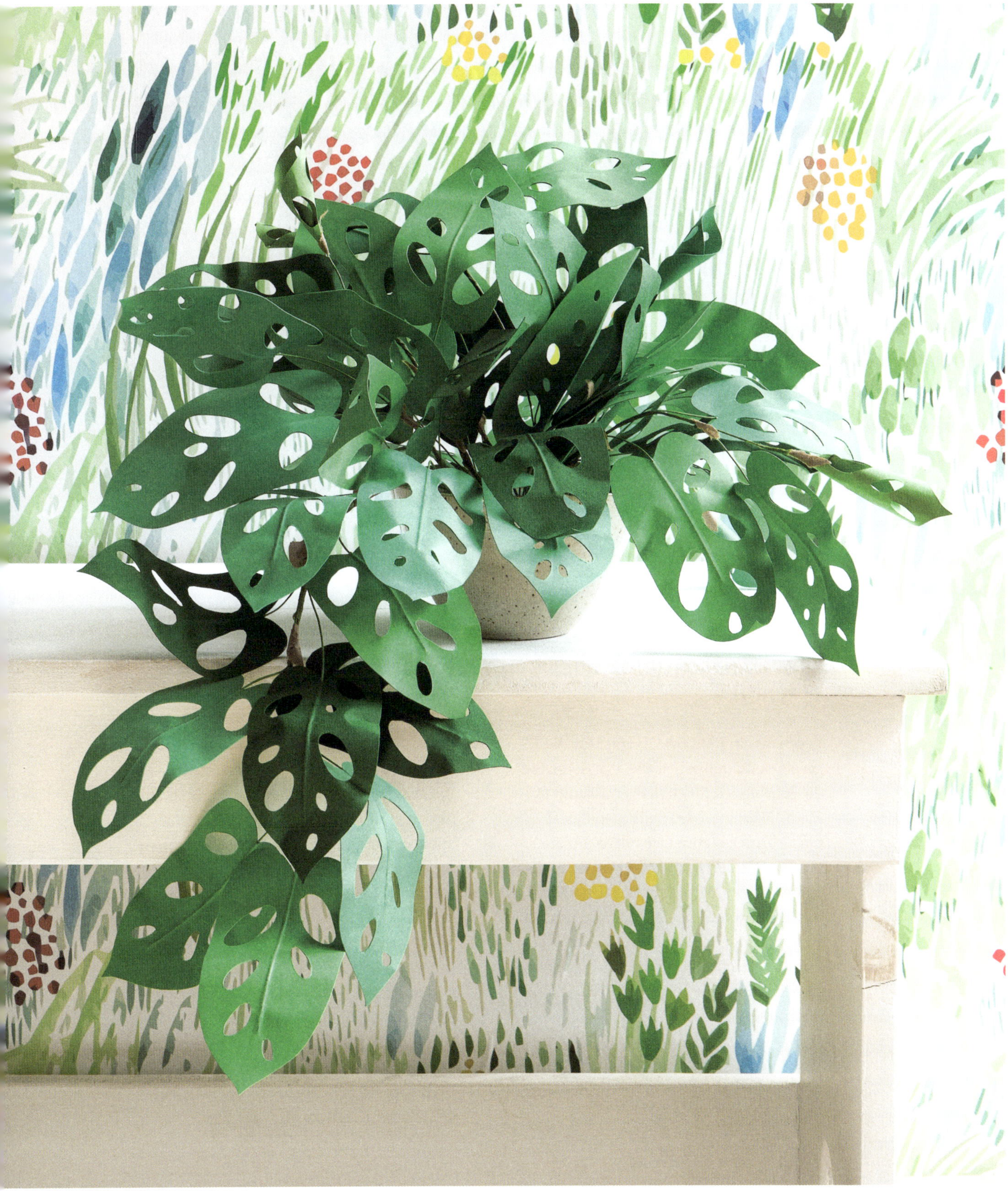

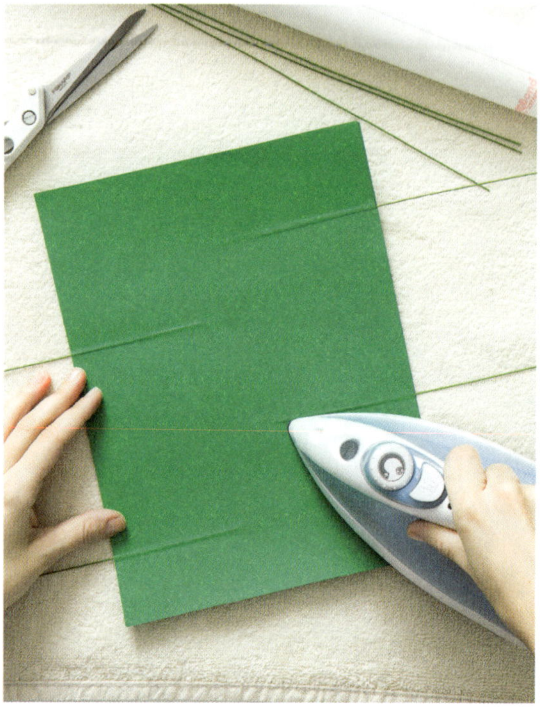

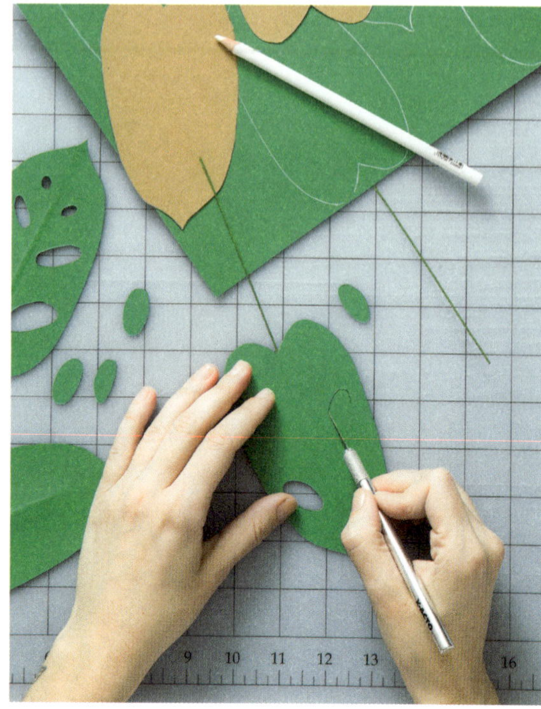

SCHRITT 1

DEN DRAHT MIT DEM PAPIER VERBINDEN

Legen Sie ein Blatt Bastelpapier für die gerollten Blättchen beiseite. Platzieren Sie die Schablonen für etwa 18 große und 18 kleine Blätter auf den restlichen Bastelpapierblättern (etwa vier Pflanzenblätter pro Blatt Papier) und markieren Sie mit Bleistift die Position der Drähte. Schneiden Sie mit dem Drahtschneider 36 Stücke von etwa 20,5 cm Länge vom 0,8-mm-Blumenstieldraht ab. Machen Sie Papier-Draht-Sandwiches, wie auf Seite 40 bei der Aufbügelmethode beschrieben.

SCHRITT 2

DIE BLÄTTER ZEICHNEN UND AUSSCHNEIDEN

Platzieren Sie die zwei Schablonen über den Drähten in den Papier-Draht-Sandwiches, so dass die Drähte jeweils aus der Einkerbung am unteren Teil der Blatts (und nicht am spitzen oberen Ende) überstehen. Zeichnen Sie etwa 18 große und 18 kleine Blätter auf und schneiden Sie sie mit der Schere (oder dem Bastelmesser) aus. Wenn nötig, können Sie vorsichtig mit dem Bastelmesser den unteren Teil des Blatts, aus dem der Draht herausschaut, freischneiden. Zeichnen Sie mehrere Löcher auf die Blätter, mit den drei Schablonen oder freihändig, so dass sowohl die Größe als auch die Position von Blatt zu Blatt variiert. Schneiden Sie die Ovale mit dem Bastelmesser aus.

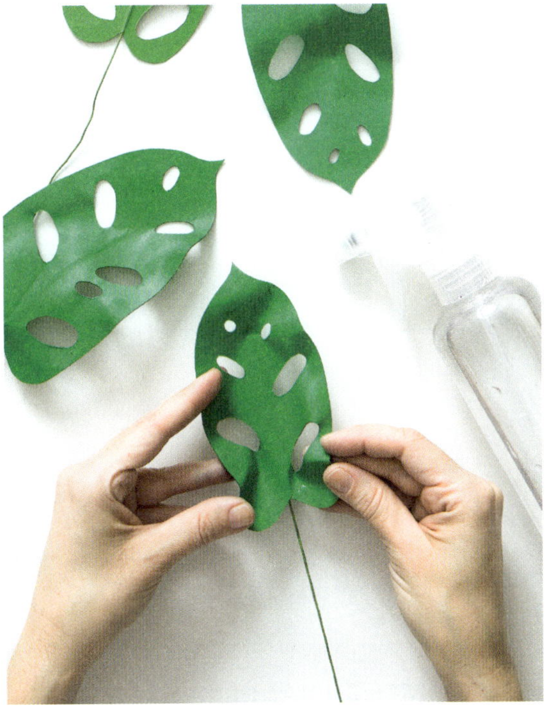

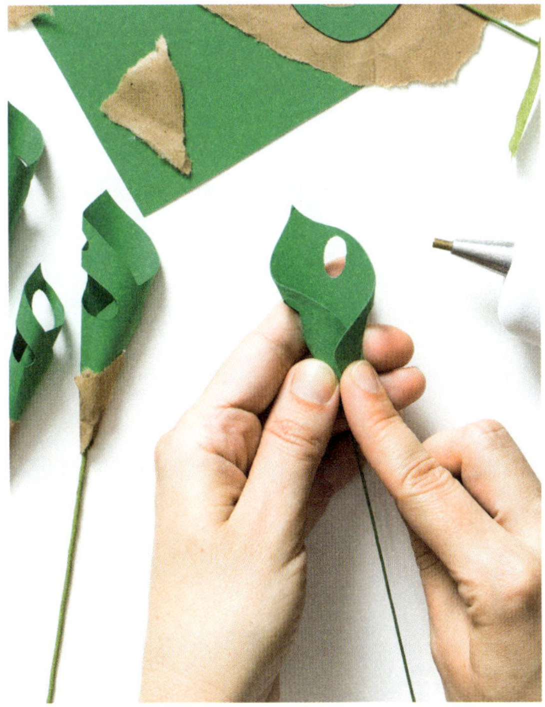

SCHRITT 3

DIE BLÄTTER FORMEN

Folgen Sie den Anweisungen auf Seite 49 zum Arbeiten mit feuchtem Papier, um jedes Blatt durch leichtes Drücken und Schieben auf beiden Seiten zu formen und die Ränder zu kräuseln. Gestalten Sie jedes Blatt ein wenig anders und lassen Sie alle Blätter gut trocknen.

SCHRITT 4

DIE BLÄTTCHEN HERSTELLEN

Basteln Sie aus dem beiseitegelegten Bastelpapier drei bis fünf gerollte Blättchen, wie auf Seite 57 beschrieben. Reißen Sie für jedes Blättchen ein kleines Dreieck aus braunem Packpapier und kleben Sie es mit Heißkleber um die mit Floristenband umwickelte Verbindungsstelle von Blatt und Draht.

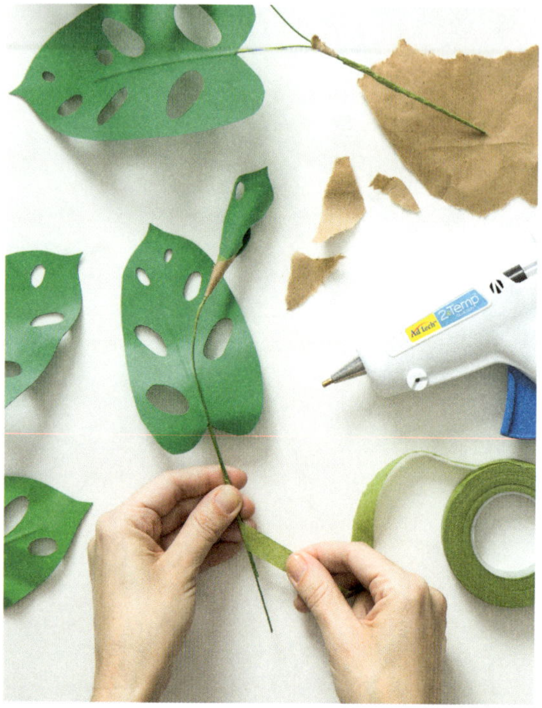

SCHRITT 5

DIE STIELE ZU STÄNGELN VERBINDEN

Schneiden Sie mit dem Drahtschneider vier Stücke 1-mm-Blumenstieldraht von je 13 cm Länge. Wickeln Sie die Stiele von zwei Blättern etwa 2,5 bis 5 cm unterhalb der Blattunterseite mit grünem Floristenband um das obere Ende des Hauptdrahts. Arbeiten Sie sich weiter nach unten, indem Sie in Abständen von etwa 2,5 cm weitere Blattstiele um den Hauptstängel wickeln, bis Sie drei oder vier Blätter angebracht haben. Verdecken Sie ein paar Verbindungsstellen mit Kraftpapier, das Sie mit Heißkleber ankleben. Wiederholen Sie den Schritt, um vier Stängel zu erhalten.

SCHRITT 6 ▶

DIE STÄNGEL ZU RANKEN VERBINDEN

Nehmen Sie ein 40 cm langes Stück 1-mm-Blumenstieldraht als Ranke. Befestigen Sie am oberen Ende die Stiele von zwei Blättern mit grünem Floristenband, etwa 2,5 bis 5 cm unterhalb der Blattunterseiten. Arbeiten Sie sich weiter nach unten, indem Sie in Abständen von etwa 2,5 cm weitere Blattstiele um die Ranke wickeln. Wechseln Sie dabei unregelmäßig zwischen großen und kleinen Blättern, bis Sie insgesamt etwa 12 Blätter angebracht haben. Kleben Sie mit Heißkleber kleine Stücke Kraftpapier um manche Verbindungsstellen.

Stellen Sie die Pflanze zusammen, indem Sie die Drähte in das mit Schaum gefüllte Behältnis schieben. Ordnen Sie die längeren Ranken so an, dass sie über den Rand des Topfs hängen, und füllen Sie den restlichen Raum mit den kürzeren Ranken und Stängeln aus. Falls der Schaum noch zu sehen ist, verdecken Sie ihn mit Bodenbelag.

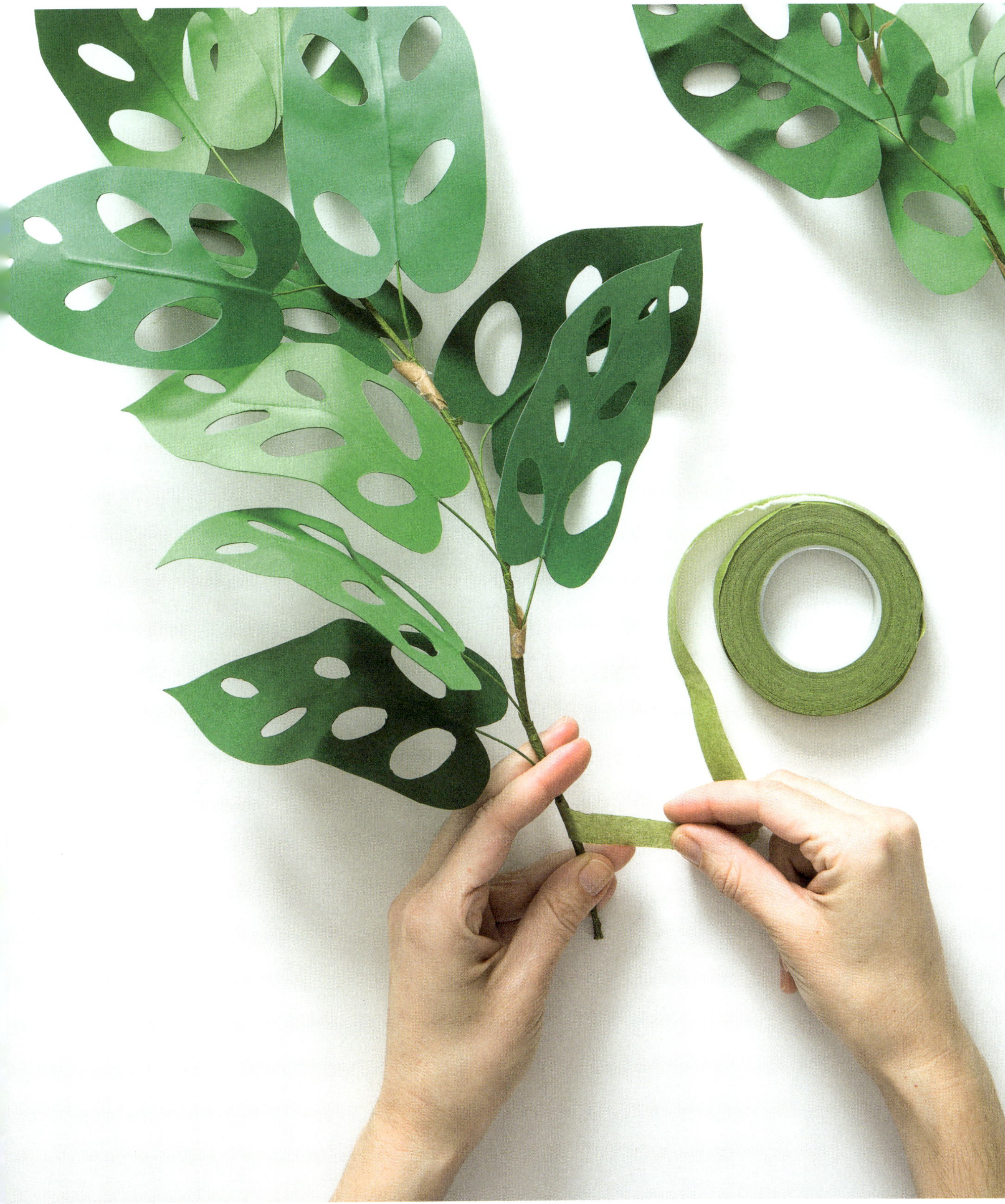

Korbmarante

Die speerförmigen Blätter dieses beliebten Gewächses zeichnen sich durch eine kontrastreiche Verzierung aus: Dunkelgrüne Ornamente auf hellgrünem Untergrund zieren die Oberseite, während die Unterseite knall- bis weinrot leuchtet. Am Abend beginnt die Pflanze, sich zu bewegen und zu strecken, um ihre roten Blattunterseiten zu präsentieren. Diese sogenannten nykastischen Bewegungen oder Schlafbewegungen dienen vermutlich dem Schutz der Pflanze, werden derzeit aber noch erforscht. Eins steht fest: Wenn Ihre Papierpflanze nicht nur fantastisch, sondern auch nyktinastisch sein soll, müssen Sie die Blätter abends selbst biegen!

ECKDATEN

- Diese Pflanze besteht aus etwa 20 Blättern in drei verschiedenen Größen in einem Blumentopf mit 10 cm Durchmesser.
- Die Endmaße betragen etwa 35,5 cm Höhe × 25,5 cm Breite.

MATERIALIEN

- 3 Schablonen (Seite 275)
- Dunkelgrüne Acrylfarbe
- 5 Blatt rotes Bastelpapier (A4)
- 5 Blatt hellgrünes Bastelpapier (A4)
- 10 Stück (à 40 cm) roter gerader Blumenstieldraht (0,8 mm)
- 5 Stück Bügeleinlage (A4)
- Mit Schaum gefülltes Behältnis
- Kies oder Bodenbelag nach Wahl

WERKZEUGE

- Schere
- Bleistift
- Bastelmesser
- Drahtschneider
- Mischpalette
- Kleiner Rundpinsel
- Kleiner Spitzpinsel
- Große Sprühflasche mit Wasser
- Bügeleisen und Bügelunterlage

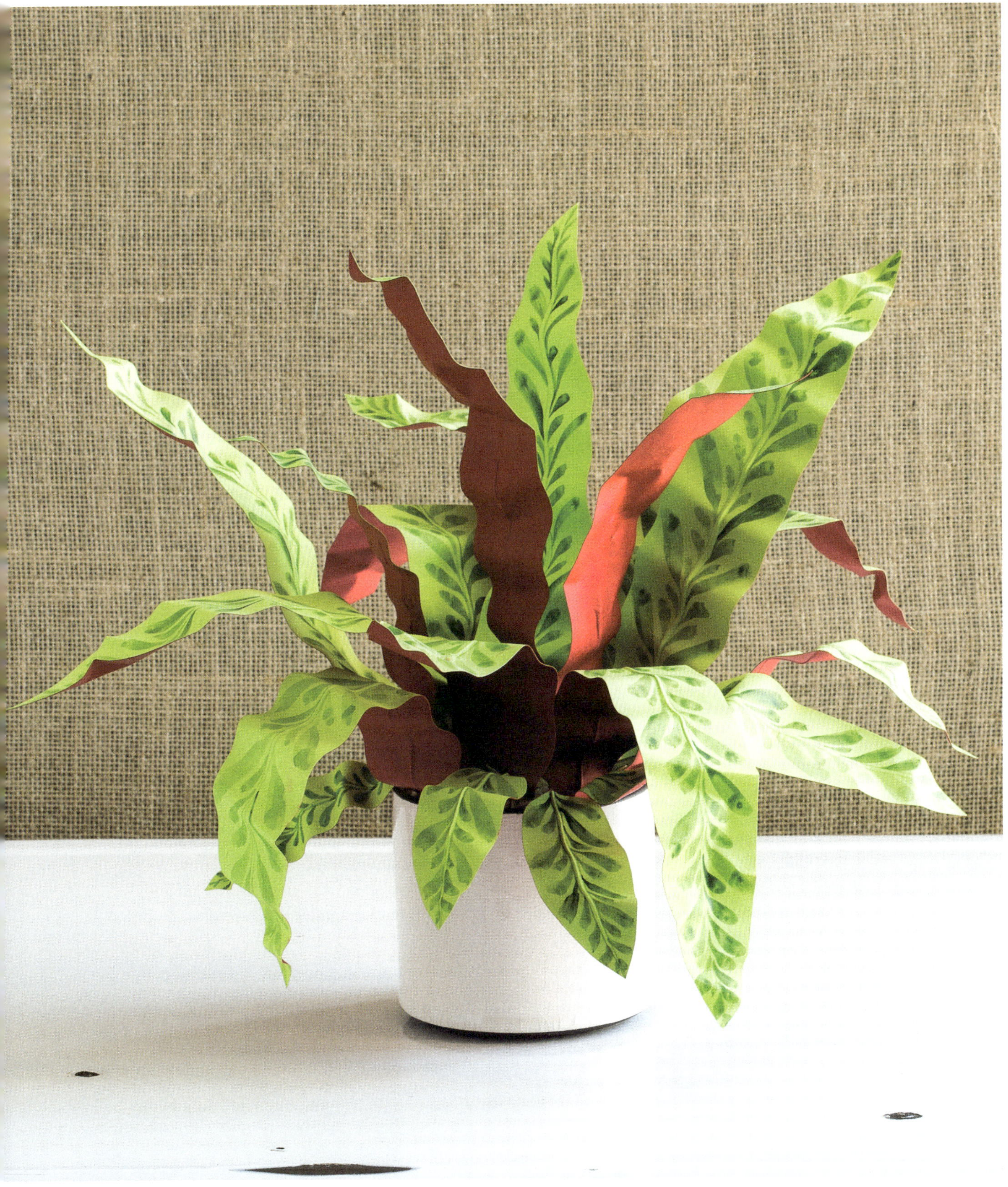

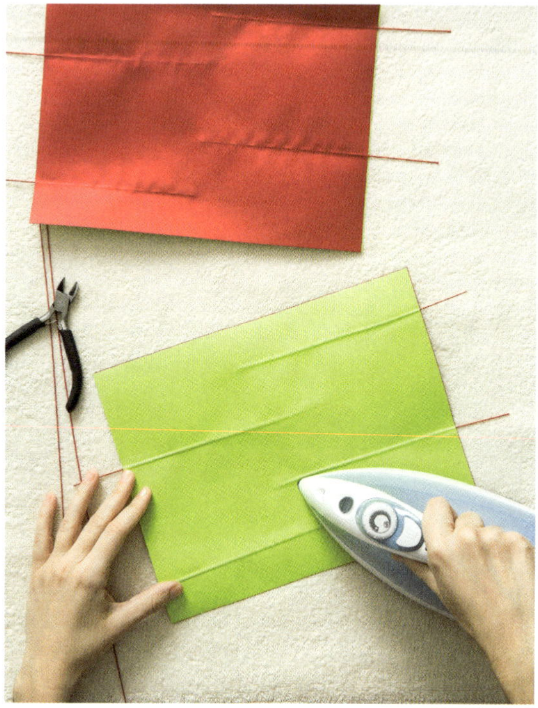

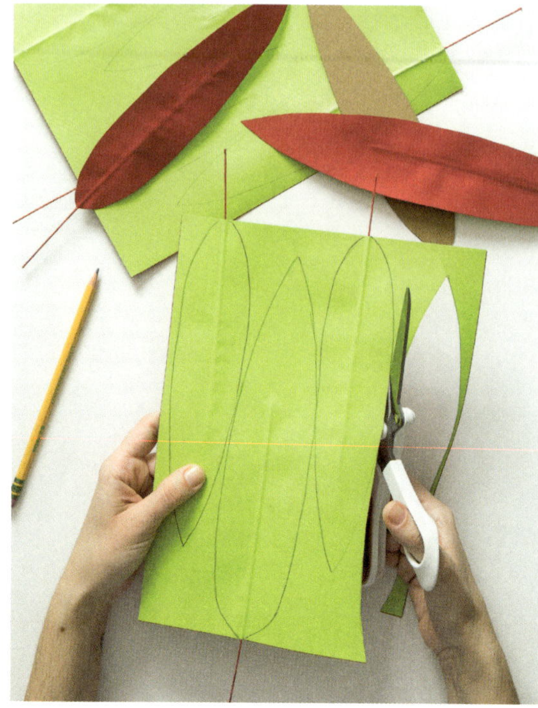

SCHRITT 1

DEN DRAHT MIT DEM PAPIER VERBINDEN

Platzieren Sie die Schablonen für etwa zehn große, sieben mittelgroße und drei kleine Blätter auf dem Bastelpapier (etwa vier Pflanzenblätter pro Blatt Papier) und markieren Sie mit Bleistift die Position der Drähte. Schneiden Sie mit dem Drahtschneider 20 Stücke von etwa 20,5 cm Länge vom 0,8-mm-Blumenstieldraht ab. Machen Sie Papier-Draht-Sandwiches mit rotem Papier auf einer und hellgrünem Papier auf der anderen Seite, wie auf Seite 40 bei der Aufbügelmethode beschrieben.

SCHRITT 2

DIE BLÄTTER ZEICHNEN UND AUSSCHNEIDEN

Platzieren Sie die drei Schablonen über den Drähten in den Papier-Draht-Sandwiches und stellen Sie sicher, dass die Drähte jeweils aus der Mitte des unteren (und nicht des spitzen oberen) Blattendes herauskommen. Zeichnen Sie etwa zehn große, sieben mittelgroße und drei kleine Blätter auf und schneiden Sie sie mit der Schere aus.

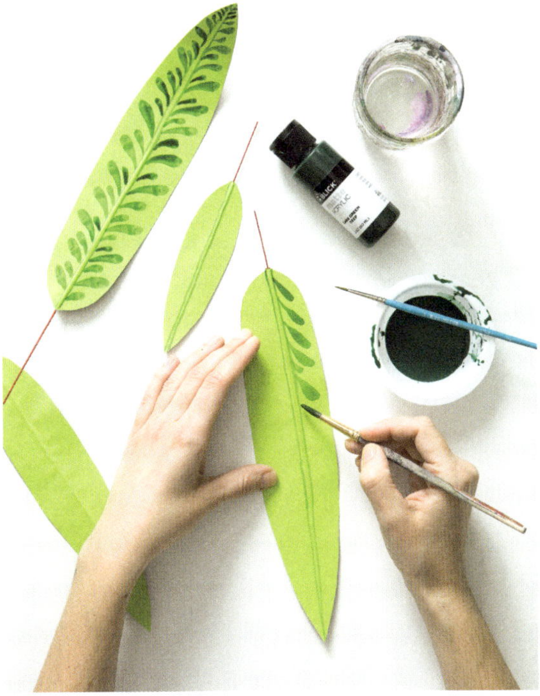

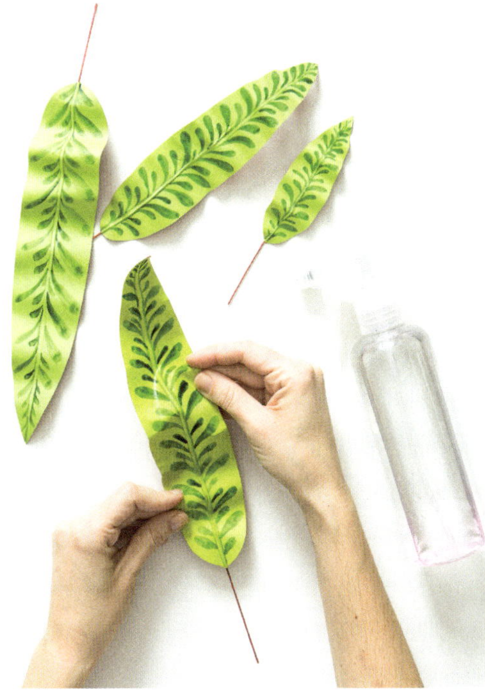

SCHRITT 3

DETAILS AUF DIE BLÄTTER MALEN

Verdünnen Sie die dunkelgrüne Acrylfarbe mit Wasser. Testen Sie die Farbe auf einem Stück Schmierpapier – die Konsistenz sollte so sein, dass die Farbe blass und durchscheinend auf den Blättern erscheint. Mit dem Spitzpinsel malen Sie zunächst zwei parallele Linien in die Mitte jedes Blatts, eine links und eine rechts vom Draht. Malen Sie dann mit dem Rundpinsel von beiden Linien abgehende unterschiedlich große Tropfenformen. Sie können hierzu das Muster auf Seite 285 verwenden oder die Blätter freihändig verzieren.

SCHRITT 4

DIE BLÄTTER FORMEN

Folgen Sie den Anweisungen auf Seite 49 zum Arbeiten mit feuchtem Papier, um jedes Blatt durch leichtes Drücken und Schieben auf beiden Seiten zu formen und die Ränder zu kräuseln. Formen Sie auch kleine Wellen im Inneren der Blätter. Gestalten Sie jedes Blatt ein wenig anders und lassen Sie alle Blätter gut trocknen.

Stecken Sie die Drähte in den mit Schaum gefüllten Topf, wobei Sie am besten in der Mitte beginnen und sich dann nach außen arbeiten. Richten Sie Ihre Blätter in unterschiedlichen Winkeln aus, sodass einige auch ihre rote Unterseite zeigen. Bedecken Sie zum Schluss den Schaum mit Bodenbelag.

Purpurtute

Diese Papierpflanze basiert auf einer sechs Jahre alten Zimmerpflanze einer Freundin von mir. Sie behauptet, sie würde sie nur gießen und wieder gehen, und schon sehe ihre Pflanze aus wie diese Papiervariante: üppig und gesund. Manche Leute haben einfach Glück! Die Blätter haben einen unaufdringlichen blaugrünen Farbton und durch den deutlichen Knick in der Mitte wirken sie sehr plastisch. Durch diese Form bilden sich Licht und Schatten in feinen Farbspielen auf den Blättern ab. Wenn ich *Syngonium*-Pflanzen bastle, gestalte ich oft eine Seite länger als die andere. Ich finde, das sieht natürlicher aus und wirkt dann weniger, als trüge der Topf eine Pflanzenperücke.

ECKDATEN

- Diese Pflanze besteht aus etwa 35 Blättern in drei verschiedenen Größen.
- Diese verteilen sich auf 3 unterschiedlich lange Ranken mit je 5 bis 8 Blättern und 5 Stängeln mit je 2 bis 4 Blättern.
- Alle stecken in einem Blumentopf mit 15 cm Durchmesser.
- Die Endmaße betragen etwa 50 cm Höhe × 40 cm Breite.

MATERIALIEN

- 3 Schablonen (Seite 257)
- Blaue Acrylfarbe
- 14 Blatt mittelgrünes Bastelpapier (A4)
- 10 Stück (à 40 cm) grüner gerader Blumenstieldraht (0,8 mm)
- 5 Stück (à 40 cm) grüner gerader Blumenstieldraht (1 mm)
- 7 Stück Bügeleinlage (A4)
- Grünes Floristenband
- Mit Schaum gefülltes Behältnis
- Kies oder Bodenbelag nach Wahl

WERKZEUGE

- Schere
- Bleistift
- Bastelmesser
- Drahtschneider
- Mischpalette
- Flachpinsel (2,5 cm)
- Große Sprühflasche mit Wasser
- Bügeleisen und Bügelunterlage

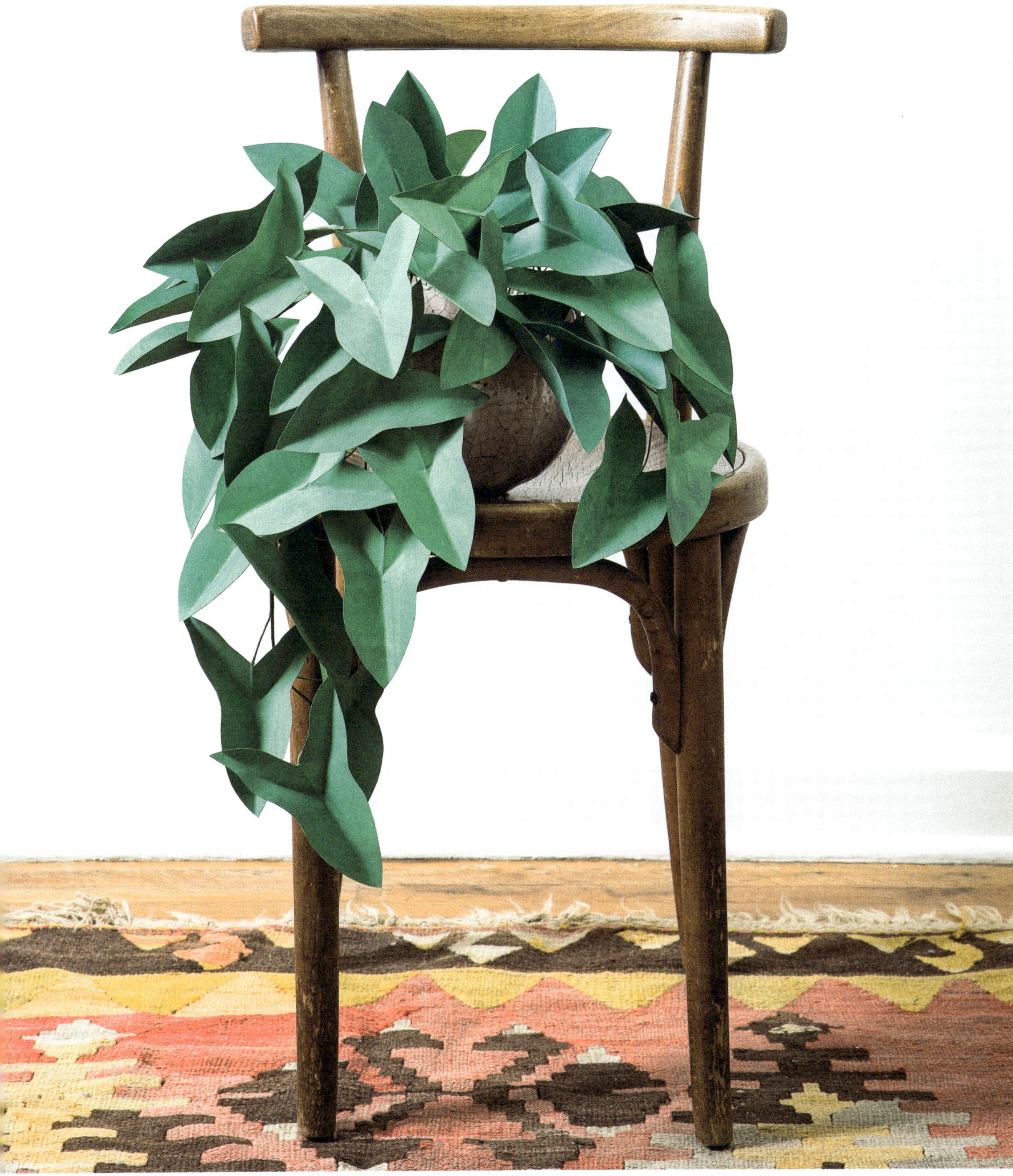

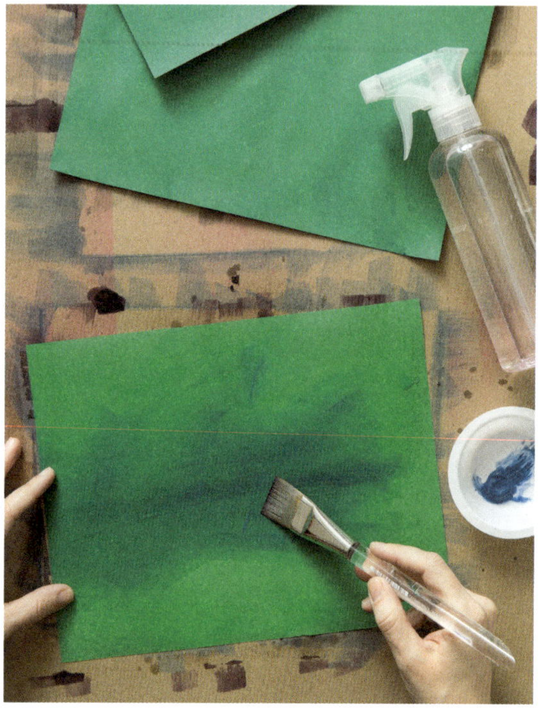

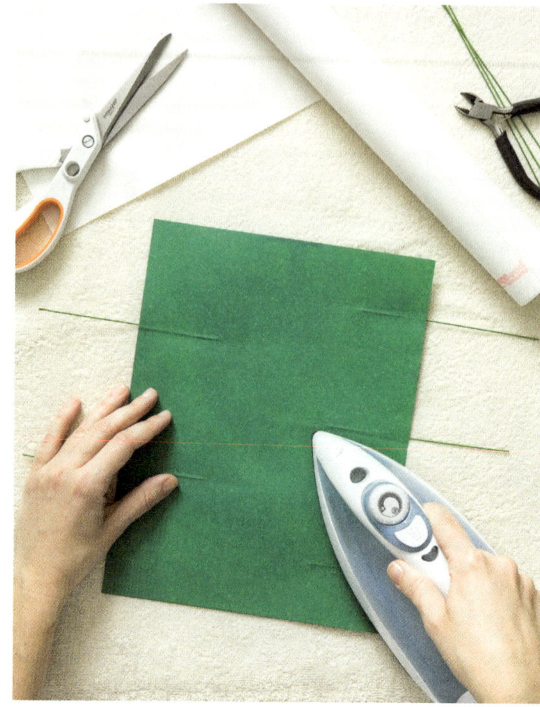

SCHRITT 1

DAS PAPIER VORBEREITEN

Folgen Sie den Anweisungen zur Herstellung einer Farblösung auf Seite 34 und tragen Sie eine Lösung aus blauer Acrylfarbe und Wasser auf eine Seite der mittelgrünen Bastelpapierblätter auf. Lassen Sie das Papier vollständig trocknen.

SCHRITT 2

DEN DRAHT MIT DEM PAPIER VERBINDEN

Platzieren Sie die Schablonen für etwa 20 große, zehn mittelgroße und fünf kleine Blätter auf dem Bastelpapier (etwa fünf Pflanzenblätter pro Blatt Papier) und markieren Sie mit Bleistift die Position der Drähte. Schneiden Sie mit dem Drahtschneider 35 Stücke von etwa 13 cm Länge aus 0,8-mm-Blumenstieldraht. Machen Sie Papier-Draht-Sandwiches mit der bemalten Seite des Bastelpapiers nach außen, wie auf Seite 40 bei der Aufbügel-Methode beschrieben.

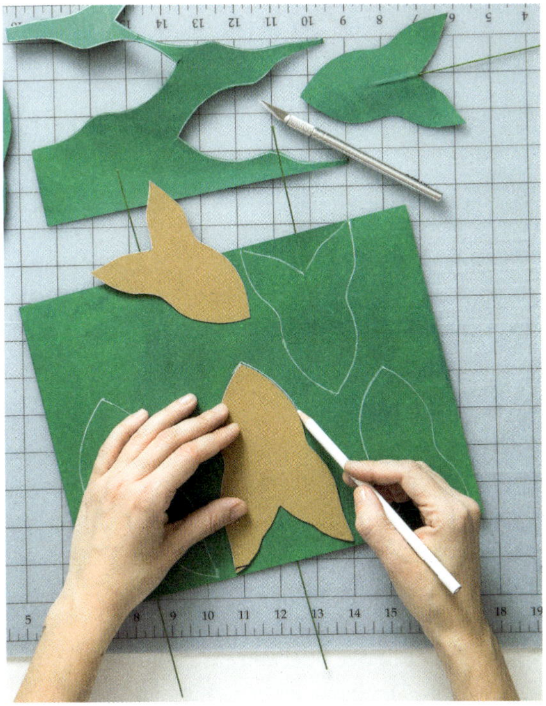

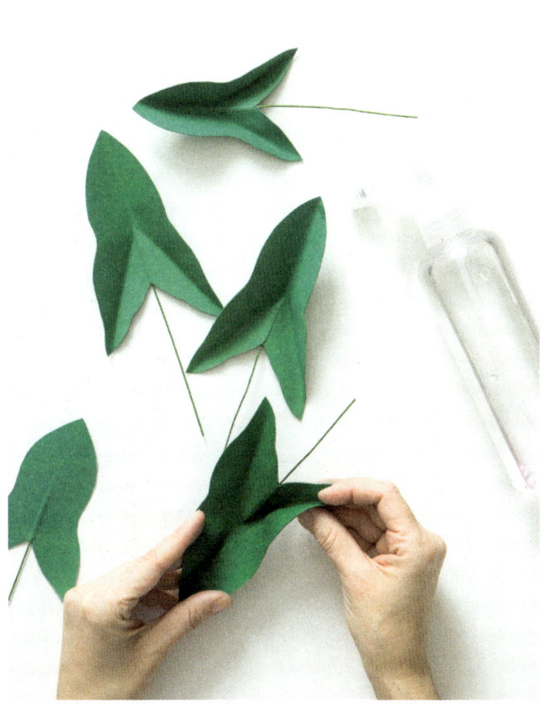

SCHRITT 3

DIE BLÄTTER ZEICHNEN UND AUSSCHNEIDEN

Platzieren Sie die drei Schablonen über den Drähten in den Papier-Draht-Sandwiches und stellen Sie sicher, dass die Drähte jeweils aus der Einkerbung des unteren (und nicht des spitzen oberen) Blattendes herausragen. Zeichnen Sie etwa 20 große, zehn mittelgroße und fünf kleine Blätter auf und schneiden Sie sie mit der Schere (oder dem Bastelmesser) aus. Wenn nötig, schneiden Sie Papier, das an der Verbindungsstelle mit dem Draht übersteht, vorsichtig mit dem Bastelmesser weg.

SCHRITT 4

DIE BLÄTTER FORMEN

Folgen Sie den Anweisungen auf Seite 49 zum Arbeiten mit feuchtem Papier, um jedes Blatt mit etwas Wasser zu formen. Zuerst befeuchten Sie die beiden Seiten eines Blatts leicht, dann nehmen Sie den unteren Teil und die Blattspitze zwischen die Finger, um eine Y-förmige Furche im Blatt zu bilden. Wiederholen Sie dies mit allen Blättern und legen Sie sie dann zum Trocknen zur Seite.

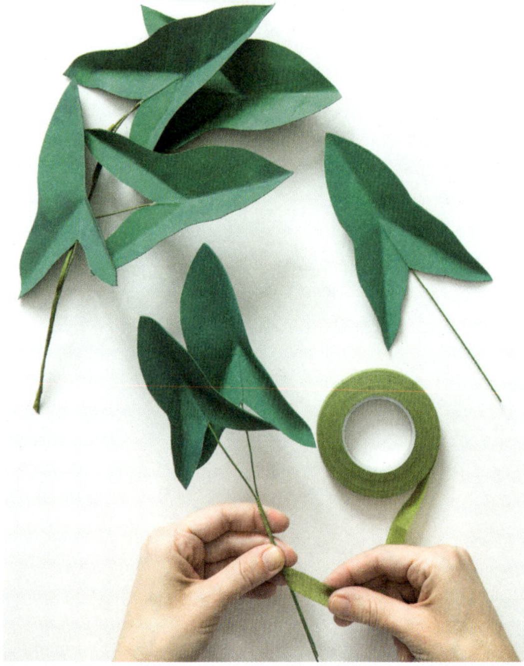

SCHRITT 5

DIE STIELE ZU STÄNGELN VERBINDEN

Schneiden Sie mit dem Drahtschneider fünf Stücke 1-mm-Blumenstieldraht von je 13 cm Länge. Wickeln Sie die Stiele von zwei Blättern etwa 2,5 bis 5 cm unterhalb der Blattunterseite mit grünem Floristenband um das obere Ende des Hauptdrahts. Arbeiten Sie sich weiter nach unten, indem Sie in Abständen von etwa 2,5 cm weitere Blattstiele um den Hauptstängel wickeln, bis Sie zwei bis vier Blätter angebracht haben. Stellen Sie auf dieselbe Weise fünf Stängel her.

SCHRITT 6 ▶

DIE STÄNGEL ZU RANKEN VERBINDEN

Nehmen Sie ein 40 cm langes Stück 1-mm-Blumenstieldraht als Ranke. Befestigen Sie am oberen Ende den Stiel von ein Blatt mit grünem Floristenband, etwa 2,5 bis 5 cm unterhalb der Blattunterseite. Arbeiten Sie sich weiter nach unten, indem Sie in Abständen von etwa 2,5 cm weitere einzelne Blattstiele um die Ranke wickeln. Wechseln Sie dabei unregelmäßig zwischen großen, mittelgroßen und kleinen Blättern, bis Sie fünf bis acht Blätter angebracht haben. Schneiden Sie zwei 25,5 cm lange Stücke 1-mm-Draht mit dem Drahtschneider ab und wiederholen Sie diesen Schritt, um jeweils etwa fünf Blätter an zwei weiteren Ranken zu befestigen.

Bauen Sie die Pflanze zusammen, indem Sie die längste Ranke auf eine Seite des mit Schaum gefüllten Behältnisses schieben und daneben eine mittellange Ranke platzieren. Stecken Sie die zweite mittellange Ranke auf die gegenüberliegende Seite und füllen Sie den Raum dazwischen mit den Stängeln aus. Bedecken Sie die Schaumschicht mit Bodenbelag.

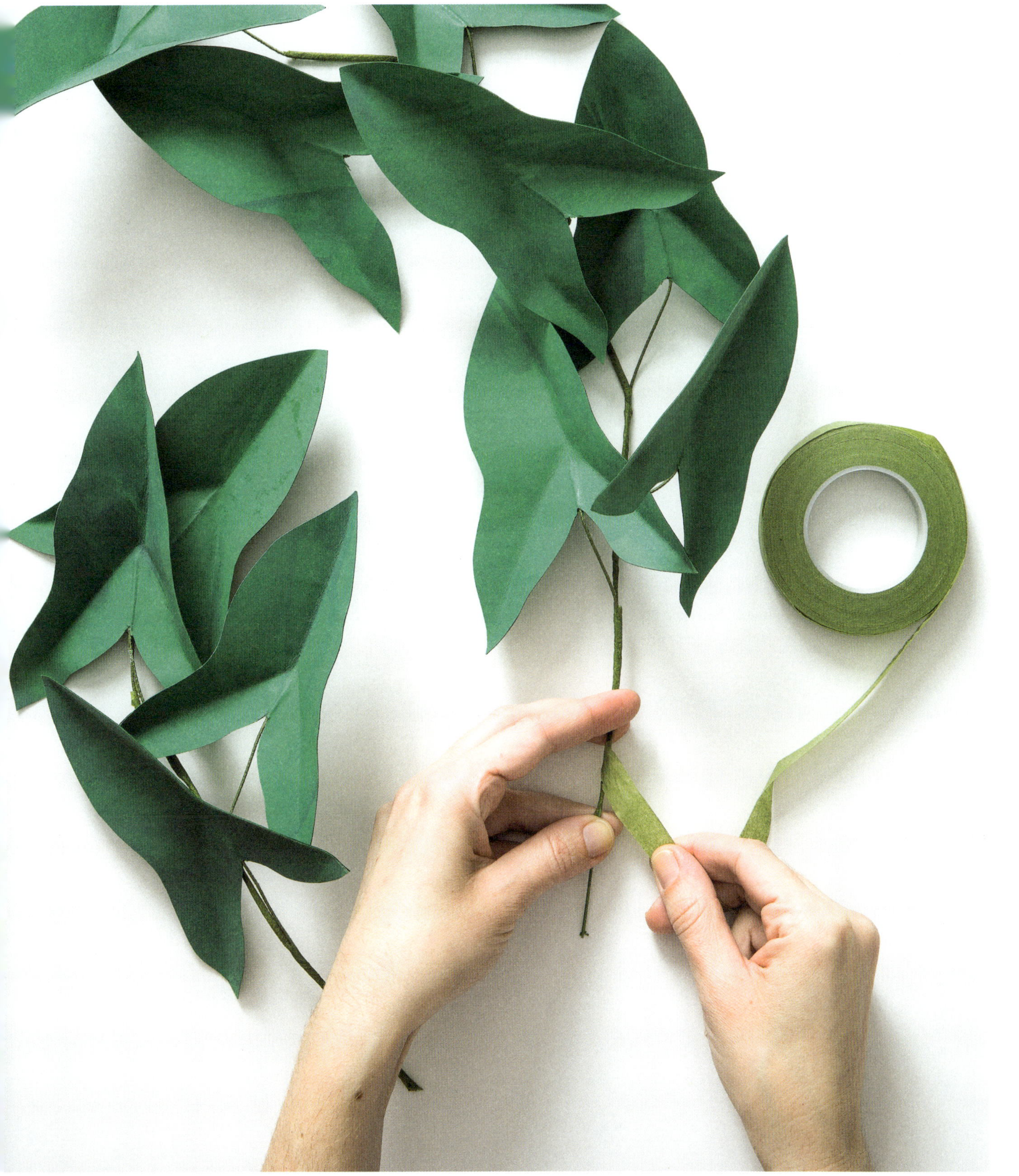

Fischgrätenkaktus

Fischgräten- oder Sägeblattkakteen wachsen im südlichen Mexiko, in allen Ritzen und Winkeln des feuchten Regenwaldes. Ähnlich wie Orchideen lenken sie ihre Wurzeln in Baumspalten, wo sich zerfallende Materie ansammelt. Um dieses Exemplar herzustellen, werden wir normales A4-Papier verwenden, Sie können sich aber auch größere Papierbögen besorgen, wenn Sie die Pflanze noch weiter ranken lassen möchten. Diese Gesellen können in der Tat ganz schön lang werden! Ich habe in Oaxaca mal einen Fischgrätenkaktustrieb gesehen, der über die gesamte Länge eines Baumstamms hinuntergewachsen war – das sah aus, als hätte der Baum einen großen Reißverschluss!

ECKDATEN

- Diese Pflanze besteht aus 15 Blättern in einem Blumentopf mit 13 cm Durchmesser.
- Die Endmaße betragen etwa 35,5 cm Höhe × 35,5 cm Breite.

MATERIALIEN

- 1 Schablone (Seite 267)
- 10 Blatt mittelgrünes Bastelpapier (A4)
- 15 Stück (à 40 cm) grüner gerader Blumenstieldraht (0,8 mm)
- 5 Stück doppelseitige Klebefolie (A4)
- Mit Schaum gefülltes Behältnis
- Kies oder Bodenbelag nach Wahl

WERKZEUGE

- Bleistift
- Falzbein
- Bastelmesser

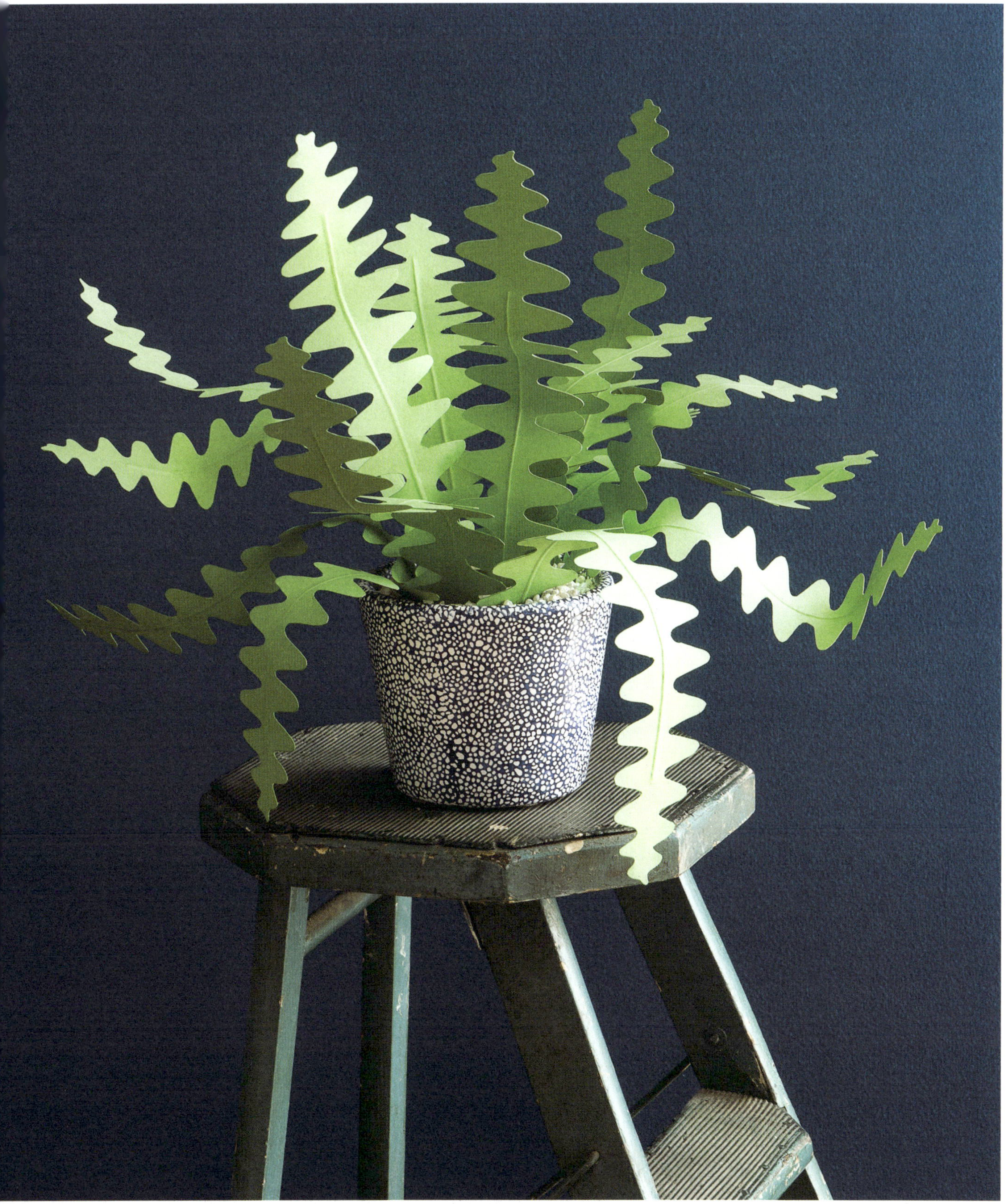

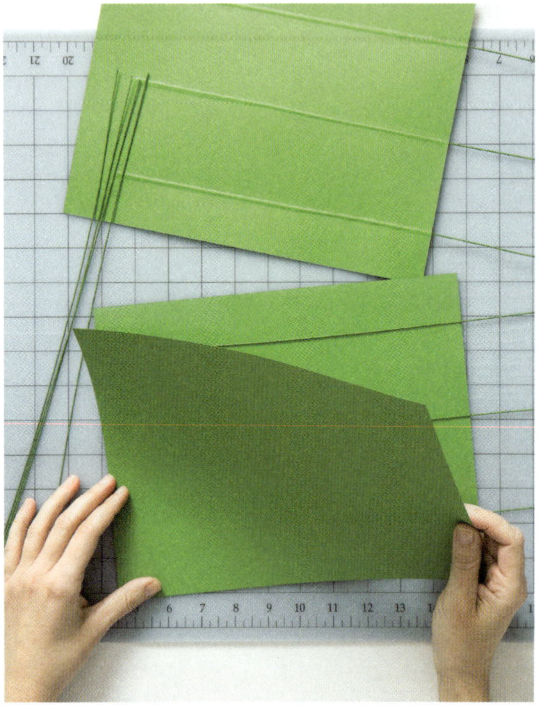

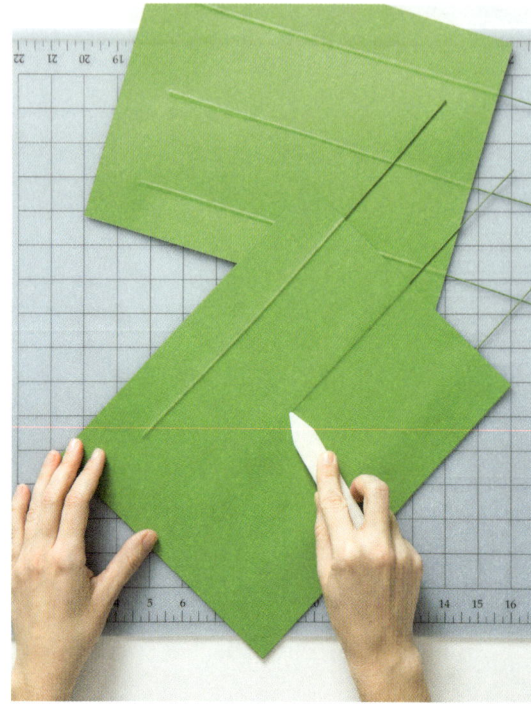

SCHRITT 1

DEN DRAHT MIT DEM PAPIER VERBINDEN

Legen Sie die Schablone für 15 Blätter auf das Bastelpapier (drei Pflanzenblätter pro Blatt Papier) und markieren Sie mit Bleistift die Position der 40 cm langen Drähte. Diese sollten fast über die gesamte Länge der Blätter reichen. Machen Sie Papier-Draht-Sandwiches, wie auf Seite 43 für die Doppelseitige-Klebefolien-Methode beschrieben.

SCHRITT 2

DEN DRAHT BEFESTIGEN

Nachdem Sie den Draht zwischen zwei Papierlagen geklebt haben, fixieren Sie ihn, indem Sie mit dem Falzbein die Konturen auf beiden Seiten des Drahts und auf der Vorder- wie Rückseite des Papiers nachfahren.

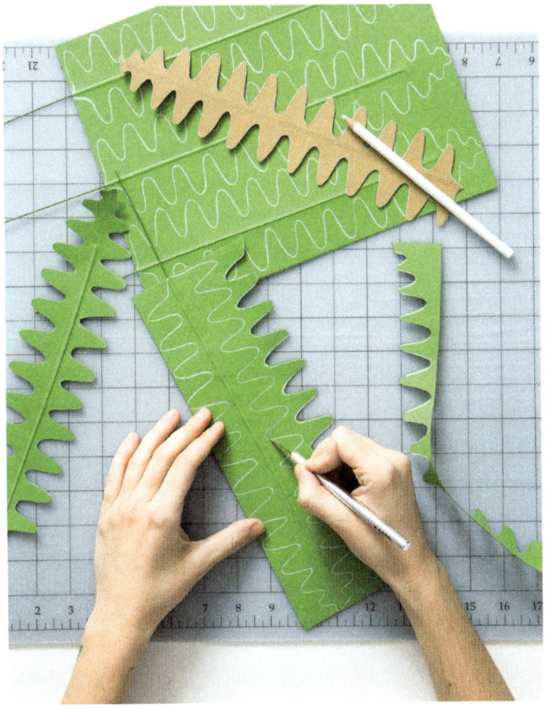

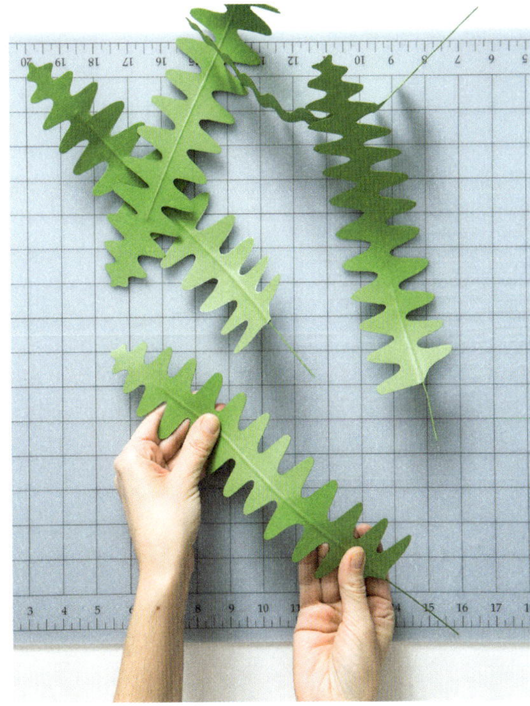

SCHRITT 3

DIE BLÄTTER ZEICHNEN UND AUSSCHNEIDEN

Platzieren Sie die Schablone über den Drähten in den Papier-Draht-Sandwiches und stellen Sie sicher, dass die Drähte jeweils aus der Mitte des unteren (und nicht des spitzen oberen) Blattendes herausragen. Zeichnen Sie 15 Blätter auf und schneiden Sie sie mit dem Bastelmesser aus.

SCHRITT 4

DIE BLÄTTER FORMEN

Greifen Sie ein Blatt mit beiden Händen und biegen Sie den Draht in eine leichte Kurve. Formen Sie jedes Blatt ein wenig anders.

Setzen Sie die Pflanze zusammen, indem Sie die Drähte in das mit Schaum gefüllte Behältnis stecken. Richten Sie die Blätter in unterschiedlichen Winkeln aus. Bedecken Sie den Schaum mit Bodenbelag.

Rosa Punktblatt

Sie können die Blätter Ihres Punktblatts wie ich in Rosa gestalten, oder Sie beweisen Mut und wählen ein kräftiges Pink oder Rot. Diese Pflanze aus Papier ist ideal, denn das echte Punktblatt benötigt viel direkte Sonneneinstrahlung, um seine Musterung zu entfalten – steht es drinnen bei wenig Licht, kann es passieren, dass die Blätter einfach grün bleiben. Eine Miniversion dieser Papierpflanze würde in Teelichthaltern sehr niedlich aussehen. Ihre kleinen, filigranen Blätter sind schmuck genug, um an ein, zwei Zweiglein zur Geltung zu kommen.

ECKDATEN

- Diese Pflanze besteht aus etwa 200 rosa und pinkfarbenen Blättern in zwei unterschiedlichen Größen.
- Sie verteilen sich auf 20 Stängel in einem Blumentopf mit 10 cm Durchmesser.
- Die Endmaße betragen etwa 18 cm Höhe × 30,5 cm Breite.

MATERIALIEN

- 2 Schablonen (Seite 256)
- Weißer Gelstift
- Pinkfarbener und dunkelgrüner Alkoholmarker
- Spulendraht (0,5 mm)
- 14 Blatt rosa Bastelpapier (A4)
- 1 Blatt pinkfarbenes Bastelpapier (A4)
- 10 Stück (à 40 cm) brauner gerader Blumenstieldraht (0,8 mm)
- 8 Stück doppelseitige Klebefolie (A4)
- Braunes Floristenband
- Mit Schaum gefülltes Behältnis
- Kies oder Bodenbelag nach Wahl

WERKZEUGE

- Bleistift
- Falzbein
- Schere
- Drahtschneider

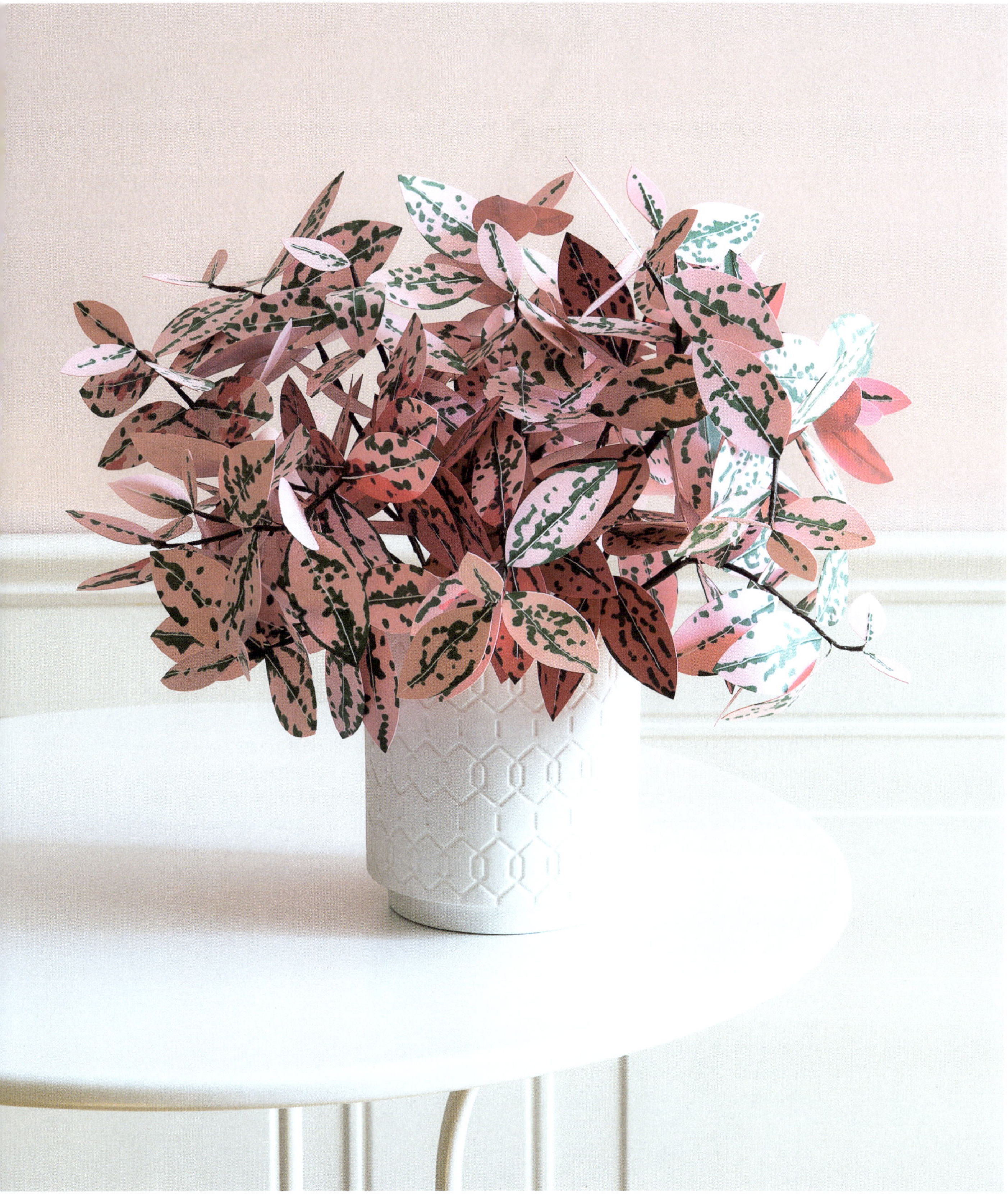

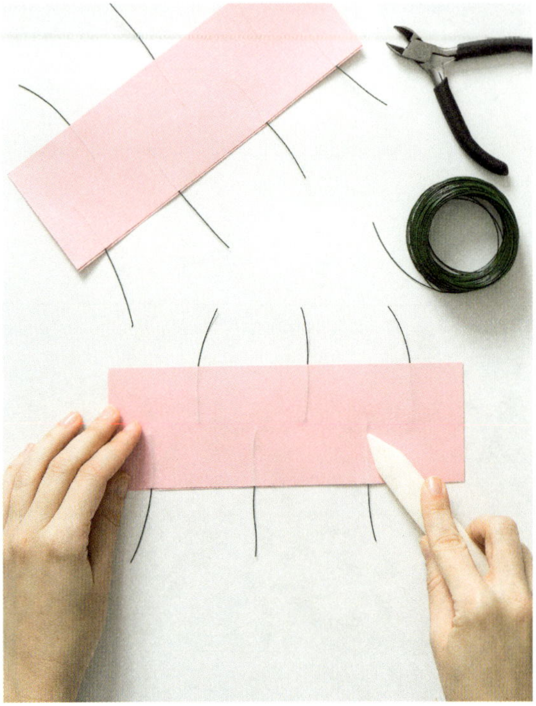

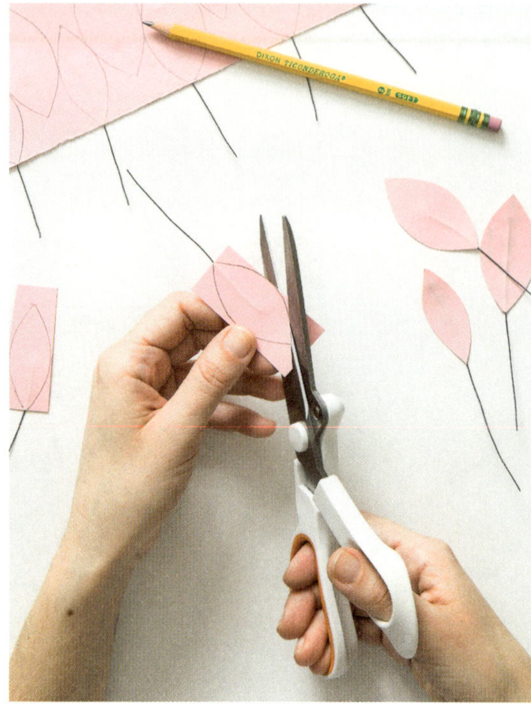

SCHRITT 1

DEN DRAHT MIT DEM PAPIER VERBINDEN

Weil wir kleine Blätter herstellen, schneiden Sie das Papier und die Klebefolie horizontal in gut 7 cm breite und 21,5 cm lange Streifen. Platzieren Sie die Schablonen für etwa 100 große und 100 kleine Blätter auf dem Bastelpapier (6 Pflanzenblätter pro Papierstreifen) und markieren Sie mit Bleistift die Position der Drähte. Schneiden Sie den Spulendraht mit dem Drahtschneider in 200 Stücke mit je 7,5 cm Länge. Machen Sie Papier-Draht-Sandwiches, wie auf Seite 43 für die Doppelseitige-Klebefolien-Methode beschrieben. Fixieren Sie die Drähte, indem Sie die Konturen mit dem Falzbein auf allen Seiten nachfahren.

SCHRITT 2

DIE BLÄTTER ZEICHNEN UND AUSSCHNEIDEN

Platzieren Sie die zwei Schablonen über den Drähten in den Papier-Draht-Sandwiches und stellen Sie sicher, dass die Drähte genau aus der Spitze eines Blattendes herausragen. Zeichnen Sie etwa 100 große und 100 kleine Blätter auf und schneiden Sie sie mit der Schere aus.

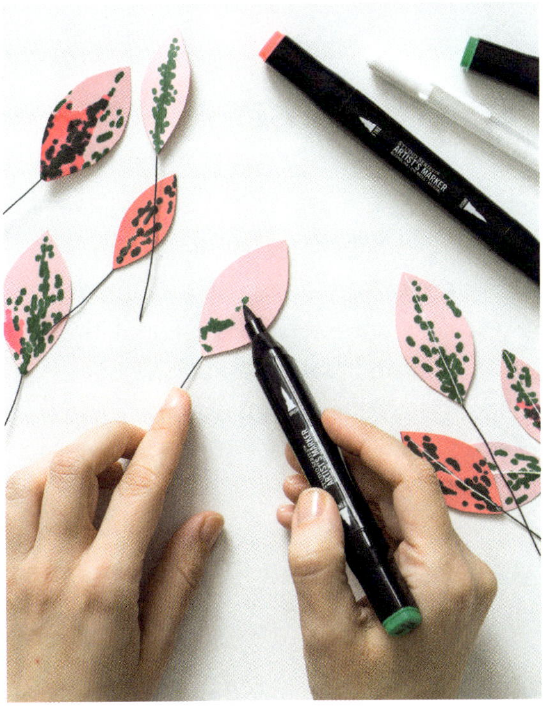

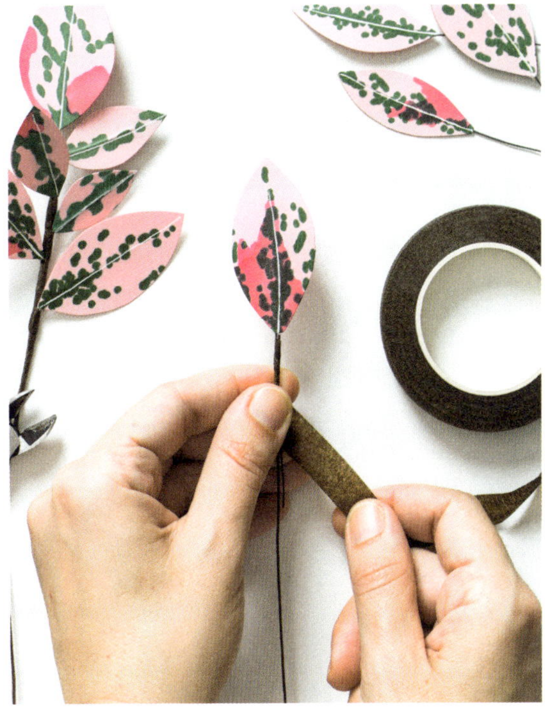

SCHRITT 3

DETAILS AUF DIE BLÄTTER MALEN

Malen Sie mit den beiden Alkoholmarkern unregelmäßige Punkte und Kleckse auf eine Seite jedes Blatts. Dann zeichnen Sie mit dem weißen Gelstift eine Linie in die Mitte des Blatts. Verfahren Sie so bei allen Blättern.

SCHRITT 4

DIE STIELE ZU STÄNGELN VERBINDEN

Schneiden Sie mit dem Drahtschneider 20 Stück 0,8-mm-Blumenstieldraht von je 20,5 cm Länge. Legen Sie den Stiel von ein Blatt bündig auf ein Ende des Hauptstängels und wickeln Sie braunes Floristenband darum, um den Stiel zu befestigen. Arbeiten Sie sich weiter nach unten, indem Sie in Abständen von etwa 12 mm weitere einzelne Blattstiele um den Hauptstängel wickeln. Wechseln Sie dabei unregelmäßig zwischen großen und kleinen Blättern, bis Sie sechs bis 12 Blätter angebracht haben. Stellen Sie auf diese Weise 20 Stängel her. Stellen Sie Ihre Pflanze zusammen, indem Sie die Drähte in das mit Schaum gefüllte Pflanzgefäß stecken. Falls der Schaum sichtbar ist, decken Sie ihn mit Bodenbelag ab.

Schmetterlingspflanze

Christia obcordata ist eine geheimnisvolle tropische Pflanze mit gestreiften, dreieckigen, flattrigen Blättern an dünnen Stielen. Unter Pflanzenliebhabern ist sie heiß begehrt, außerhalb Asiens aber auch eine echte Rarität. In den letzten Jahren ist sie dennoch in ausgewählten Pflanzenschulen aufgetaucht und gewinnt weltweit an Popularität. Zumindest eine aus Papier war für mich also ein Muss, und ich bin erfreut, wie gut es funktioniert hat, sie zu basteln. Der feine Draht bildet prima die dünnen Blattstiele nach und lässt auch die Papierblätter im Lufthauch erzittern.

ECKDATEN

- Diese Pflanze besteht aus etwa 42 Blättern in unterschiedlichen Größen.
- Sie verteilen sich auf 6 Stängel in einem Blumentopf mit 7,5 cm Durchmesser.
- Die Endmaße betragen etwa 28 cm Höhe × 33 cm Breite.

MATERIALIEN

- 4 Schablonen (Seite 268, 285)
- Weißer Gelstift
- Roter Alkoholmarker
- 8 Blatt mittelgrünes Bastelpapier (A4)
- 18 Stück (à 40 cm) grüner gerader Blumenstieldraht (0,8 mm)
- 4 Stück doppelseitige Klebefolie (A4)
- Grünes Floristenband
- Mit Schaum gefülltes Behältnis
- Kies oder Bodenbelag nach Wahl

WERKZEUGE

- Bleistift
- Falzbein
- Schere
- Drahtschneider

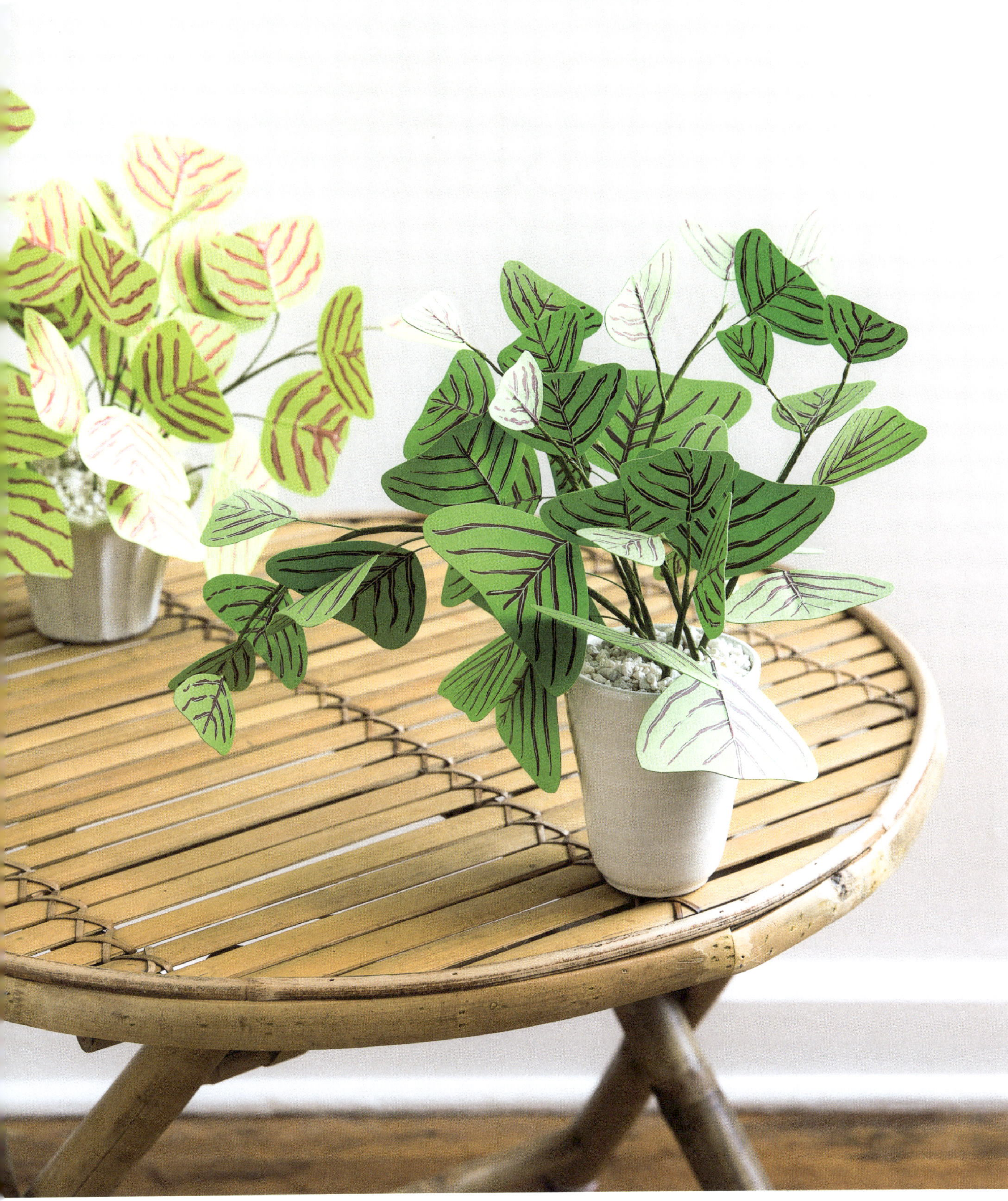

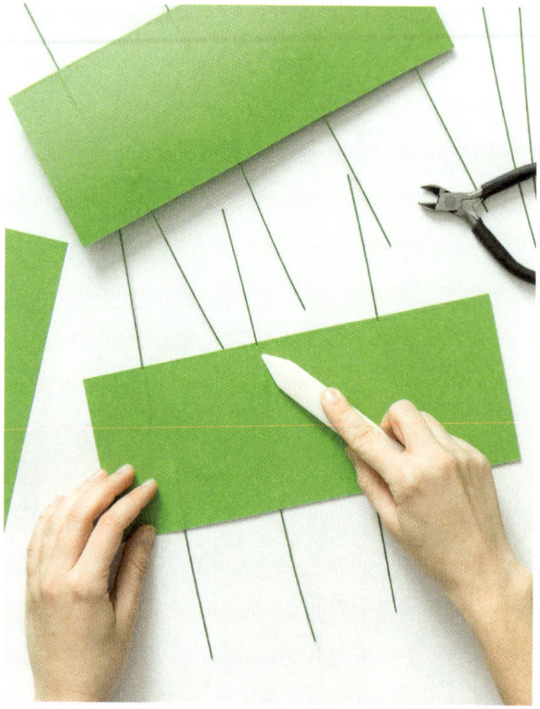

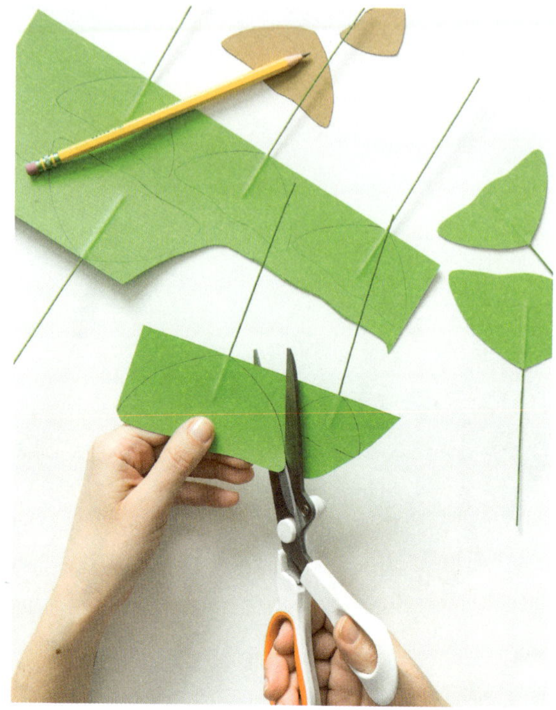

SCHRITT 1

DEN DRAHT MIT DEM PAPIER VERBINDEN

Weil wir kleine Blätter herstellen, schneiden Sie das Papier und die Klebefolie einmal in der Mitte durch, sodass Sie knapp 11 cm breite und 29,7 cm lange Streifen erhalten. Platzieren Sie die Schablonen für etwa 20 große, 12 mittelgroße und zehn kleine Blätter auf dem Bastelpapier (etwa sechs Pflanzenblätter pro Papierstreifen) und markieren Sie mit Bleistift die Position der Drähte. Schneiden Sie 14 der Blumenstieldrahtstücke mit dem Drahtschneider in 42 kleinere Stücke von je 13 cm Länge. Machen Sie Papier-Draht-Sandwiches, wie auf Seite 43 für die Doppelseitige-Klebefolien-Methode beschrieben. Fixieren Sie die Drähte, indem Sie die Konturen mit dem Falzbein auf allen Seiten nachfahren.

SCHRITT 2

DIE BLÄTTER ZEICHNEN UND AUSSCHNEIDEN

Platzieren Sie die drei Schablonen über den Drähten in den Papier-Draht-Sandwiches und stellen Sie sicher, dass die Drähte aus der Mitte des spitzen Blattendes herausragen. Zeichnen Sie etwa 20 große, 12 mittlere und zehn kleine Blätter auf und schneiden Sie sie mit der Schere aus.

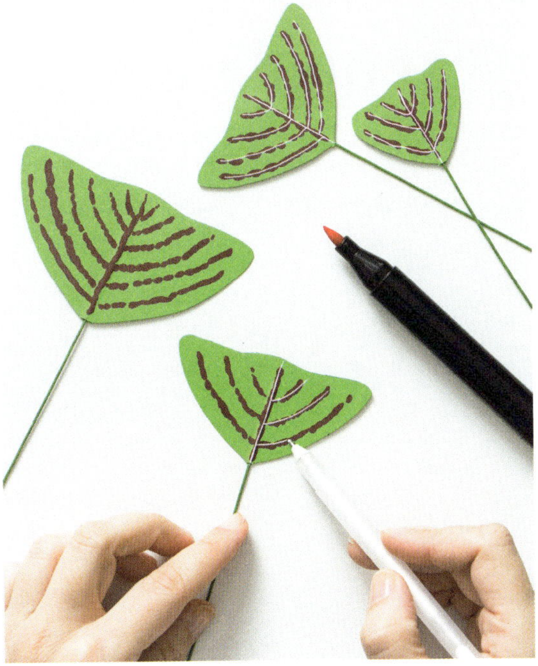

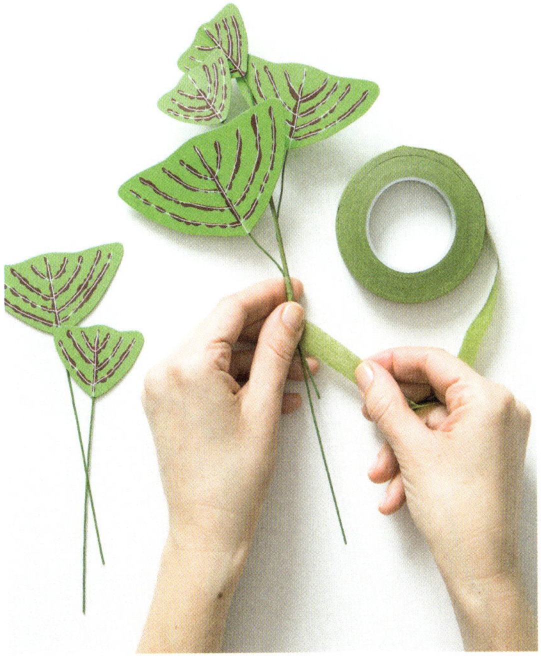

SCHRITT 3

DETAILS AUF DIE BLÄTTER MALEN

Orientieren Sie sich am Muster von Seite 285 und malen Sie mit dem roten Alkoholmarker eine gestrichelte Linie in die Mitte eines Blatts (über den beklebten Draht) und mehrere gestrichelte Linien zu beiden Seiten. Als Nächstes zeichnen Sie mit dem weißen Gelstift eine Linie durch alle gestrichelten Linien. Wiederholen Sie dies auf der Vorder- und Rückseite aller Blätter.

SCHRITT 4

DIE STIELE ZU STÄNGELN VERBINDEN

Bringen Sie mit dem Drahtschneider drei 0,8-mm-Blumenstieldrahte auf je 25,5 cm Länge. Wickeln Sie mit grünem Floristenband den Stiel von ein Blatt etwa 2,5 bis 5 cm unterhalb der Blattunterseite um ein Ende des Hauptstängels. Arbeiten Sie sich weiter nach unten, indem Sie in Abständen von 2,5 bis 5 cm weitere einzelne Blattstiele um den Stängel wickeln. Wechseln Sie dabei unregelmäßig zwischen großen, mittelgroßen und kleinen Blättern, bis Sie sieben oder acht Blätter angebracht haben. Verwenden Sie übrig gebliebene gut 15 cm lange Drahtstücke, um diesen Schritt für drei weitere Stängel mit je vier bis sechs Blättern zu wiederholen, die dann in einen Blumentopf gesteckt werden.

Panaschierte Steckenpalme

Ein weiterer Kandidat auf meiner Liste seltener Pflanzen, die ein Papierpendant verdienen, ist die panaschierte Steckenpalme, eine besondere Variante der *Rhapis excelsa*, die in Japan gezüchtet wurde und so wertvoll ist, dass sie häufig über Generationen weitergegeben wird. Andernorts ist das Sammeln dieser Pflanzen absoluten Pflanzenfanatikern vorbehalten. Variegierte beziehungsweise panaschierte Sorten gibt es in unterschiedlichen Farbkombinationen: grün und beige, grün und gelb oder hell- und dunkelgrün. Bei meinen Recherchen zu dieser Pflanze hat mich am meisten die hell- und dunkelgrüne Variante beeindruckt – die ist sowas von schick!

ECKDATEN

- Diese Pflanze besteht aus 30 Einzelblättern, verteilt auf 10 Palmblätter, in einem Blumentopf mit 23 cm Durchmesser.
- Die Endmaße betragen etwa 56 cm Höhe × 48 cm Breite.

MATERIALIEN

- 1 Schablone (Seite 265)
- Grüne Acrylfarbe
- 12 Blatt blassgrünes Bastelpapier (A4)
- 30 Stück (à 40 cm) dunkelgrüner gerader Blumenstieldraht (0,8 mm)
- 3 Stück (à 40 cm) dunkelgrüner gerader Blumenstieldraht (1,2 mm)
- 6 Stück doppelseitige Klebefolie (A4)
- Dunkelgrünes Floristenband
- Mit Schaum gefülltes Behältnis
- Kies oder Bodenbelag nach Wahl

WERKZEUGE

- Bleistift
- Falzbein
- Schere
- Mischpalette
- Lasurpinsel (2,5 cm)

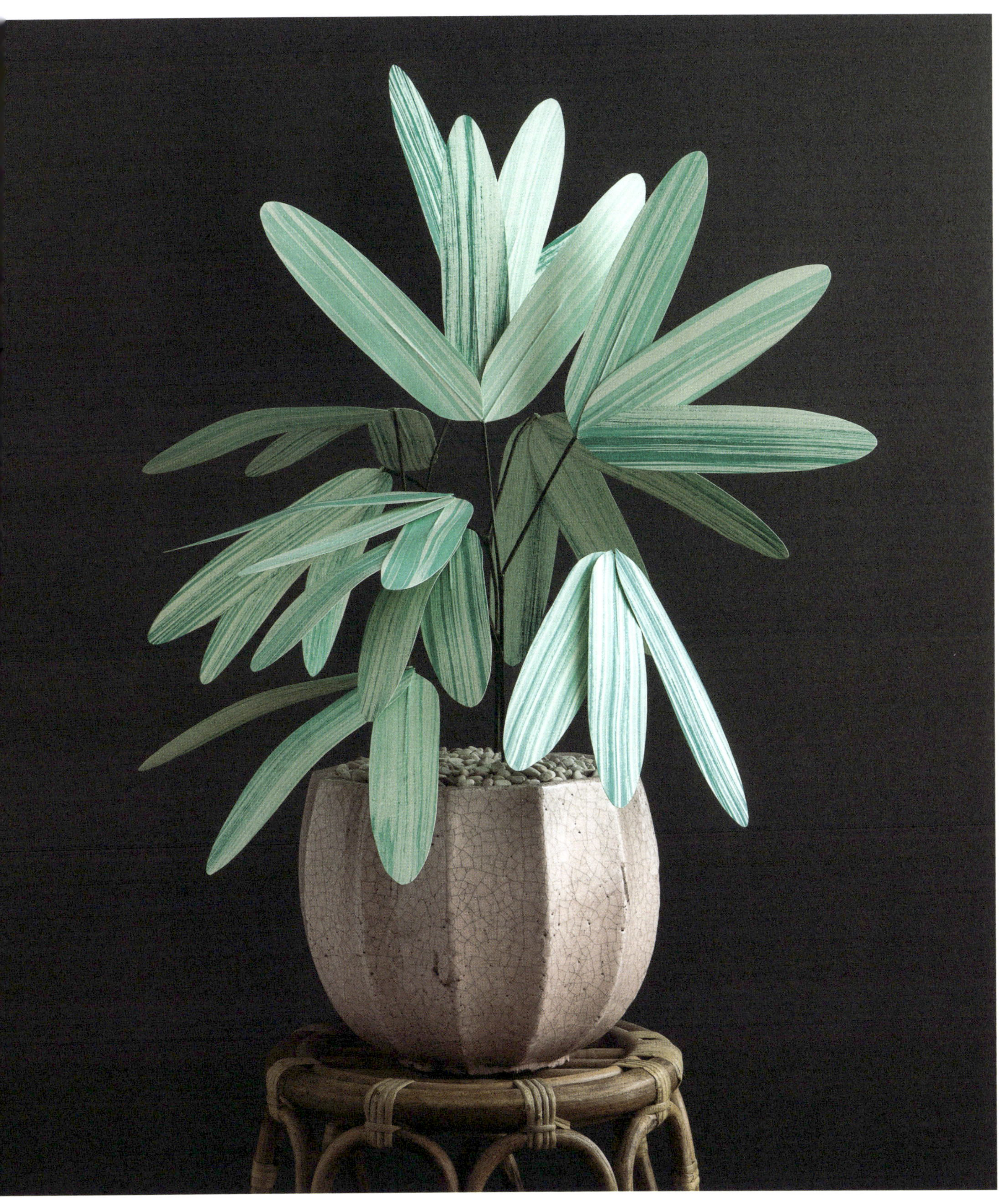

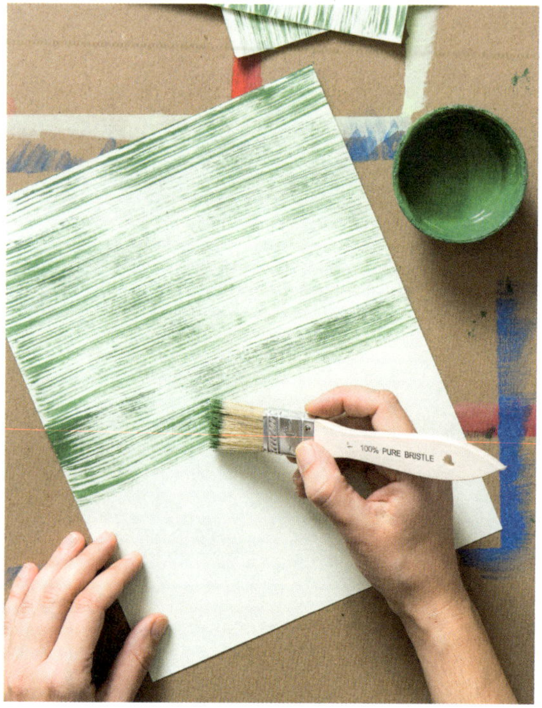

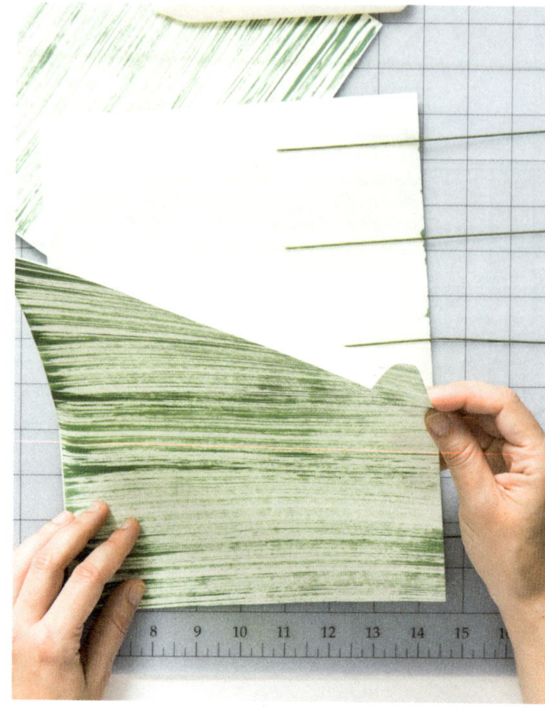

SCHRITT 1

DAS PAPIER VORBEREITEN

Legen Sie ein blassgrünes Blatt Bastelpapier vertikal vor sich hin, folgen Sie den Anweisungen zur Trockenpinsel-Technik auf Seite 34 und malen Sie mit dem Lasurpinsel waagerechte Streifen aus grüner Acrylfarbe auf eine Seite des Papiers. Bemalen Sie alle blassgrünen Bastelpapierblätter auf diese Weise und lassen Sie sie anschließend vollständig trocknen.

SCHRITT 2

DEN DRAHT MIT DEM PAPIER VERBINDEN

Legen Sie die Schablone für 30 Blätter auf die unbemalte Seite des Bastelpapiers (fünf Pflanzenblätter pro Blatt Papier) und markieren Sie mit Bleistift die Position der 40 cm langen 0,8-mm-Blumendrähte. Stellen Sie sicher, dass die Drähte parallel zu den aufgemalten Streifen ausgerichtet sind. Machen Sie Papier-Draht-Sandwiches mit der bemalten Seite des Bastelpapiers nach außen, wie auf Seite 43 für die Doppelseitige-Klebefolien-Methode beschrieben. Drücken Sie das Papier mit dem Falzbein fest um die Konturen des Drahts, um diesen zu fixieren.

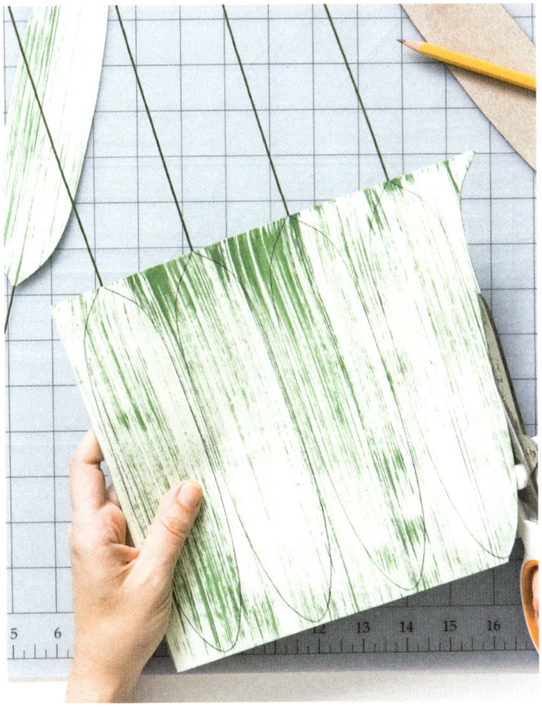

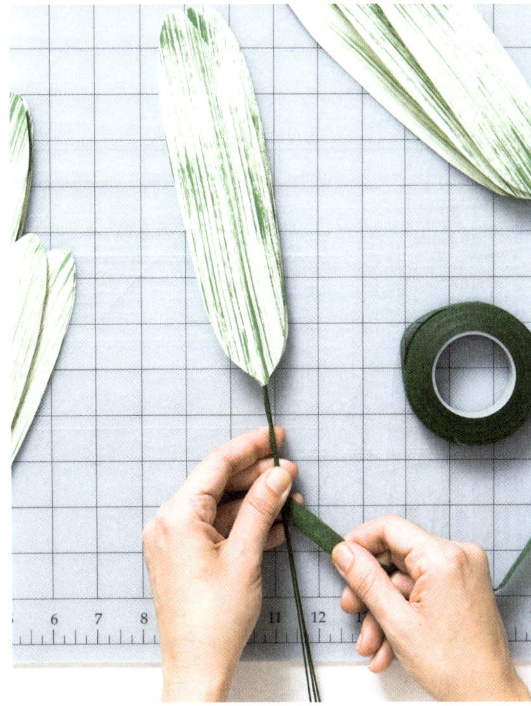

SCHRITT 3

DIE BLÄTTER ZEICHNEN UND AUSSCHNEIDEN

Platzieren Sie die Schablone über den Drähten in den Papier-Draht-Sandwiches und stellen Sie sicher, dass die Drähte aus der Mitte des spitzen unteren Blattendes herausragen. Zeichnen Sie 30 Blätter auf und schneiden Sie sie mit der Schere aus.

SCHRITT 4

DIE BLÄTTER ZU PALMBLÄTTERN VERBINDEN

Legen Sie drei Blätter übereinander. Kleben Sie mit dunkelgrünem Floristenband die drei Blattstiele so zusammen, dass sie komplett von dem Band bedeckt werden. Nun haben Sie ein Palmblatt. Wiederholen Sie diesen Schritt, um insgesamt zehn Palmblätter zu erhalten.

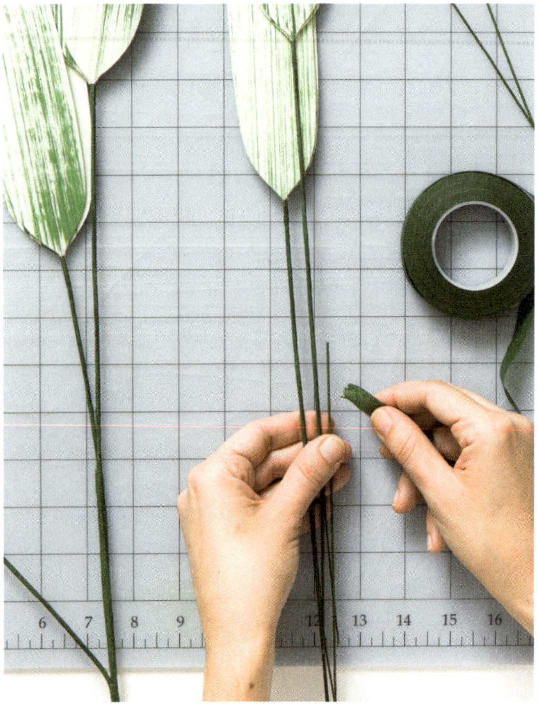

SCHRITT 5

PALMZWEIGE HERSTELLEN

Legen Sie ein Palmblatt beiseite, es wird später allein in den Topf gesteckt. Stellen Sie einen Palmzweig her, indem Sie drei Palmblätter an einem der 1,2-mm-Drahtstücke mit grünem Floristenband befestigen. Positionieren Sie zwei Palmblätter so, dass sie über den Zweig hinausragen, und ein Palmblatt etwa 10 cm unterhalb des oberen Zweigendes, und umwickeln Sie sie mit Floristenband. Verfahren Sie mit den übrigen Palmblättern genauso, um insgesamt drei Palmzweige zu erhalten. Umwickeln Sie am Ende alle Drähte komplett mit Floristenband.

SCHRITT 6 ▶

DIE PALMBLÄTTER FORMEN

Schieben Sie die drei Einzelblätter eines Palmblatts gleichmäßig auseinander und biegen Sie ein Palmblatt nach unten. Spreizen Sie auch die Palmzweige in alle Richtungen. Stecken Sie die drei Palmzweige und das beiseitegelegte Palmblatt in das mit Schaum gefüllte Behältnis. Bedecken Sie den Schaum mit Bodenbelag.

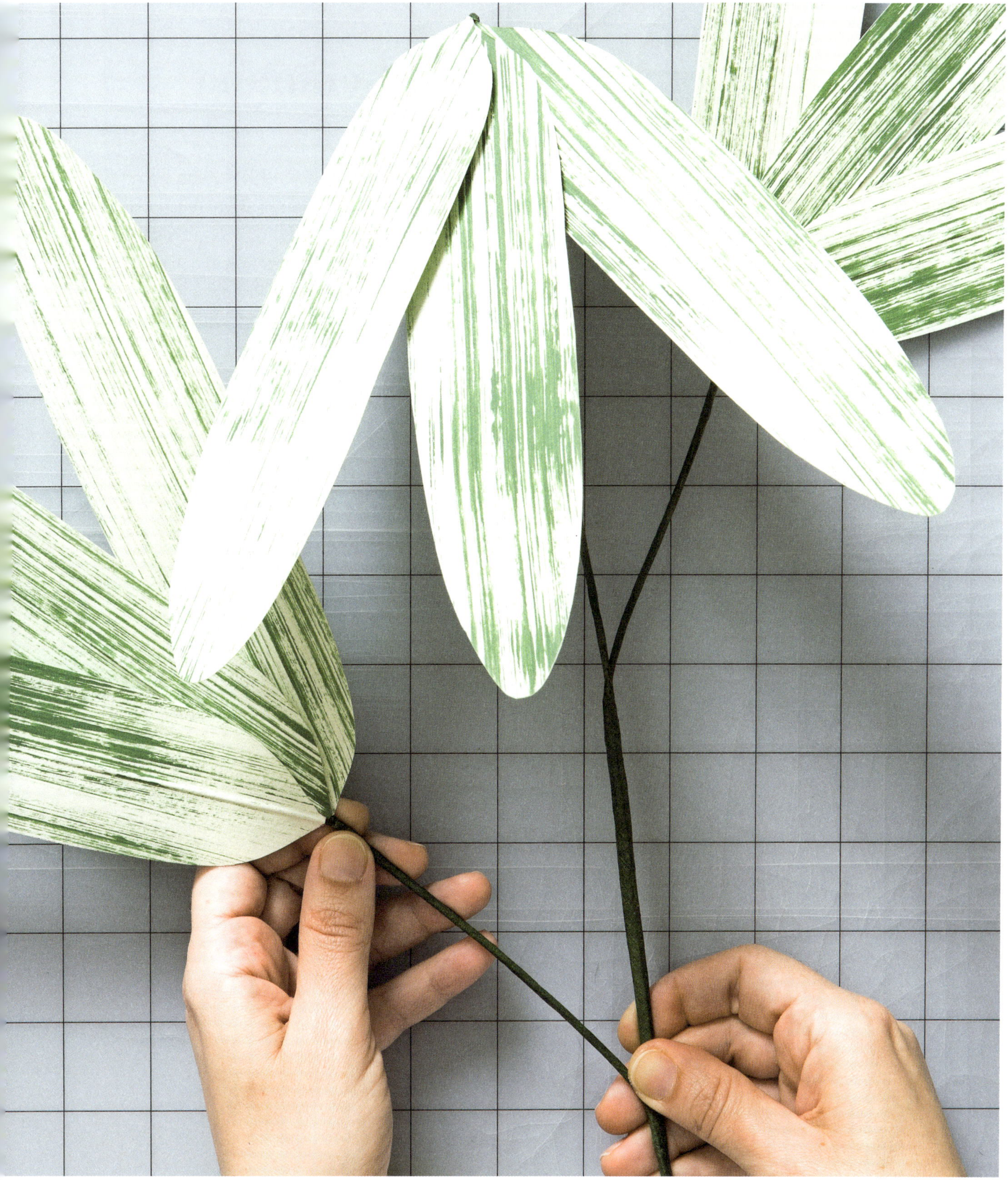

Ctenanthe oppenheimiana

Lange dachte ich, es handle sich bei dieser Pflanze um einen Philodendron der Sorte »Pink princess«. Mit ihr hat sie sowohl die wundervollen Grün- und Rosatöne gemein als auch die Größe. Letzlich hat mich ein Pflanzenkumpel aber eines Besseren belehrt: Es ist eine *Ctenanthe oppenheimiana* »Tricolor«. Im englischen Sprachraum wird sie auch »Never-never plant«, also Nimmerland-Pflanze genannt und mir gefällt der Gedanke, dass sie im Herzen ewig so jung bleibt wie ich und Peter Pan! Diese Pflanze eignet sich übrigens sehr gut, um das Malen mit Gouachefarbe zu üben – jedes Blatt ist anders, deshalb kann man eigentlich nichts falsch machen.

ECKDATEN

- Diese Pflanze besteht aus etwa 35 rosa, pinkfarbenen und dunkelgrünen Blättern in unterschiedlichen Größen sowie 3 bis 5 junge Blättchen.
- Sie stecken in einem Blumentopf mit 13 cm Durchmesser.
- Die Endmaße betragen etwa 40 cm Höhe × 48 cm Breite.

MATERIALIEN

- 3 Schablonen (Seite 252, 253)
- Weiße, rote und grüne Gouache
- 3 Blatt pinkfarbenes Bastelpapier (A4)
- 10 Blatt hellrosa Bastelpapier (A4)
- 2 Blatt dunkelgrünes Bastelpapier (A4)
- 40 Stück (à 40 cm) grüner gerader Blumenstieldraht (0,8 mm)
- 7 Stück doppelseitige Klebefolie (A4)
- Rosa Floristenband
- Mit Schaum gefülltes Behältnis
- Kies oder Bodenbelag nach Wahl

WERKZEUGE

- Bleistift
- Falzbein
- Schere
- Drahtschneider
- Mischpalette
- Flachpinsel (12 mm)
- Heißklebepistole und -pantronen

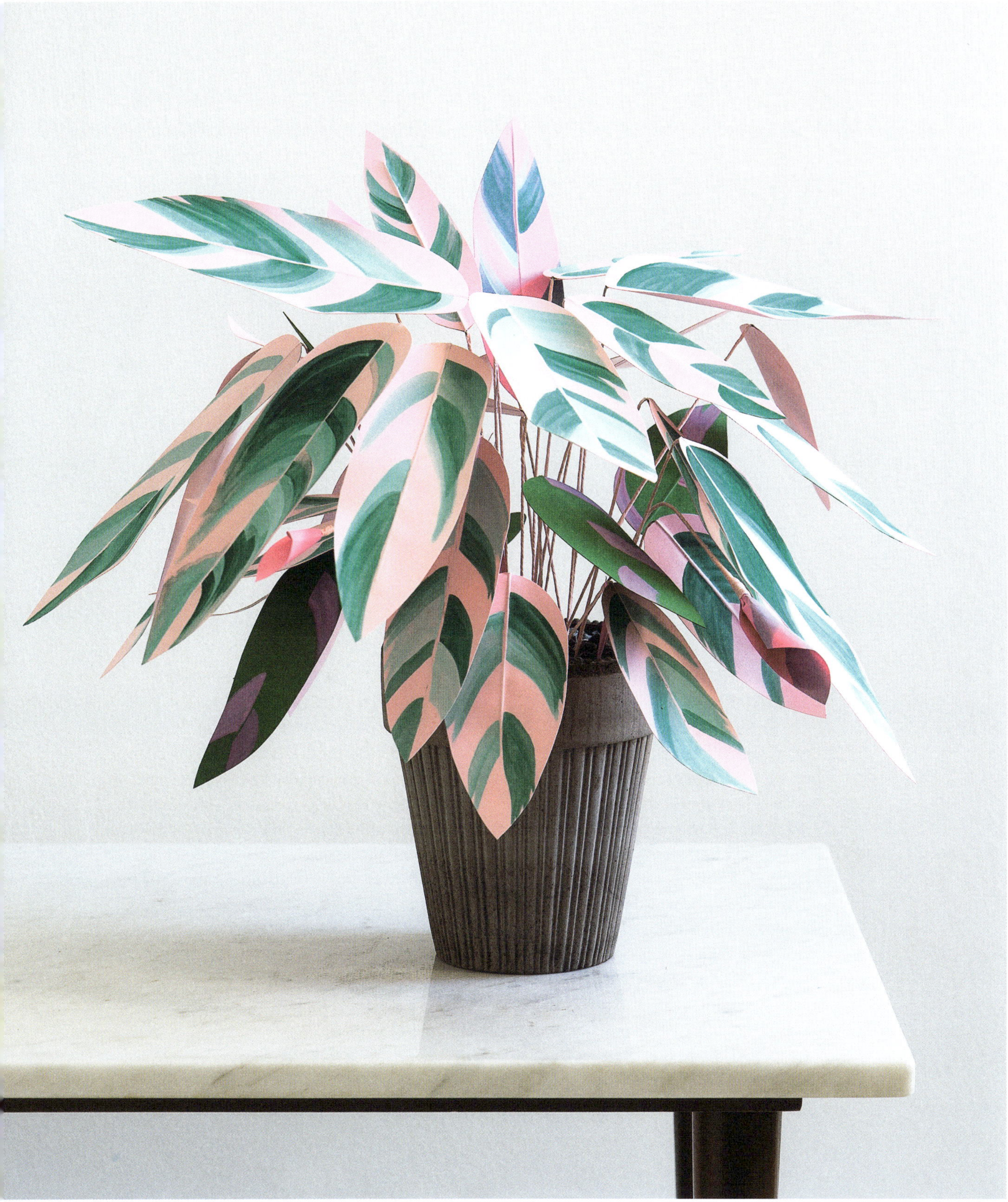

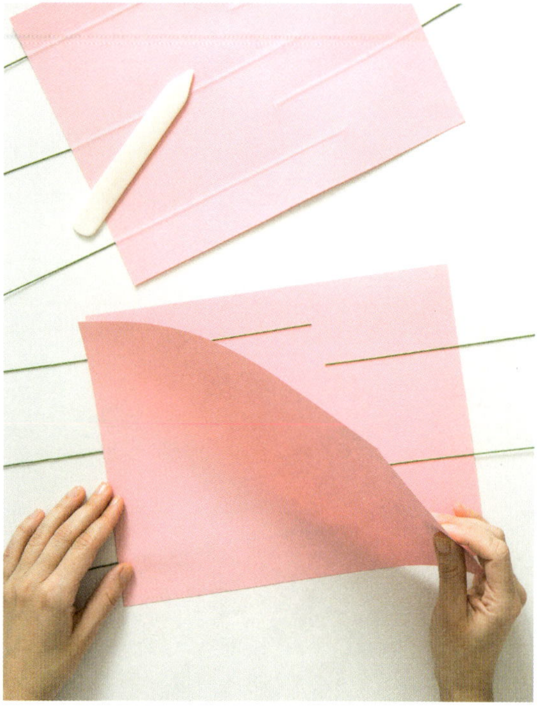

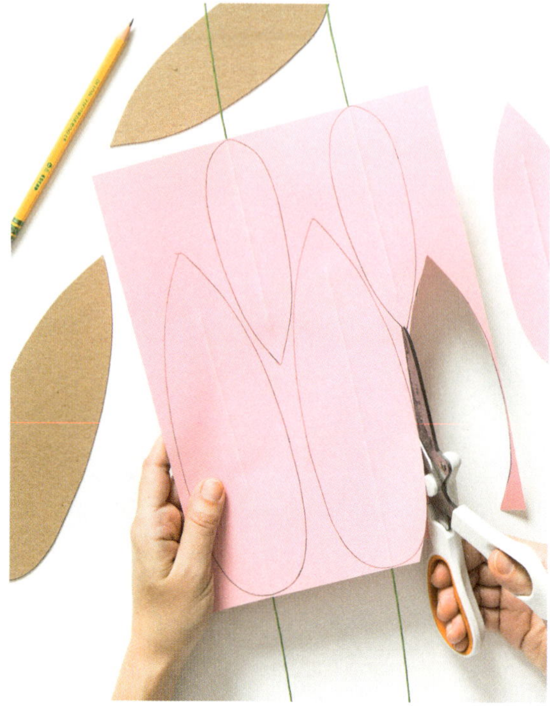

SCHRITT 1

DEN DRAHT MIT DEM PAPIER VERBINDEN

Legen Sie ein Blatt pinkfarbenes Bastelpapier beiseite, um später die Blättchen daraus zu basteln. Platzieren Sie die Schablonen für etwa 20 große, zehn mittelgroße und fünf kleine Blätter (etwa fünf Pflanzenblätter pro Blatt Papier) auf den restlichen Bastelpapierblättern und markieren Sie mit Bleistift die Position der 40 cm langen Drähte. Machen Sie Papier-Draht-Sandwiches, wie auf Seite 43 für die Doppelseitige-Klebefolien-Methode beschrieben. Drücken Sie das Papier mit dem Falzbein auf beiden Papierseiten um die Konturen des Drahts, um diesen zu fixieren.

SCHRITT 2

DIE BLÄTTER ZEICHNEN UND AUSSCHNEIDEN

Platzieren Sie die drei Schablonen über den Drähten in den Papier-Draht-Sandwiches und stellen Sie sicher, dass die Drähte aus der Mitte des unteren, rundlichen (und nicht des spitzen) Blattendes herausragen. Zeichnen Sie etwa 20 große, zehn mittelgroße und fünf kleine Blätter auf und schneiden Sie sie mit der Schere aus.

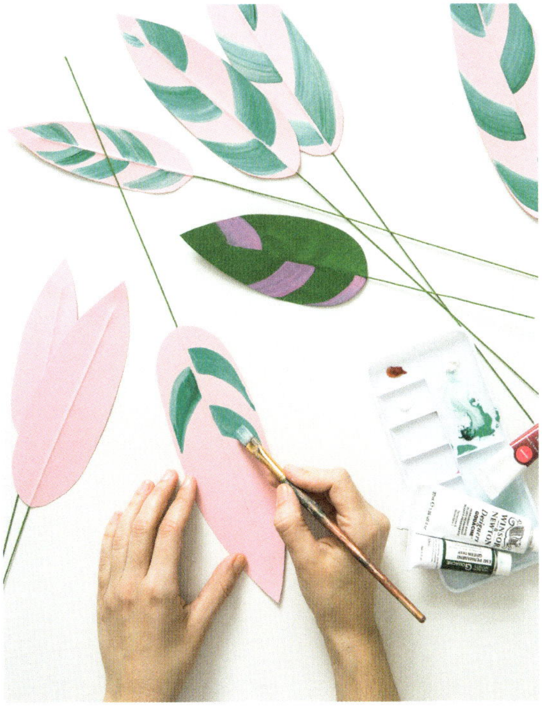

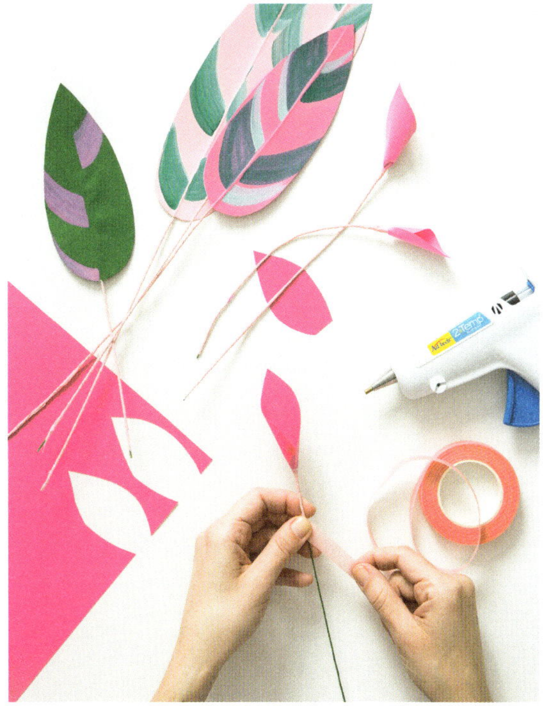

SCHRITT 3

DETAILS AUF DIE BLÄTTER MALEN

Mischen Sie grüne und weiße Gouache zu einem blassgrünen und einem mittelgrünen Farbton und verdünnen Sie diese mit etwas Wasser. Malen Sie mit dem Flachpinsel von der Mittellinie ausgehend breite, bogenförmige Details auf die rosa und pinkfarbenen Blätter. Dann mischen Sie rote und weiße Gouache zu einem kräftigen Pinkton und verdünnen Sie die Farbe mit Wasser. Malen Sie damit entsprechende Details auf die dunkelgrünen Blätter. Variieren Sie das Muster ein wenig, um den Blättern eine individuelle Note zu verleihen, indem Sie mal mehr, mal weniger Bögen in unterschiedlichen Größen und Tönen aufmalen.

SCHRITT 4

DIE BLÄTTCHEN HERSTELLEN UND DIE STIELE BEKLEBEN

Folgen Sie den Anweisungen auf Seite 57, um aus dem beiseitegelegten pinkfarbenen Papier drei bis fünf gerollte Blättchen an 20,5 cm langen Stielen herzustellen. Umwickeln Sie die Stiele der Blättchen und aller Blätter mit rosa Floristenband.

Stellen Sie die Pflanze zusammen, indem Sie zunächst einige Stiele in das mit Schaum gefüllte Behältnis schieben, die Sie gerade lassen. Dann biegen Sie die übrigen Stiele in unterschiedlichen Winkeln und arrangieren Sie sie im Topf. Bedecken Sie den Schaum mit Bodenbelag.

Zebrakraut

Der wissenschaftliche Name des Zebrakrauts lautet *Tradescantia zebrina*. Ich erinnere mich, dass meine Eltern diese Pflanze in meiner Kindheit als Bodendecker um die Eiche in unserem Garten herum gepflanzt hatten. Erst viel später habe ich das Zebrakraut als hängende Topfpflanze drinnen oder draußen gesehen. Seine Blätter wachsen in ziemlich regelmäßigen Abständen von etwa 2,5 Zentimetern am Stängel und es kann bis zu 1,8 Meter lange Ranken bilden. Wenn Sie mit Ihrer Papiervariante eine ebenso beeindruckende Größe erreichen möchten, stellen Sie sicher, dass Sie genügend Floristenband im Haus haben!

ECKDATEN

- Diese Pflanze besteht aus etwa 132 Blättern in zwei Größen.
- Sie verteilen sich auf 5 unterschiedlich lange Ranken mit je 8 bis 20 Blättern und 12 Stängeln mit je 4 bis 6 Blättern.
- Alle stecken in einem Blumentopf mit 10 cm Durchmesser.
- Die Endmaße betragen etwa 50 cm Höhe × 33 cm Breite.

MATERIALIEN

- 2 Schablonen (Seite 253)
- Schwarze Acrylfarbe
- Weiße und rote Gouache
- 9 Blatt dunkelgrünes Bastelpapier (A4)
- 9 Blatt kastanienbraunes Bastelpapier (A4)
- 64 Stück (à 40 cm) grüner gerader Blumenstieldraht (0,8 mm)
- 9 Stück doppelseitige Klebefolie (A4)
- Dunkelgrünes Floristenband
- Mit Schaum gefülltes Behältnis
- Kies oder Bodenbelag nach Wahl

WERKZEUGE

- Bleistift
- Falzbein
- Schere
- Drahtschneider
- Mischpalette
- Flachpinsel (12 mm und 2,5 cm)
- Große Sprühflasche mit Wasser

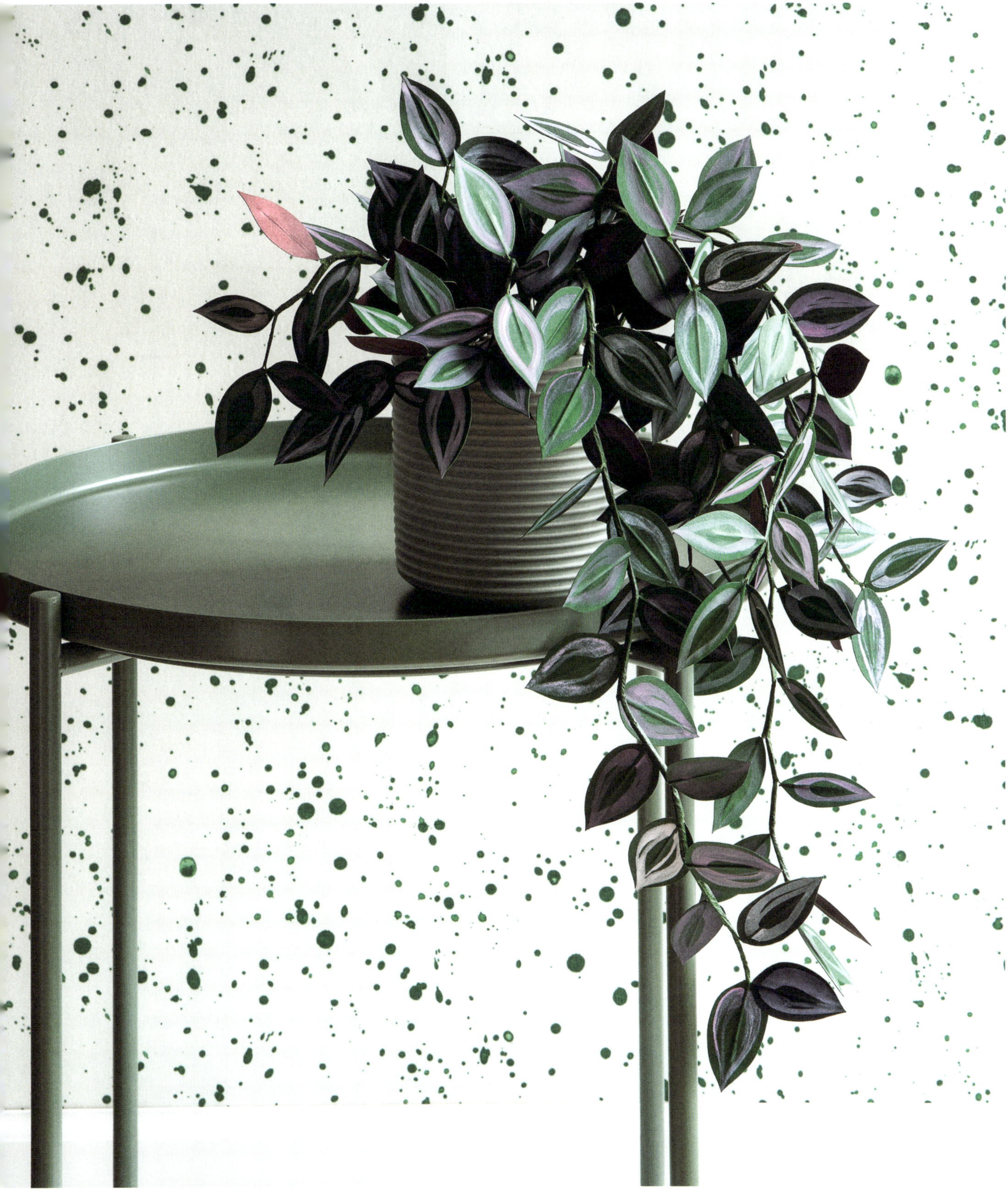

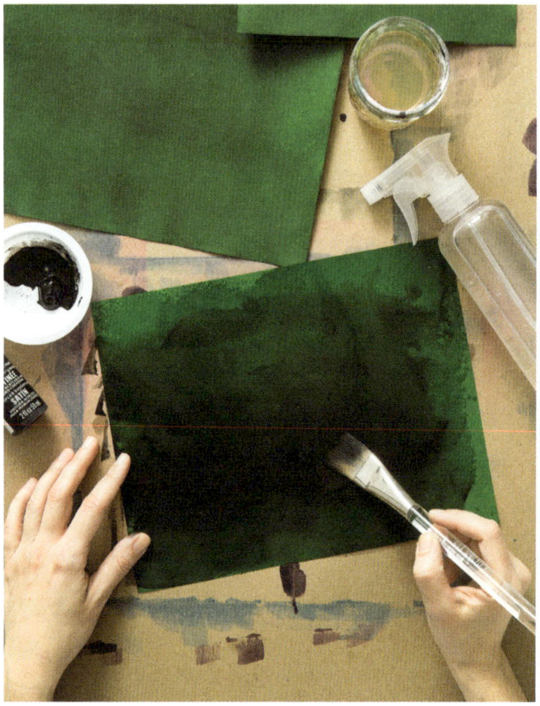

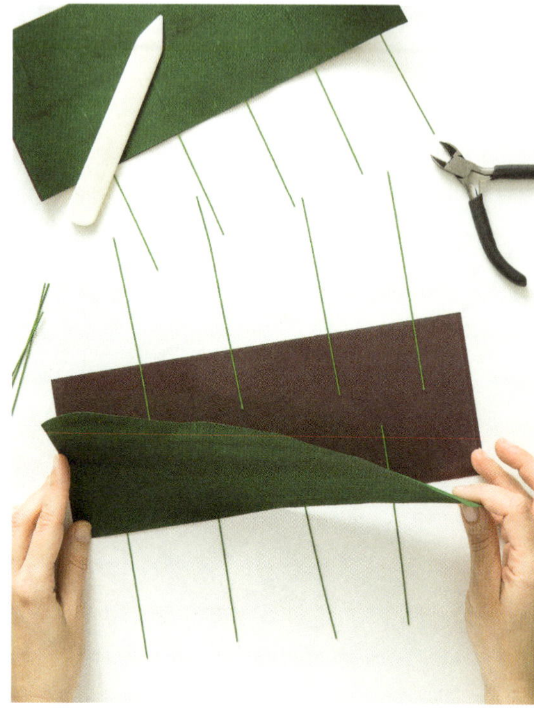

SCHRITT 1

DAS PAPIER VORBEREITEN

Folgen Sie den Anweisungen zur Herstellung einer Farblösung auf Seite 34 und tragen Sie eine Lösung aus schwarzer Acrylfarbe und Wasser auf eine Seite der dunkelgrünen Bastelpapierblätter auf. Lassen Sie das Papier vollständig trocknen. Das braune Papier bleibt unbemalt.

SCHRITT 2

DEN DRAHT MIT DEM PAPIER VERBINDEN

Schneiden Sie für die kleinen Blätter das Papier und die Klebefolie einmal in der Mitte durch, sodass Sie knapp 11 cm breite und 29,7 cm lange Streifen erhalten. Platzieren Sie die Schablonen für etwa 68 große und 68 kleine Blätter auf dem braunen Bastelpapier und markieren Sie mit Bleistift die Position der Drähte. Schneiden Sie 44 der Blumenstieldrahtstücke mit dem Drahtschneider in 132 kleinere Stücke von je 13 cm Länge. Machen Sie Papier-Draht-Sandwiches mit doppelseitiger Klebefolie und dem braunen Papier auf einer Seite und dem dunkelgrünen Papier (bemalte Seite nach außen) auf der anderen Seite (s. Seite 43). Fixieren Sie die Drähte, indem Sie die Konturen mit dem Falzbein auf allen Seiten nachfahren.

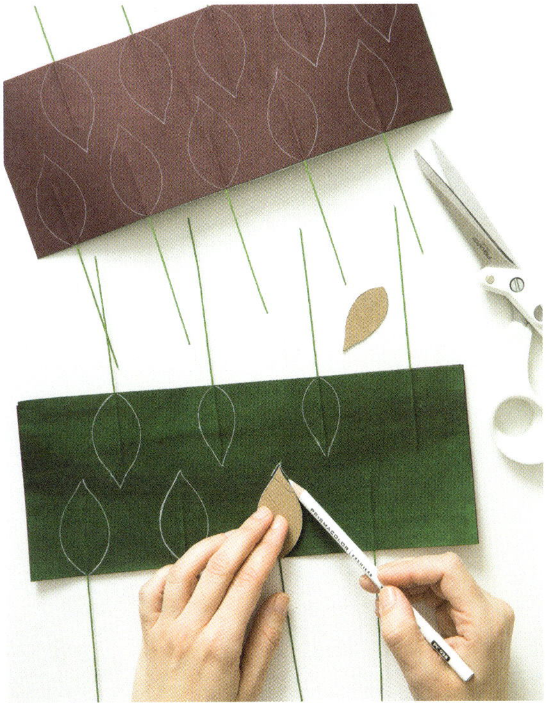

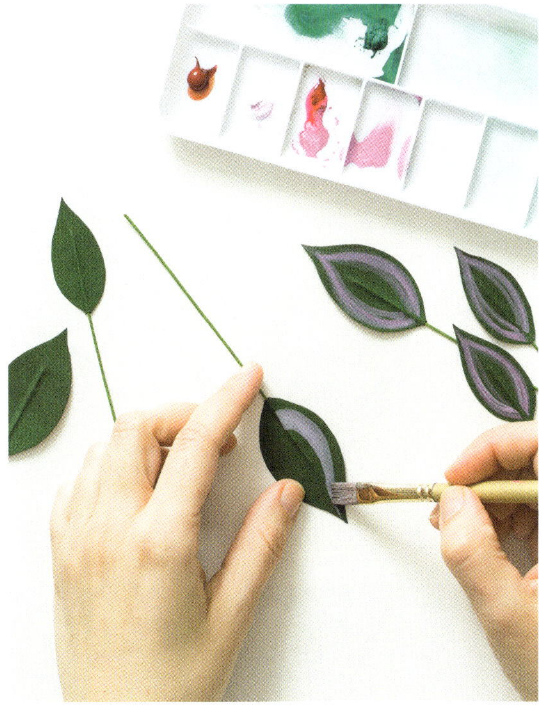

SCHRITT 3

DIE BLÄTTER ZEICHNEN UND AUSSCHNEIDEN

Platzieren Sie die zwei Schablonen über den Drähten in den Papier-Draht-Sandwiches und stellen Sie sicher, dass die Drähte aus der Mitte des unteren (und nicht des spitzen oberen) Blattendes herausragen. Zeichnen Sie etwa 68 große und 68 kleine Blätter auf und schneiden Sie sie mit der Schere aus.

SCHRITT 4

DETAILS AUF DIE BLÄTTER MALEN

Mischen Sie die rote und weiße Gouache zu einem blassen Rosa und verdünnen Sie die Farbe mit ein wenig Wasser. Zeichnen Sie mit dem 12-mm-Flachpinsel rosa Details auf die grüne Blattseite, indem Sie die Kontur des Blattes von innen nachzeichnen.

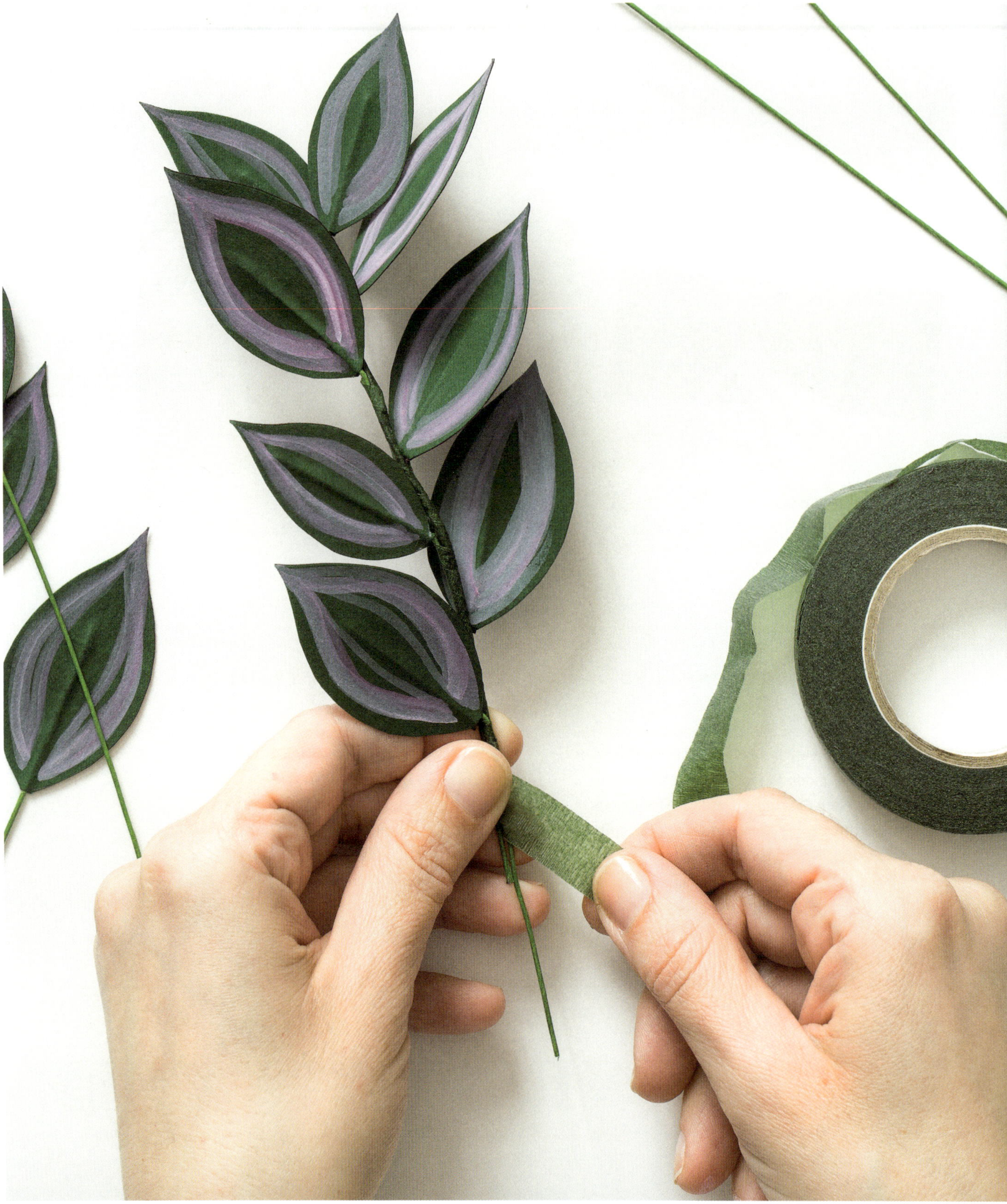

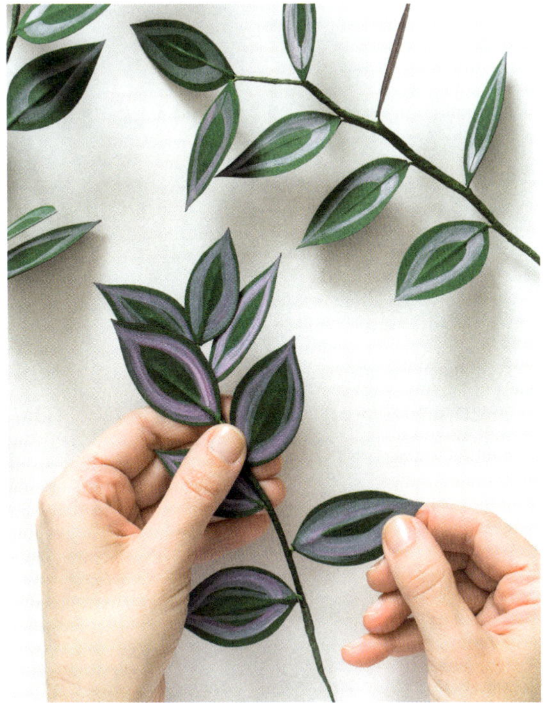

◀ SCHRITT 5

DIE STIELE ZU RANKEN UND STÄNGELN VERBINDEN

Verbinden Sie zwei überlappende Stücke Blumenstieldraht mit Floristenband zu einer 56 cm langen Ranke. Dann befestigen Sie bündig mit dem oberen Ende den Stiel von ein Blatt mit grünem Floristenband. Arbeiten Sie sich weiter nach unten, indem Sie in Abständen von etwa 2,5 cm weitere einzelne Blattstiele abwechselnd links und rechts um die Ranke wickeln. Wechseln Sie dabei unregelmäßig zwischen großen und kleinen Blättern, bis Sie etwa 20 Blätter angebracht haben. Wiederholen Sie diesen Schritt, um eine weitere 56 cm lange Ranke zu basteln. Schneiden Sie dann mit dem Drahtschneider drei Blumenstieldrahtstücke auf je 20,5 cm Länge und befestigen Sie daran nach derselben Methode wie bei den längeren Ranken jeweils etwa acht Blätter. Schneiden Sie anschließend 12 Drahtstücke von je 15 cm Länge und bringen Sie mit dem grünen Floristenband vier bis sechs Blätter an jeden dieser 12 Stängel an.

SCHRITT 6

DIE RANKEN UND STÄNGEL GESTALTEN

Biegen Sie die Blätter nach unten, sodass Sie fast im rechten Winkel vom Rankendraht wegzeigen. Gestalten Sie die Ranken in einem dezenten Zickzackmuster. Biegen Sie hierzu den Rankendraht vorsichtig an den Verbindungsstellen mit den Blattstielen.

Bauen Sie Ihre Pflanze zusammen, indem Sie die Ranken an einer Seite des mit Schaum gefüllten Behältnisses einschieben. Füllen Sie den übrigen Raum mit den kürzeren Stängeln auf und bedecken Sie zum Schluss den Schaum mit Bodenbelag.

Philodendron billietiae

Der extrem seltene *Philodendron billietiae* findet sich nur in Französisch-Guayana und im nördlichen Brasilien und wurde erst 2006 entdeckt. Als ich diese Pflanze zum ersten Mal auf Bildern sah, war ich hingerissen von ihren orange leuchtenden Stielen und länglichen Blättern und wusste gleich, dass ich eine aus Papier anfertigen wollte. Junge Pflanzen haben kleinere Blätter wie die, die ich hier gebastelt habe. Die ausgewachsene Pflanze kann hingegen 1 Meter lange Blätter bekommen. Ich wäre überglücklich, einmal eine in echt zu sehen!

ECKDATEN

- Diese Pflanze besteht aus etwa 10 Blättern in zwei Größen, 1 Wurzelansatz, 3 Blättchen und Luftwurzeln.
- Sie stecken in einem Blumentopf mit 10 cm Durchmesser.
- Die Endmaße betragen etwa 33 cm Höhe × 40 cm Breite.

MATERIALIEN

- 2 Schablonen (Seite 261)
- Braune Acrylfarbe
- Pinker und limettengrüner Gelstift
- 1 Blatt ocker-grünes Bastelpapier (A4)
- 11 Blatt dunkelgrünes Bastelpapier (A4)
- 3 Stück (à 40 cm) gerader Blumenstieldraht (0,8 mm)
- 10 Stück (à 40 cm) grüner gerader Blumenstieldraht (1 mm)
- 5 Stück doppelseitige Klebefolie (A4)
- Orangefarbenes Floristenband
- Holzspieße
- Schaum
- Packpapier
- Holzleim
- Mit Schaum gefülltes Behältnis
- Kies oder Bodenbelag nach Wahl

WERKZEUGE

- Bleistift
- Falzbein
- Schere
- Bastelmesser
- Drahtschneider
- Cutter
- Schraubzwingen
- Kleiner Rundpinsel
- Behältnisse für Klebstoff und Farbe
- Klebepistole und -patronen

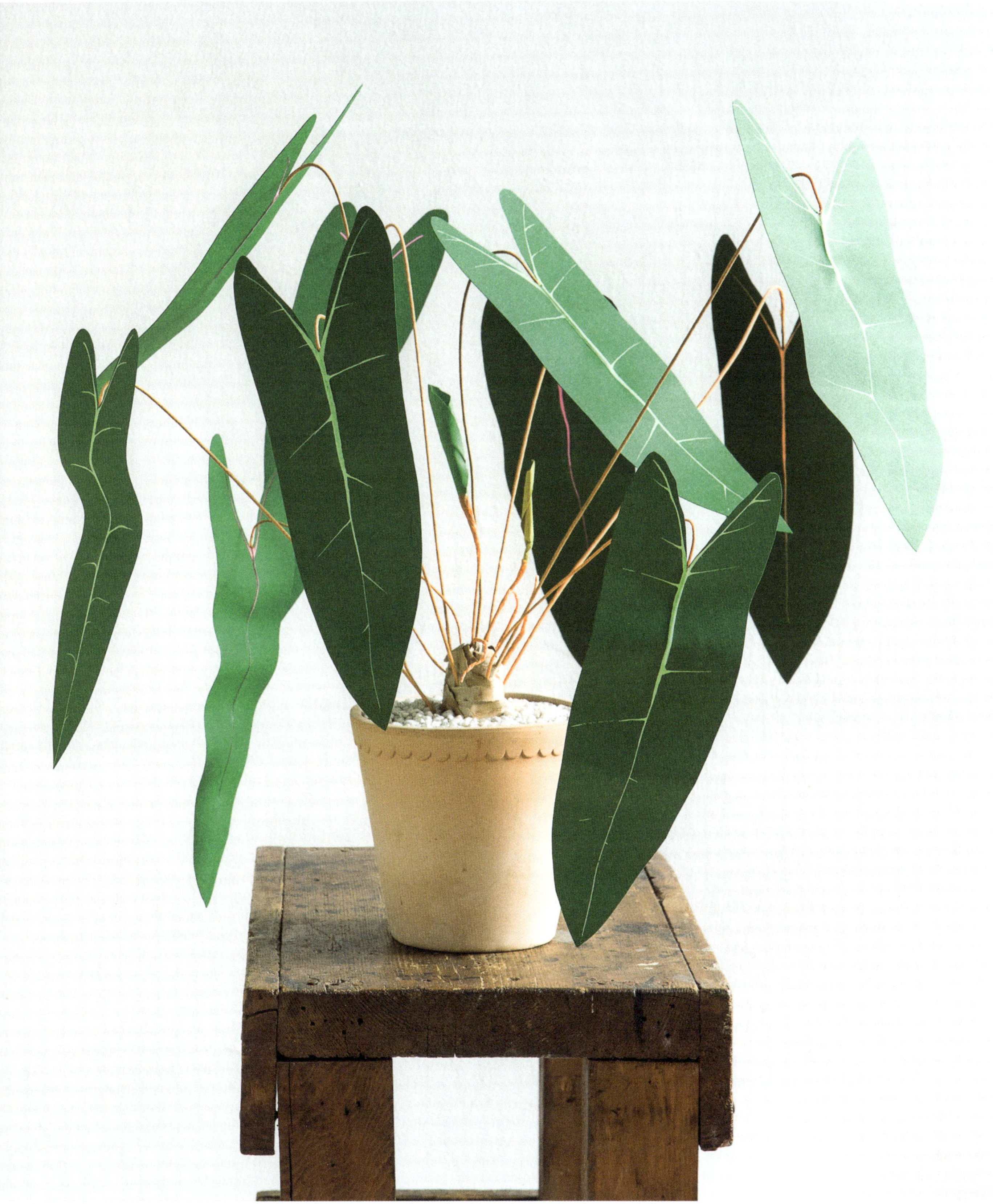

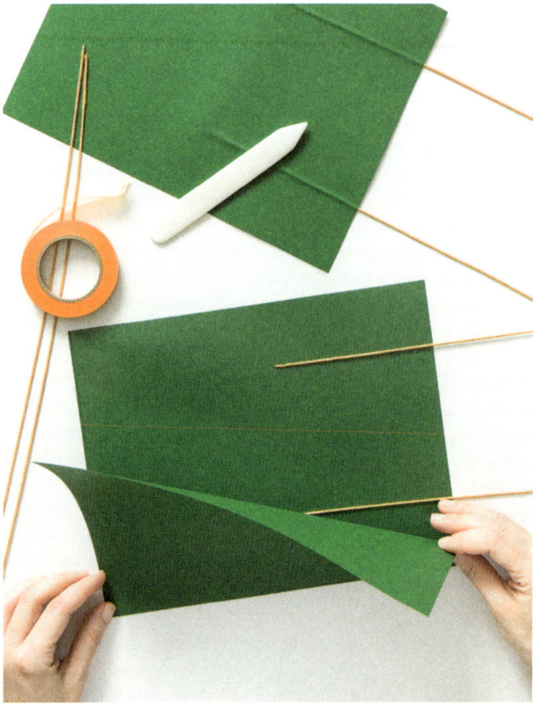

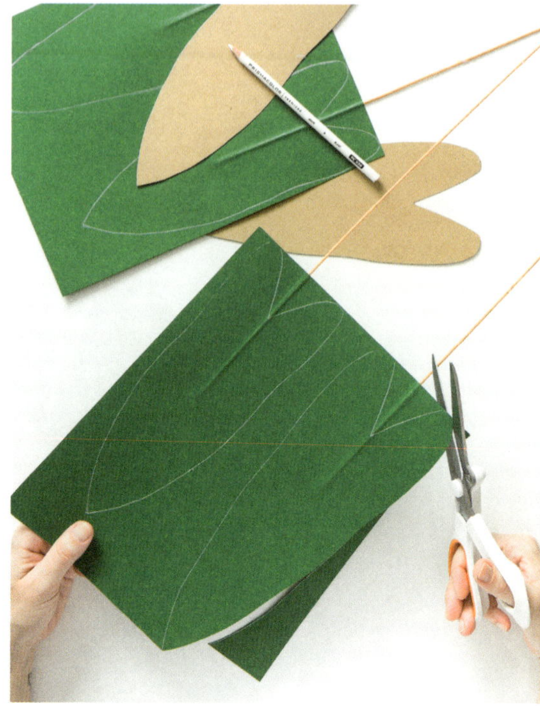

SCHRITT 1

DEN DRAHT MIT DEM PAPIER VERBINDEN

Legen Sie das ocker-grüne Bastelpapier und ein Blatt dunkelgrünes Bastelpapier beiseite, um später die Blättchen daraus zu basteln. Umwickeln Sie zehn 40 cm langen Blumendrähte vollständig mit orangefarbenem Floristenband. Platzieren Sie die Schablonen für fünf große und fünf kleine Blätter (zwei Pflanzenblätter pro Blatt Papier) auf dem dunkelgrünen Bastelpapier und markieren Sie mit Bleistift die Position der mit Band umwickelten Drähte. Machen Sie Papier-Draht-Sandwiches, wie auf Seite 43 für die Doppelseitige-Klebefolien-Methode beschrieben. Drücken Sie das Papier mit dem Falzbein auf beiden Papierseiten um die Konturen des Drahts, um diesen zu fixieren.

SCHRITT 2

DIE BLÄTTER ZEICHNEN UND AUSSCHNEIDEN

Platzieren Sie die zwei Schablonen über den Drähten in den Papier-Draht-Sandwiches und stellen Sie sicher, dass die Drähte aus der Einkerbung am unteren (und nicht am spitzen) Blattende herausragen. Zeichnen Sie fünf große und fünf kleine Blätter auf und schneiden Sie sie mit der Schere (oder dem Bastelmesser) aus. Wenn nötig, schneiden Sie Papier, das an der Verbindungsstelle mit dem Draht übersteht, vorsichtig mit dem Bastelmesser weg.

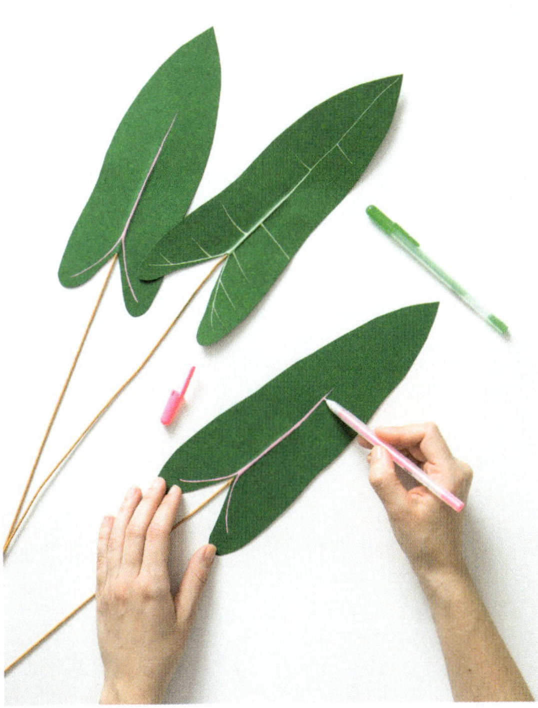

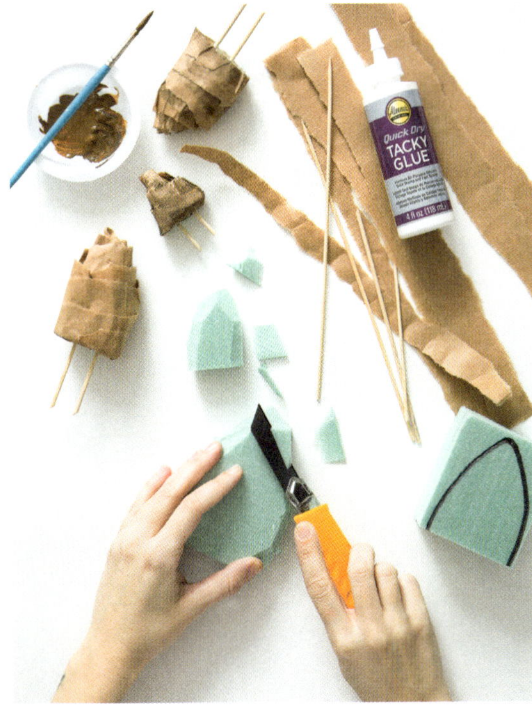

SCHRITT 3

DETAILS AUF DIE BLÄTTER MALEN

Die Oberseiten der Blätter bekommen limettengrüne Blattadern, die Unterseiten pinkfarbene. Zeichnen Sie mit dem grünen Gelstift ein verlängertes Y auf eine Blattseite, wobei Sie von der Spitze beginnend über den Draht zeichnen. Lassen Sie die Tinte trocknen, dann drehen Sie das Blatt um und zeichnen mit Pink eine kürzere Y-Form auf die Rückseite. Verfahren Sie so bei allen Blättern.

SCHRITT 4

EINEN WURZELANSATZ FERTIGEN

Folgen Sie der Anleitung auf Seite 53, um einen kleinen Wurzelansatz herzustellen. Stecken Sie diesen in das mit Schaum gefüllte Behältnis.

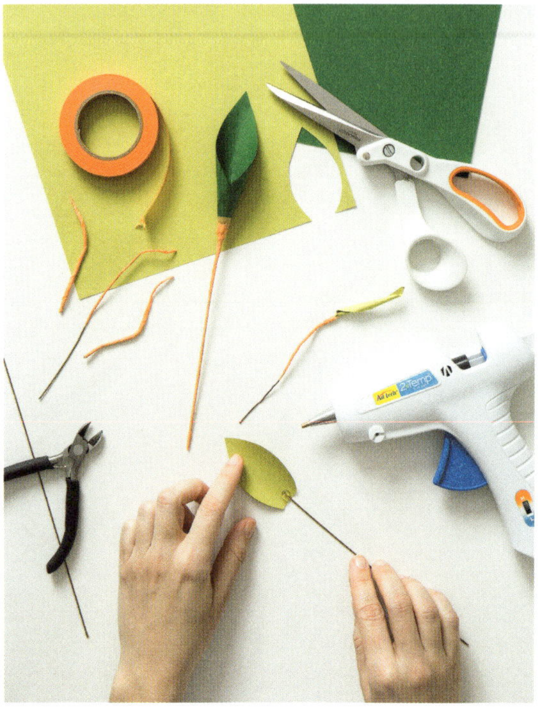

SCHRITT 5

BLÄTTCHEN UND LUFTWURZELN BASTELN

Bringen Sie mit dem Drahtschneider drei Stücke 0,8-mm-Draht auf eine Länge von je 20,5 cm. Folgen Sie den Anweisungen auf Seite 57, um ein dunkelgrünes und zwei ocker-grüne Blättchen herzustellen. Verstecken Sie die Verbindungsstelle und den Stiel mit orangefarbenem Floristenband.

Als Nächstes basteln Sie drei bis fünf Luftwurzeln. Schneiden Sie hierfür die verbliebenen 0,8-mm-Drähte in fünf Stücke à 7,5 cm Länge. Umwickeln Sie alle Drahtstücke mit orangefarbenem Floristenband. Wenn Sie am unteren Ende des Drahts angekommen sind, wickeln Sie das Band noch ein paar Zentimeter weiter um sich selbst.

SCHRITT 6 ▶

DIE BLÄTTER FORMEN

Formen Sie die Blätter, indem Sie den Draht in den Blättern leicht wellig biegen. Halten Sie mit einer Hand das Blatt gut an der Verbindungsstelle mit dem Stiel fest. Biegen Sie den Draht mit der anderen Hand genau unterhalb der Verbindungsstelle von Blatt und Stiel in einen Bogen.

Stellen Sie die Pflanze zusammen, indem Sie die Stiele der großen Blätter durch den Wurzelansatz in den Schaum im Behältnis schieben. Richten Sie die Blätter in unterschiedliche Richtungen und Winkel aus. Ergänzen Sie zum Schluss die gerollten Blättchen und die Luftwurzeln, die Sie in den Wurzelansatz stecken. Bedecken Sie die Schaumschicht mit Bodenbelag.

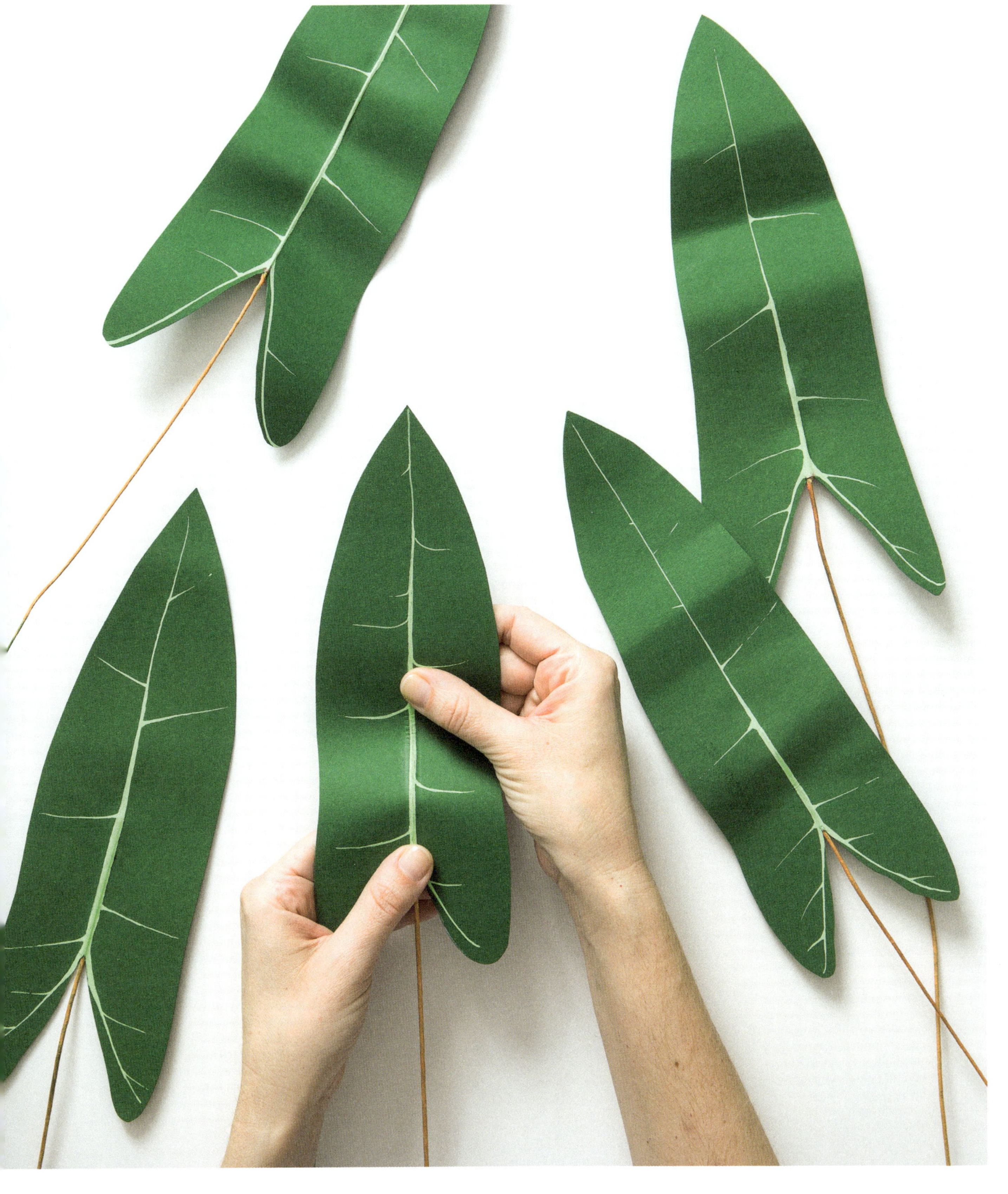

Sassafras-Sämlinge

Sassafras ist einer der Bäume, nach denen ich Ausschau halte, wenn ich im Prospect Park spazieren gehe. Alle Teile dieser Pflanze duften herrlich! Wenn man dieses Prachtstück gefunden hat, ist es wunderbar, leicht an einem Blatt zu reiben und den Hauch von Root Beer wahrzunehmen. Mich faszinieren außerdem die drei unterschiedlichen Blatttypen dieses Baums, darunter ein Blatt, das geformt ist wie ein Fäustling. Ich suche gerne nach Sassafrassämlingen, die in der Nähe eines größeren Baums sprießen, weil sie oft alle drei Blatttypen in einem frischen Hellgrün zur Schau stellen.

ECKDATEN

- Jede dieser Pflanzen besteht aus 4 bis 5 Blättern.
- Mein Tipp ist, mehrere Blätter jedes Typs und jeder Größe zu basteln und die Bäumchen dann so zusammenzustellen, wie es Ihnen gefällt.
- Sie stecken alle in einen Blumentopf mit 5 cm Durchmesser.
- Die Endmaße betragen etwa 18 cm Höhe × 20,5 cm Breite.

MATERIALIEN

- 6 Schablonen (Seite 255)
- Limettengrüner Gelstift
- 2 Blatt mittelgrünes Bastelpapier (A4)
- 6 Stück (à 40 cm) roter gerader Blumenstieldraht (0,8 mm)
- 1 Stück doppelseitige Klebefolie (A4)
- Grünes Floristenband
- 3 mit Schaum gefüllte Behältnisse
- Kies oder Bodenbelag nach Wahl

WERKZEUGE

- Bleistift
- Falzbein
- Schere
- Bastelmesser
- Drahtschneider

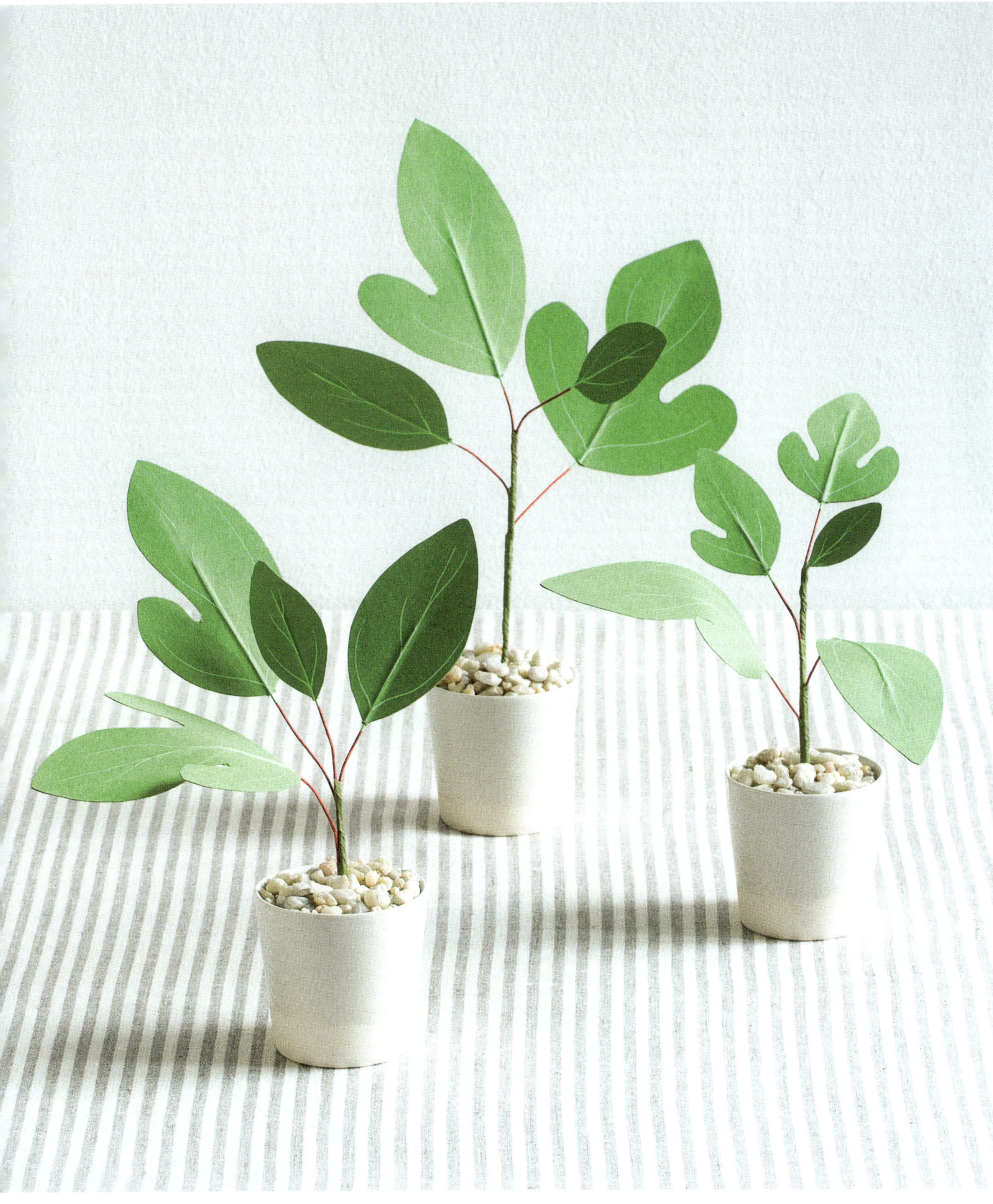

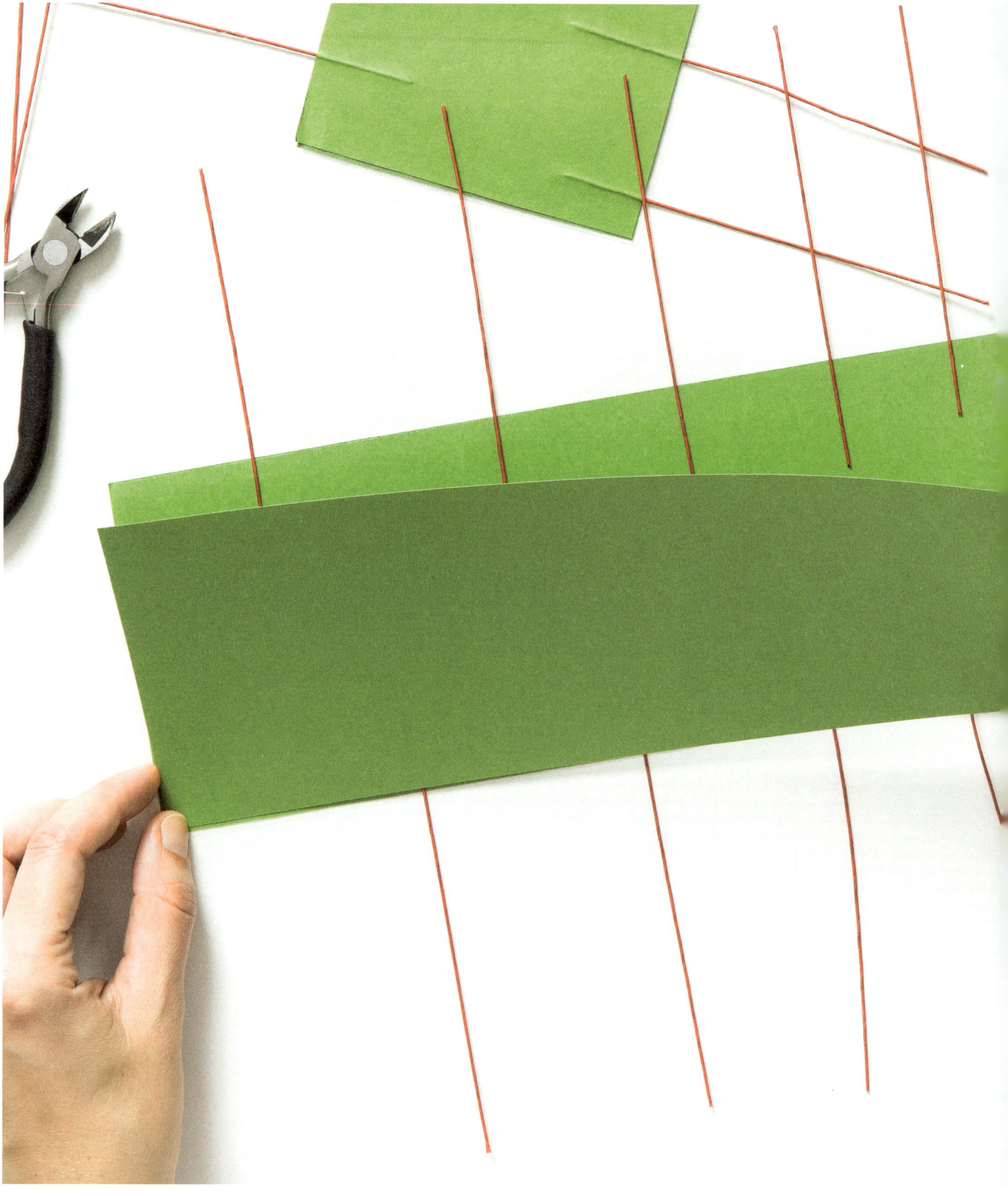

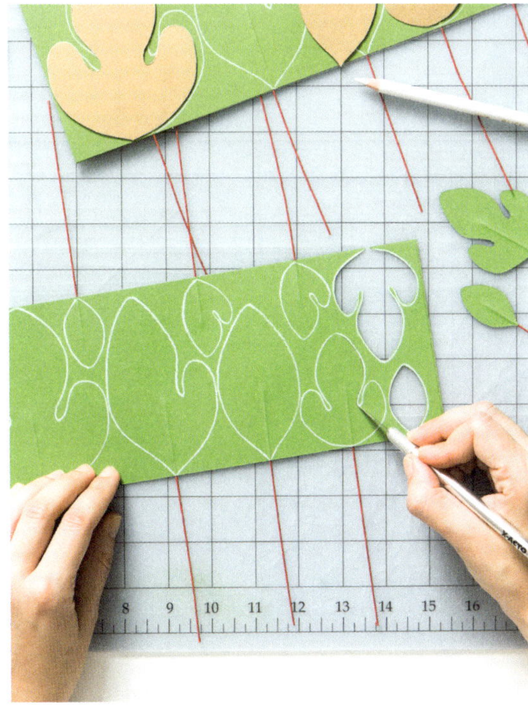

◀ SCHRITT 1

DEN DRAHT MIT DEM PAPIER VERBINDEN

Weil wir kleine Blätter herstellen, schneiden Sie das Papier und die Klebefolie einmal in der Mitte durch, sodass Sie knapp 11 cm breite und 29,7 cm lange Streifen erhalten. Übertragen Sie mithilfe der Schablonen die Formen von etwa 18 Blättern in unterschiedlichen Größen auf das Bastelpapier (acht bis zehn Pflanzenblätter pro Papierstreifen) und markieren Sie darauf mit Bleistift die Position der Drähte. Da die Größe der Blattformen so stark variiert, empfehle ich, die Blätter hier schon aufzuzeichnen, damit die Drähte besser platziert werden können. Schneiden Sie die Blumenstieldrahtstücke mit dem Drahtschneider in 18 Stücke von je etwa 13 cm Länge. Machen Sie Papier-Draht-Sandwiches, wie auf Seite 43 für die Doppelseitige-Klebefolien-Methode beschrieben. Fixieren Sie die Drähte, indem Sie die Konturen mit dem Falzbein auf allen Seiten nachfahren.

SCHRITT 2

DIE BLÄTTER ZEICHNEN UND AUSSCHNEIDEN

Platzieren Sie die sechs Schablonen über den Drähten in den Papier-Draht-Sandwiches und stellen Sie sicher, dass die Drähte in der Mitte des unteren Blattendes überstehen. Zeichnen Sie etwa 18 unterschiedlich große Blätter auf und schneiden Sie sie mit der Schere (oder dem Bastelmesser) aus.

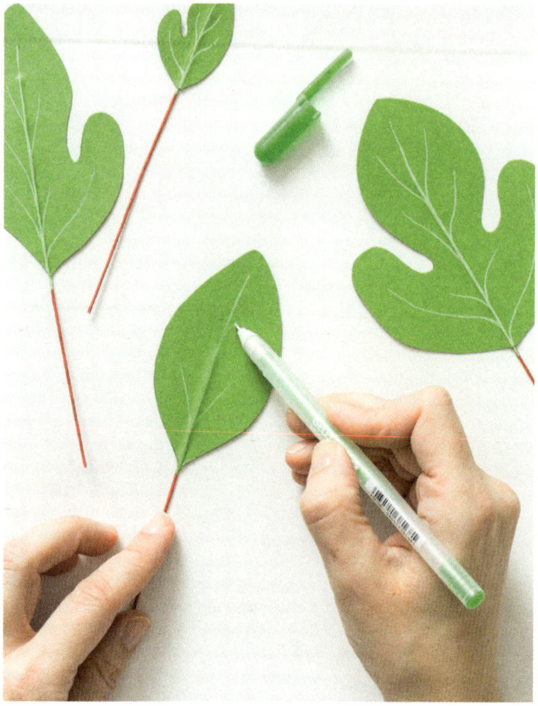

SCHRITT 3

DETAILS AUF DIE BLÄTTER MALEN

Zeichnen Sie mit dem limettengrünen Gelstift Blattadern auf jedes Blatt. Beginnen Sie mit einer Linie entlang des Drahts, die sich nach oben hin verjüngt. Dann lassen Sie Linien zu jeder Seite von dieser Mittellinie abzweigen. Variieren Sie das Aussehen der Adern auf jedem Blatt ein wenig. Malen Sie auch die oberen 3 mm des roten Blattstiels mit dem Gelstift grün. Verzieren Sie alle Blätter und Blattstiele auf Vorder- und Rückseite.

SCHRITT 4 ▶

DIE STIELE ZU SÄMLINGEN VERBINDEN

Verbinden Sie als Erstes zwei Stiele, um einen Sämling zu basteln. Wickeln Sie hierfür 2,5 bis 4 cm unterhalb der unteren Blattränder Floristenband um die zwei Stiele, sodass ein wenig roter Draht sichtbar bleibt. Fügen Sie ein drittes Blatt hinzu, lassen Sie auch hier wieder 2,5 bis 4 cm Draht frei. Schauen Sie sich Ihren Sämling an. Braucht er noch mehr Blätter? Wenn ja, ergänzen Sie ein bis zwei Blätter der Größe und Form, die Ihnen passend erscheint. Stellen Sie auf dieselbe Weise insgesamt drei Sämlinge her. Als Nächstes trennen Sie die Drähte an den Stellen, die Sie nicht mit Floristenband umwickelt haben. Biegen Sie die Drähte vorsichtig auseinander, sodass die Blätter aus den Zweigen abgehen. Dann biegen Sie auch einige der Drähte in den Blättern behutsam, um ihnen eine leichte Wellenform zu geben.

Stecken Sie die Drähte in das mit Schaum gefüllte Behältnis und bedecken Sie den Schaum mit Bodenbelag.

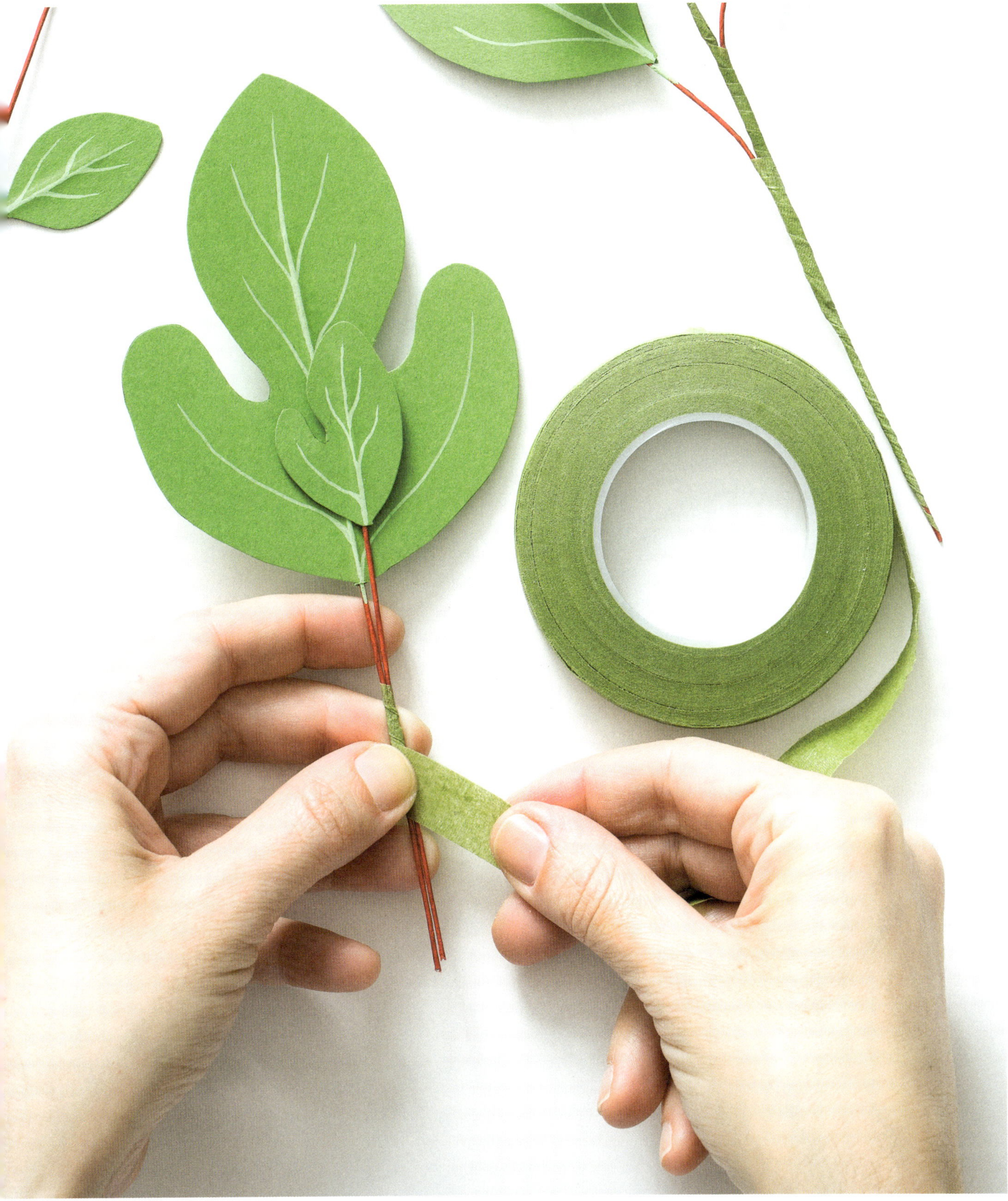

Elefantenohr-Pfeilblatt

Alocasia infernalis ist eine herausragende Spezies der Elefantenohr-Pfeilblätter. Ihr Erkennungsmerkmal sind ihre dunkellila bis blauschwarzen – wenn ich das so sagen darf: sexy – Blätter. Die Stiele sind ebenfalls schwarz, wobei sie zunächst grün nachwachsen und mit der Zeit immer dunkler werden. Meine nächste Wohnung wird ganz in Edelsteintönen und gesättigten dunklen Farben gestaltet sein, und ich werde eine solche *Alocasia* direkt neben meine rote Samtcouch stellen. Wenn mich meine Freundinnen besuchen, werde ich sie mit Worten begrüßen wie: »Willkommen in meinem Damenzimmer.«

ECKDATEN

- Diese Pflanze besteht aus 10 Blättern, 5 großen und 5 kleinen, sowie aus 3 neuen Blattsprießlingen.
- Alle in einem Korb mit 13 cm Durchmesser.
- Die Endmaße betragen etwa 56 cm Höhe × 56 cm Breite.

MATERIALIEN

- 3 Schablonen (Seite 262, 263)
- Dunkelblaue und hellgrüne Acrylfarbe
- Pinker Gelstift
- 11 Blatt kastanienbraunes Bastelpapier (A4)
- 10 Stück (à 40 cm) schwarzer gerader Blumenstieldraht (0,8 mm)
- 6 Stück doppelseitige Klebefolie (A4)
- Mit Schaum gefülltes Behältnis
- Kies oder Bodenbelag nach Wahl

WERKZEUGE

- Bleistift
- Falzbein
- Schere
- Bastelmesser
- Drahtschneider
- Mischpalette
- Flachpinsel (2,5 cm)
- Große Sprühflasche mit Wasser

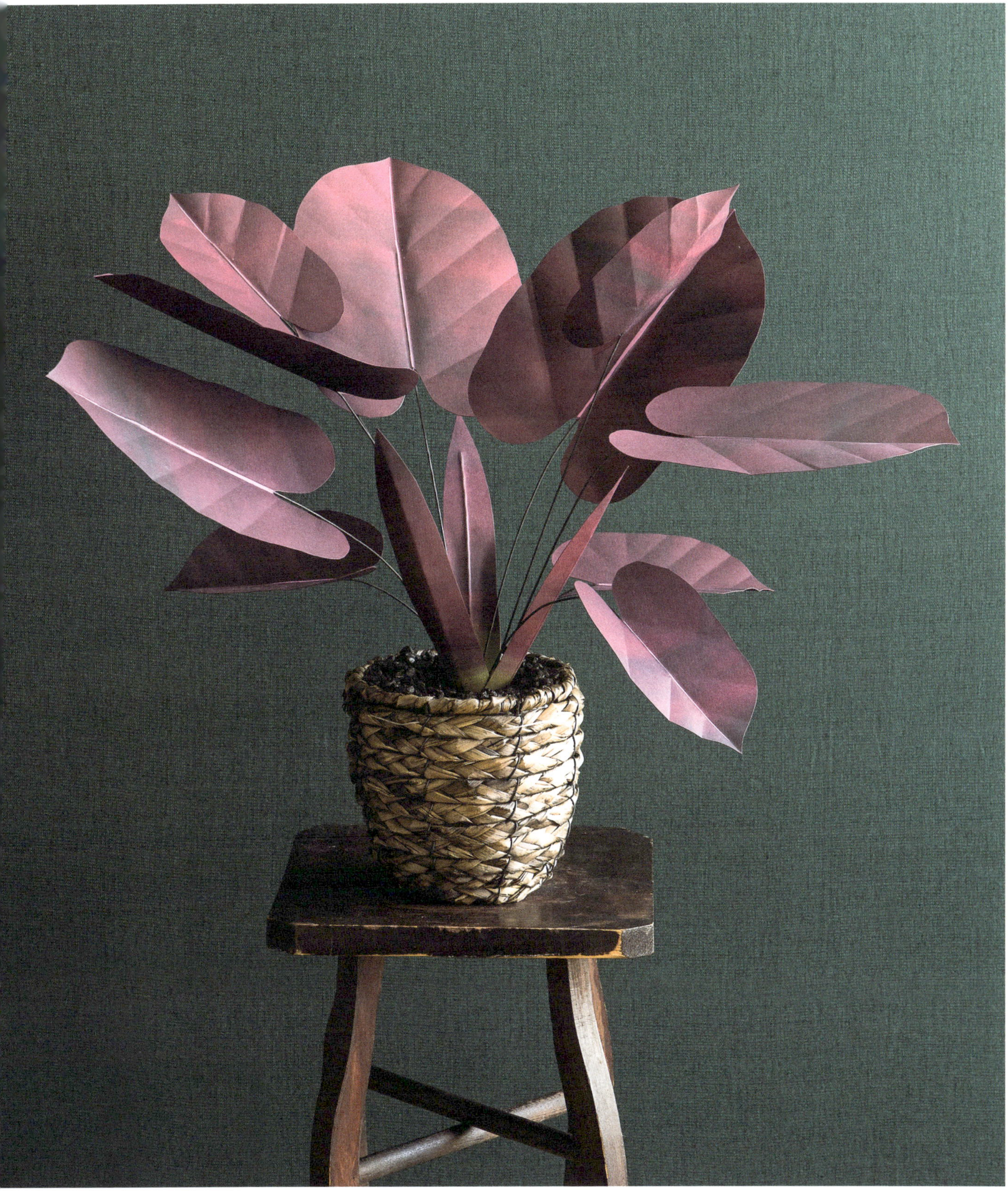

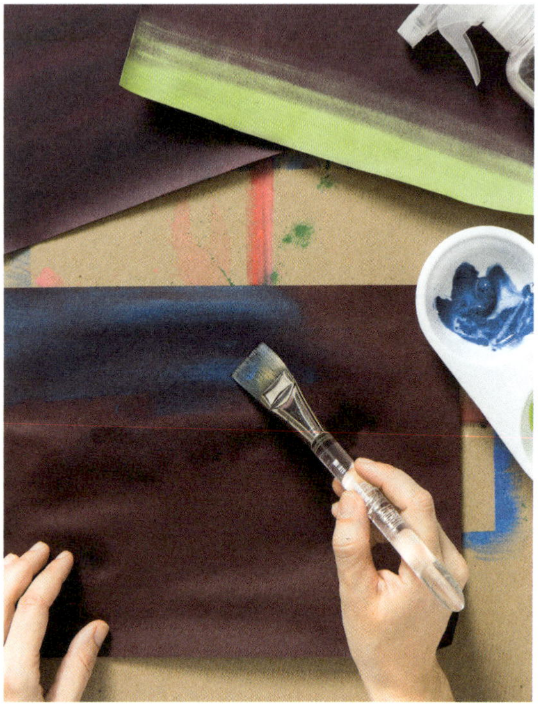

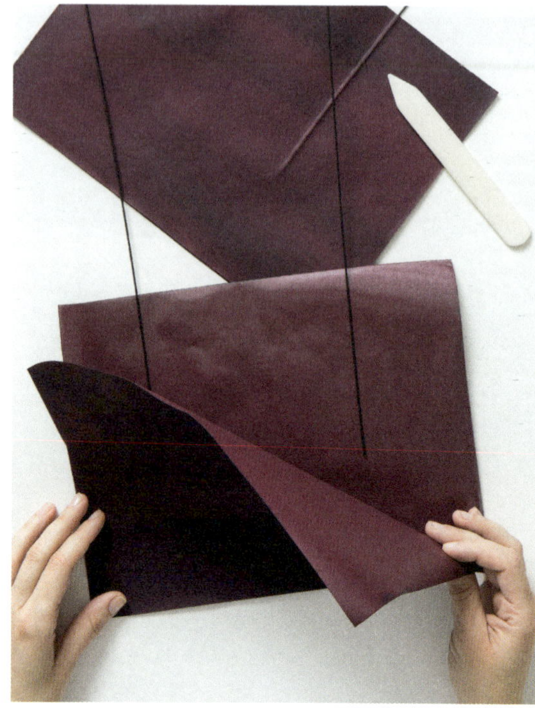

SCHRITT 1

DAS PAPIER VORBEREITEN

Folgen Sie den Anweisungen zur Herstellung einer Farblösung auf Seite 34 und tragen Sie eine Lösung aus dunkelblauer Acrylfarbe und Wasser auf einer Seite der braunen Bastelpapierblätter auf. Lassen Sie die Farbe komplett trocknen. Danach legen Sie ein bemaltes Bastelpapierblatt horizontal vor sich hin und malen entlang des unteren Rands einen hellgrünen Streifen.

SCHRITT 2

DEN DRAHT MIT DEM PAPIER VERBINDEN

Legen Sie das Bastelpapier mit dem grünen Streifen beiseite, um später die neuen Blättchen daraus zu basteln. Platzieren Sie die Schablonen für fünf große und fünf kleine Blätter (zwei Pflanzenblätter pro Blatt Papier) auf der unbemalten Seite des restlichen Bastelpapiers und markieren Sie mit Bleistift die Position der 40 cm langen Drähte. Machen Sie Papier-Draht-Sandwiches (bemalte Seite nach außen), wie auf Seite 43 für die Doppelseitige-Klebefolien-Methode beschrieben. Drücken Sie das Papier mit dem Falzbein auf beiden Papierseiten um die Konturen des Drahts, um diesen zu fixieren.

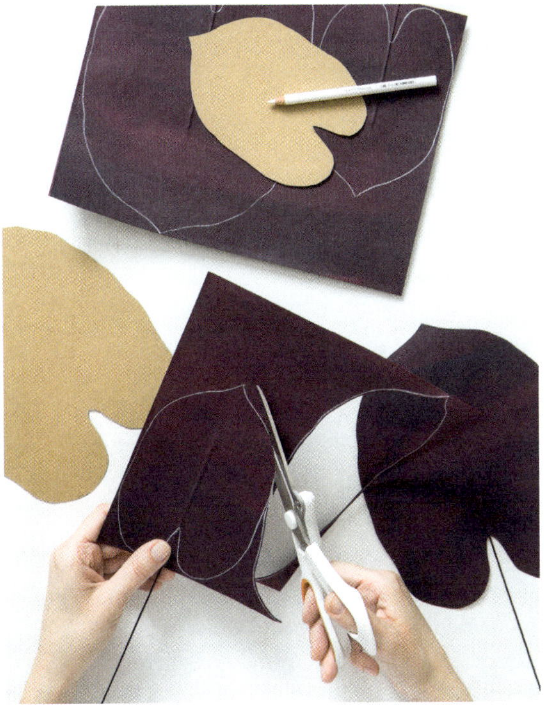

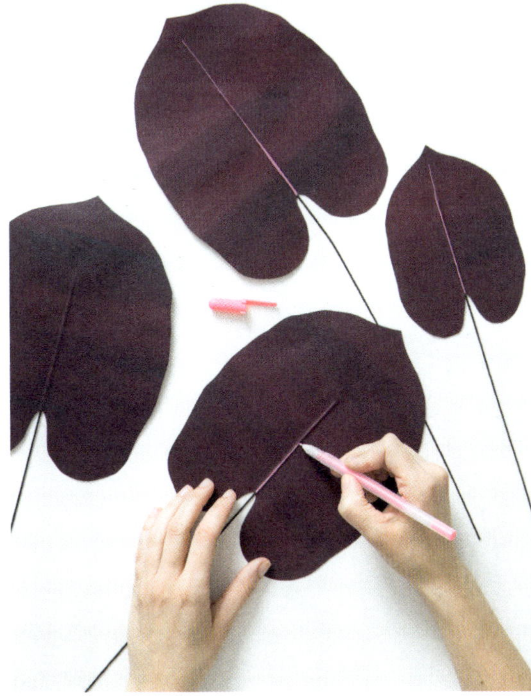

SCHRITT 3

DIE BLÄTTER ZEICHNEN UND AUSSCHNEIDEN

Platzieren Sie die zwei Schablonen über den Drähten in den Papier-Draht-Sandwiches und stellen Sie sicher, dass die Drähte aus der Einkerbung am unteren (und nicht am spitzen) Blattende herausragen. Zeichnen Sie etwa fünf große und fünf kleine Blätter auf und schneiden Sie sie mit der Schere (oder dem Bastelmesser) aus. Wenn nötig, schneiden Sie Papier, das an der Verbindungsstelle mit dem Draht übersteht, vorsichtig mit dem Bastelmesser weg.

SCHRITT 4

DETAILS AUF DIE BLÄTTER MALEN

Zeichnen Sie mit dem pinkfarbenen Gelstift eine kräftige Linie über den Draht in der Mitte aller Blätter. Beginnen Sie am unteren Blattende und lassen Sie die Linie sich zur Spitze hin etwas verjüngen.

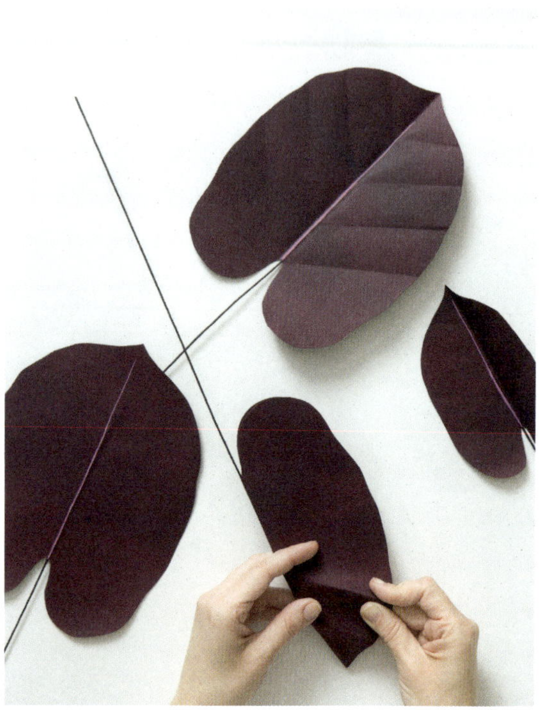

SCHRITT 5

DIE BLÄTTER FALTEN

Falten Sie jedes Blatt entlang des Drahts. Machen Sie im gefalteten Zustand vorsichtig ein paar Knicke im 45-Grad-Winkel zum Stiel, im Abstand von 2,5 bis 4 cm. Dann falten Sie das Blatt auf und glätten es, aber so, dass die Falten als Blattadern sichtbar bleiben. Wiederholen Sie dies für alle Blätter.

SCHRITT 6 ▶

DIE NEUEN BLÄTTCHEN BASTELN

Legen Sie das beiseitegelegte Blatt Bastelpapier horizontal vor sich hin, der grüne Streifen zeigt nach unten, und schneiden Sie das Blatt in zwei Hälften à 14,5 × 21,5 cm. Schneiden Sie ein Stück Klebefolie mit denselben Maßen zu – für diesen Schritt werden Sie nur eine Hälfte benötigen. Legen Sie die Schablone für drei Blättchen auf die unbemalte Seite des Bastelpapiers und markieren Sie mit Bleistift die Position der Drähte. Stellen Sie sicher, dass die Drähte aus dem geraden unteren (und nicht dem spitzen oberen) Blattende herausragen. Schneiden Sie die verbleibenden Blumendrähte mit dem Drahtschneider in drei kleinere Stücke von etwa 20,5 cm Länge. Machen Sie Papie-Draht-Sandwiches, wie auf Seite 43 für die Doppelseitige-Klebefolien-Methode beschrieben. Drücken Sie das Papier mit dem Falzbein auf beiden Papierseiten um die Konturen des Drahts, um diesen zu fixieren.

Bauen Sie die Pflanze zusammen, indem Sie zuerst die Blattstiele nah beieinander in die Mitte des mit Schaum gefüllten Behältnisses schieben. Dann stecken Sie die neuen Blättchen um die anderen Blätter herum, wobei der Draht komplett bis zum Blattansatz im Schaum stecken sollte. Biegen Sie einige Blätter sanft nach unten, um etwas Bewegung hineinzubringen. Bedecken Sie abschließend den Schaum mit Bodenbelag.

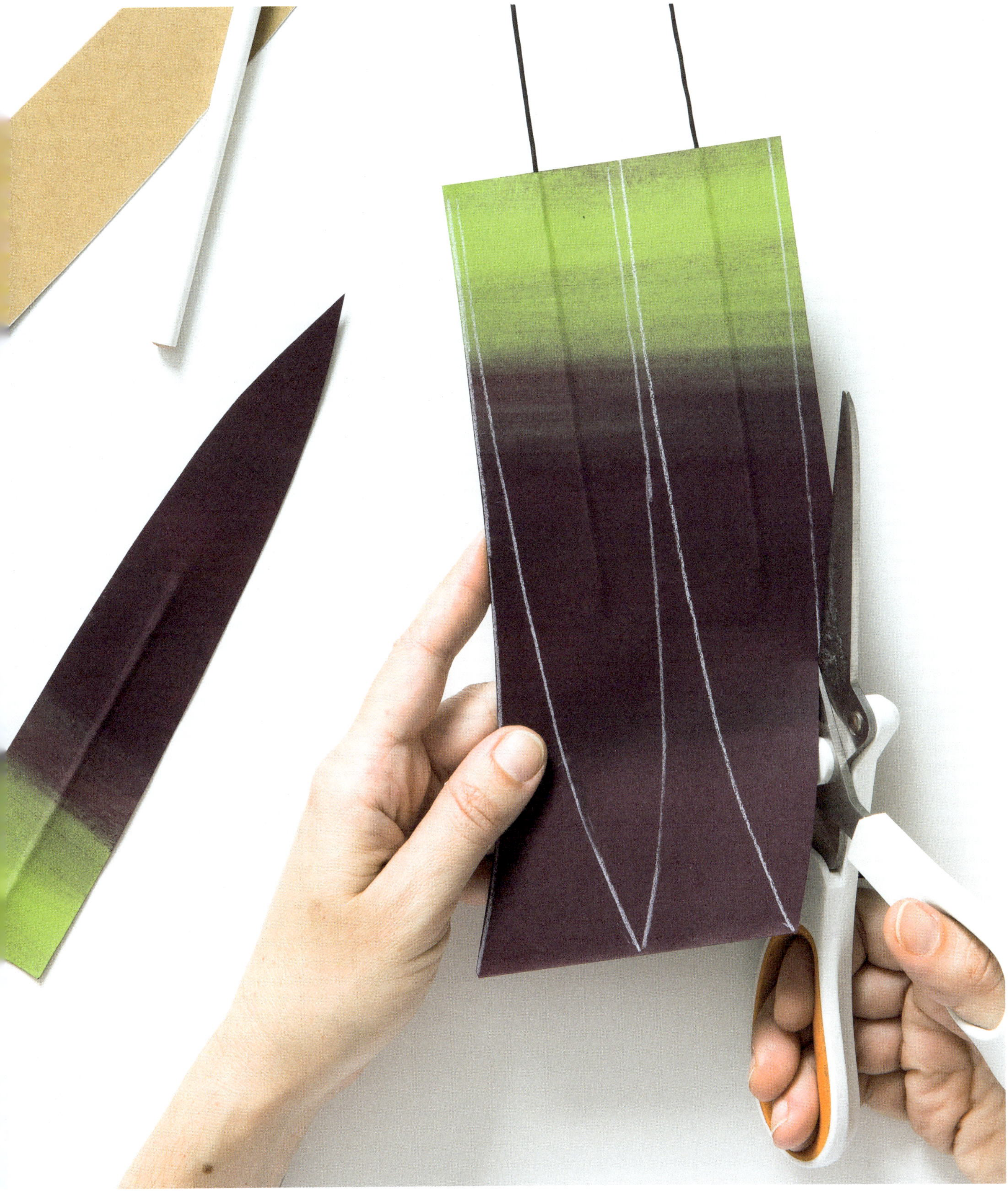

Weihnachtskaktus

Schlumbergera, besser bekannt als Weihnachtskaktus, hat etwas Ungebändigtes und Wundervolles an sich mit seinen kurvigen, schwungvollen Stielen. Die aus kräftig rotem und grünem Papier gefertigte Pflanze ist ein tolles Geschenk. Bei dem Namen wenig verwunderlich, blüht dieser Kaktus um die Weihnachtszeit mit großen roten, rosa und orangefarbenen Blüten. Sie können, wie ich es hier getan habe, eine ausgewachsene Pflanze basteln oder auch eine kleinere Version mit nur zwei oder drei Stielen. Wäre das nicht ein tolles Gastgeschenk oder Platzkärtchen für die nächste Weihnachtsfeier?

ECKDATEN

- Diese Pflanze ist etwas Besonderes, denn sie ist die einzige in diesem Buch, die Blüten hat.
- Die Blüten verleihen ihr eine eigene Persönlichkeit. Die Pflanze besteht aus etwa 25 Blättern in drei unterschiedlichen Größen und 3 bis 5 Blüten in einem Blumentopf mit 13 cm Durchmesser.
- Die Endmaße betragen etwa 28 cm Höhe × 35,5 cm Breite.

MATERIALIEN

- 3 Schablonen (Seite 281)
- Dunkelgrüne Acrylfarbe
- Rotes Seidenpapier
- 12 Blatt mittelgrünes Bastelpapier (A4)
- 25 Stück (à 40 cm) grüner gerader Blumenstieldraht (0,8 mm)
- 6 Stück doppelseitige Klebefolie (A4)
- Klebestift
- Grünes Floristenband
- Mit Schaum gefülltes Behältnis
- Kies oder Bodenbelag nach Wahl

WERKZEUGE

- Bleistift
- Falzbein
- Schere
- Bastelmesser
- Drahtschneider

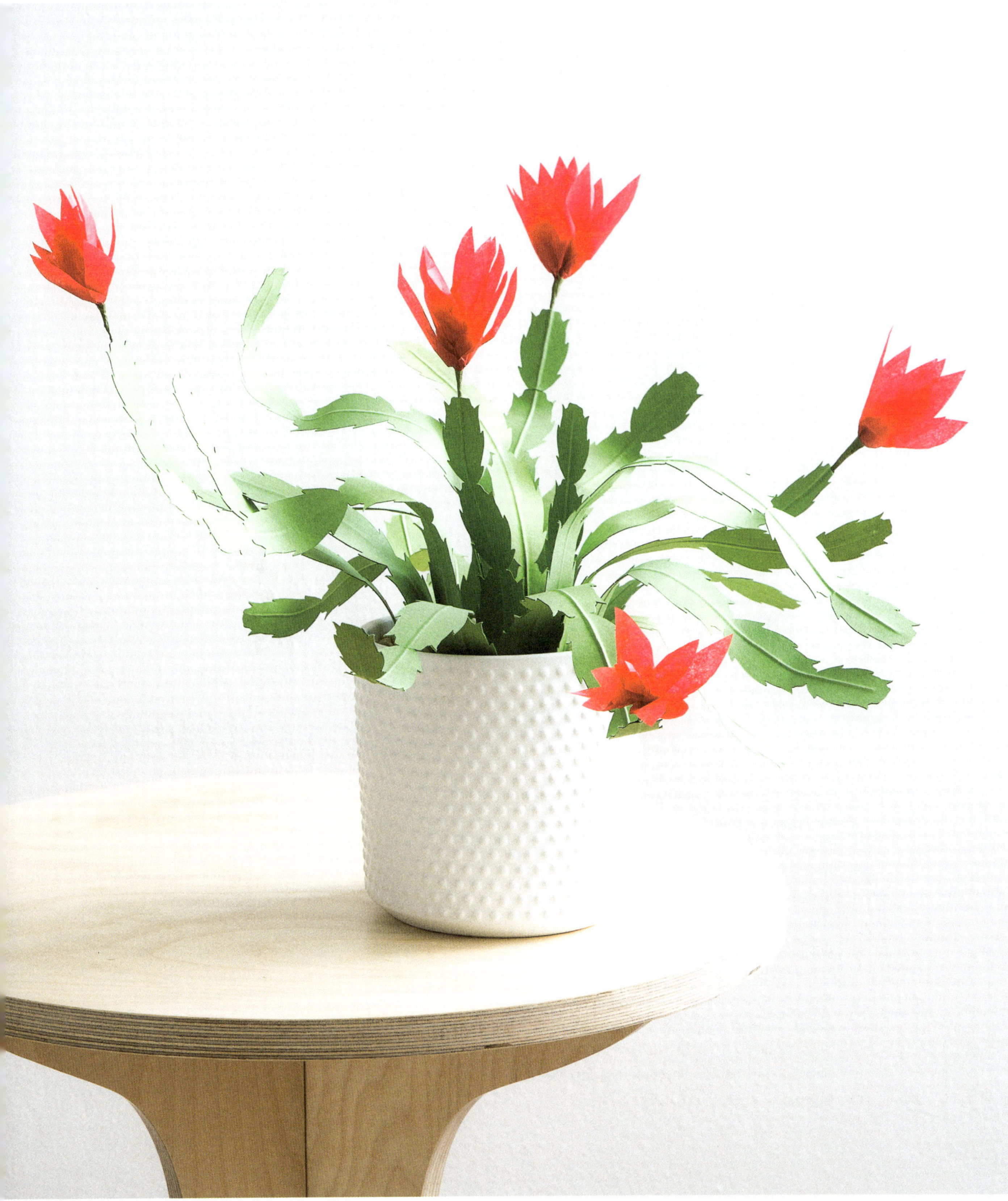

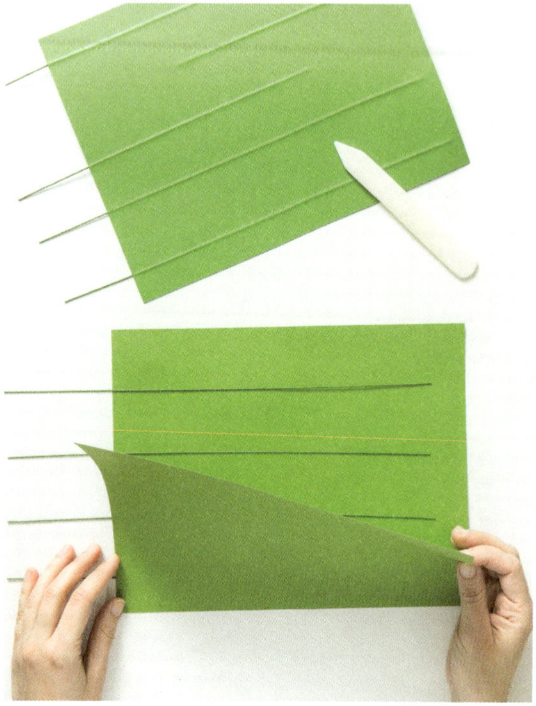

SCHRITT 1

DEN DRAHT MIT DEM PAPIER VERBINDEN

Legen Sie zwei Blatt grünes Bastelpapier beiseite, um daraus später die Blätter mit Blüten zu basteln. Platzieren Sie die Schablonen für etwa 20 unterschiedlich große Blätter (vier bis sechs Pflanzenblätter pro Blatt Papier) und markieren Sie mit Bleistift die Position der 40 cm langen Drähte (die Drähte sollten sich annähernd über die gesamte Länge der Blätter erstrecken und können notfalls später abgeschnitten werden). Machen Sie Papier-Draht-Sandwiches, wie auf Seite 43 für die Doppelseitige-Klebefolien-Methode beschrieben. Drücken Sie das Papier mit dem Falzbein auf beiden Papierseiten um die Konturen des Drahts, um diesen zu fixieren.

SCHRITT 2 ▶

DIE BLÄTTER ZEICHNEN UND AUSSCHNEIDEN

Platzieren Sie die drei Schablonen über den Drähten in den Papier-Draht-Sandwiches und stellen Sie sicher, dass die Drähte aus der Mitte des unteren (und nicht des spitzen oberen) Blattendes herausragen. Zeichnen Sie etwa 20 Blätter unterschiedlicher Größen auf und schneiden Sie sie mit dem Bastelmesser aus.

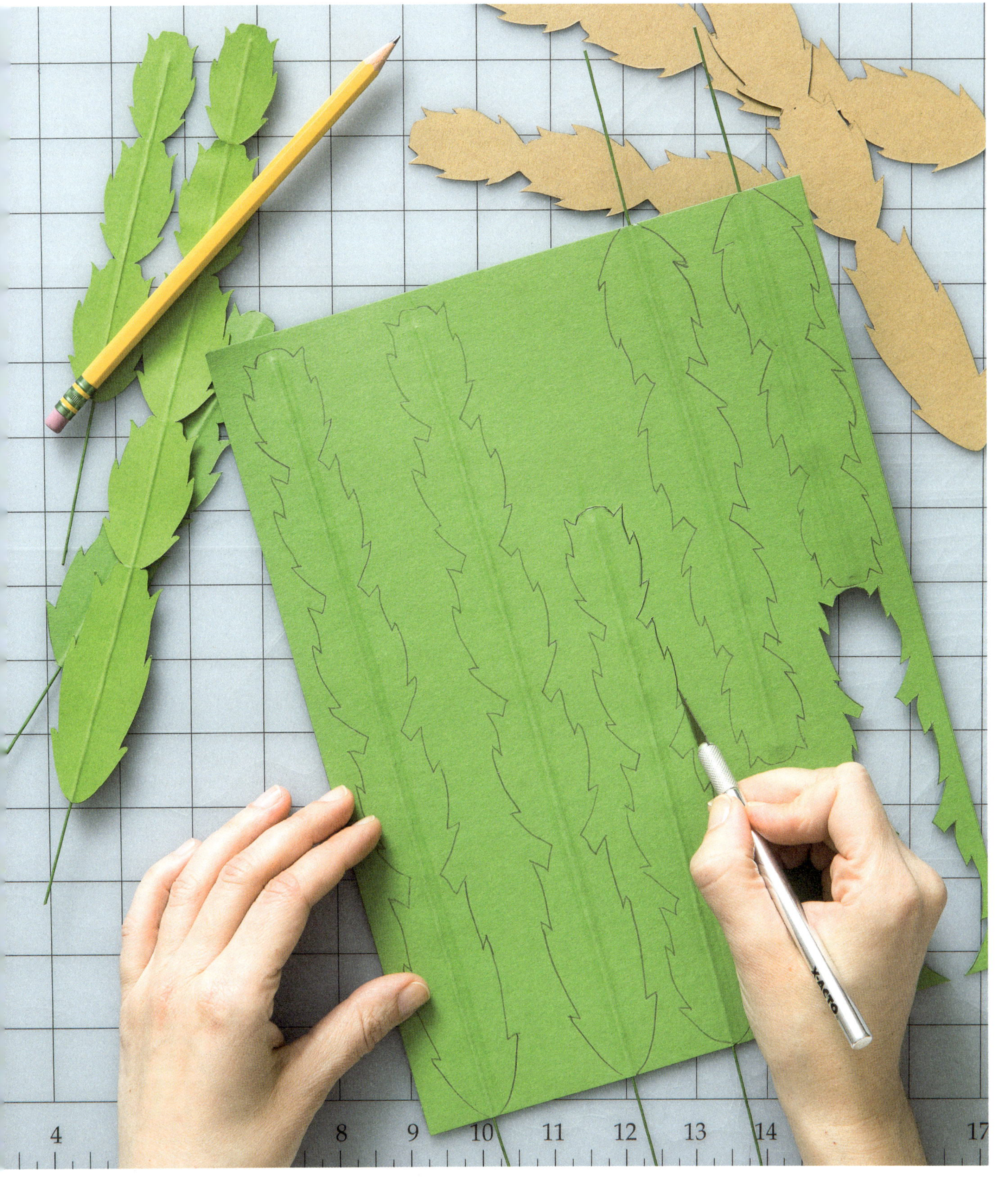
4 8 9 10 11 12 13 14 17

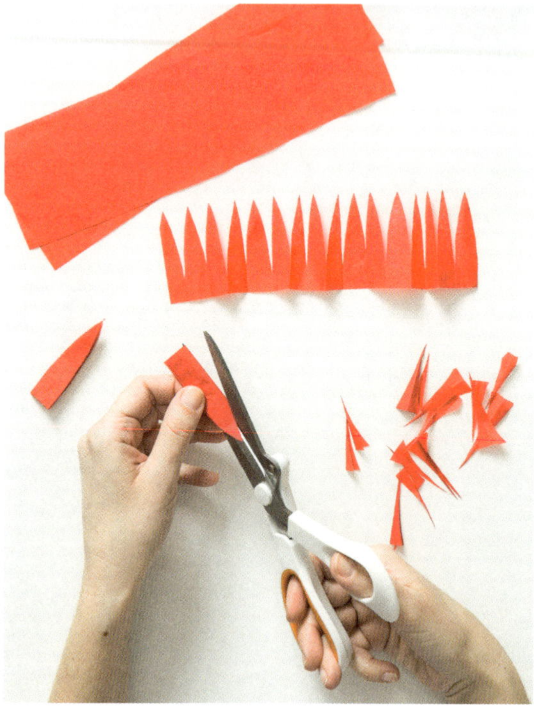

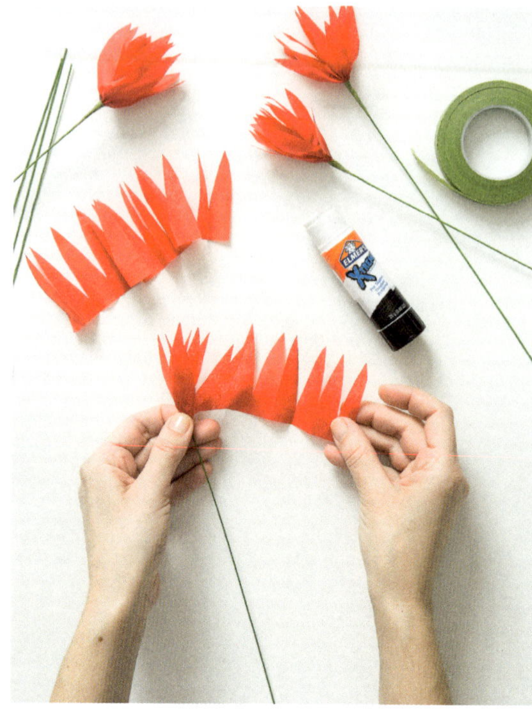

SCHRITT 3

DAS SEIDENPAPIER FÜR DIE BLÜTEN ZURECHTSCHNEIDEN

Schneiden Sie ein Stück Seidenpapier auf eine Größe von etwa 6,5 × 20,5 cm. Falten Sie das Papier so oft in der Mitte, bis es eine Breite von etwa 12 mm hat. Schneiden Sie das gefaltete Papier an einem Ende zu einer Spitze. Wiederholen Sie das Ganze für insgesamt drei bis fünf Blüten.

SCHRITT 4

DIE BLÜTEN FERTIGSTELLEN

Falten Sie die Seidenpapierstücke auseinander und glätten Sie sie, dann tragen Sie am geraden Rand entlang Klebstoff auf. Wickeln Sie ein Stück Seidenpapier um das Ende eines Drahtstücks, wobei Sie das Papier gelegentlich etwas zusammendrücken sollten, damit die Blüte Fülle bekommt. Sobald die Blüte komplett um den Draht gewickelt ist, verdecken Sie die Verbindungsstelle mit grünem Floristenband. Gehen Sie so bei allen Blüten vor.

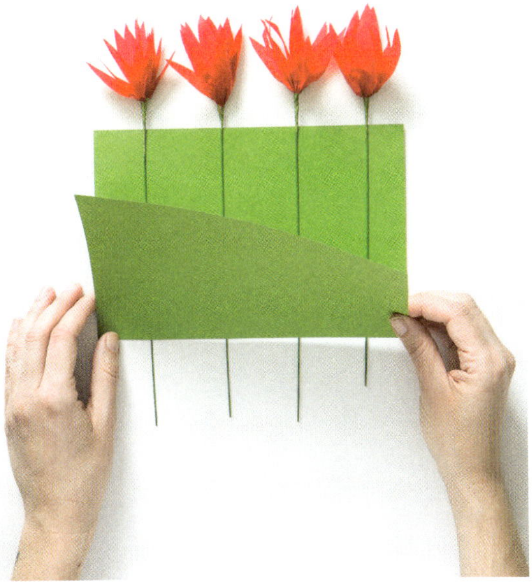

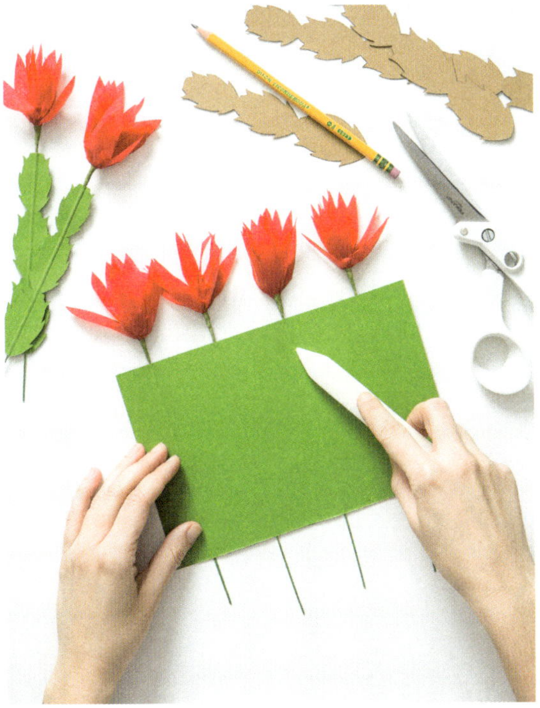

SCHRITT 5

DIE BLÜTEN MIT DEM PAPIER VERBINDEN

Platzieren Sie die Blattschablonen, um die Position der Drähte zu markieren, bevor Sie die Arbeit mit der Klebefolie aufnehmen. Platzieren Sie die Drähte so, dass die Blüten und etwa 12 mm Draht am oberen Blattrand überstehen. Ich habe hier kurze Blätter mit Blüten gebastelt. Falls Sie längere Blätter möchten, legen Sie das Papier vertikal und verwenden Sie die größere Schablone und längere Drähte. Verbinden Sie den Draht und das Papier, wie auf Seite 43 für die Doppelseitige-Klebefolien-Methode beschrieben.

SCHRITT 6

DIE DRÄHTE FIXIEREN UND DIE BLÄTTER AUSSCHNEIDEN

Fixieren Sie die Drähte, indem Sie mit dem Falzbein alle Konturen der Drähte auf beiden Seiten des Papiers nachfahren. Platzieren Sie die Schablonen über den Drähten in den Papier-Draht-Sandwiches und stellen Sie sicher, dass die Drähte in der Mitte des unteren, also des abgerundeten Blattendes ohne Spitzen herausragen. Zeichnen Sie die Blattformen auf und schneiden Sie die Blätter mit dem Bastelmesser aus.

Stellen Sie die Pflanze zusammen, indem Sie alle Stiele in das mit Schaum gefüllte Behältnis schieben. Richten Sie die Blätter in unterschiedliche Richtungen aus. Bedecken Sie den Schaum mit Bodenbelag.

Bunte Klimme

Die Bunte Klimme oder *Cissus discolor* ist eine farbenfrohe Kletterpflanze, die in wärmeren Klimazonen gedeiht und normalerweise draußen an Spalieren oder Bäumen emporklettert oder aus Hängekörben herabrankt. Mit Ihrem Bastelzeug können Sie diese dekorative Pflanze nach drinnen holen! Verleihen Sie Ihrer Klimme ein interessantes und lebensnahes Aussehen, indem Sie Blätter in verschiedenen Größen basteln und sie so ausrichten, dass sie zum Licht hin zeigen.

ECKDATEN

- Diese Pflanze besteht aus etwa 36 Blättern in drei unterschiedlichen Größen.
- Diese verteilen sich auf 2 Ranken unterschiedlicher Länge mit je 6 bis 9 Blättern und 5 Stängeln mit je 3 bis 4 Blättern.
- Alle stecken in einem Blumentopf mit 10 cm Durchmesser.
- Die Endmaße betragen etwa 40 cm Höhe × 30,5 cm Breite.

MATERIALIEN

- 3 Schablonen (Seite 250)
- Lila Acrylfarbe
- Weiße und grüne Gouache
- Lila Gelstift
- 6 Blatt dunkelgrünes Bastelpapier (A4)
- 6 Blatt kastanienbraunes Bastelpapier (A4)
- 16 Stück (à 40 cm) roter gerader Blumenstieldraht (0,8 mm)
- 6 Stück doppelseitige Klebefolie (A4)
- Rotes Floristenband
- Mit Schaum gefülltes Behältnis
- Kies oder Bodenbelag nach Wahl

WERKZEUGE

- Bleistift
- Falzbein
- Schere
- Bastelmesser
- Drahtschneider
- Mischpalette
- Kleiner Rundpinsel
- Flachpinsel (2,5 cm)
- Große Sprühflasche mit Wasser

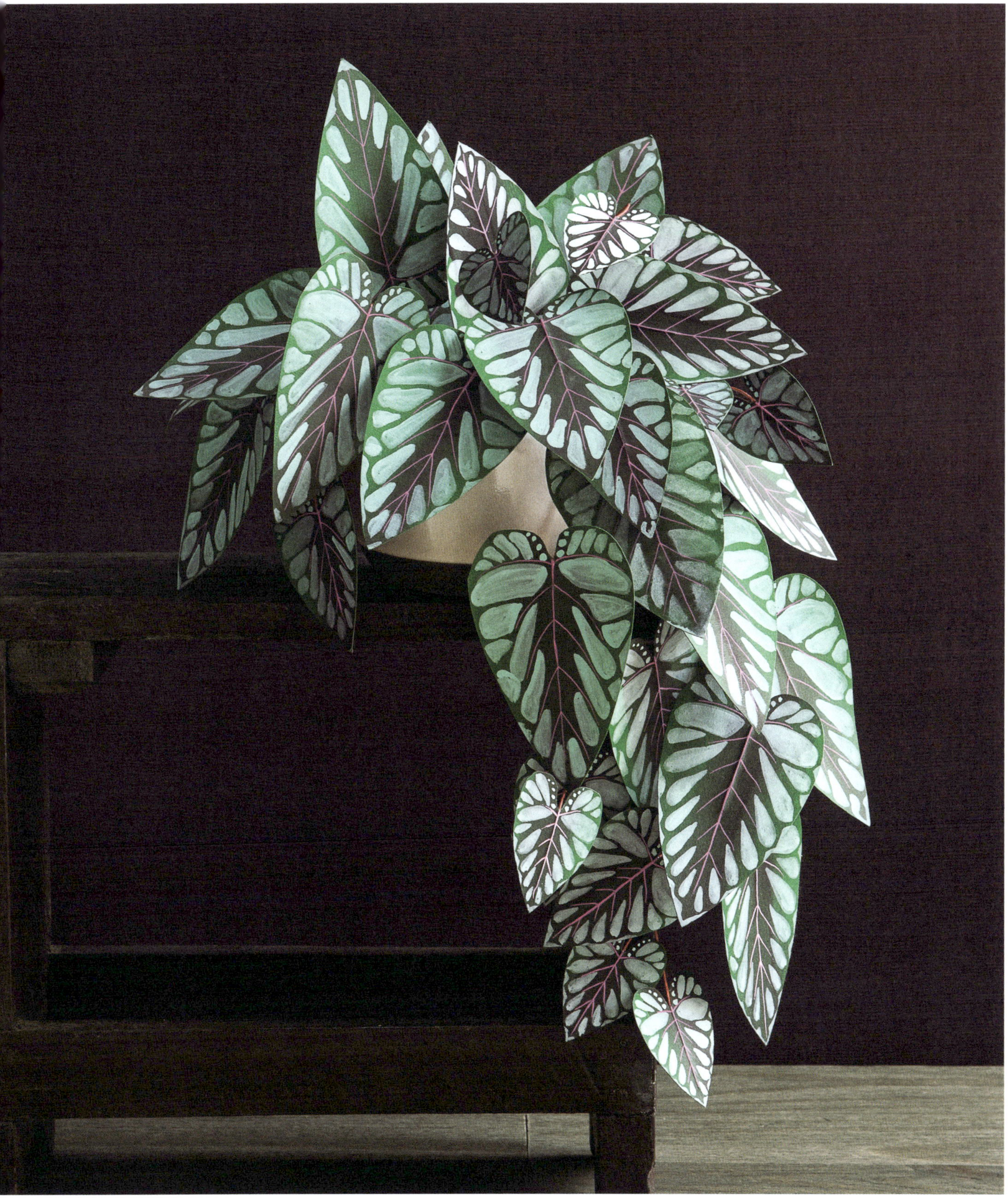

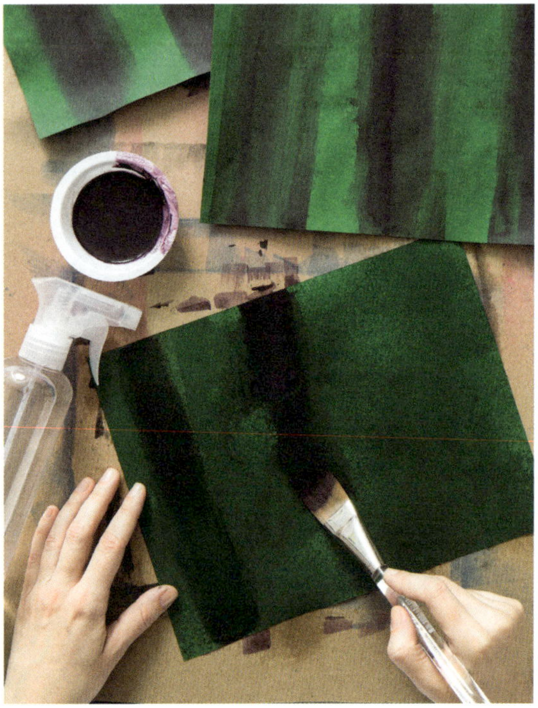

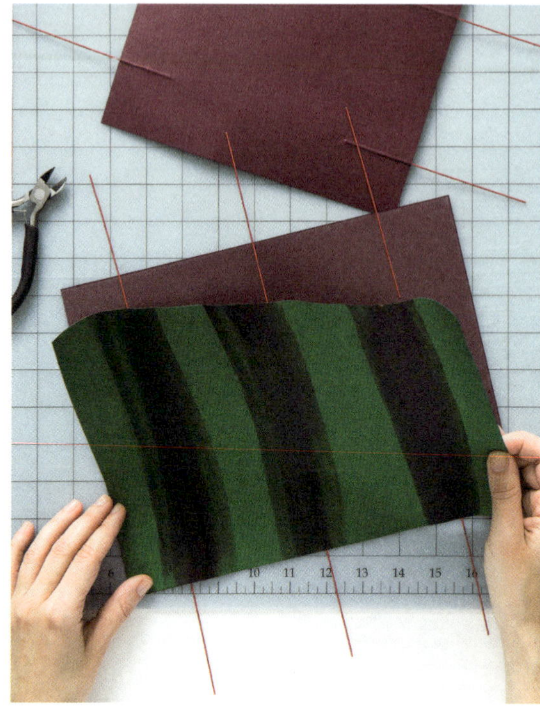

SCHRITT 1

DAS PAPIER VORBEREITEN

Legen Sie ein Blatt dunkelgrünes Bastelpapier horizontal vor sich hin und besprühen Sie es mit Wasser. Arbeiten Sie rasch, solange das Papier feucht ist, und malen Sie mit dem 2,5-cm-Flachpinsel drei vertikale Streifen mit lila Acrylfarbe auf. Malen Sie zuerst zwei Streifen in die Mitte des Blatts und zwei weitere, je etwa 5 cm vom Rand entfernt. Wiederholen Sie diesen Schritt mit allen dunkelgrünen Bastelpapierblättern. Lassen Sie die Farbe komplett trocknen. Das braune Bastelpapier bleibt unbemalt.

SCHRITT 2

DEN DRAHT MIT DEM PAPIER VERBINDEN

Legen Sie die Schablonen für etwa 36 unterschiedlich große Blätter (sechs Pflanzenblätter pro Blatt Papier) auf das braune Bastelpapier und markieren Sie mit Bleistift die Position der Drähte. Stellen Sie sicher, dass die Drähte parallel zu den aufgemalten Streifen des grünen Papiers verlaufen. Schneiden Sie 12 Blumendrähte mit dem Drahtschneider in 36 Stücke von etwa 13 cm Länge. Machen Sie Papier-Draht-Sandwiches mit braunem und einem bemaltem Papier (bemalte Seite nach außen), wie auf Seite 43 für die Doppelseitige-Klebefolien-Methode beschrieben. Drücken Sie das Papier mit dem Falzbein auf beiden Papierseiten um die Konturen des Drahts, um diesen zu fixieren.

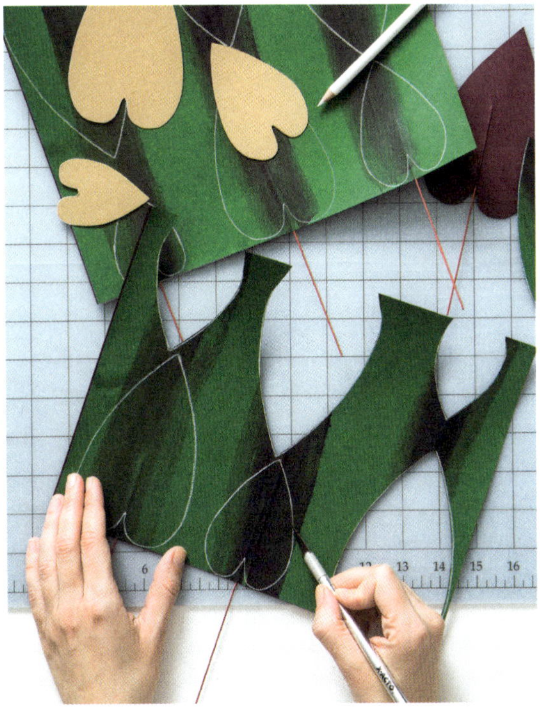

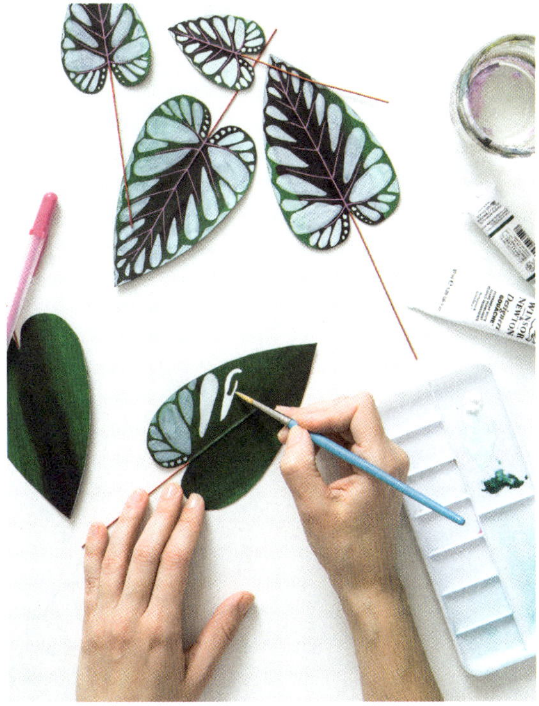

SCHRITT 3

DIE BLÄTTER ZEICHNEN UND AUSSCHNEIDEN

Platzieren Sie die drei Schablonen über den Drähten in den Papier-Draht-Sandwiches und stellen Sie sicher, dass die Drähte aus der Einkerbung am unteren (und nicht am spitzen) Blattende herausragen. Zeichnen Sie etwa 36 Blätter unterschiedlicher Größen auf und schneiden Sie sie mit der Schere (oder dem Bastelmesser) aus. Wenn nötig, schneiden Sie Papier, das an der Verbindungsstelle mit dem Draht übersteht, vorsichtig mit dem Bastelmesser weg.

SCHRITT 4

DETAILS AUF DIE BLÄTTER MALEN

Mischen Sie die grüne und weiße Gouache zu einem blassgrünen Ton und verdünnen Sie die Farbe mit ein wenig Wasser. Verwenden Sie das Muster von Seite 284 als Orientierung und malen Sie mit dem kleinen Rundpinsel dekorative punkt- und tränenförmige Details auf alle Blätter. Lassen Sie die Farbe vollständig trocknen. Für Blattadern zeichnen Sie mit dem lila Gelstift Linien in die Mitte und zwischen die größeren Tropfenformen.

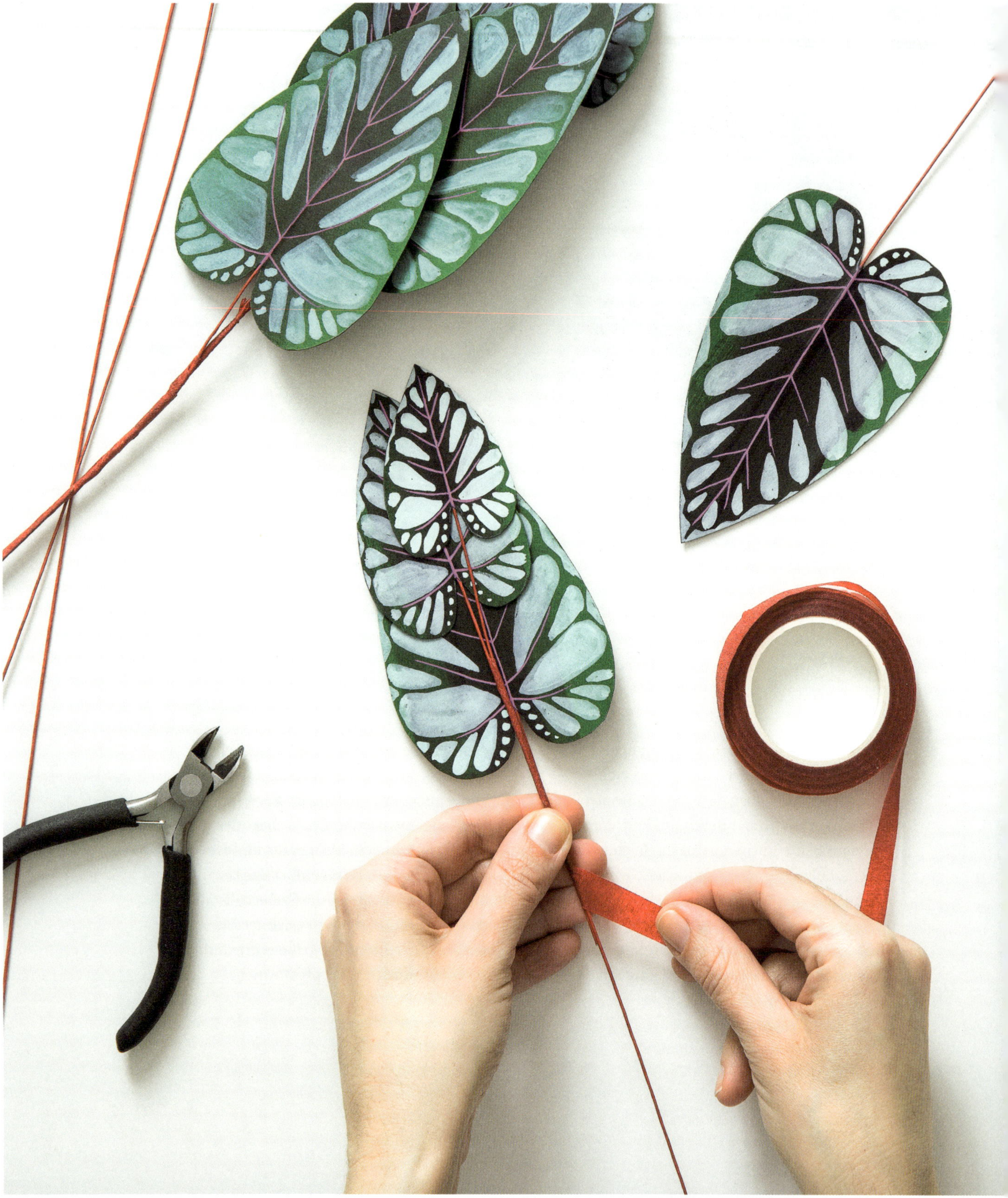

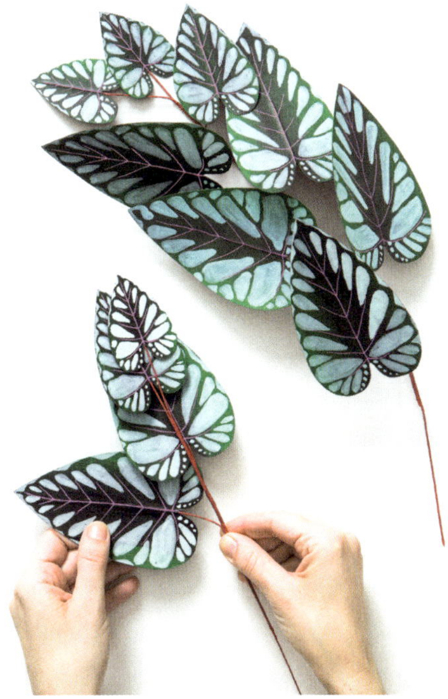

◀ SCHRITT 5

DIE STIELE ZU RANKEN UND STÄNGELN VERBINDEN

Verwenden Sie ein 40 cm langes Stück 1-mm-Draht für den Hauptstängel. Wickeln Sie den Stiel von ein kleinen Blatt etwa 2,5 bis 5 cm unterhalb der Blattunterseite mit rotem Floristenband um ein Ende des Hauptdrahts. Arbeiten Sie sich weiter nach unten, indem Sie in Abständen von etwa 5 cm weitere einzelne Blattstiele um den Hauptstängel wickeln. Wechseln Sie dabei unregelmäßig zwischen großen und mittelgroßen Blättern, bis Sie insgesamt etwa zehn Blätter angebracht haben. Schneiden Sie mit dem Drahtschneider ein Stück Draht auf etwa 30,5 cm Länge und befestigen Sie an dieser Ranke etwa sechs Blätter. Dann schneiden fünf Drahtstücke auf eine Länge von 13 cm und bringen Sie mit rotem Floristenband je drei bis vier Blätter an diesen fünf Stängeln an.

SCHRITT 6

DIE RANKEN UND STÄNGEL GESTALTEN

Biegen Sie die Blätter in unterschiedliche Richtungen, ziehen Sie ab und zu auch mal ein Blatt zu sich, um jeden Stängel und jede Ranke etwas anders zu gestalten.

Bauen Sie die Pflanze zusammen, indem Sie die längeren Ranken an eine Seite des mit Schaum gefüllten Behältnisses schieben und den restlichen Raum mit den kürzeren Stängeln auffüllen. Bedecken Sie den Schaum mit Bodenbelag.

Silberdollar-Frauenhaarfarn

Zum ersten Mal fielen mir Frauenhaarfarne auf, als ich in Kalifornien durch Redwood-Wälder wanderte und zu einem kleinen Bach zwischen zwei steilen Felswänden kam. Jeder Zentimeter der senkrechten Steinoberfläche war bedeckt von tropfenden, leuchtenden, flatternden Frauenhaarfarnen. Seit diesem Augenblick haben sie einen festen Platz in meinem Herzen. Im Botanischen Garten von Brooklyn gibt es ein wunderschönes Exemplar eines Silberdollar-Frauenhaarfarns. Diese Spezies hat auffallend große und vielfältige Blattformen an gewölbten Wedeln. Die Blätter haben eine gerade Kante, die sie aussehen lassen, als seien sie um die Stiele herumgefaltet worden. Genau das werden wir hier mithilfe einer leicht abgewandelten Doppelseitigen-Klebefolien-Methode tun.

ECKDATEN

- Diese Pflanze besteht aus 132 Blättern in 6 unterschiedlichen Formen.
- Diese verteilen sich auf 12 Wedel in einem Blumentopf mit 15 cm Durchmesser.
- Die Endmaße betragen etwa 43 cm Höhe × 58,5 cm Breite.

MATERIALIEN

- 6 Schablonen (Seite 280)
- Dunkelgrüne Acrylfarbe
- 12 Blatt hellgrünes Bastelpapier (A4)
- 12 Stück (à 40 cm) schwarzer gerader Blumenstieldraht (1 mm)
- 12 Stück doppelseitige Klebefolie (A4)
- Spulendraht (0,5 mm)
- Schwarzes Floristenband
- Mit Schaum gefülltes Behältnis
- Kies oder Bodenbelag nach Wahl

WERKZEUGE

- Bleistift
- Falzbein
- Schere
- Bastelmesser
- Drahtschneider

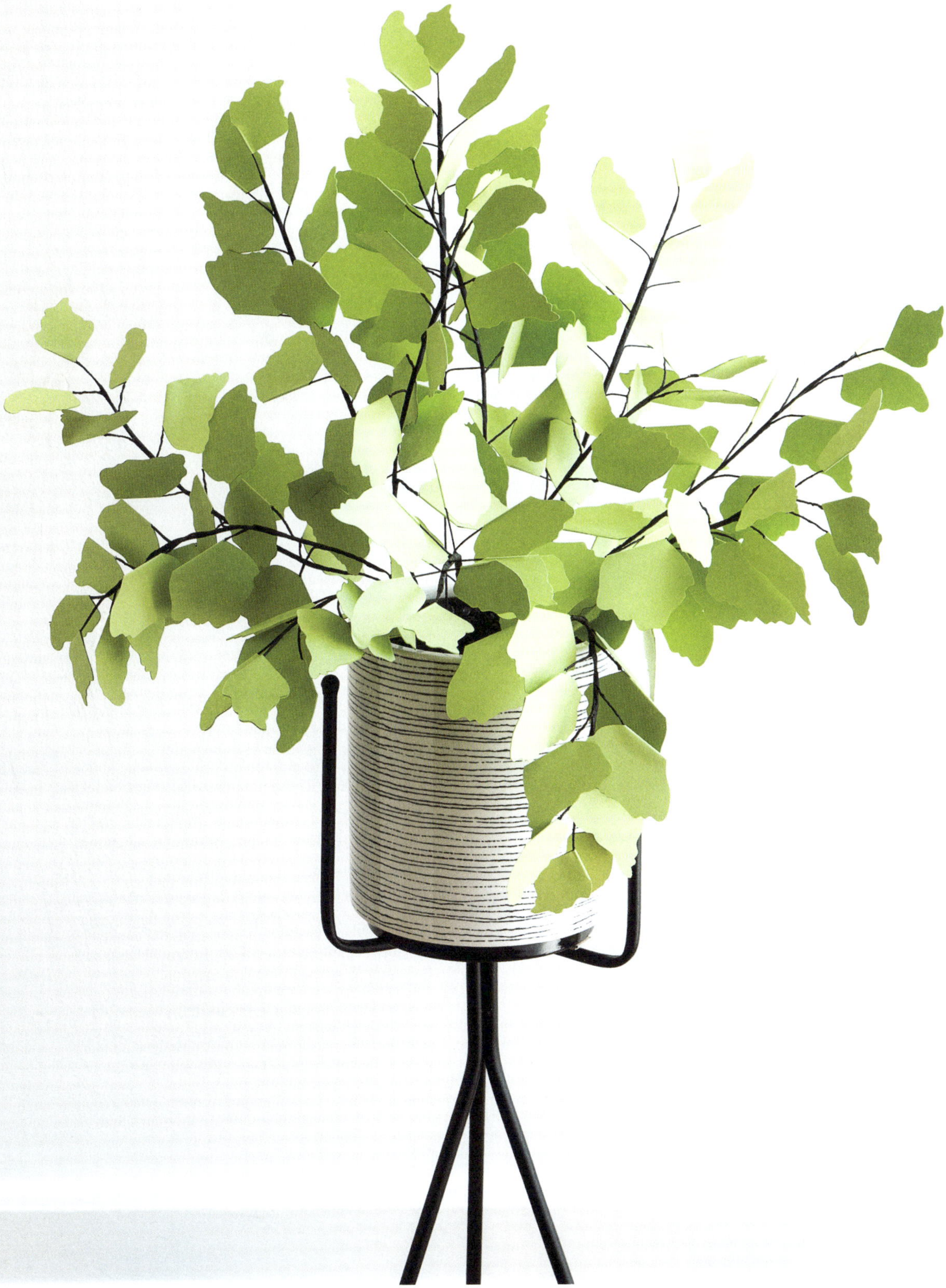

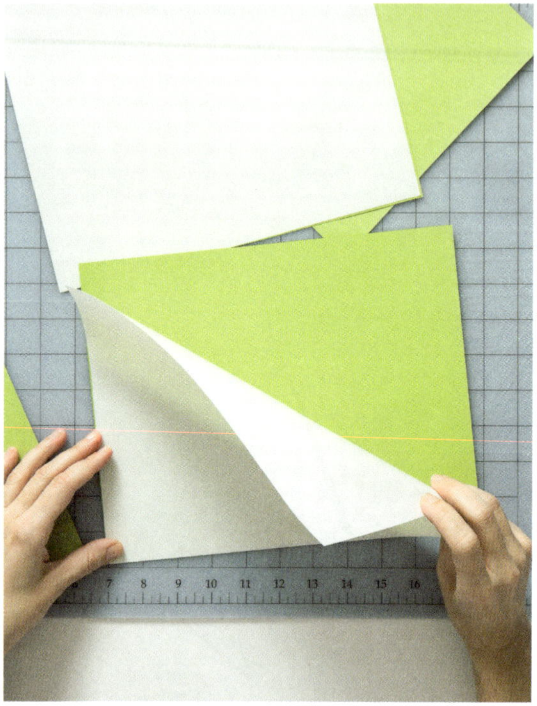

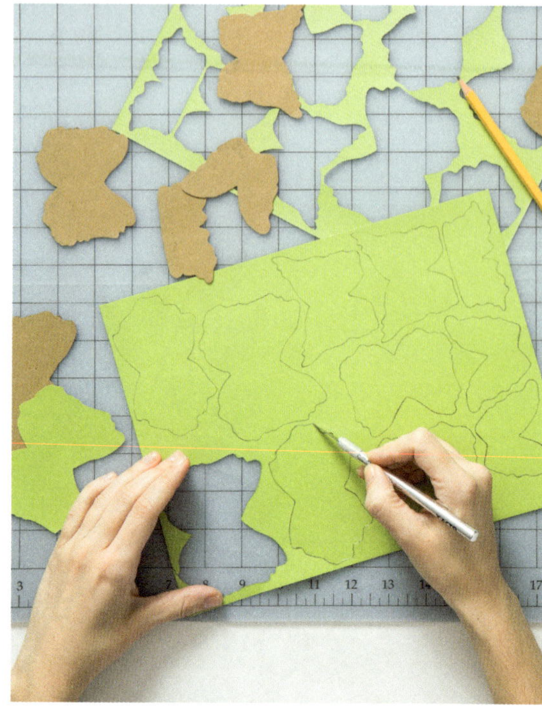

SCHRITT 1

DIE KLEBEFOLIE ANBRINGEN

Kleben Sie je ein Stück Klebefolie auf ein grünes Blatt Bastelpapier. Belassen Sie die Schutzfolie noch auf der Rückseite.

SCHRITT 2

DIE BLÄTTER ZEICHNEN UND AUSSCHNEIDEN

Lassen Sie die Schutzfolie auf den beklebten Bastelpapierblättern. Für jeden Farnwedel benötigen Sie ein Blattform der kleinsten Schablone und je zwei Blattformen der fünf anderen Schablonen, insgesamt 132 Blätter. Zeichnen Sie mithilfe der kleinsten Schablone 12 kleine Blattformen auf. Dann verwenden Sie die anderen fünf Schablonen, um jeweils 24 der anderen Blattformen aufzuzeichnen. Schneiden Sie die Blätter mit der Schere (oder dem Bastelmesser) aus.

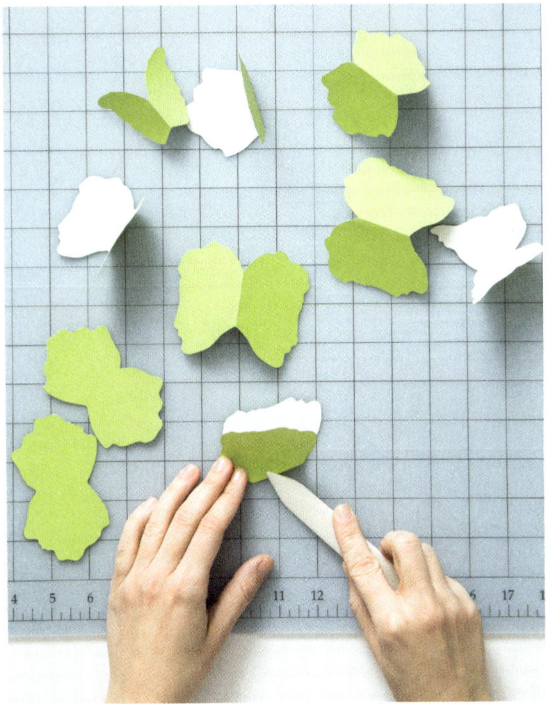

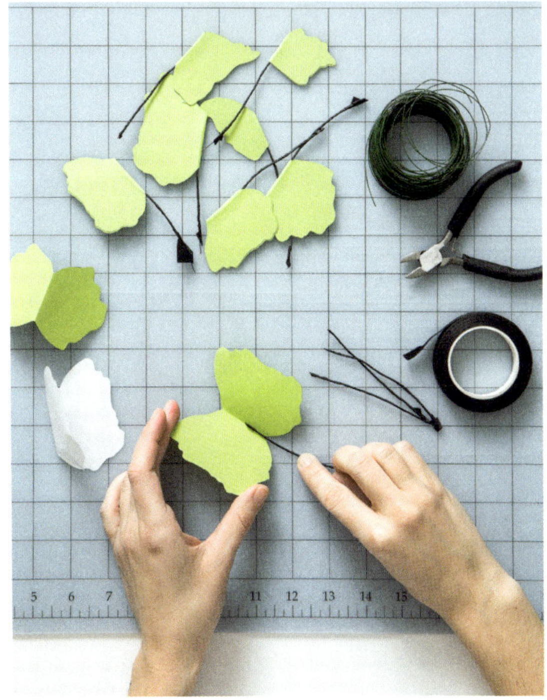

SCHRITT 3

DIE BLÄTTER FALTEN

Die Schutzfolie bleibt noch immer unangetastet. Falten Sie jedes Blatt in der Mitte, sodass die Ecken genau aufeinanderliegen und fahren Sie die Kante mit dem Falzbein nach. Gehen Sie so bei allen Blättern vor.

SCHRITT 4

DEN DRAHT MIT DEN BLÄTTERN VERBINDEN

Verwenden Sie den Drahtschneider, um 132 Stücke Spulendraht auf etwa 10 cm Länge zuzuschneiden. Umwickeln Sie jedes Drahtstück mit schwarzem Floristenband. Entfernen Sie dann die Schutzfolie eines Blatts und legen Sie ein Stück umwickelten Draht so in die Falz, dass der Draht das Blatt um etwa 2,5 cm überragt. Klappen Sie das Blatt um den Draht zu und kleben Sie die beiden Hälften passgenau zusammen. Drücken Sie das Papier um Konturen des Drahts herum mit dem Falzbein fest. Basteln Sie alle Blätter auf diese Weise.

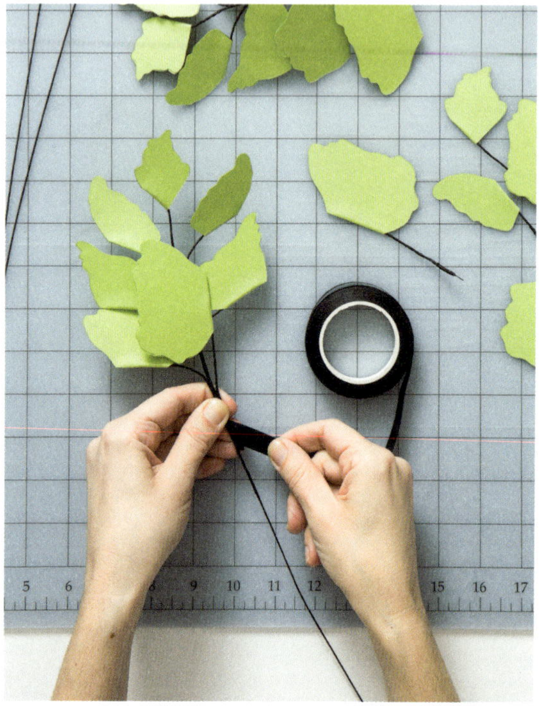

SCHRITT 5

DIE STIELE ZU WEDELN VERBINDEN

Verwenden Sie ein 40 cm langes Stück 1-mm-Draht für einen Wedel. Wickeln Sie den Stiel von ein kleinen Blatt etwa 2,5 cm unterhalb der Blattunterseite mit schwarzem Floristenband um ein Ende des Hauptdrahts. Arbeiten Sie sich weiter nach unten, indem Sie in Abständen von etwa 2,5 cm weitere einzelne Blattstiele immer abwechselnd rechts und links um den Hauptdraht wickeln. Bringen Sie zuerst die kleineren Blätter an, bis Sie etwa 11 Blätter erreicht haben. Stellen Sie auf diese Weise insgesamt 12 Wedel her.

SCHRITT 6 ▶

DIE WEDEL MITEINANDER VERBINDEN

Um die Pflanze noch realistischer zu gestalten, verbinden Sie zwei Wedel mit schwarzem Floristenband. Ich habe hier zwei Paare aus Doppelwedeln gebastelt und die übrigen Wedel einzeln gelassen.

Schieben Sie die Drähte in das mit Schaum gefüllte Behältnis, biegen Sie einige in eine leichte Kurve und lassen Sie die Blätter in unterschiedliche Richtungen zeigen. Bedecken Sie den Schaum mit Bodenbelag.

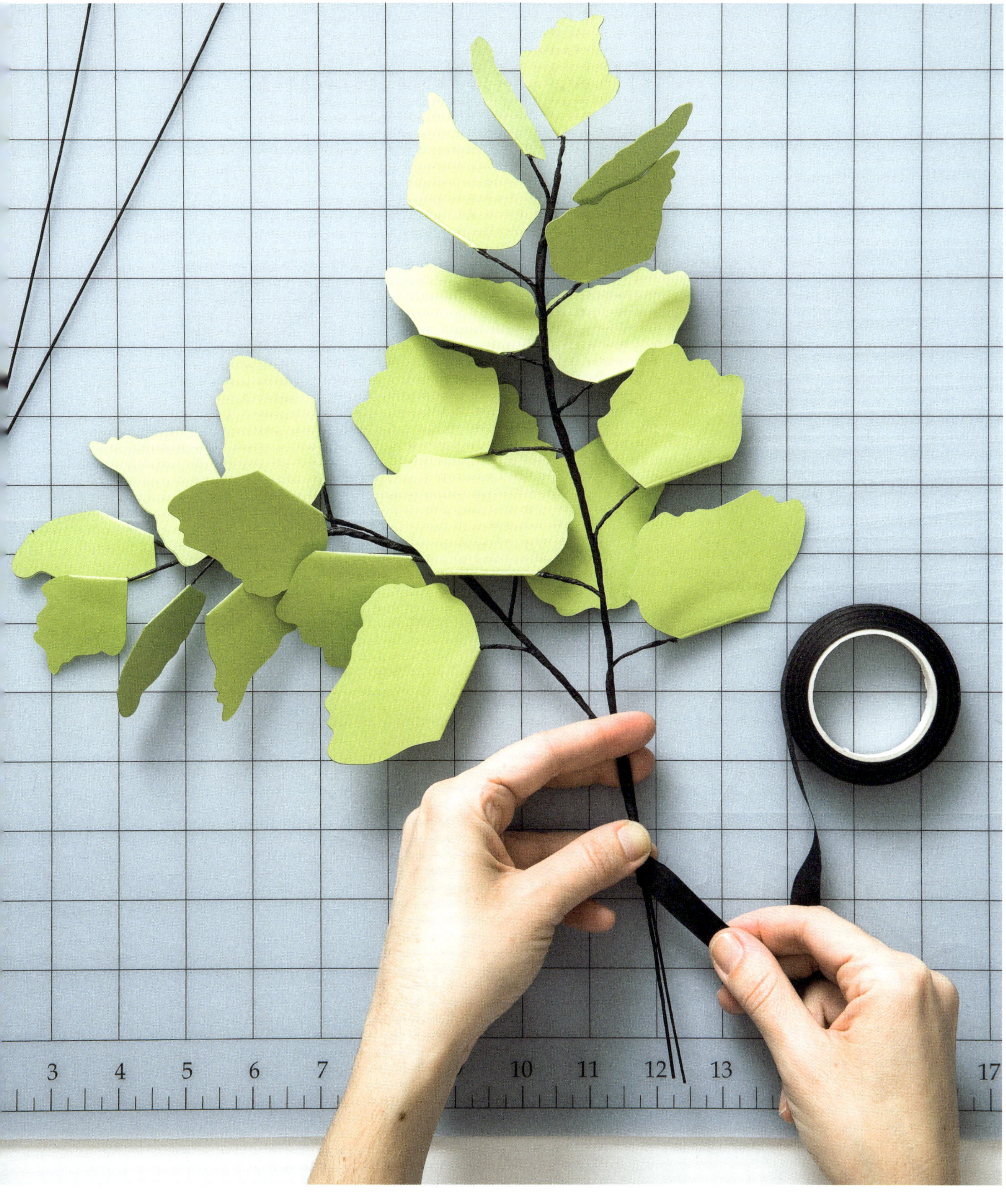
3 4 5 6 7 10 11 12 13 17

Süßkartoffelranken

Die Süßkartoffel mit ihrem bunten Blattwerk aus Grün-, Lila- und Malventönen ist eine einjährige Pflanze, die man eigentlich im Frühjahr oder Sommer draußen sieht. Aber wenn es Ihnen geht wie mir und Sie auch gern mitten im Januar einen knallig grünen Farbklecks in Ihrer Wohnung hätten, helfen Sie sich mit dieser Papierpflanze! Ihre hellgrünen Blätter haben rosige Spitzen und Ecken. Jedes Blatt hat eine eigene Form und Größe. Ich habe hier einen kleinen Hängetopf mit Süßkartoffelranken gefüllt, aber diese Pflanze kann Ranken von bis zu 1,5 Meter Länge bilden.

ECKDATEN

- Diese Pflanze besteht aus etwa 36 Blättern in drei unterschiedlichen Größen.
- Diese verteilen sich auf 3 Ranken unterschiedlicher Länge mit je 6 bis 9 Blättern und 4 Stängeln mit je 4 bis 5 Blättern, alle stecken in einem Blumentopf mit 11,5 cm Durchmesser.
- Die Endmaße betragen etwa 40 cm Höhe × 33 cm Breite.

MATERIALIEN

- 3 Schablonen (Seite 256)
- Pinke Acrylfarbe
- Lila Alkoholmarker
- 12 Blatt hellgrünes Bastelpapier (A4)
- 10 Stück (à 40 cm) hellgrüner gerader Blumenstieldraht (0,8 mm)
- 6 Stück doppelseitige Klebefolie (A4)
- Grünes Floristenband
- Mit Schaum gefülltes Behältnis
- Kies oder Bodenbelag nach Wahl

WERKZEUGE

- Bleistift
- Falzbein
- Schere
- Bastelmesser
- Drahtschneider
- Kleine Sprühflasche
- Behältnis zum Mischen von Farbe

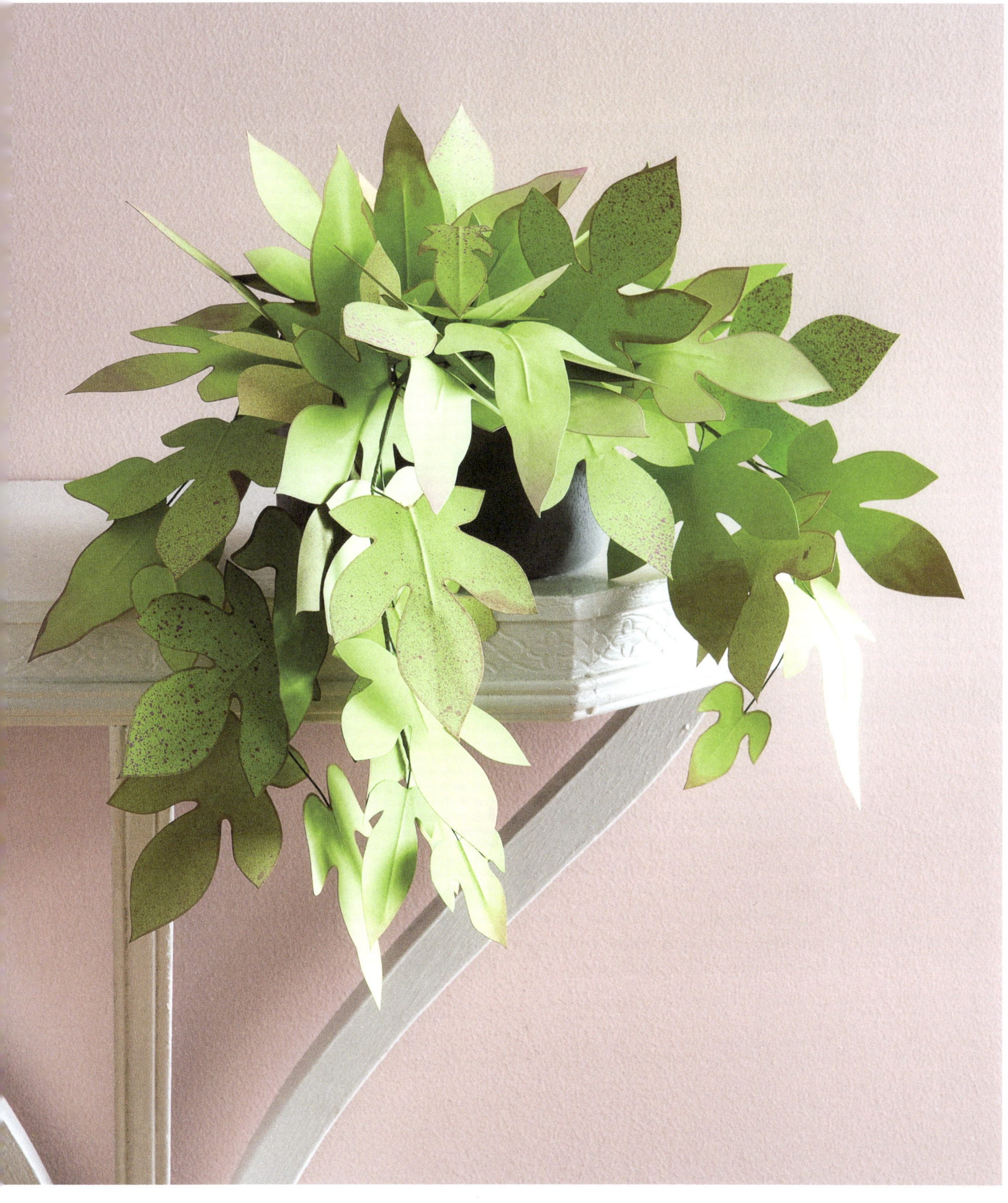

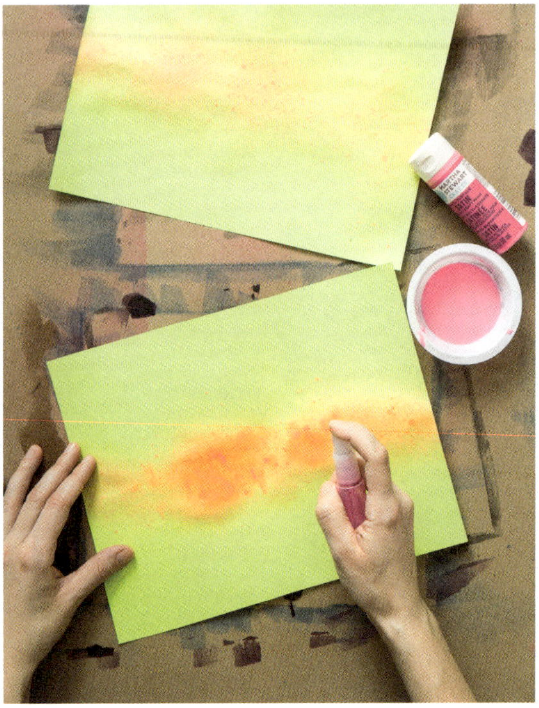

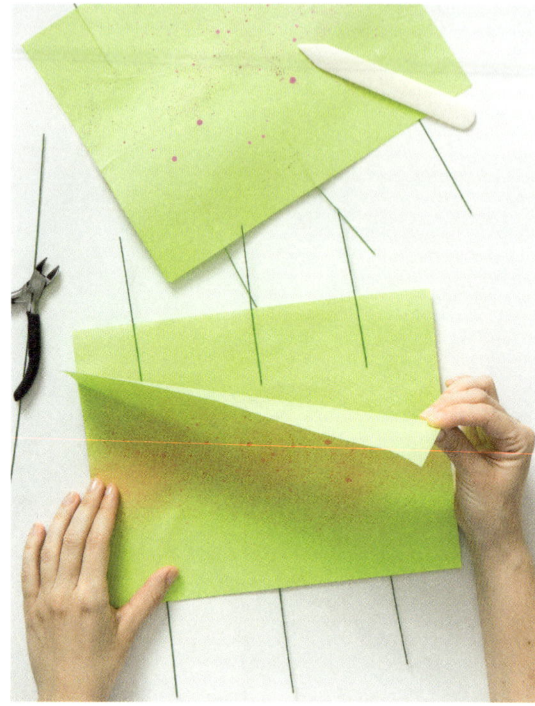

SCHRITT 1

DAS PAPIER VORBEREITEN

Folgen Sie den Anweisungen zum Aufsprühen von Farbe auf Seite 36 und füllen Sie eine Sprühflasche mit verdünnter pinkfarbener Acrylfarbe. Richten Sie ein Blatt Bastelpapier horizontal aus und besprühen Sie es in der Mitte mit verdünnter Farbe. Die Rückseite bleibt, wie sie ist. Besprühen Sie eine Seite jedes Bastelpapierblatts ein wenig anders, mal mit mehr, mal mit weniger Farbe. Lassen Sie die Farbe vollständig trocknen.

SCHRITT 2

DEN DRAHT MIT DEM PAPIER VERBINDEN

Platzieren Sie die Schablonen für etwa 36 unterschiedlich große Blätter auf der unbesprühten Seite des Bastelpapiers (etwa sechs Pflanzenblätter pro Blatt Papier) und markieren Sie mit Bleistift die Position der Drähte. Schneiden Sie mit dem Drahtschneider 12 Blumenstieldrahtstücke in 36 kleinere Stücke von etwa 13 cm Länge. Machen Sie Papier-Draht-Sandwiches (bemalte Seite des Bastelpapiers nach außen), wie auf Seite 43 für die Doppelseiseitige-Klebefolien-Methode beschrieben. Fixieren Sie die Drähte, indem Sie alle Konturen mit dem Falzbein festdrücken.

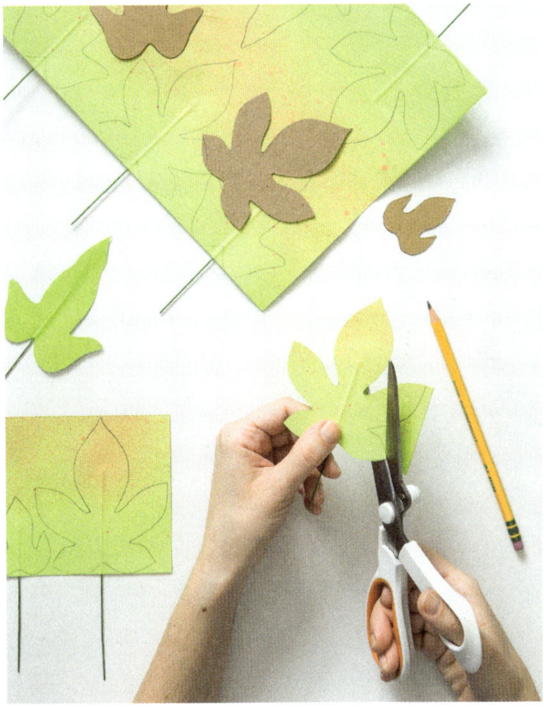

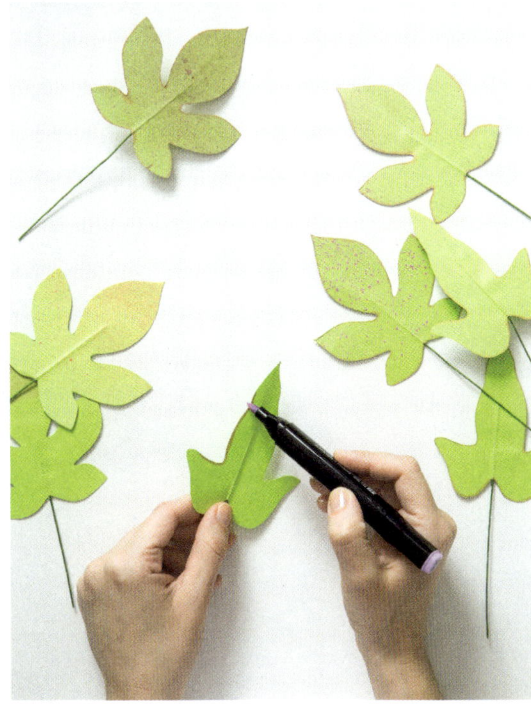

SCHRITT 3

DIE BLÄTTER ZEICHNEN UND AUSSCHNEIDEN

Platzieren Sie die drei Schablonen über den Drähten in den Papier-Draht-Sandwiches und stellen Sie sicher, dass die Drähte jeweils aus der kleinen Einkerbung des unteren (und nicht des spitzen oberen) Blattendes herausragen. Zeichnen Sie etwa 36 Blätter in unterschiedlichen Größen auf und schneiden Sie sie mit der Schere (oder dem Bastelmesser) aus. Wenn nötig, schneiden Sie Papier, das an der Verbindungsstelle mit dem Draht übersteht, vorsichtig mit dem Bastelmesser weg.

SCHRITT 4

DETAILS AUF DIE BLÄTTER MALEN

Halten Sie ein Blatt an einer Ecke fest und malen Sie mit dem lila Alkoholmarker an der äußeren Kante der Blattform entlang. Das Papier wird die Tinte schnell aufsaugen und einen lila Rand auf der Vorder- und der Rückseite des Blatts hinterlassen. Wiederholen Sie dies bei mindestens der Hälfte der Blätter.

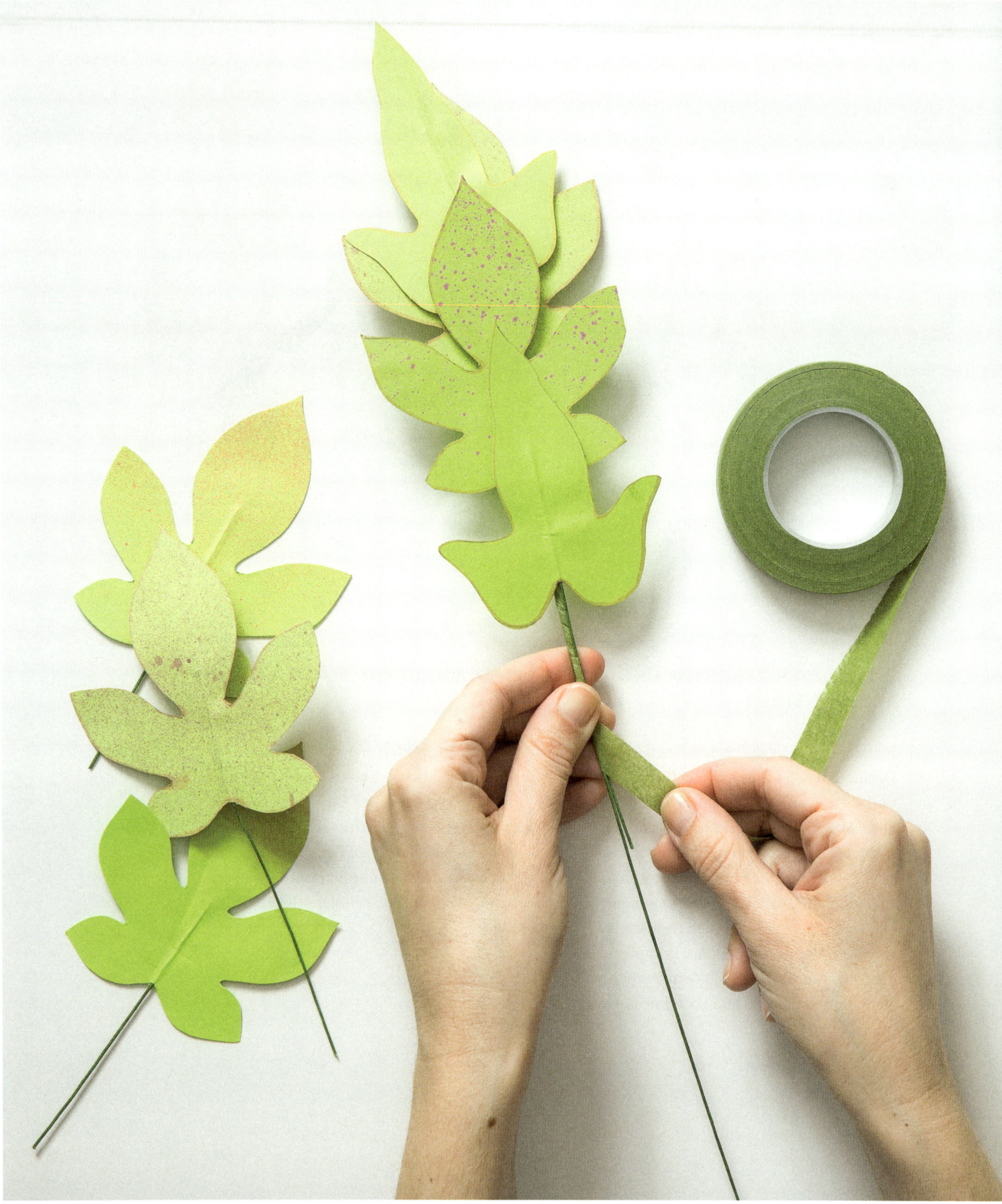

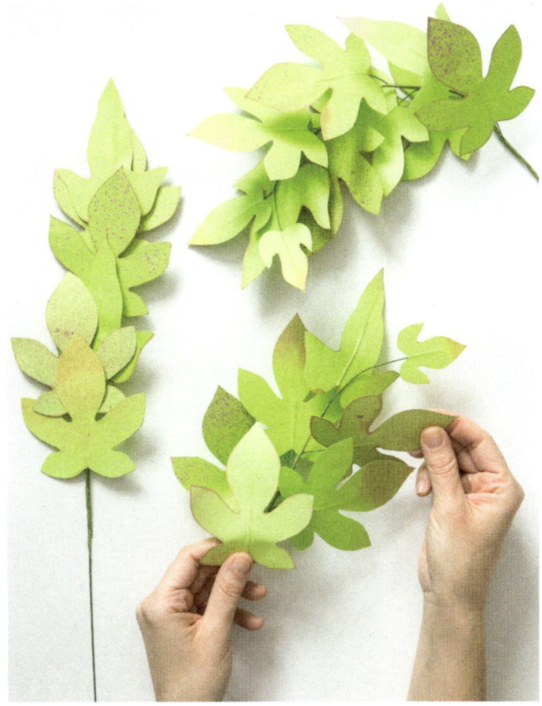

◀ SCHRITT 5

DIE BLATTSTIELE ZU RANKEN UND STÄNGELN VERBINDEN

Für eine Ranke verwenden Sie einen 40 cm langen 0,8-mm-Blumenstieldraht. Befestigen Sie den Blattstiel von einem kleinen Blatt am oberen Ende des Rankendrahts, indem Sie den Stiel 2,5 bis 5 cm von der Unterseite des Blatts mit grünem Floristenband um die Ranke wickeln. Arbeiten Sie sich weiter nach unten, indem Sie in 5-cm-Abständen weitere einzelne Blattstiele um den Draht wickeln. Wechseln Sie dabei unregelmäßig zwischen mittelgroßen und großen Blättern, bis etwa neun Blätter befestigt sind. Bringen Sie dann zwei Blumendrähte mit dem Drahtschneider auf eine Länge von etwa 30,5 cm und stellen Sie auf dieselbe Weise Ranken mit je sechs bis sieben Blättern her. Dann schneiden Sie vier Drahtstücke à 10 bis 13 cm ab und wickeln Sie mithilfe des Floristenbands vier bis fünf Blätter um jeden dieser vier Stängel.

SCHRITT 6

DIE RANKEN GESTALTEN

Biegen Sie die Blätter der Ranken sanft in unterschiedliche Richtungen, ab und an auch mal eins in Ihre Richtung, um Abwechslung hineinzubringen.

Stellen Sie die Pflanze zusammen, indem Sie die lange und eine mittellange Ranke auf einer Seite des mit Schaum gefüllten Pflanzgefäßes platzieren, die andere mittellange Ranke kommt auf die gegenüberliegende Seite. Füllen Sie den restlichen Raum mit den kürzeren Zweigen auf. Falls die Schaumschicht zu sehen ist, bedecken Sie sie mit Bodenbelag.

Spiral-Ingwer

Ein echter Hingucker ist diese seltene, aus Indonesien stammende Pflanze. Der Spiral-Ingwer hat wunderbar zarte Blüten, aber auch seine Reihe spiralfömig angeordneter Blätter macht ihn zu etwas Besonderem. Diese Sorte hat einen dicken roten Stiel mit Blättern an der Außenseite, der sich wie eine Wendeltreppe emporreckt. Ich versuche derzeit, meine Familie davon zu überzeugen, einen Spiral-Ingwer anzupflanzen – manchmal muss man sich stellvertretend durch Menschen mit Garten ausleben. Oder man macht sich die gewünschte Pflanze aus Papier.

ECKDATEN

- Diese Pflanze besteht aus etwa 28 Blättern in drei unterschiedlichen Größen an 1 Spirale aus Armaturdraht, 1 kleinen Blättchen und 1 Spross.
- Alle stecken in einem Blumentopf mit 20,5 cm Durchmesser.
- Die Endmaße betragen etwa 56 cm Höhe × 61 cm Breite.

MATERIALIEN

- 3 Schablonen (Seite 264, 265)
- Weiße und grüne Gouache
- 21 Blatt mittelgrünes Bastelpapier (A4)
- 1 Blatt rotes Bastelpapier (A4)
- 15 Stück (à 40 cm) roter gerader Blumenstieldraht (0,8 mm)
- 6 Stück doppelseitige Klebefolie (A4)
- Armaturdraht (5 mm)
- Holzleim
- Rotes Floristenband
- Mit 2 Lagen Schaum gefülltes Behältnis
- Kies oder Bodenbelag nach Wahl

WERKZEUGE

- Bleistift
- Falzbein
- Schere
- Drahtschneider
- Mischpalette
- Kleiner Rundpinsel
- Heißklebepistole und -patronen

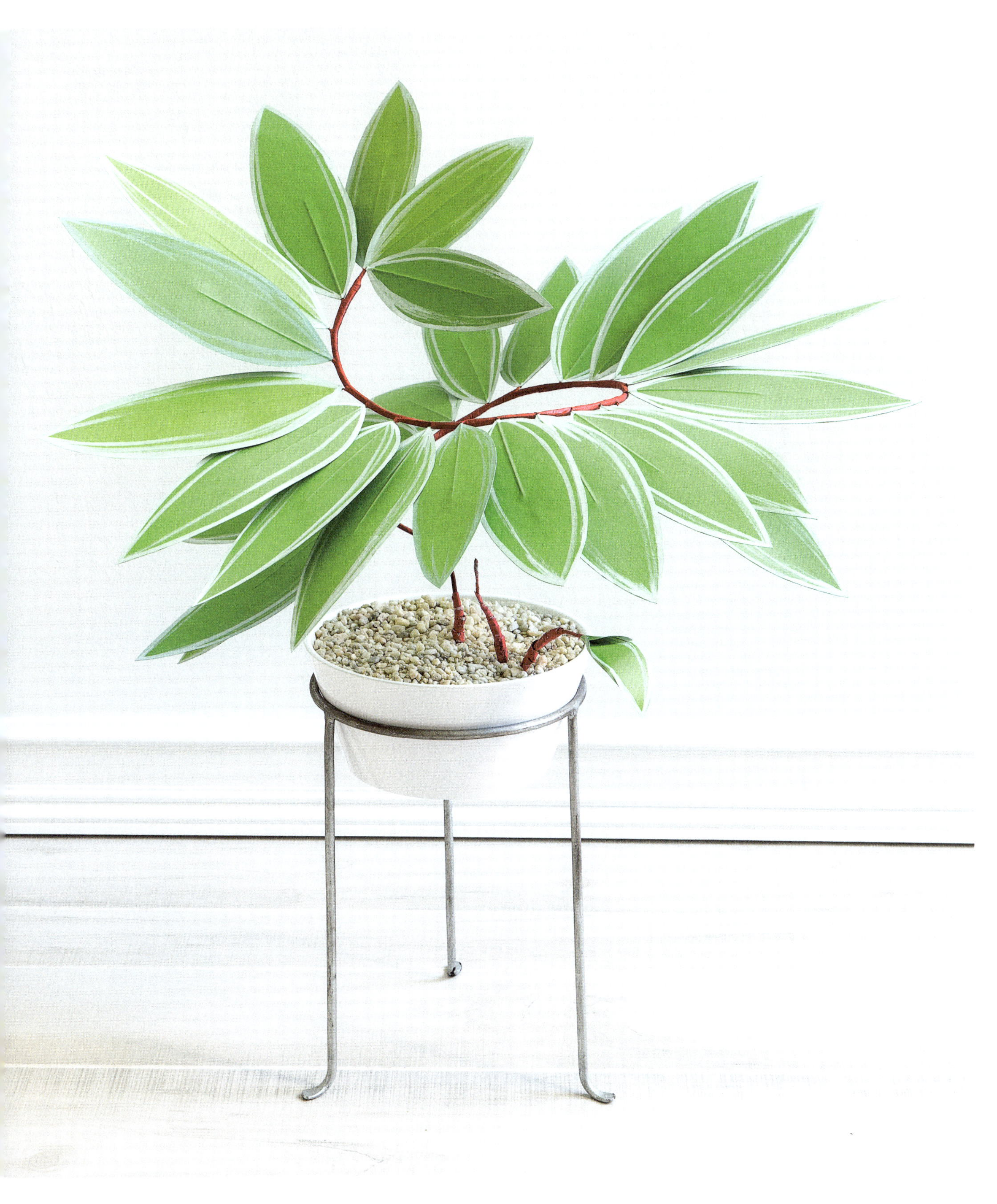

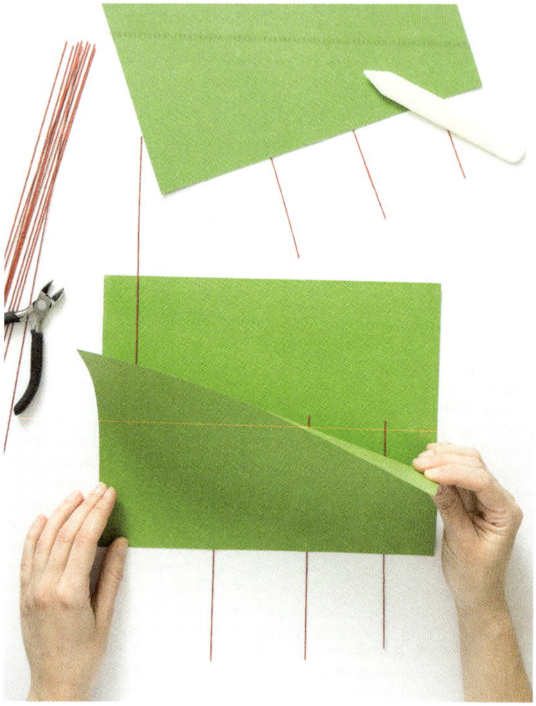

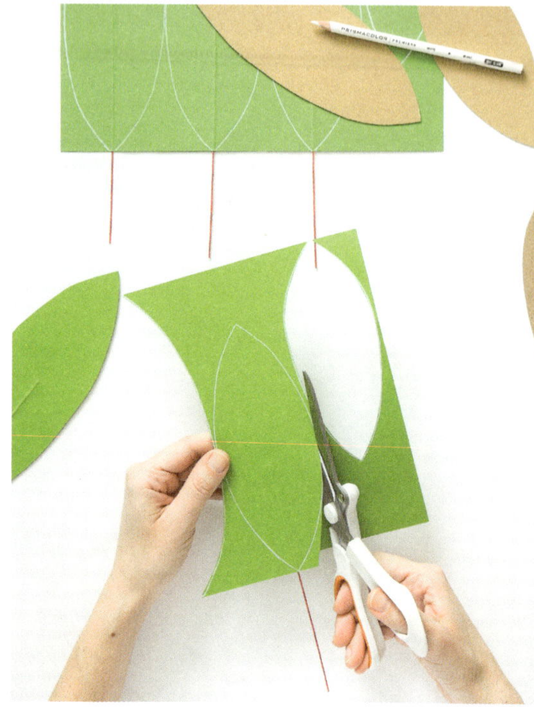

SCHRITT 1

DEN DRAHT MIT DEM PAPIER VERBINDEN

Legen Sie ein Blatt mittelgrünes Bastelpapier und ein Blatt rotes Bastelpapier für das Blättchen beiseite. Legen Sie die Schablonen für etwa 28 Blätter unterschiedlicher Größen auf das restliche grüne Bastelpapier (drei bis vier Pflanzenblätter pro Blatt Papier) und markieren Sie mit Bleistift die Position der Drähte. Verwenden Sie den Drahtschneider, um 14 der 0,8-mm-Drähte in 28 Hälften von je etwa 20,5 cm Länge zu schneiden. Machen Sie Papier-Draht-Sandwiches, wie für die Doppelseitige-Klebefolien-Methode auf Seite 43 beschrieben. Drücken Sie das Papier mit dem Falzbein fest um die Konturen des Drahts, um diesen zu fixieren.

SCHRITT 2

DIE BLÄTTER ZEICHNEN UND AUSSCHNEIDEN

Platzieren Sie die drei Schablonen über den Drähten in den Papier-Draht-Sandwiches und stellen Sie sicher, dass die Drähte aus der Spitze eines Blattendes herausragen. Zeichnen Sie etwa 28 unterschiedlich große Blätter auf und schneiden Sie sie mit der Schere aus.

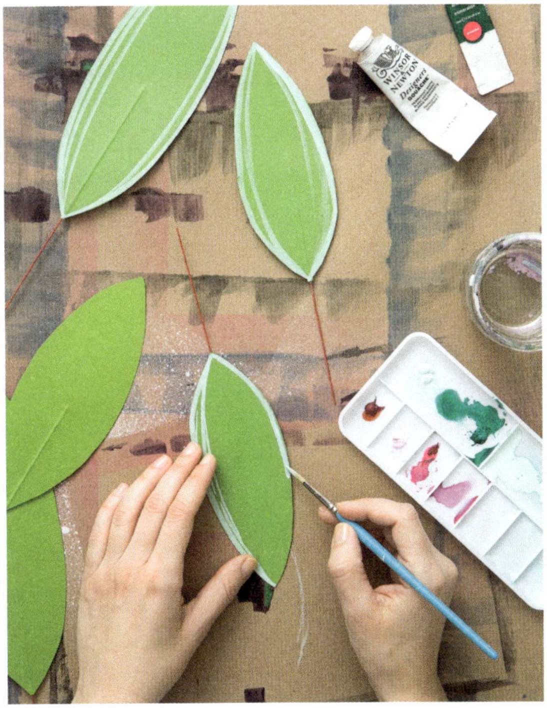

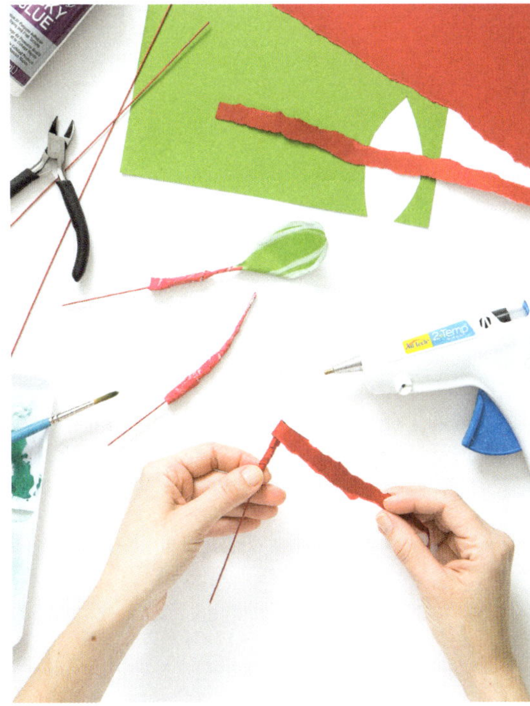

SCHRITT 3

DETAILS AUF DIE BLÄTTER MALEN

Mischen Sie grüne und weiße Gouache zu einem blassgrünen Farbton und verdünnen Sie die Farbe mit etwas Wasser. Malen Sie mit dem Rundpinsel lange lockere Linien entlang der Blattränder. Wenn die Farbe trocken ist, bemalen Sie die Rückseite der Blätter mit entsprechenden Linien. Variieren Sie die Muster von Blatt zu Blatt, indem Sie mehr oder weniger Linien aufmalen.

SCHRITT 4

DIE BLÄTTCHEN UND DEN SPROSS BASTELN

Schneiden Sie ein kleines Blatt aus dem beiseitegelegten grünen Bastelpapier aus und bemalen Sie es, wie in Schritt 3 beschrieben. Dann folgen Sie den Anweisungen auf Seite 57, um ein Blättchen an einem 13 cm langen Stück Blumenstieldraht herzustellen. Reißen Sie mehrere Streifen von etwa 12 mm Breite aus dem roten Bastelpapier. Umwickeln Sie das Unterteil und etwa die Hälfte des Stiels des Blättchens mit einem abgerissenen roten Papierstreifen und kleben Sie ihn mit Holzleim fest. Um einen Spross herzustellen, wickeln Sie einen abgerissenen roten Papierstreifen um ein etwa 10 cm langes Stück Draht und kleben Sie ihn mit Holzleim (oder Heißkleber) fest. Malen Sie dann mit weißer Gouache ein paar Pünktchen auf das rote Papier.

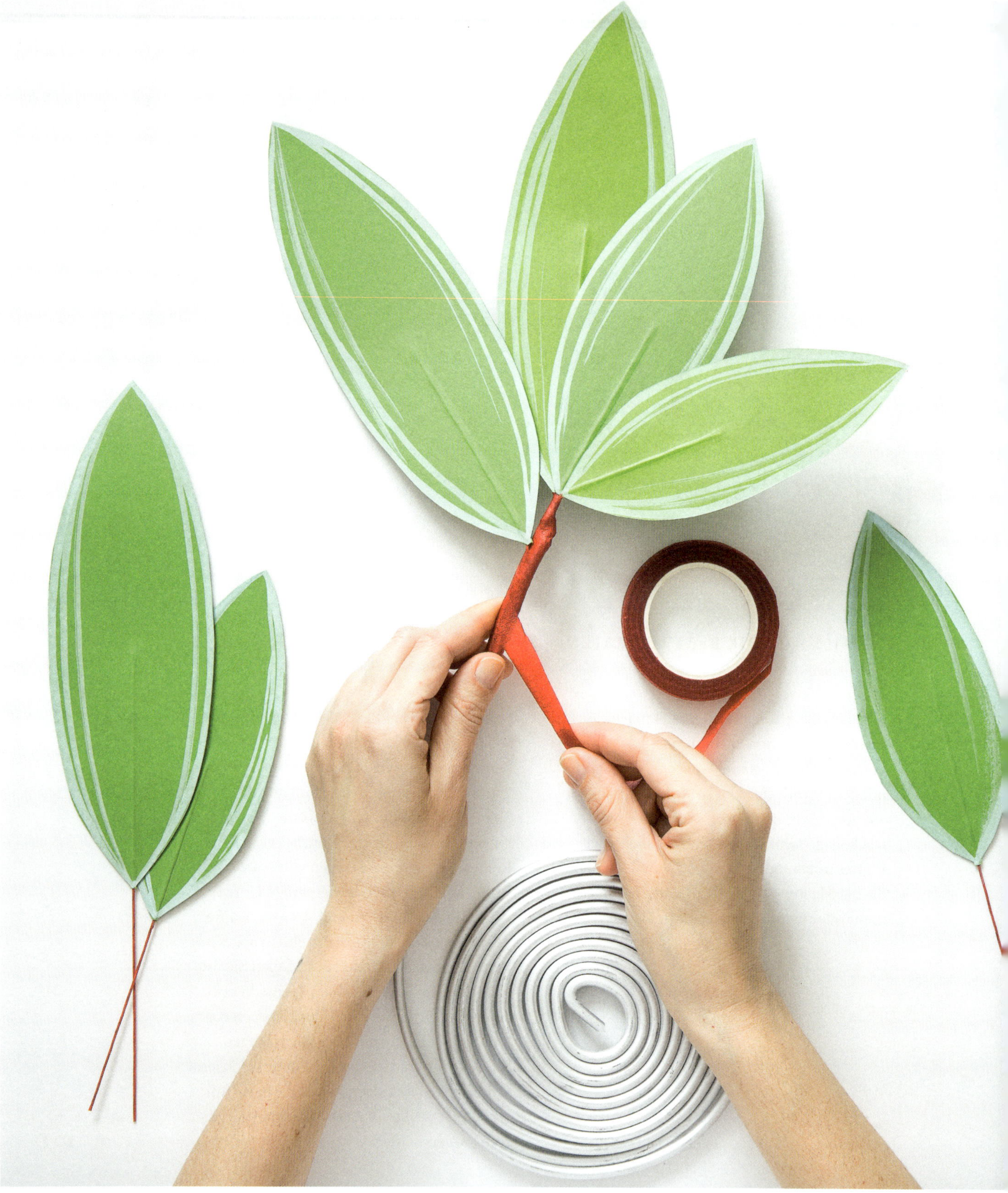

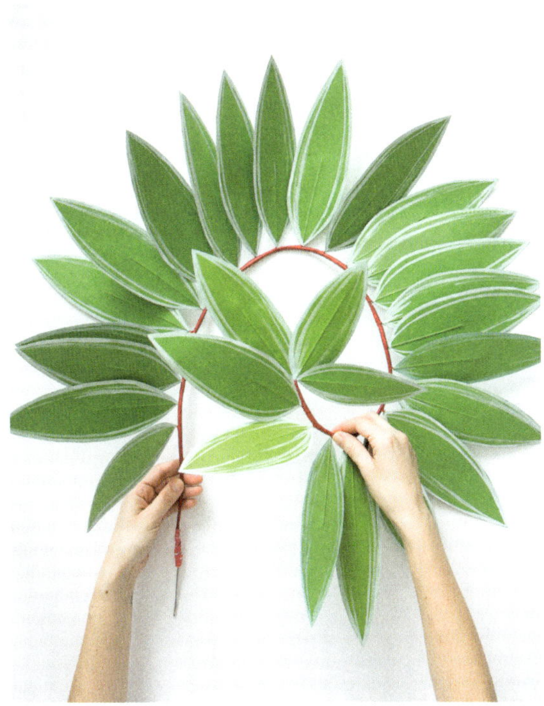

◀ SCHRITT 5

DIE STIELE VERBINDEN

Glätten Sie ein Stück Armaturdraht, das als Hauptstängel dienen wird. Verbinden Sie drei kleine oder mittelgroße Blattstiele mit rotem Floristenband. Danach befestigen Sie die drei Blätter mit rotem Floristenband direkt am Ende des Armaturdrahts. Bringen Sie die übrigen Blätter in Abständen von etwa 2,5 cm einzeln entlang einer Seite des Armaturdrahts an, wobei die Unterseiten der Blätter immer direkt am Hauptstängel anliegen. Wenn alle Blätter angebracht sind, schneiden Sie den Armaturdraht etwa 30,5 cm unterhalb des letzten Blatts ab und umwickeln Sie diese 30,5 cm Draht vollständig mit rotem Floristenband. Kleben Sie 7,5 cm oberhalb des unteren Endes des Hauptdrahts einen Streifen abgerissenes rotes Papier und verzieren Sie es mit weißen Gouache-Punkten. Der Teil darunter wird später im Bodenbelag versenkt.

SCHRITT 6

DIE PFLANZE GESTALTEN

Gehen Sie äußerst vorsichtig vor, wenn Sie die Pflanze in Spiralform bringen, indem Sie den Armaturdraht Stück für Stück biegen. Sie können eine niedrige, breite Spirale formen, wie hier abgebildet, oder auch eine höhere, engere Spirale machen. Gestalten Sie Ihre Pflanze so gut es geht aus, bevor Sie sie in das mit Schaum gefüllte Behältnis schieben. Wenn Sie mit der Position zufrieden sind, stecken Sie den Spross und das Blättchen dazu und bedecken Sie den Schaum mit Bodenbelag.

Sauerklee

Mutter Natur hat uns mit ungefähr 800 Arten von Sauerklee oder Oxalis gesegnet, die in fast jeder erdenklichen Farbe, Form und Größe auftreten. Einige sind sogar essbar! Ich habe hier zwei meiner Favoriten in einer Pflanze kombiniert: Von *Oxalis triangularis* habe ich die Form, von *Oxalis tetraphylla* die Farbe geborgt. Dieses Projekt ist einzigartig, was die Verbindungstechnik von Draht und Blättern betrifft, aber ich bin sicher, dass Sie das gut meistern werden. Halten Sie nur spielfreudige Katzen fern, das Ergebnis ist recht empfindlich.

ECKDATEN

- Diese Pflanze besteht aus 36 Blättern an 12 Stängeln in einem Blumentopf mit 10 cm Durchmesser.
- Die Endmaße betragen etwa 20,5 cm Höhe × 25,5 cm Breite.

MATERIALIEN

- 1 Schablone (Seite 260)
- Lila Alkoholmarker
- 3 Blatt mittelgrünes Bastelpapier (A4)
- 6 Stück (à 40 cm) grüner gerader Blumenstieldraht (0,8 mm)
- Holzleim
- Isopropylalkohol
- Grünes Floristenband
- Mit Schaum gefülltes Behältnis
- Kies oder Bodenbelag nach Wahl

WERKZEUGE

- Bleistift
- Falzbein
- Schere
- Bastelmesser
- Drahtschneider
- Wattestäbchen
- Flachpinsel (6 mm) zum Auftragen des Klebstoffs
- Behältnisse für Klebstoff und Isopropylalkohol

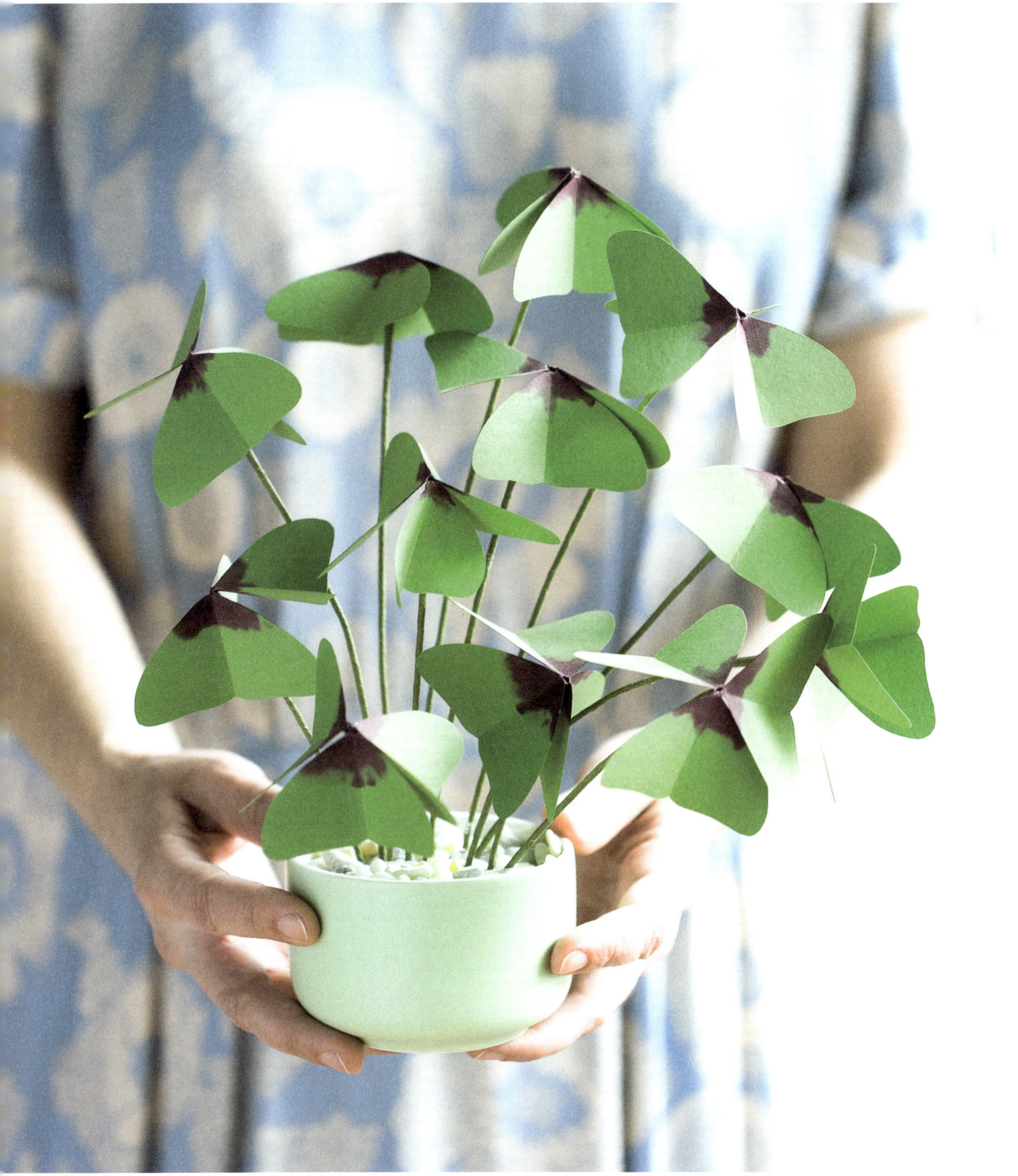

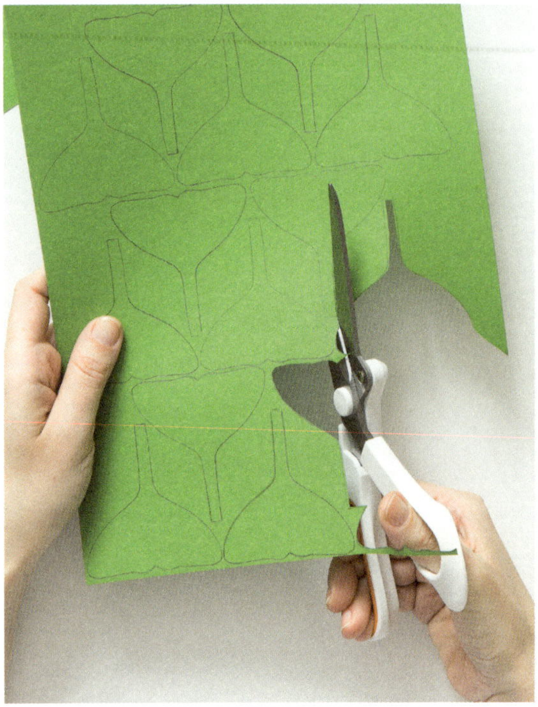

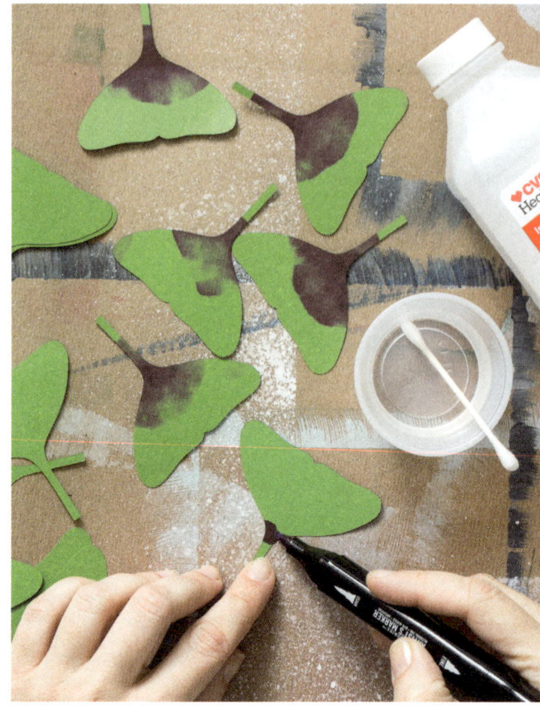

SCHRITT 1

DIE BLÄTTER ZEICHNEN UND AUSSCHNEIDEN

Übertragen Sie mithilfe der Schablone die Blattform auf das Bastelpapier. Versuchen Sie, möglichst viele Pflanzenblätter pro Blatt Papier unterzubringen. Zeichnen Sie 36 Blätter auf und schneiden Sie sie mit der Schere (oder dem Bastelmesser) aus.

SCHRITT 2

DETAILS AUF DIE BLÄTTER MALEN

Bemalen Sie einen kleinen Teil am unteren Ende des Blatts mit dem lila Alkoholmarker. Tupfen Sie mit einem in Alkohol getränkten Wattestäbchen über die bemalte Fläche, damit die Tinte ausblutet. Gehen Sie so bei allen Blättern vor.

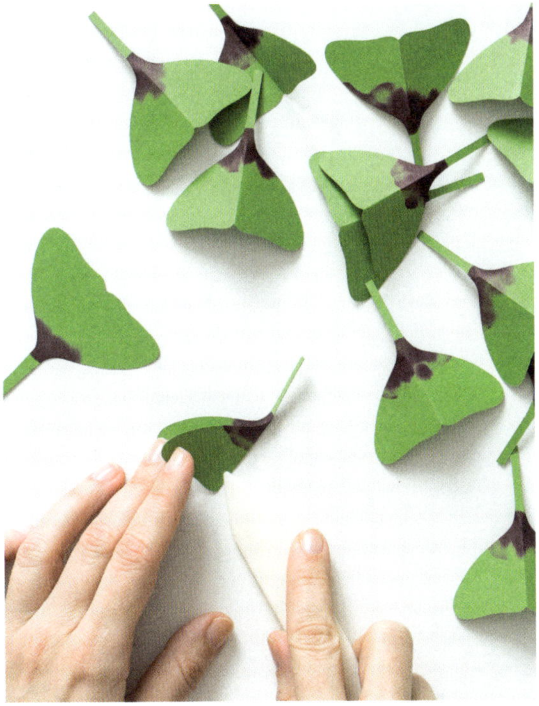

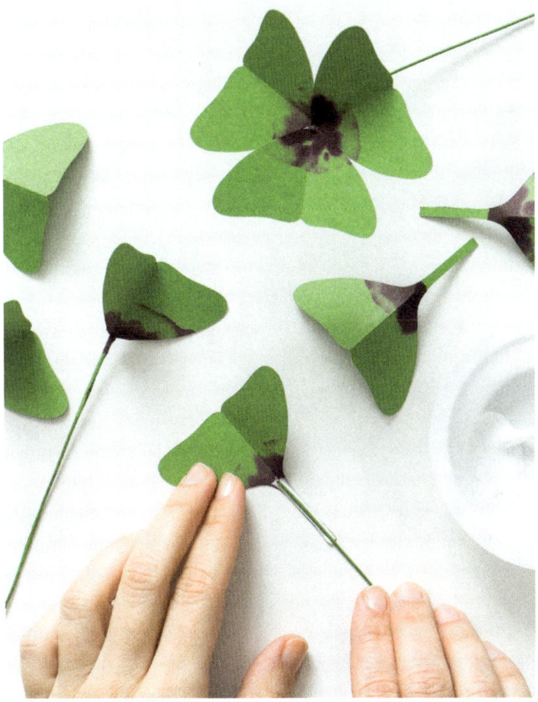

SCHRITT 3

DIE BLÄTTER FALTEN

Falten Sie jedes Blatt genau in der Mitte, sodass alle Kanten und Ecken bündig aufeinanderliegen. Drücken Sie jeden Falz mit dem Falzbein fest.

SCHRITT 4

DEN DRAHT VERBINDEN

Schneiden Sie mit dem Drahtschneider den Blumenstieldraht auf eine Länge von etwa 20,5 cm. Dann tragen Sie eine Schicht Holzleim auf den unteren Teil eines Blatts auf. Drücken Sie einen Draht in die Mitte des Blatts, wobei das obere Ende des Drahts dort platziert sein sollte, wo die Blattform beginnt, breiter zu werden. Warten Sie einige Sekunden und wenn der Leim beginnt zu kleben, heben Sie den Draht und das Blatt vorsichtig an und drücken das Papierstück um den Draht herum. Kleben Sie ein zweites Blatt an den um etwa ein Drittel gedrehten Draht und dann ein drittes an die freie Stelle zwischen den beiden ersten Blättern. Die drei Blätter sollten in einem gleichmäßigen Abstand um den Draht geklebt sein. Wiederholen Sie diesen Schritt mit den verbliebenen Blättern und Drähten.

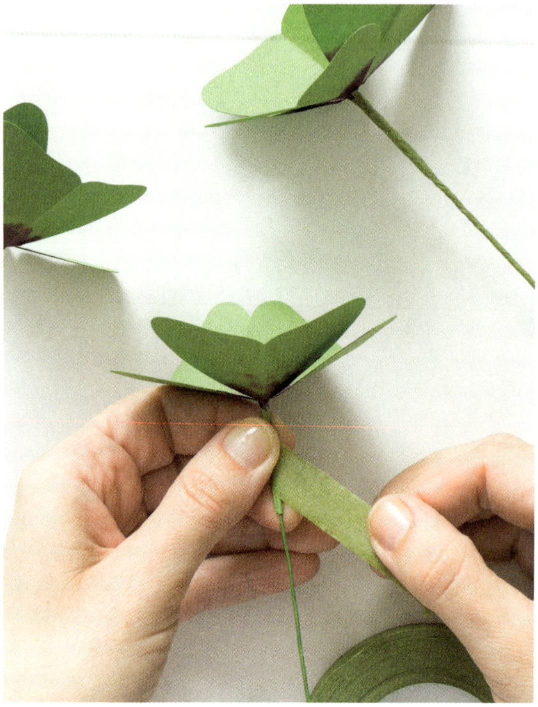

SCHRITT 5

DIE VERBINDUNG VERSTECKEN

Beginnen Sie direkt unterhalb der dreieckigen Blattform, grünes Floristenband eng um die Papierschäfte zu wickeln, um sie zu verdecken. Wickeln Sie das Band dann weiter nach unten um den gesamten Draht. Gehen Sie so bei allen Stängeln vor.

SCHRITT 6 ▶

DIE STÄNGEL FORMEN

Biegen Sie die Stängel behutsam in eine leichte Kurvenform. Stellen Sie die Pflanze zusammen, indem Sie die Drähte so in das mit Schaum gefüllte Behältnis stecken, dass die Blätter in verschiedenen Winkeln ausgerichtet sind und die Stängel in unterschiedliche Richtungen zeigen. Wenn Sie möchten, schneiden Sie einige Drähte ein wenig kürzer, bevor Sie sie in den Schaum schieben, um unterschiedlich lange Pflanzenstängel zu imitieren. Bedecken Sie abschließend den Schaum mit Bodenbelag.

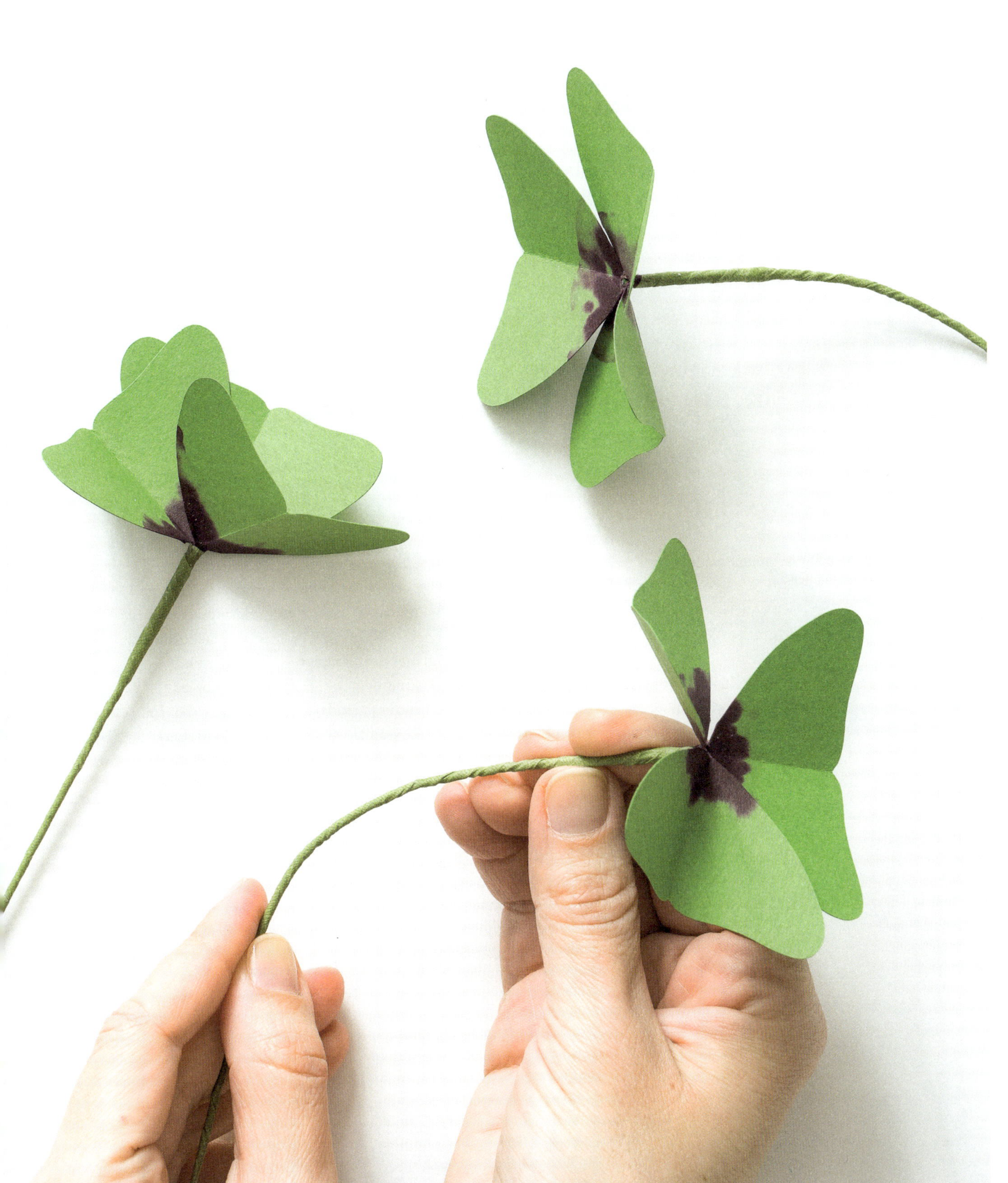

Köstliches Fensterblatt

Wenn es je eine Pflanze gegeben hat, die einen Raum dominieren kann, dann ist es die *Monstera deliciosa*, das Köstliche Fensterblatt. Die seit Mitte des 19. Jahrhunderts beliebte Zimmerpflanze bildet große löchrige Blätter aus, die auch in Kunst und Design eine weite Verbreitung gefunden haben. Das köstliche Fensterblatt hat Luftwurzeln und eine seltsam geformte Frucht mit schuppiger Haut, die essbar ist und wie eine perfekte Mischung aus Banane und Ananas schmeckt! Für dieses Buch habe ich eine große Monstera gebastelt, sie erreicht eine Breite von 1,2 Meter. Sie können es mir nachtun, aber Sie können auch eine kleine Variante anfertigen, die weniger Platz benötigt. Das ist das Tolle beim Basteln von Papierpflanzen: Sie können sie gestalten, wie immer Sie möchten!

ECKDATEN

- Diese Pflanze besteht aus 10 Blättern – 3 großen, 4 mittelgroßen und 3 kleinen – sowie einem großen Wurzelansatz und Luftwurzeln.
- Alle stecken in einem Blumentopf mit 25,5 cm Durchmesser.
- Die Endmaße betragen etwa 1 m Höhe × 1,2 m Breite.

MATERIALIEN

- 5 Schablonen (Seite 272–274)
- Braune Acrylfarbe
- Dunkelgrünes Seidenpapier
- Packpapier
- 3–6 Blatt dunkelgrüne Bastelpapierbogen (mind. 61 × 40 cm)
- 2 Stück (à 40 cm) brauner gerader Blumenstieldraht (0,8 mm)
- Dunkelgrünes Floristenband (2,5 cm)
- Durchsichtiger Kunststoffschlauch
- Armaturendraht (5 mm)
- Holzleim
- Flüssigkleber
- Wattestäbchen
- Holzspieße
- Schaum
- Mit 2 Lagen Schaum gefülltes Behältnis
- Kies oder Bodenbelag nach Wahl

WERKZEUGE

- Bleistift
- Schere
- Bastelmesser
- Drahtschneider
- Nadelzange
- Mischpalette
- Kleiner Rundpinsel
- Heckenschere
- Behältnis für Klebstoff
- Heißklebepistole und -patronen

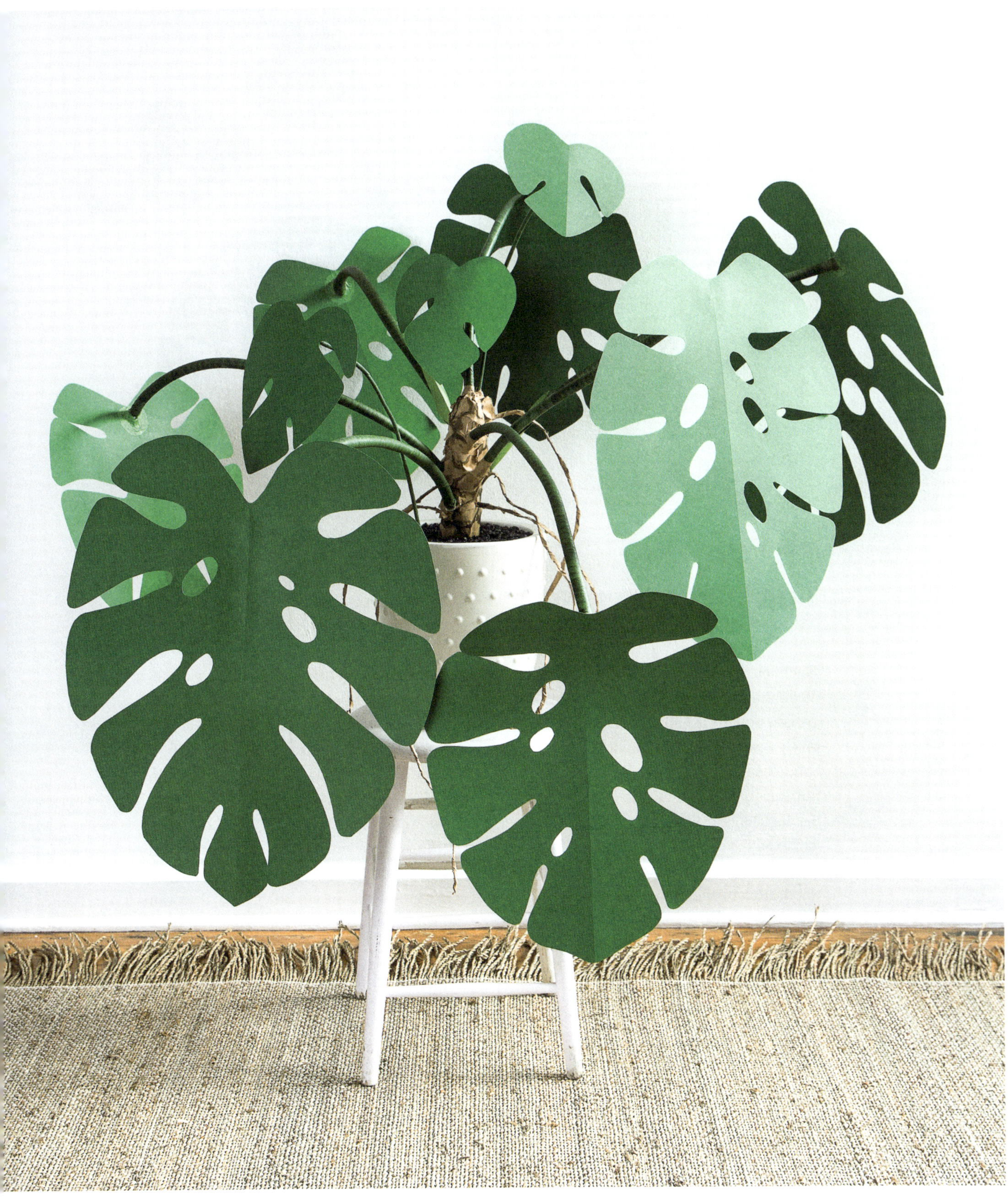

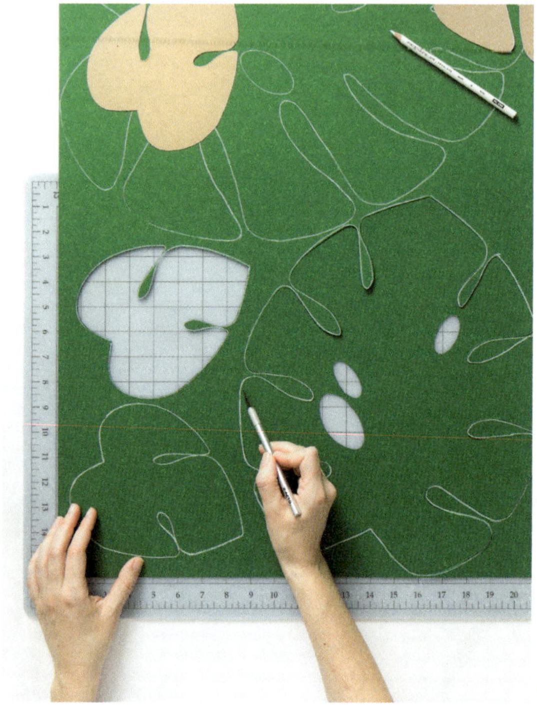

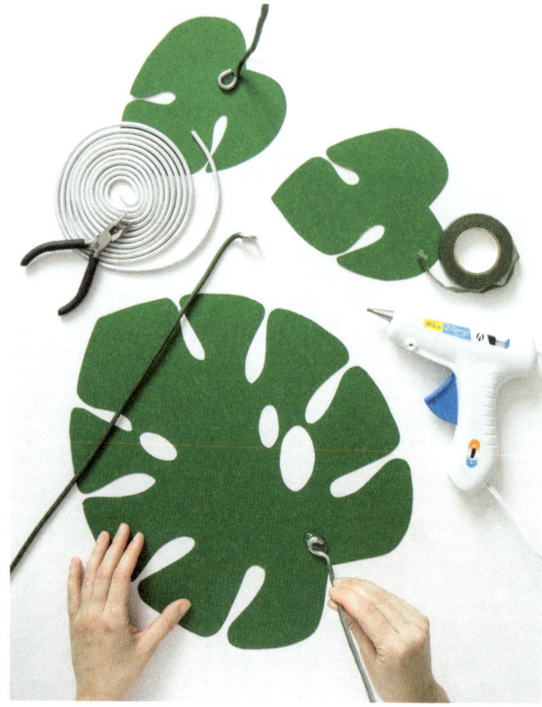

SCHRITT 1

DIE BLÄTTER ZEICHNEN UND AUSSCHNEIDEN

Zeichnen Sie mithilfe der drei Schablonen die Blattformen von drei großen, vier mittelgroßen und drei kleinen Blättern auf das große Bastelpapier. Verwenden Sie die ovale Schablone, um Löcher in alle großen und mittelgroßen Blätter zu zeichnen, oder malen Sie die Löcher freihändig. Achten Sie in jedem Fall darauf, dabei nicht über die Mittellinie zu zeichnen. Schneiden Sie die Blätter mit der Schere (oder dem Bastelmesser) aus. Wenn Sie möchten, können Sie mit dem Bastelmesser eine feine Linie von der Blattmitte abwärts ritzen.

SCHRITT 2

DEN DRAHT MIT DEN BLÄTTERN VERBINDEN

Für die kleinen Blätter glätten Sie ein Stück Armaturdraht und schneiden Sie es mit dem Drahtschneider auf eine Länge von etwa 41 cm. Biegen Sie mithilfe der Nadelzange ein Ende des Drahts zu einer Schlinge und die Schlinge nach unten, sodass sie senkrecht zum restlichen Draht steht. Wickeln Sie grünes Floristenband um den geraden Teil des Drahts. Für die mittelgroßen und großen Blätter glätten Sie ein Stück Armaturdraht und schneiden es auf eine Länge von etwa 50 cm. Dann bilden Sie eine Schlinge, die Sie senkrecht zum geraden Teil des Drahts biegen. Diesen Draht umwickeln Sie nicht mit Floristenband, sondern befestigen die Drahtschlingen mit einem etwa 2-Cent-Münzengroßen Punkt Heißkleber am unteren Ende der Blätter. Halten Sie sie einige Sekunden fest, bis der Kleber aushärtet.

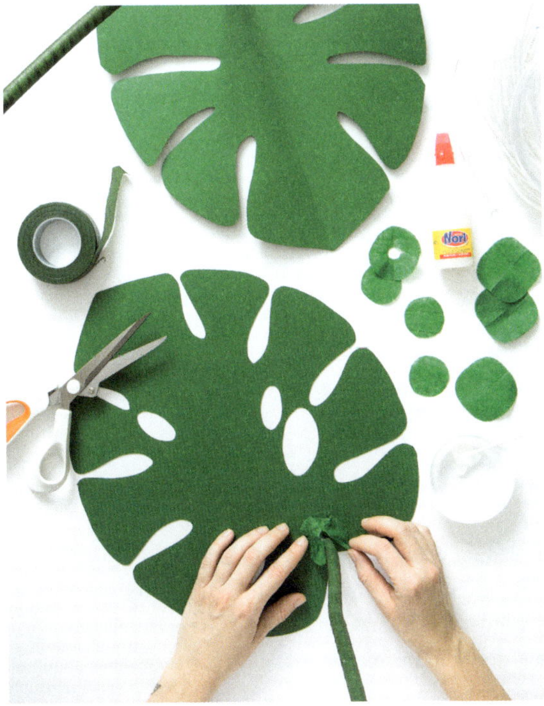

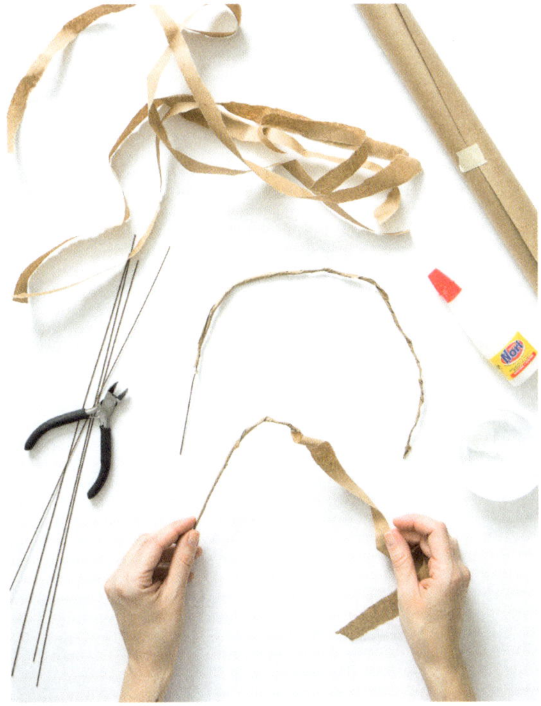

SCHRITT 3

DIE VERBINDUNG VERSTECKEN

Schneiden Sie für die großen Blätter ein Stück Kunststoffschlauch ab, das etwa 15 cm kürzer ist als der an ihnen befestigte Armaturdraht. Umwickeln Sie den Schlauch mit dunkelgrünem Floristenband und schieben Sie ihn über den Armaturdraht. Schneiden Sie drei bis fünf donutförmige Stücke Seidenpapier pro Blatt zurecht – mit etwa 5 cm Durchmesser für die großen, etwas weniger für die kleinen Blätter. Schneiden Sie einen Schlitz von einer Kante zur Mitte der donutförmigen Seidenpapierstücke. Tragen Sie auf eine Seite des Seidenpapiers Flüssigkleber auf und wickeln Sie es um die Verbindung von Draht und Schlauch. Fügen Sie noch zwei oder drei Seidenpapierstücke hinzu, bis die Verbindungsstelle komplett verdeckt ist. Wiederholen Sie das Ganze für alle Blätter.

SCHRITT 4

DIE LUFTWURZELN BASTELN

Schneiden Sie die 0,8-mm-Drähte in sechs Stücke mit etwa 13 cm Länge. Reißen Sie mehrere Streifen Packpapier von etwa 12 mm Breite und 38 bis 50 cm Länge ab. Bestreichen Sie eine Seite der Streifen mit Flüssigkleber (oder Holzleim). Umwickeln Sie ein 13 cm langes Stück Draht ab der Hälfte mit Packpapier, welches am Draht und an sich selbst kleben sollte. Drehen Sie den Draht, während Sie ihn weiter mit Packpapier umwickeln und wenn Sie das Ende des Drahts erreicht haben, wickeln und kleben Sie das Papier noch ein paar Zentimeter weiter um sich selbst, bis Sie eine etwa 30,5 cm lange Luftwurzel erhalten. Wiederholen Sie diesen Schritt, um fünf bis sechs Luftwurzeln zu basteln.

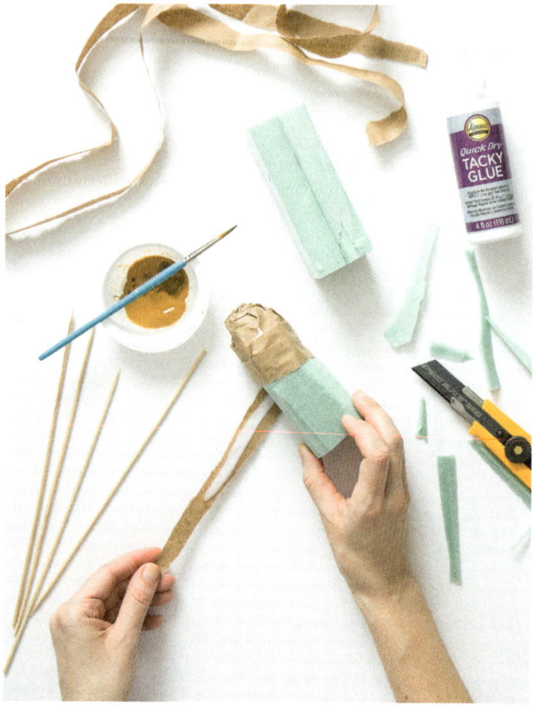

SCHRITT 5

EINEN WURZELANSATZ BASTELN

Folgen Sie den Anweisungen auf Seite 53, um einen großen Wurzelansatz herzustellen, der etwa 13 cm hoch ist. Verwenden Sie hier-für zwei Lagen Schaum und malen Sie mit der dunkelbraunen Acrylfarbe auf das Packpapier. Stecken Sie mehrere Holzspieße in die Unterseite des Wurzelansatzes, um ihn in dem mit Schaum gefüllten Pflanzgefäß zu fixieren.

SCHRITT 6 ▸

DIE PFLANZE ZUSAMMENBAUEN

Beginnen Sie damit, den Wurzelansatz in den mit Schaum gefüllten Topf zu stecken – schieben Sie ihn so lange nach unten, bis er auf der Schaumschicht aufsitzt. Fügen Sie als Nächstes ein großes Blatt hinzu. Stecken Sie das 15 cm lange, unbeklebte Stück Armaturdraht in den Wurzelansatz hindurch in den Schaum im Topf. Wenn es schwierig ist, den Draht hineinzuschieben, machen Sie zuerst ein Loch mit einem Holzspieß. Schieben Sie den Draht so weit, bis der Schlauch an dem Wurzelansatz anliegt. Verdecken Sie die Verbindung von Schlauch und Wurzelansatz mit einem Stück abgerissenem Packpapier, das Sie mit Holzleim (oder Flüssigkleber) darüberkleben. Fügen Sie weitere Blätter hinzu, achten Sie dabei darauf, dass die Pflanze das Gleichgewicht hält, und verdecken Sie alle Verbindungsstellen mit Packpapier. Zum Schluss stecken Sie die Luftwurzeldrähte in den Wurzelansatz und bedecken den Schaum mit Bodenbelag.

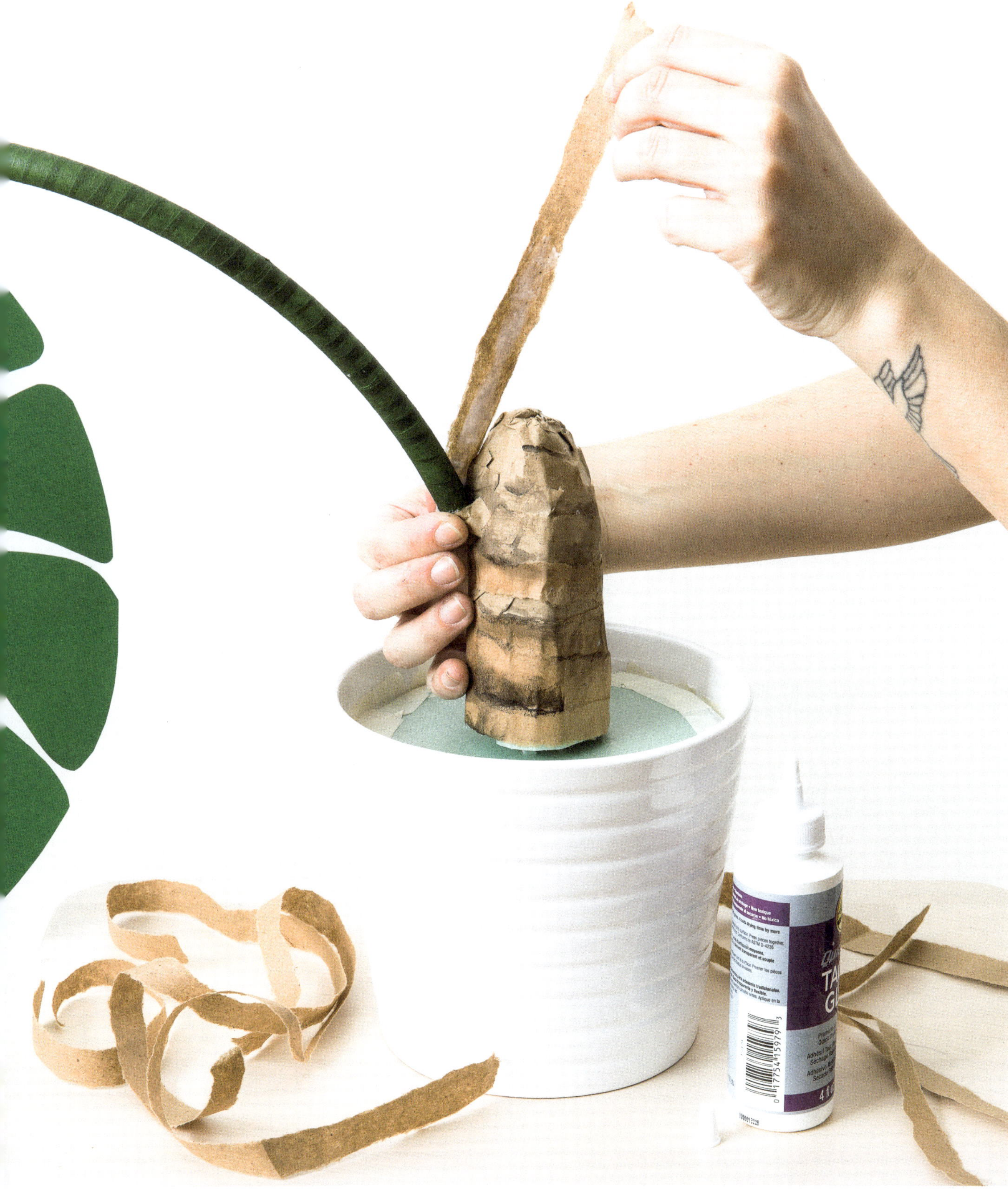

Geigenfeige

Der Geigenfeigenbaum, botanisch *Ficus lyrata*, ist ein absoluter Klassiker unter den Lieblingen von Pflanzenfans, die seine ausgefallene Gestalt und seine großen, geigenförmigen Blätter schätzen. Diese Pflanze erscheint mir als etwas, das aus der Feder von Dr. Seuss stammen könnte. Ihr fantasieanregendes Äußeres (und zugegebenermaßen auch die Tatsache, dass ich es nicht schaffe, eine echte am Leben zu erhalten) hat mich dazu inspiriert, eine Geigenfeige aus Papier zu fertigen. Sie war die Pflanze, mit der alles begann! Über die Jahre habe ich einige Geigenfeigen gebastelt und die vorgestellten Techniken haben sich bewährt. Ich habe die Papierpflanze in meinem Wohnzimmer stehen, sie wäre aber sicher auch ein schönes Dekoelement für das Schlaf- oder Kinderzimmer.

ECKDATEN

- Mit strahlend grüner Farbe auf den Blättern, gelben Punkten auf Stamm und Ästen und einer etwas extravaganteren Formgebung können Sie Ihre Geigenfeige stilisiert darstellen.
- Für eine realistischer wirkende Pflanze können Sie diese Elemente entsprechend abstufen.
- Diese Pflanze besteht aus etwa 40 Blättern an 10 Ästen in einem Blumentopf mit 25,5 cm Durchmesser.
- Die Endmaße betragen etwa 81 cm Höhe × 86 cm Breite.

MATERIALIEN

- 2 Schablonen (Seite 258, 259)
- Gelbe, grüne und braune Acrylfarbe
- 20 Blatt hellgrünes Bastelpapier (A4)
- 16 Holzstäbe, alle 1,2 cm lang, mit folgenden Durchmessern: 1 à 2,5 mm; 1 à 5 mm ; 2 à 6 mm; 2 à 7 mm
- Gips oder Grundierung
- Zeitungspapier und Mehl
- Mit 2 Lagen Schaum gefülltes Behältnis, in der Mitte des Schaums ein Loch von 2,5 cm Durchmesser
- Kies oder Bodenbelag nach Wahl

WERKZEUGE

- Bleistift
- Falzbein
- Schere
- Mischpalette
- Kleiner Rundpinsel
- Flachpinsel (2,5 cm)
- Lasurpinsel (2,5 cm)
- Schraubzwinge
- Rührschüssel und Schneebesen
- Handsäge
- Bohrmaschine und Bohrer
- Heckenschere
- Heißklebepistole und -patronen

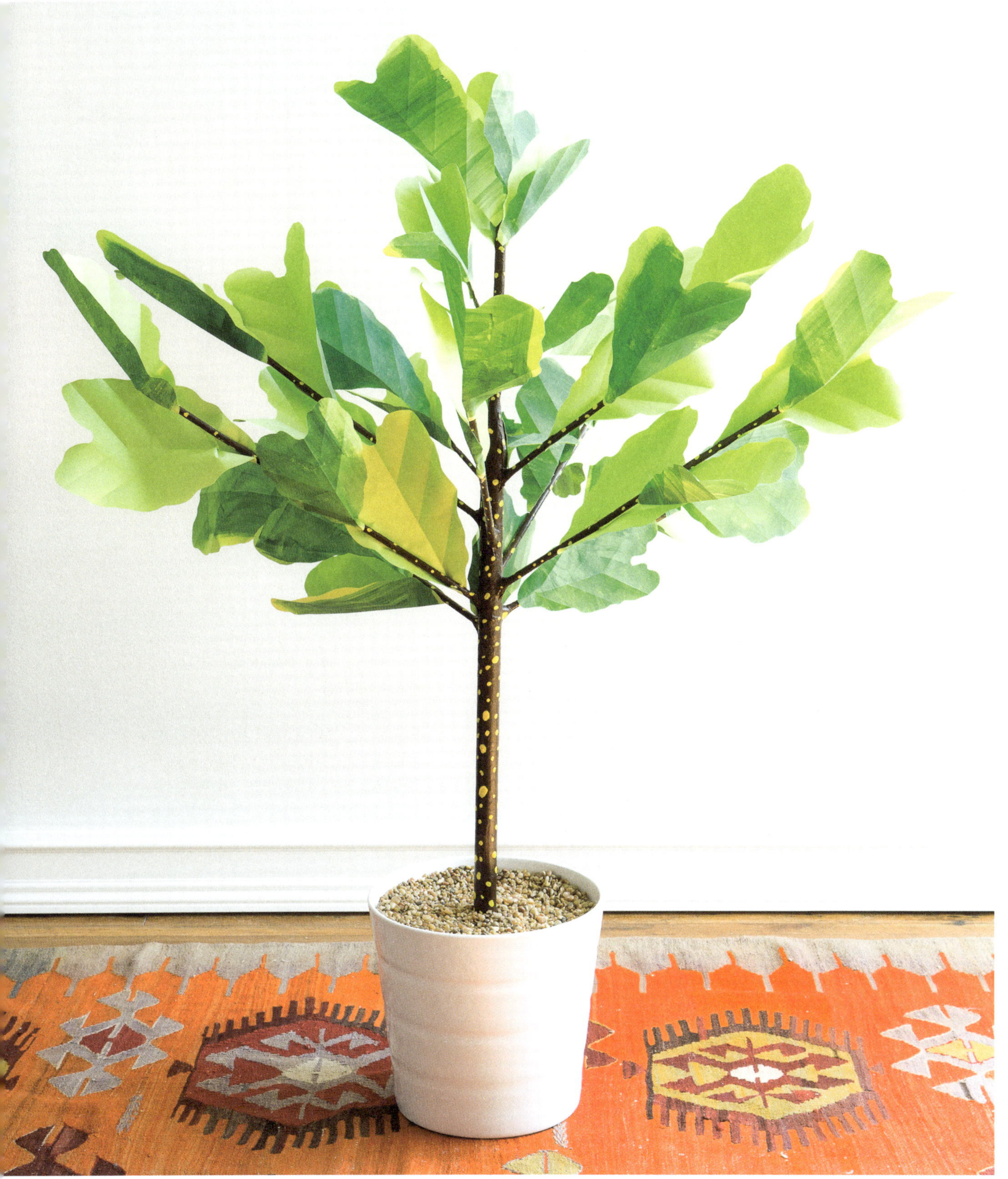

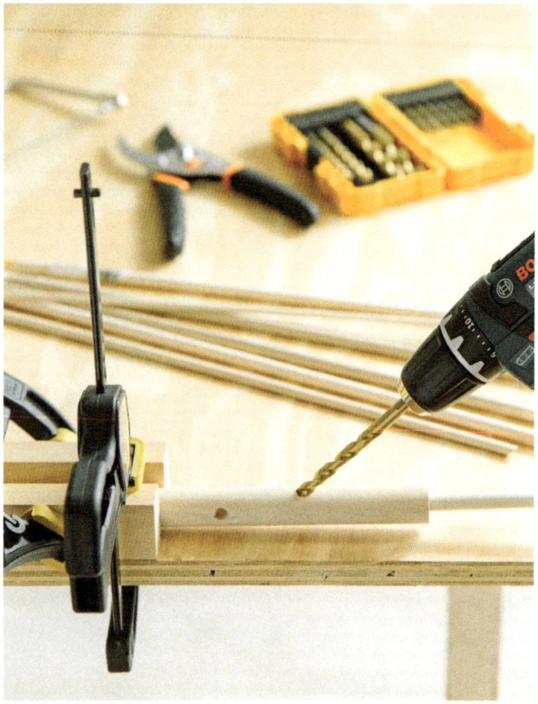

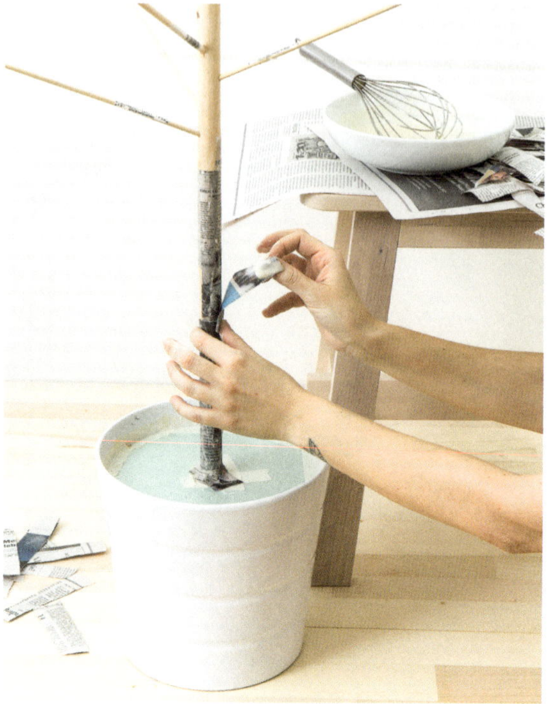

SCHRITT 1

DEN BAUM KONSTRUIEREN

Folgen Sie den Anweisungen auf Seite 64, um aus den langen Holzstäben einen Baum in einem Behältnis Ihrer Wahl zusammenzubauen.

SCHRITT 2

DEN BAUM MIT PAPPMASCHEE VERKLEIDEN

Verkleiden Sie den Baum entsprechend der Anleitung zum Arbeiten mit Pappmaschee auf Seite 62. Stellen Sie sicher, dass das Pappmaschee vollständig getrocknet ist, bevor Sie mit dem nächsten Arbeitsschritt fortfahren.

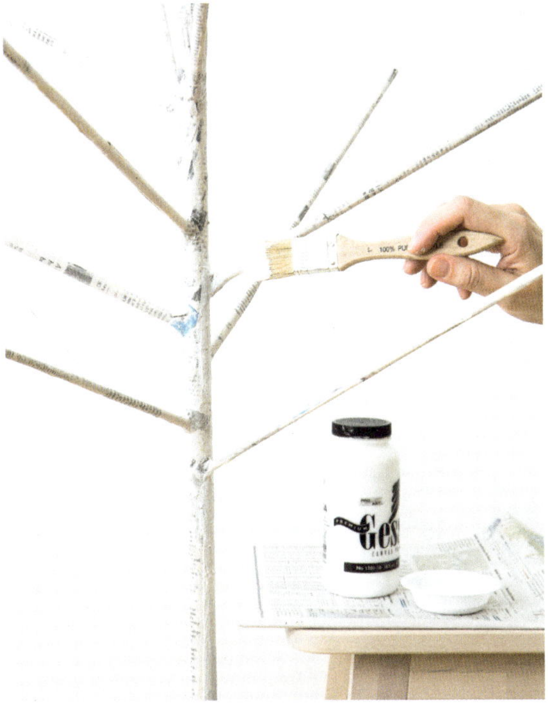

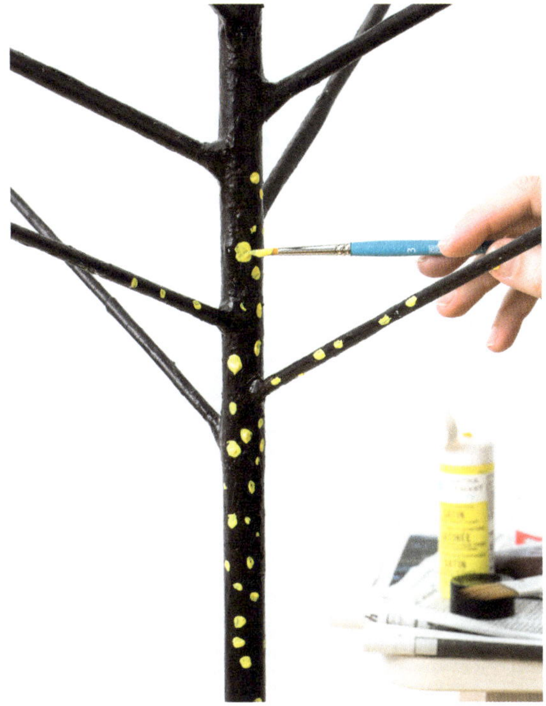

SCHRITT 3

GIPS AUF DEN BAUM AUFTRAGEN

Wenn das Pappmaschee komplett trocken ist, tragen Sie eine Schicht Gips oder Grundierung auf und lassen Sie auch diese Schicht vollständig trocknen.

SCHRITT 4

DEN BAUM BEMALEN

Bemalen Sie den gesamten Baum mit brauner Acrylfarbe. Sobald die Farbe getrocknet ist, können Sie mit dem Rundpinsel überall gelbe Punkte aufmalen.

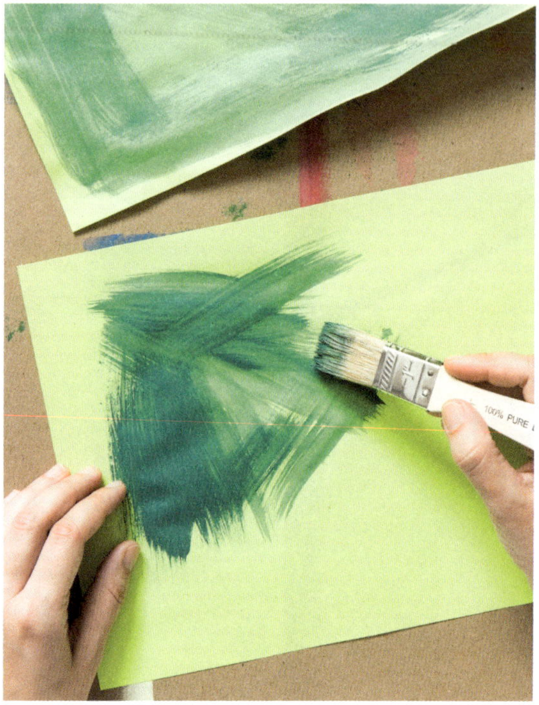

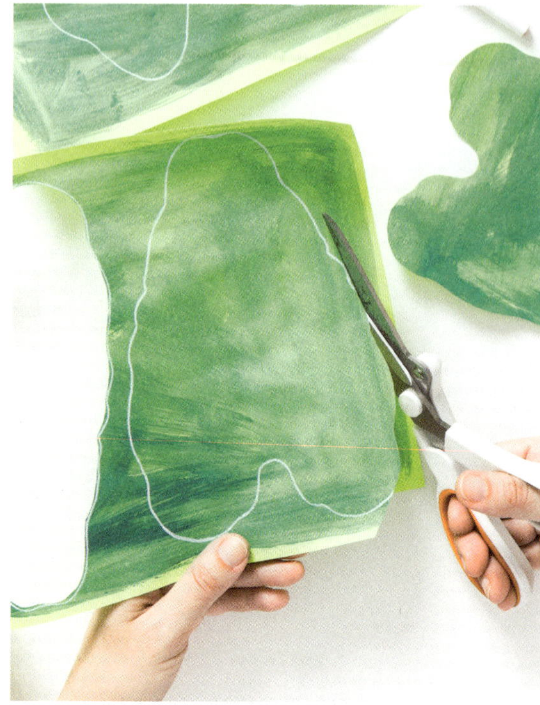

SCHRITT 5

DAS PAPIER VORBEREITEN

Folgen Sie den Anweisungen zur Trockenpinsel-Technik auf Seite 34 und tragen Sie mit dem Lasurpinsel (2,5 cm) grüne Acrylfarbe auf eine Seite der Bastelpapierblätter auf. Sie müssen die Blätter weder vollständig noch perfekt ausgeglichen bemalen – eine künstlerische Anmutung mit etwas unordentlich wirkender Strichführung ist ideal. Lassen Sie die Farbe vollständig trocknen.

SCHRITT 6

DIE BLÄTTER ZEICHNEN UND AUSSCHNEIDEN

Zeichnen Sie mithilfe der zwei Schablonen etwa 20 große und 20 kleine Blattformen auf das vorbereitete Papier. Schneiden Sie die Blätter mit der Schere aus.

SCHRITT 7 ▶

DIE BLÄTTER FORMEN

Falten Sie jedes Blatt der Länge nach in der Mitte, wobei die bemalte Seite nach außen zeigt, und richten Sie die Kanten genau aufeinander aus. Fahren Sie den Falz mit dem Falzbein nach.

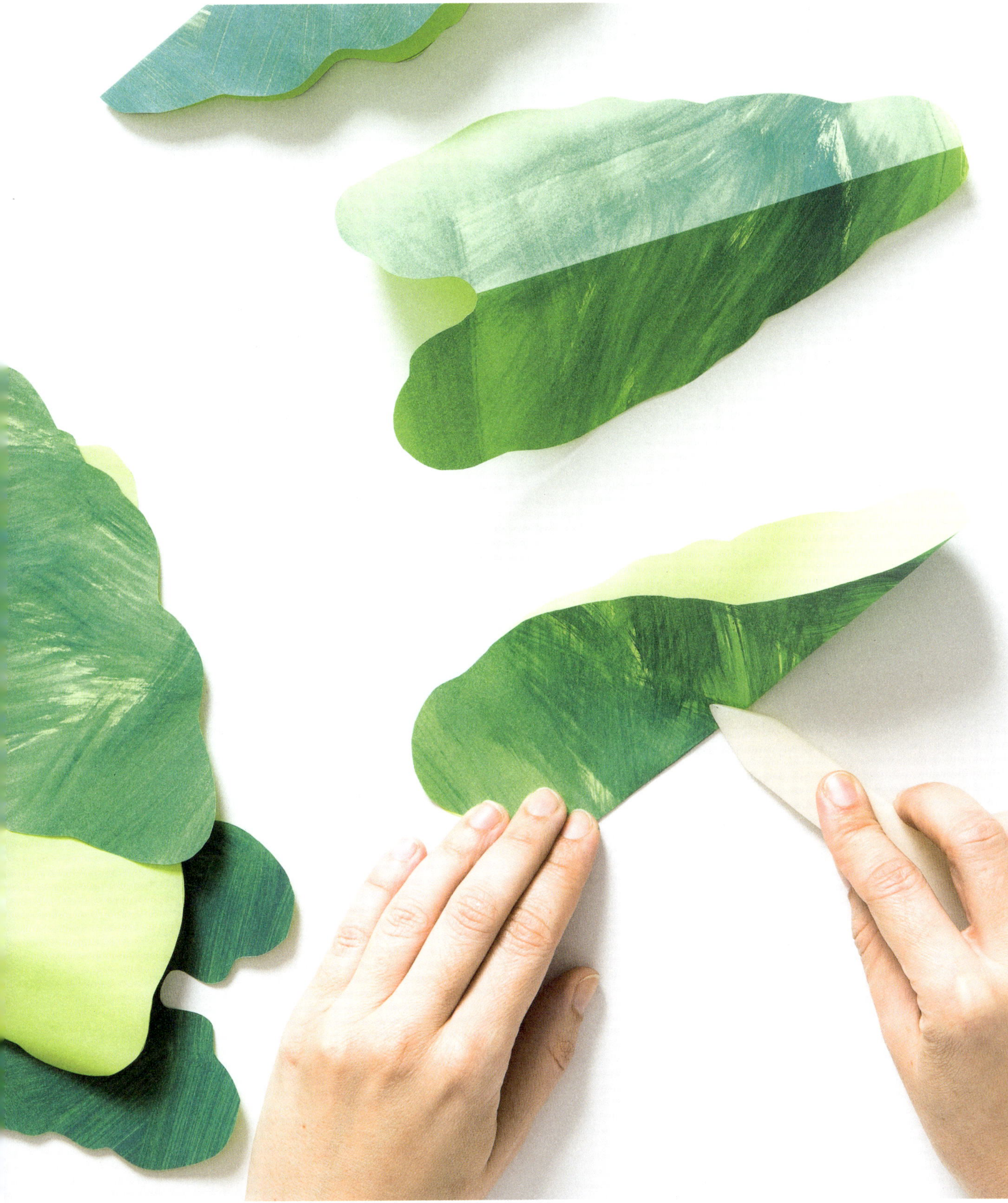

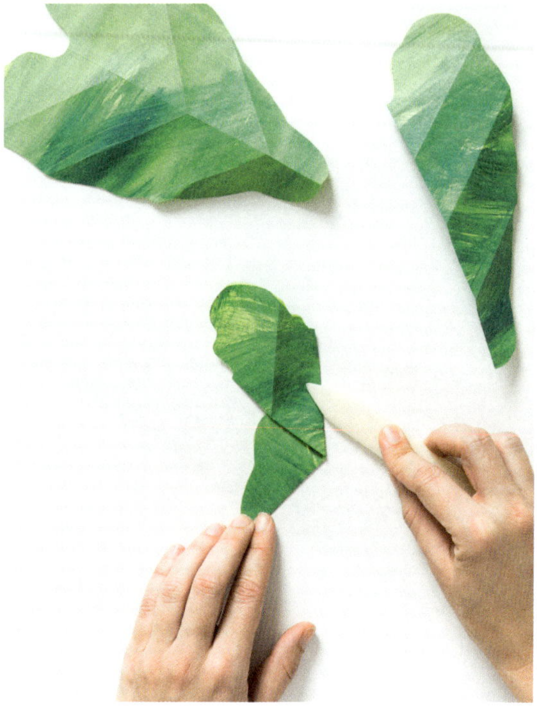

SCHRITT 8

DIE BLÄTTER FORMEN

Während die Blätter in der Mitte gefaltet sind, machen Sie mehrere Falze im 45-Grad-Winkel auf jeder Seite der Blätter. Lassen Sie dazwischen etwa 2,5 bis 4 cm und gehen Sie noch einmal mit dem Falzbein über die Falzlinien. Dann falten Sie die Blätter auf und glätten Sie sie, aber so, dass die Knickstellen als Blattadern sichtbar bleiben.

SCHRITT 9 ▶

DIE BLÄTTER VERBINDEN

Geben Sie zwei Punkte Heißkleber auf das untere (spitzere) Blattende und drücken Sie das Papier um die Unterseite eines Asts. Drücken Sie das Blatt an der Stelle mit dem Kleber fest. Bringen Sie alle Blätter in leicht unterschiedlichen Winkeln an, lassen Sie einige nach oben oder waagerecht vom Ast weg zeigen. Kleben Sie alle Blätter an und bedecken Sie den Schaum mit Bodenbelag.

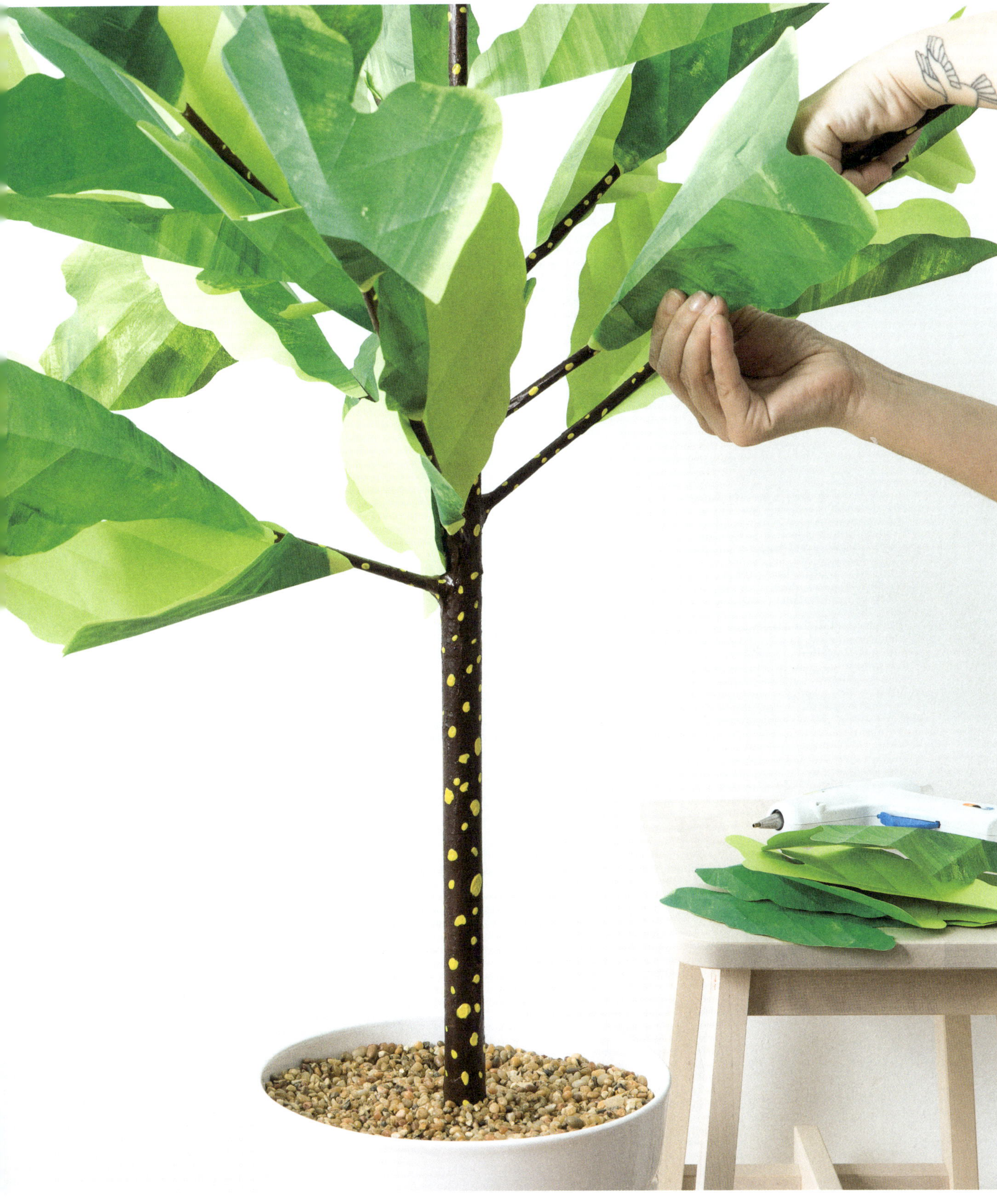

Maniok

Bei dieser Pflanze denke ich unwillkürlich an Tapioka und damit an diese herrliche Szene aus dem Film Benny & Joon, in der Joon Tapiokapudding isst und die Vorzüge von Rosinen diskutiert. Bevor der Film herauskam, hatte ich nie von Tapioka gehört. Heute bin ich ein Fan, und zwar nicht nur der aus der Maniokwurzel gewonnenen Speisestärke, sondern auch der Maniokpflanze selbst! Diese hat einzigartige mehrlappige Blätter, die mich an Schneeflocken aus Papier erinnern. Der Hauptstamm wird von kleinen Blattschirmchen gesäumt, immer ein Blatt an einem Zweig, und wird bis zu 1,5 Meter hoch. Ich habe eingetopfte Maniokpflanzen in großzügigen modernen Häusern gesehen, aber das ist nicht ihre einzige Präsentationsmöglichkeit.

ECKDATEN

- Diese Pflanze besteht aus 10 Blättern, 6 kleinen und 4 großen, an 10 Ästen in einem Blumentopf mit 30,5 cm Durchmesser.
- Die Endmaße betragen etwa 1 m Höhe × 86 cm Breite.

MATERIALIEN

- 2 Schablonen (Seite 278, 279)
- Braune Acrylfarbe
- Limettengrüner Gelstift
- 2–3 große mittelgrüne Bastelpapierbögen (mind. 61 × 40 cm)
- 6 Holzstäbe, alle 1,2 m lang, mit folgenden Durchmessern: 1 à 2,5 cm; 1 à 5 mm; 2 à 6 mm; 2 à 7 mm
- Holzleim
- Zeitungspapier und Mehl
- Gips oder Grundierung
- Mit 2 Lagen Schaum gefülltes Behältnis, in der Mitte des Schaums ein Loch von 2,5 cm Durchmesser
- Kies oder Bodenbelag nach Wahl

WERKZEUGE

- Bleistift
- Falzbein
- Schere
- Bastelmesser
- Lineal
- Mischpalette
- Flachpinsel (2,5 cm)
- Rührschüssel und Schneebesen
- Schraubzwinge
- Bohrmaschine und Bohrer
- Handsäge
- Heckenschere

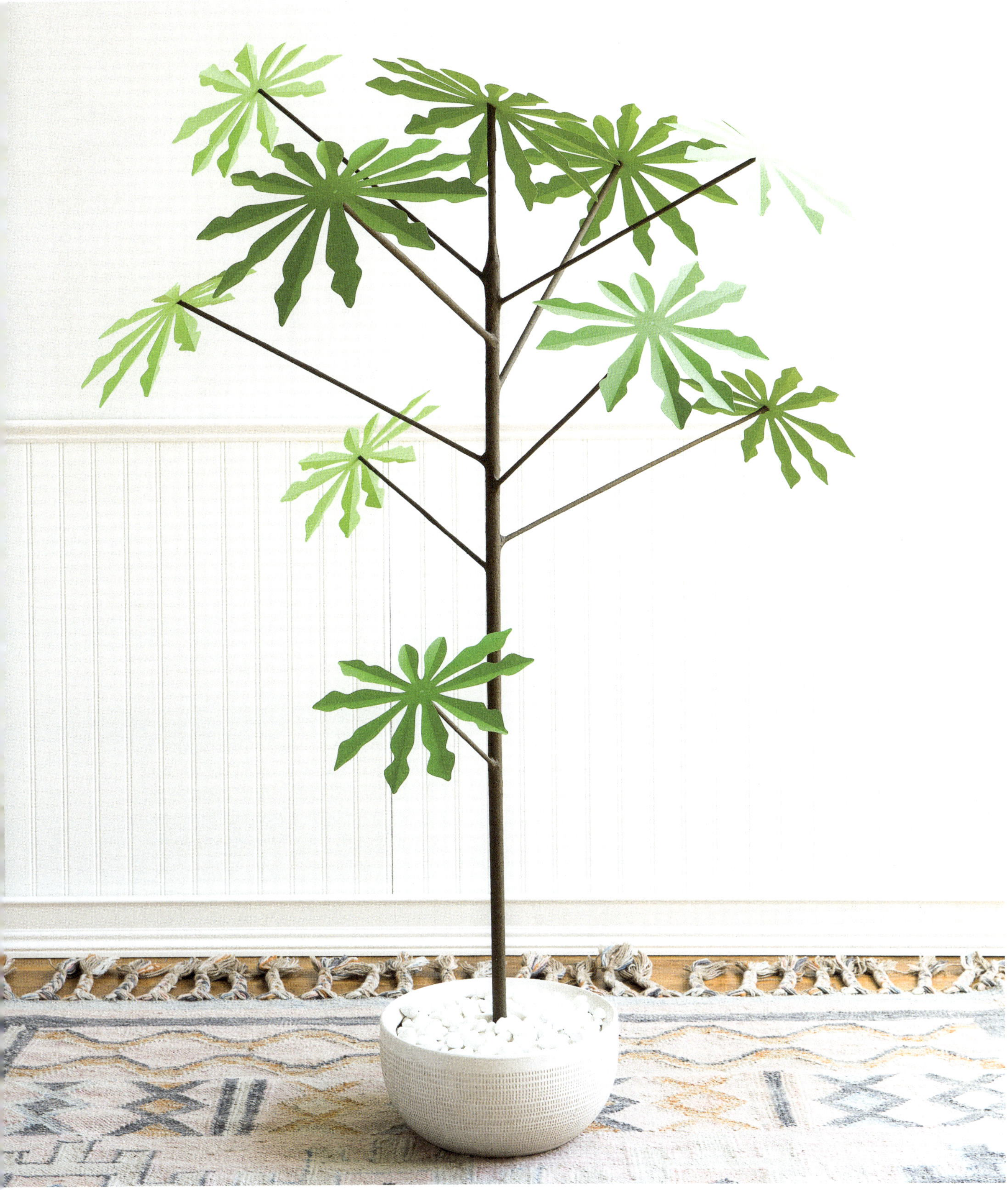

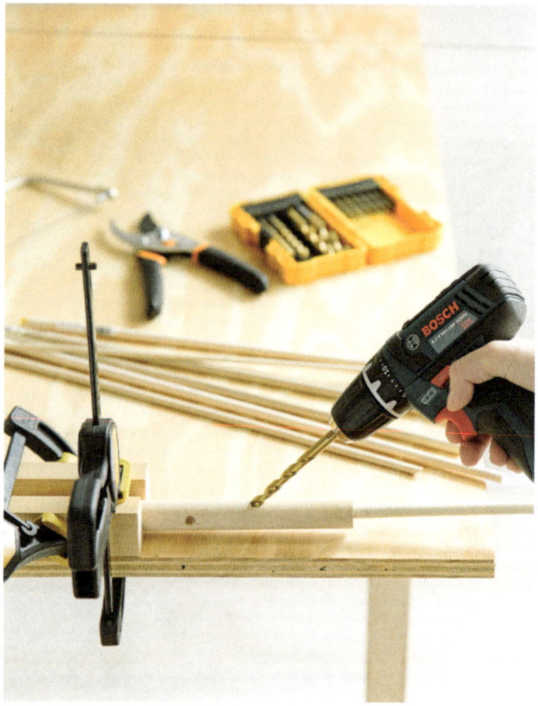

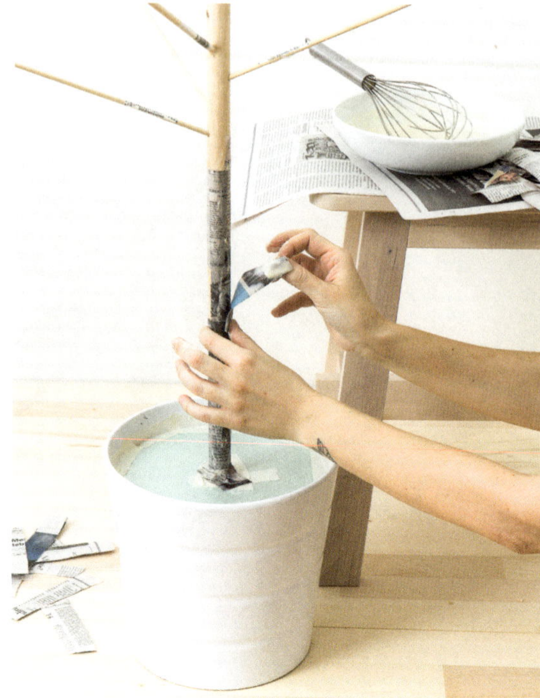

SCHRITT 1

DEN BAUM KONSTRUIEREN

Folgen Sie den Anweisungen auf Seite 64, um aus den langen Holzstäben einen Baum in einem Behältnis Ihrer Wahl zusammenzubauen.

SCHRITT 2

DEN BAUM MIT PAPPMASCHEE VERKLEIDEN

Verkleiden Sie den Baum entsprechend der Anleitung zum Arbeiten mit Pappmaschee auf Seite 62. Stellen Sie sicher, dass das Pappmaschee vollständig getrocknet ist, bevor Sie mit dem nächsten Arbeitsschritt fortfahren.

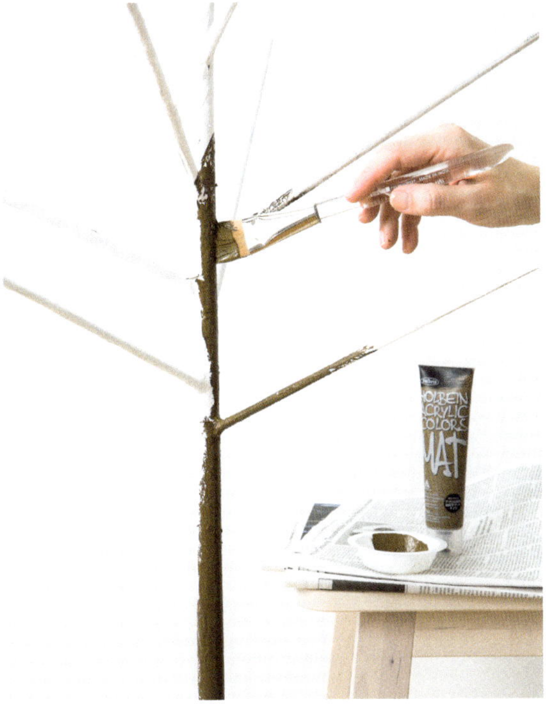

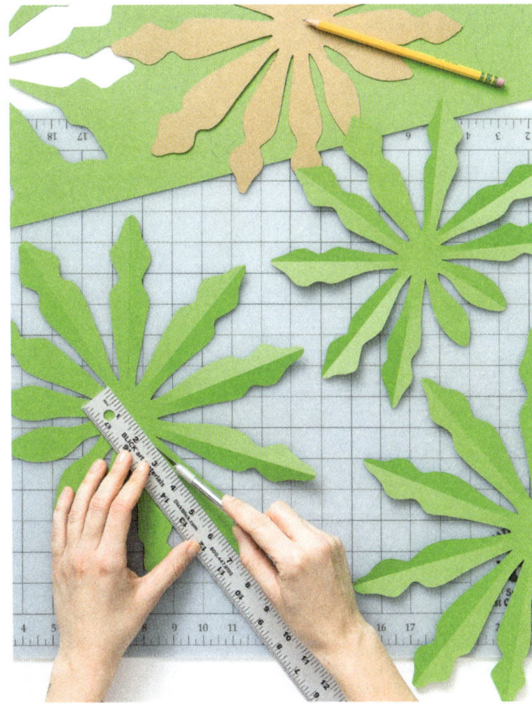

SCHRITT 3

GIPS AUF DEN BAUM AUFTRAGEN

Wenn das Pappmaschee komplett trocken ist, tragen Sie eine Schicht Gips oder Grundierung auf und lassen Sie auch diese Schicht vollständig trocknen. Danach bemalen Sie den gesamten Baum mit brauner Acrylfarbe.

SCHRITT 4

DIE BLÄTTER ZEICHNEN, AUSSCHNEIDEN UND EINRITZEN

Zeichnen Sie mithilfe der zwei Schablonen vier große und sechs kleine Blattformen auf die großen Bastelpapierbögen. Schneiden Sie die Blätter mit der Schere (oder dem Bastelmesser) aus. Verwenden Sie das Bastelmesser und ein Lineal, um in der Mitte jedes Blattfingers eine Linie leicht einzuritzen und die Blätter entlang dieser Linien leicht zu falten.

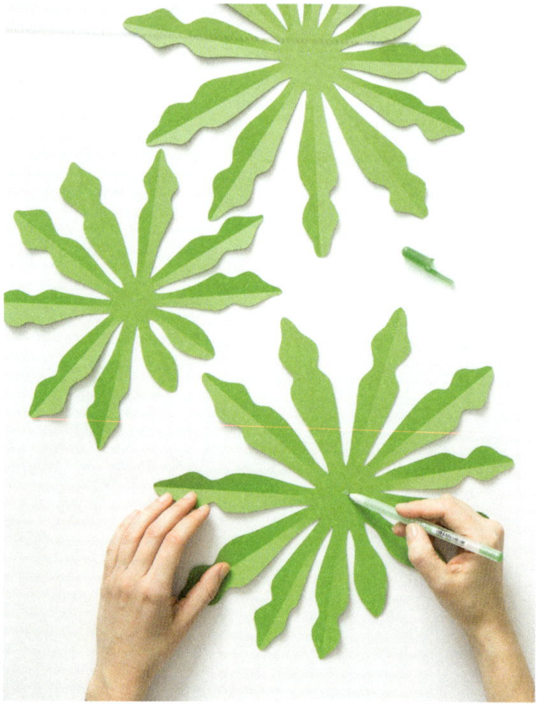

SCHRITT 5

DETAILS AUF DIE BLÄTTER MALEN

Malen Sie mit dem grünen Gelstift einen kleinen Punkt in die Mitte jedes Blatts.

SCHRITT 6 ▶

DIE BLÄTTER ANBRINGEN

Schneiden Sie die Enden der Zweige mit der Heckenschere im 40- bis 60-Grad-Winkel ab. Dadurch erhalten Sie eine glatte Fläche, auf die Sie die Blätter kleben können. Passen Sie die Winkel an, bis Sie mit der Richtung, in die das Blatt zeigen wird, zufrieden sind. Setzen Sie einen kleinen Punkt Holzleim auf die Schnittfläche des Zweigs und platzieren mittig ein Blatt auf dem Leim, die Seite mit dem grünen Punkt in der Mitte zeigt nach oben. Drücken Sie das Blatt ein paar Sekunden fest, bis der Leim anfängt zu trocknen. Kleben Sie alle Blätter auf diese Weise an und bedecken Sie den Schaum mit Bodenbelag.

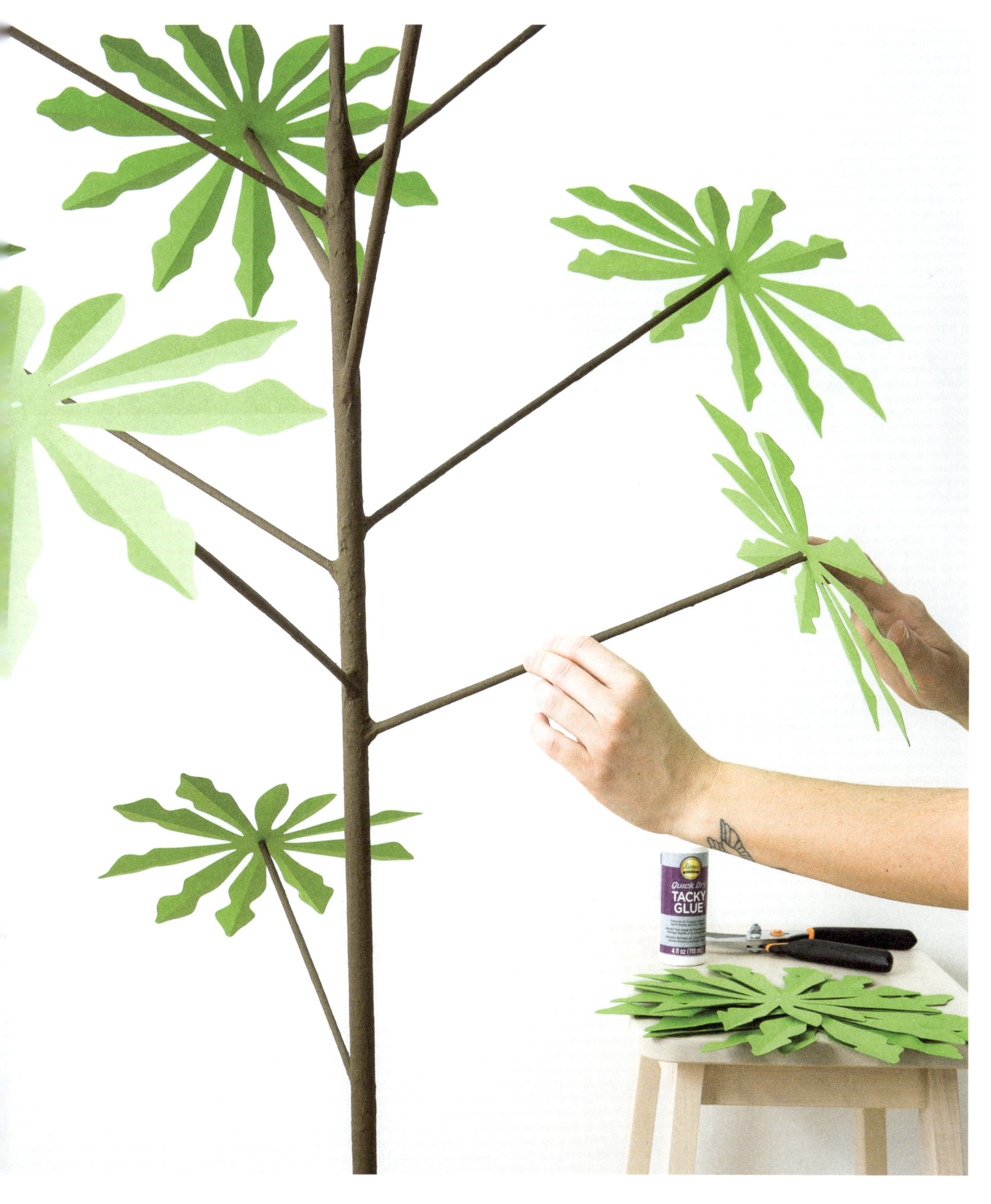
Quick Dry
TACKY
GLUE
4 fl oz (118 mL)

Arrangements

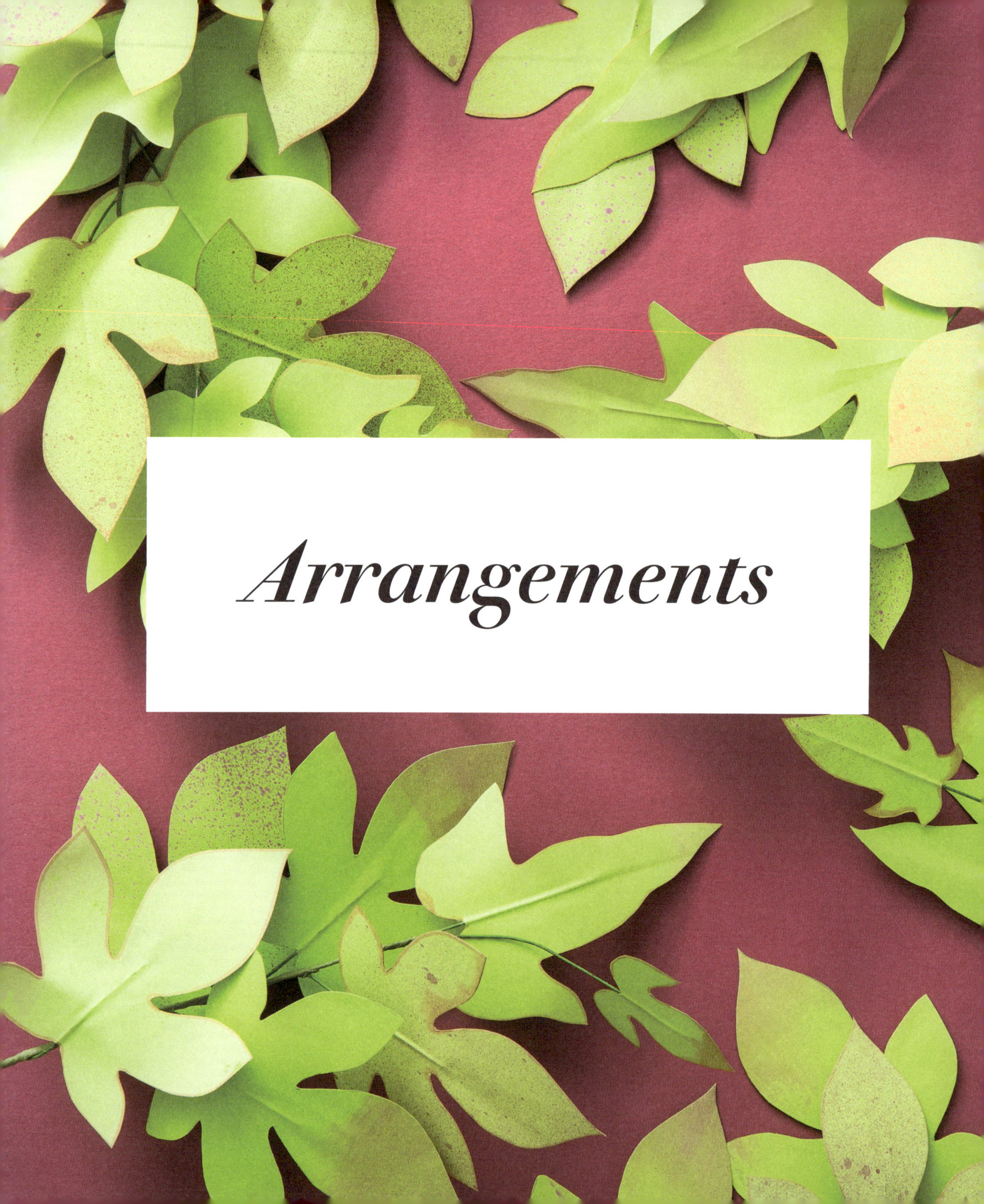

Eine der vielen Freuden – und reizvollen Herausforderungen – beim Basteln von Papierpflanzen ist die Tatsache, dass Ihrer Kreativität keine Grenzen gesetzt sind! Sie können ohne Weiteres eine kleine Pflanze größer ausfallen lassen. Oder Sie machen rosa, was Mutter Natur in Grün erschaffen hat. Sie können Kränze, Hüte oder sogar Lüster aus Papierpflanzen herstellen. Nehmen Sie sich ein paar Stunden Zeit, um eine kleine Topfpflanze zu basteln, oder verbringen Sie Wochen mit der Arbeit an einer ganzen Laubwand. Die Fertigkeiten, die Sie sich bei den vorangegangenen 30 Projekten angeeignet haben, können Sie nach Lust und Laune einsetzen, um andere Pflanzen (oder andere Bastelprojekte) zu verwirklichen. Hier folgen nun noch fünf Beispiele, in denen Techniken zur Anwendung kommen, die Sie bereits gelernt haben oder so ähnlich sind, dass Sie sie leicht anpassen können.

Platzkarten & Tafelaufsätze

Ein toller Einsatzbereich für Papierpflanzen sind Tafelaufsätze. Ich habe hier Zebrakraut verwendet, Sie können aber auch jede andere Pflanze wählen, die Ihnen gefällt. Es kann sein, dass Sie die Blätter und Drähte etwas anders anordnen müssen, aber die Mühe lohnt sich, um Ihr Kunstwerk zu präsentieren und Ihre Gäste zu beeindrucken. Um das Thema nochmals aufzugreifen, können Sie kleine Zweige basteln und als passende Platzkärtchen verwenden. Basteln Sie mehrere kleine Zweige mit jeweils drei bis fünf Blättern und hängen Sie einfach ein Schildchen mit den Namen der Gäste daran. Zum Abschluss der Feier können Sie die Zweige als persönliche Gastgeschenke mit nach Hause geben.

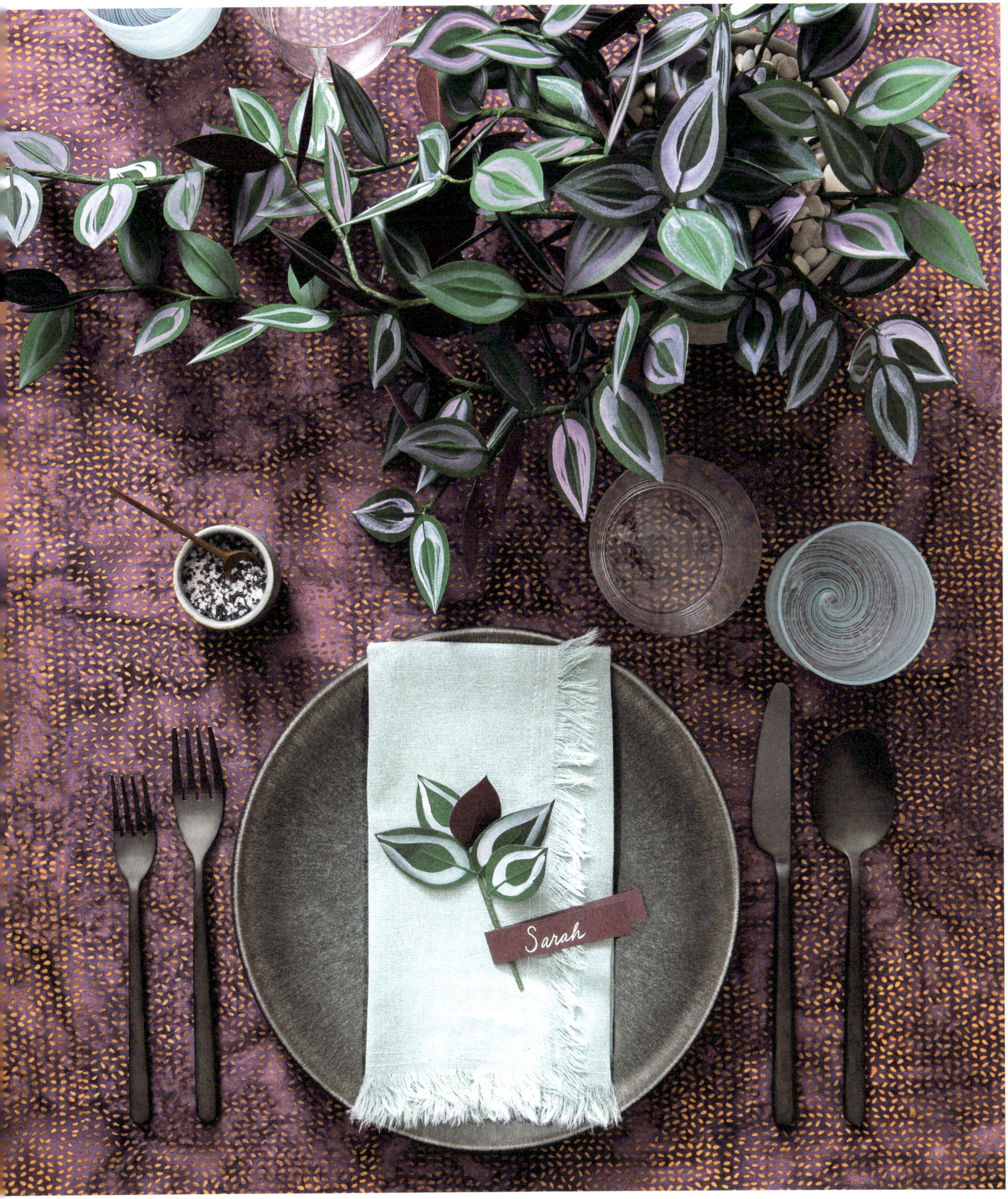
Sarah

Scheinreben-Girlande

Die Bunte Ussuri-Scheinrebe hat traumhafte grün-weiß gesprenkelte Blätter an leuchtend roten Stielen. Die Blätter habe ich mit einer ähnlichen Technik wie die der Süßkartoffelranken (siehe Seite 200) hergestellt. Weiße und grüne Bastelpapierblätter werden mit verdünnter Acrylfarbe besprüht, um das Sprenkelmuster zu erzielen, und die Ranke wurde mit rotem Floristenband verbunden. Eine längere Ranke können Sie mit Spulendraht oder auch einfach mit mehreren verbundenen geraden Drahtstücken anfertigen. Drapieren Sie die Ranke wie ich über einem Sims oder legen Sie sie als besondere Festtagsdekoration um ein Treppengeländer. Das Schablonenmuster für diese Blätter finden Sie auf Seite 266.

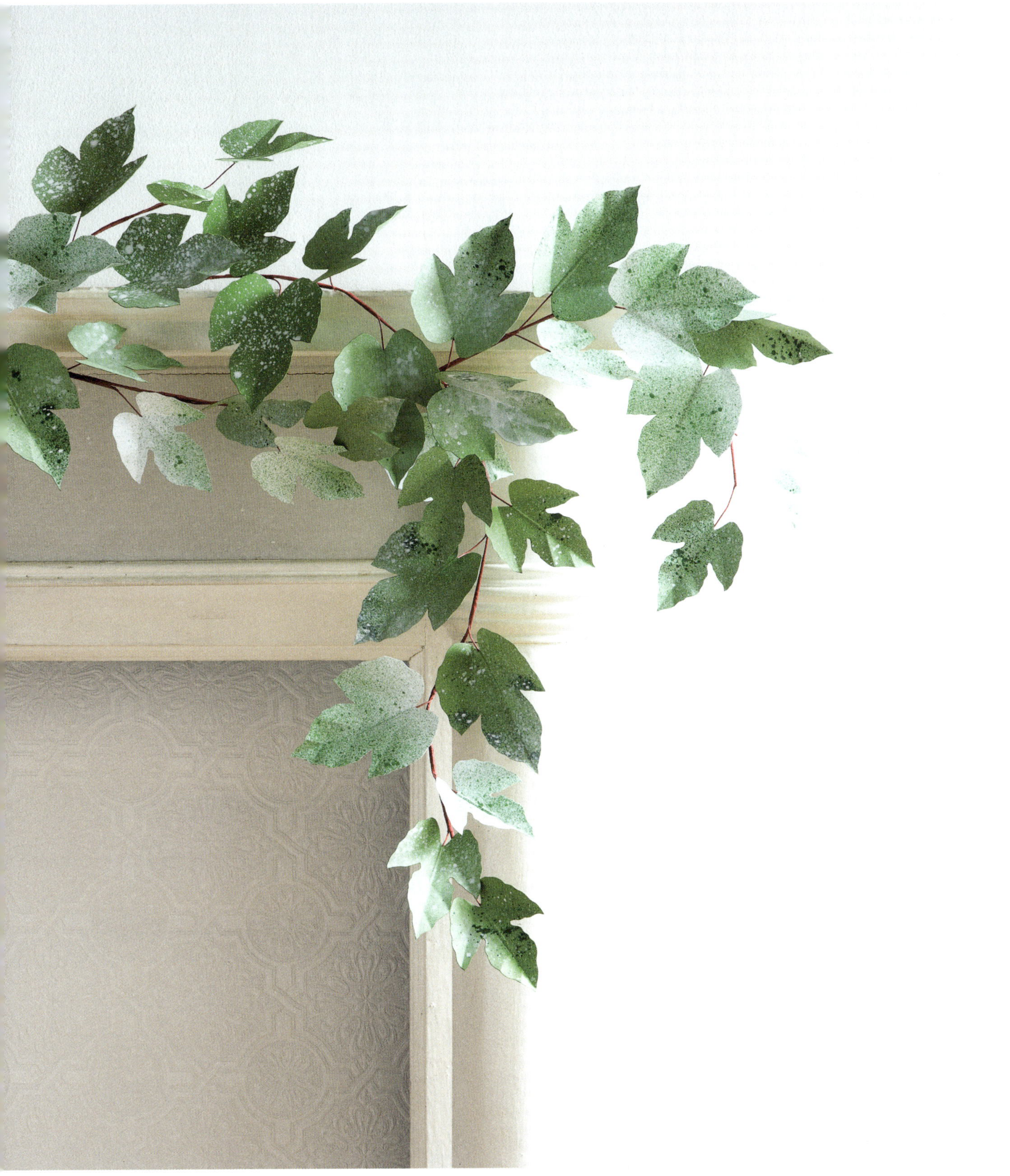

Bunter Pflanzenmix

Eine Sache, die mir im Freien so gut gefällt, die man bei Zimmerpflanzen aber nur selten sieht, ist die Zusammenstellung mehrerer unterschiedlicher Pflanzen in einem Pflanzgefäß. Die Kombinationsmöglichkeiten von Papierpflanzen ergeben sich aus dem, was Sie als ästhetisch harmonisch empfinden – um Bodentypen oder Sonneneinstrahlung müssen Sie sich keine Gedanken machen. Ich habe hier Süßkartoffelranken, Weiße Kaladien, rosa- und pinkfarbene Keulenlilien, Rosa Punktblatt und Herzblättrigen Philodendron zusammen eingetopft. Ich liebe die Kontraste von Formen und Farben und die Rosatupfen, die hier überall auftauchen. Für dieses Projekt werden keine speziellen Werkzeuge benötigt – füllen Sie einfach Schaum in ein großes Behältnis und stellen Sie Ihren Pflanzenmix zusammen.

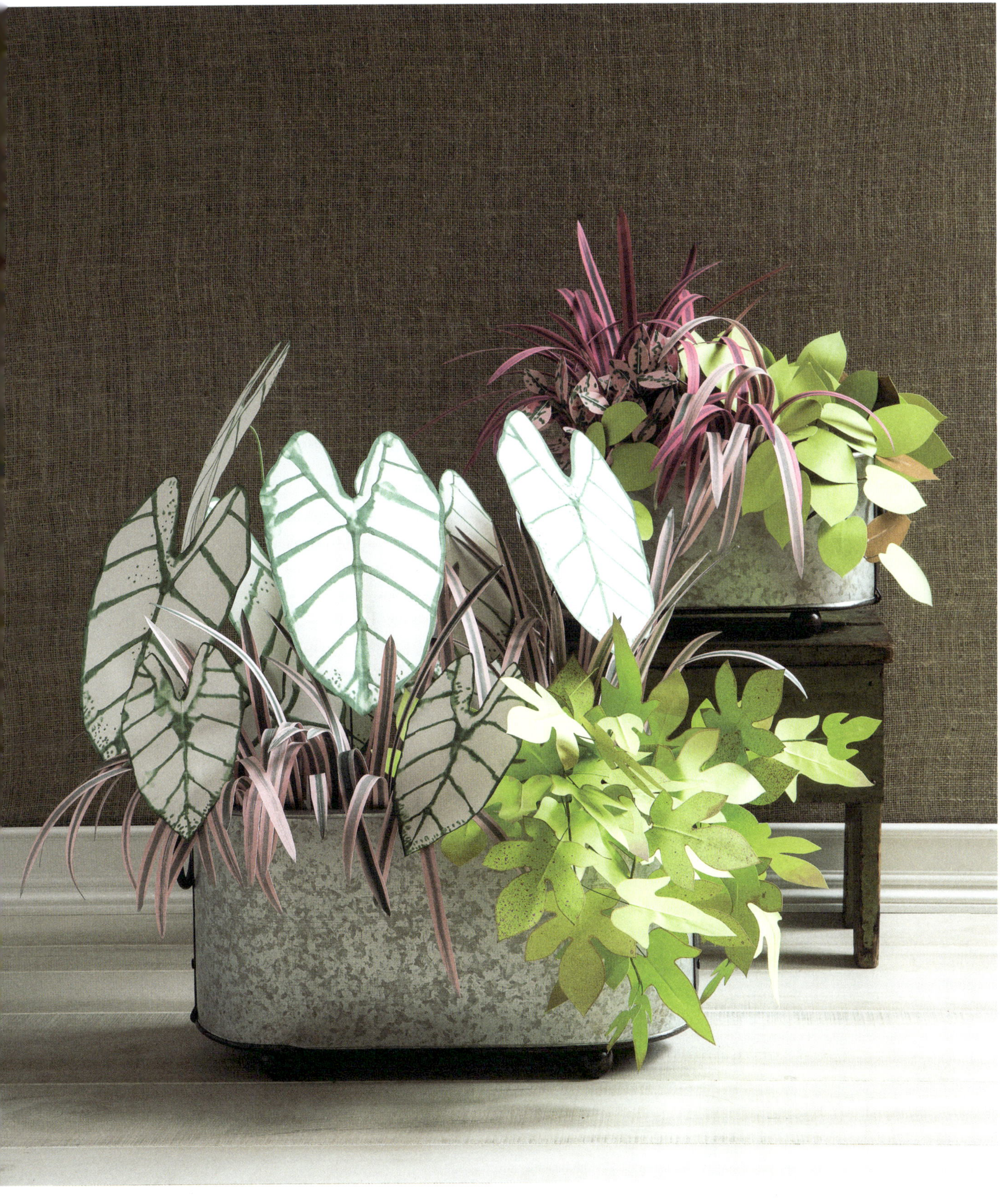

Rankgerüst

Dieses Gerüst kann ich mir zum Beispiel gut als Raumtrenner oder auch anstelle eines großen Gemäldes im Eingangsbereich vorstellen. Ich habe hier ein Holzrankgitter in einen niedrigen Pflanzkasten gesteckt und zwei Schichten Schaum verwendet, die helfen, das Gitter an Ort und Stelle zu halten. Daran ranken lasse ich Rostrote Weinreben, wie sie im Herbst aussehen – in strahlenden Farbtönen, die von Rot über Gelb und Grün bis zu Kastanienbraun reichen. Um die Textur der sich verfärbenden Blätter zu imitieren und jedem Blatt eine individuelle Färbung zu verleihen, verwenden Sie Farblösungen und besprühen Sie das Papier mit passenden Acrylfarben. Diese Blätter sind nach der Doppelseitigen-Klebefolien-Methode (siehe Seite 43) erstellt, danach längs in der Mitte und mehrmals im 45-Grad-Winkel auf jeder Blattseite gefaltet, um die Blattadern darzustellen. Sie müssen keine superlangen Ranken basteln – wenn Sie sie auf etwa 75 cm Länge belassen, sind sie einfacher zu handhaben. Befestigen Sie die Ranken einfach so am Gerüst, dass es aussieht, als seien sie länger. Zur Befestigung der Ranken eignen sich Drahtstückchen, die Sie um das Gerüst drücken. Die Blattformen für die Rostrote Weinrebe finden Sie auf Seite 276.

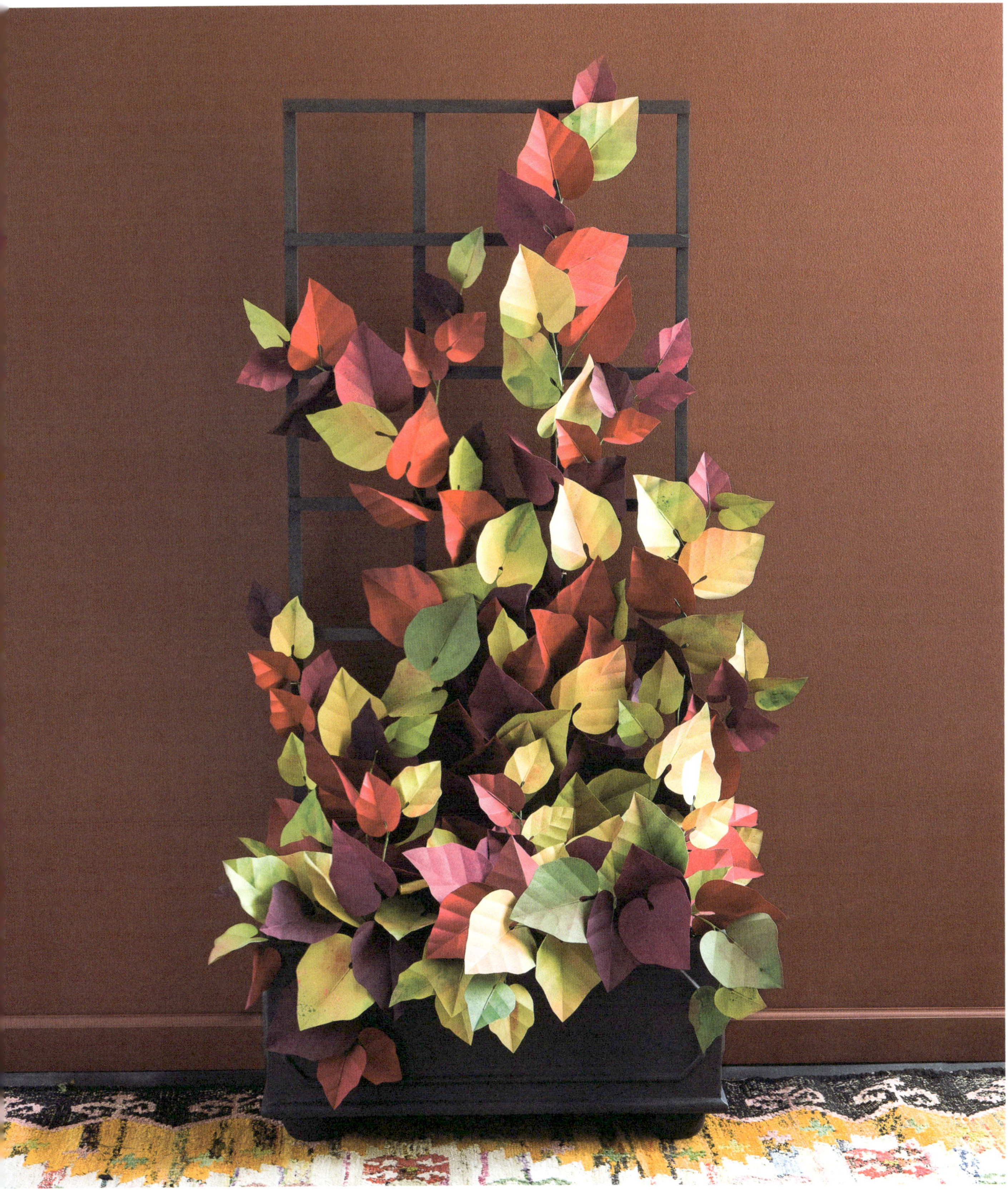

Glasglocken

Glasglocken sind eine clevere Methode, sowohl um Ihre Papierpflanzen in Szene zu setzen als auch um sie vor Staub und Missgeschicken zu schützen. Auf dem Bild zu sehen ist eine Gruppe aus drei Glocken, die ich mit drei Arten Sauerklee bestückt habe. Um die Stängel in den Boden der Glasglocken schieben zu können, bohren Sie Löcher mit einem Bohreinsatz von 1,5 mm hinein. Meine Empfehlung ist, das erst einmal an einem alten Stück Holz zu üben, bevor man zum Glockenboden übergeht. Das Loch sollte die richtige Größe für mit Floristenband umwickelten 0,8-mm-Draht haben. Den Mini-Sauerklee habe ich gefertigt, wie auf Seite 212 für den Sauerklee beschrieben. Sie können entweder eine niedrige, buschige Pflanze mit vielen kleinen Stängeln basteln oder ein poetisches Statement mit wenigen Einzelpflanzen setzen. Das Schablonenmuster für die Sauerkleearten finden Sie auf Seite 260.

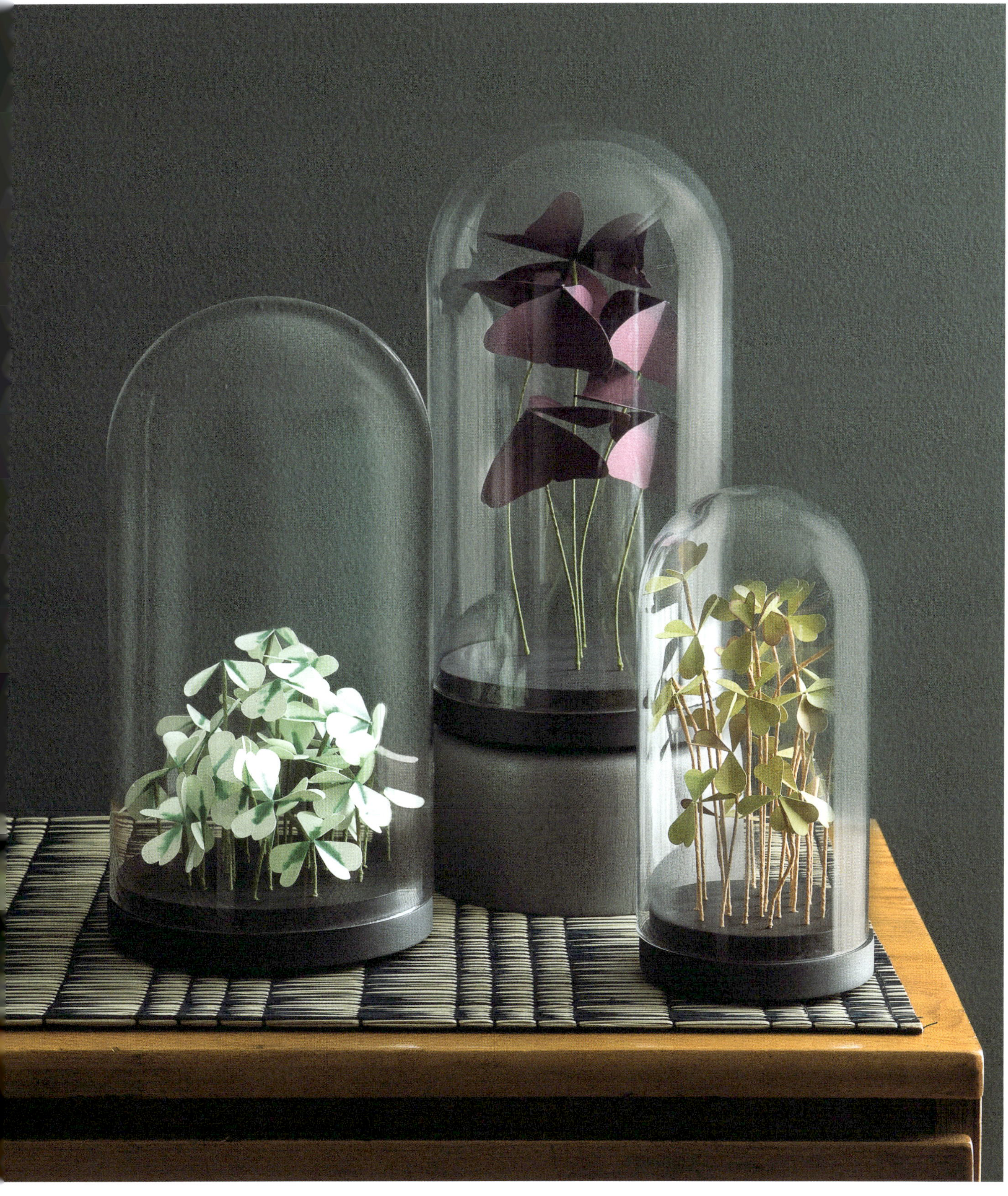

Schablonen & Zeichenvorlagen

Sofern nichts anderes angegeben ist, können Sie die Schablonen in derselben Größe kopieren oder abpausen, wie sie auf diesen Seiten zu finden sind. Falls sie vergrößert werden müssen, ist der Vergrößerungsfaktor auf der entsprechenden Seite vermerkt.

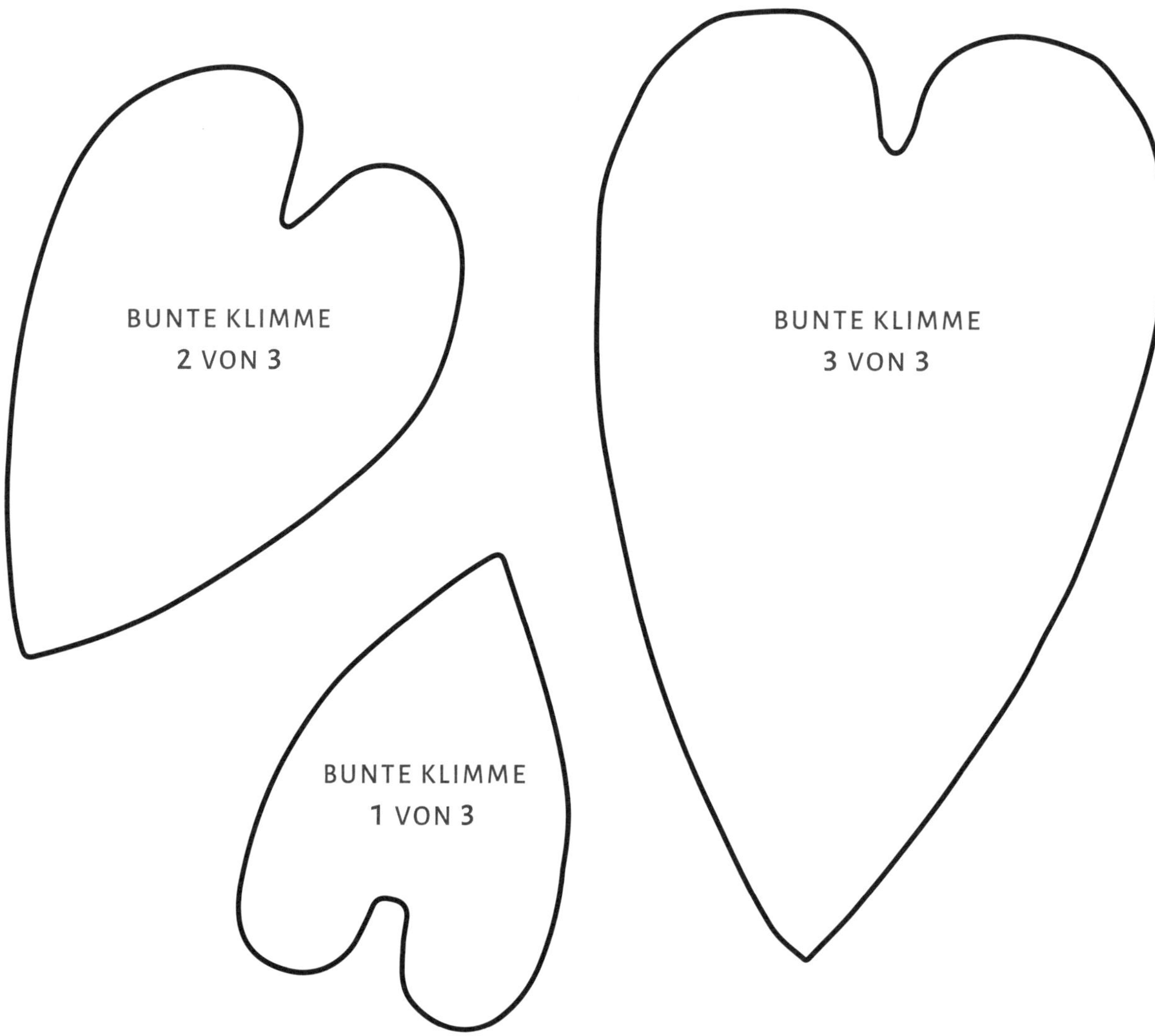

DIE SCHABLONEN AUF DIESER SEITE
AUF 133 PROZENT VERGRÖSSERN

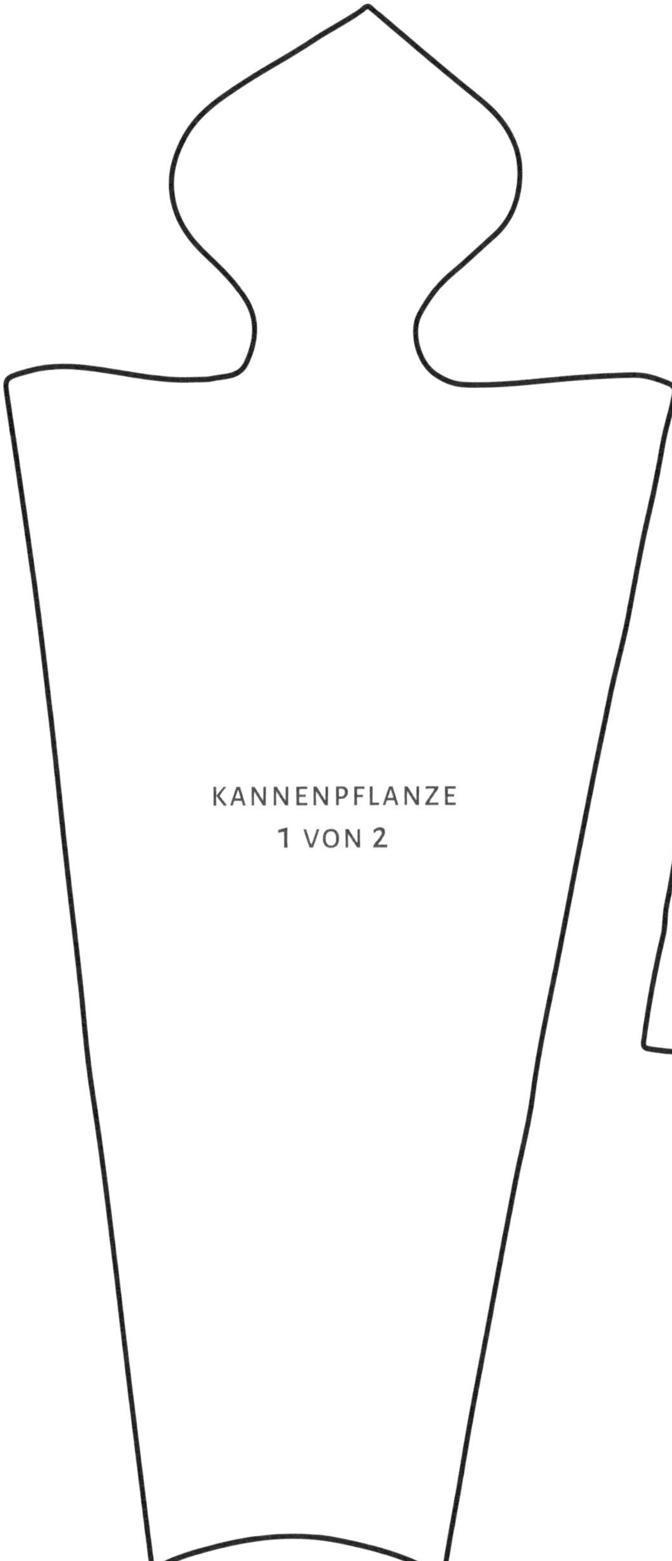

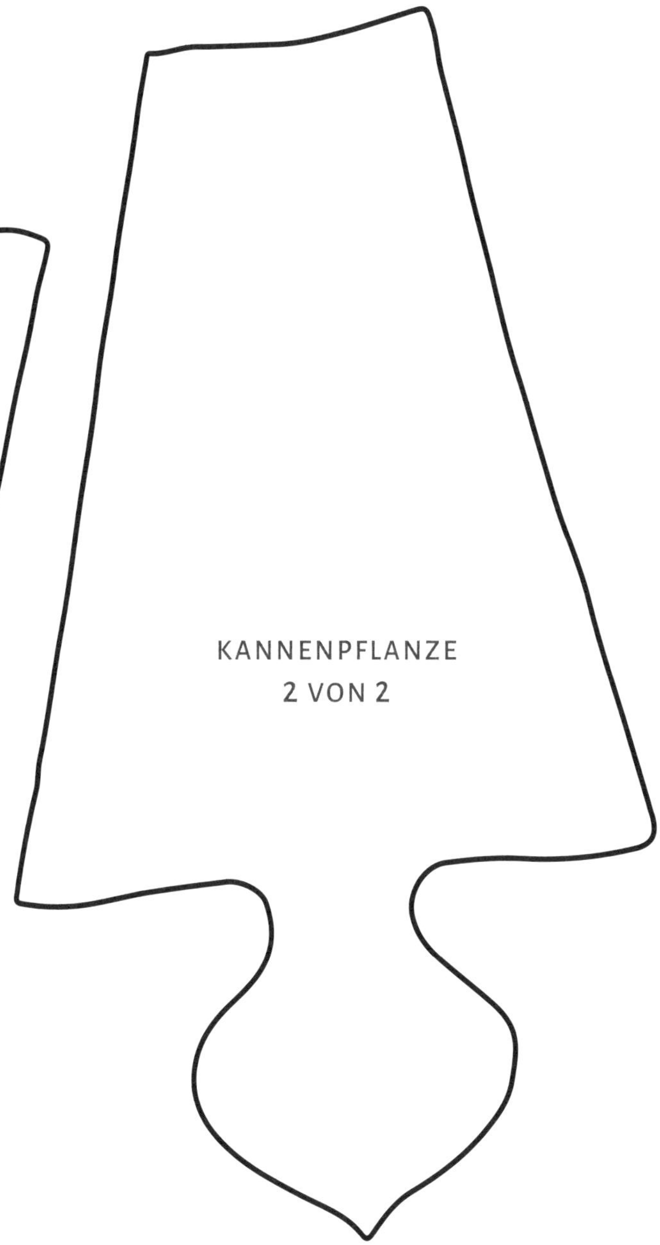

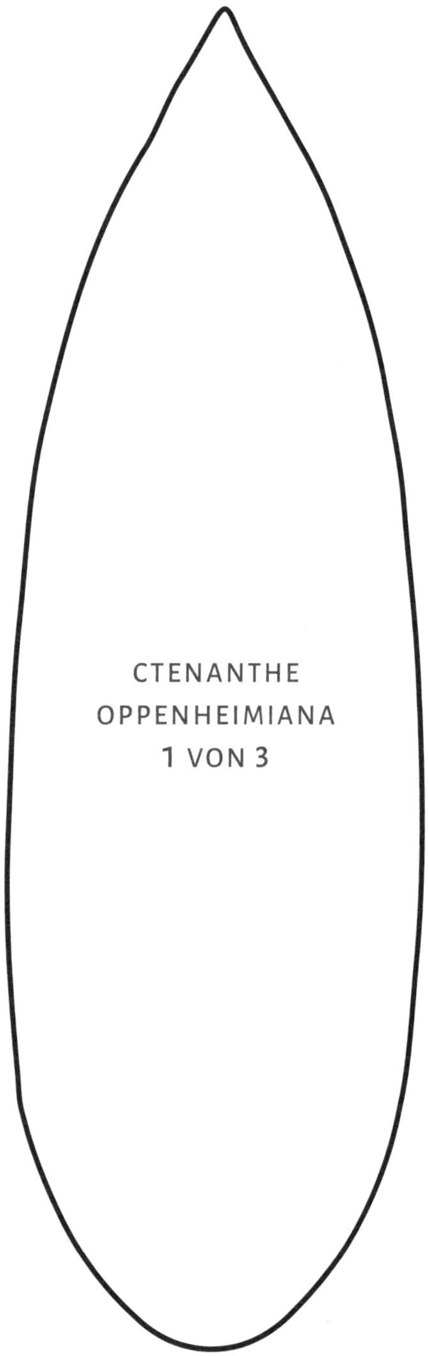
CTENANTHE
OPPENHEIMIANA
1 VON 3

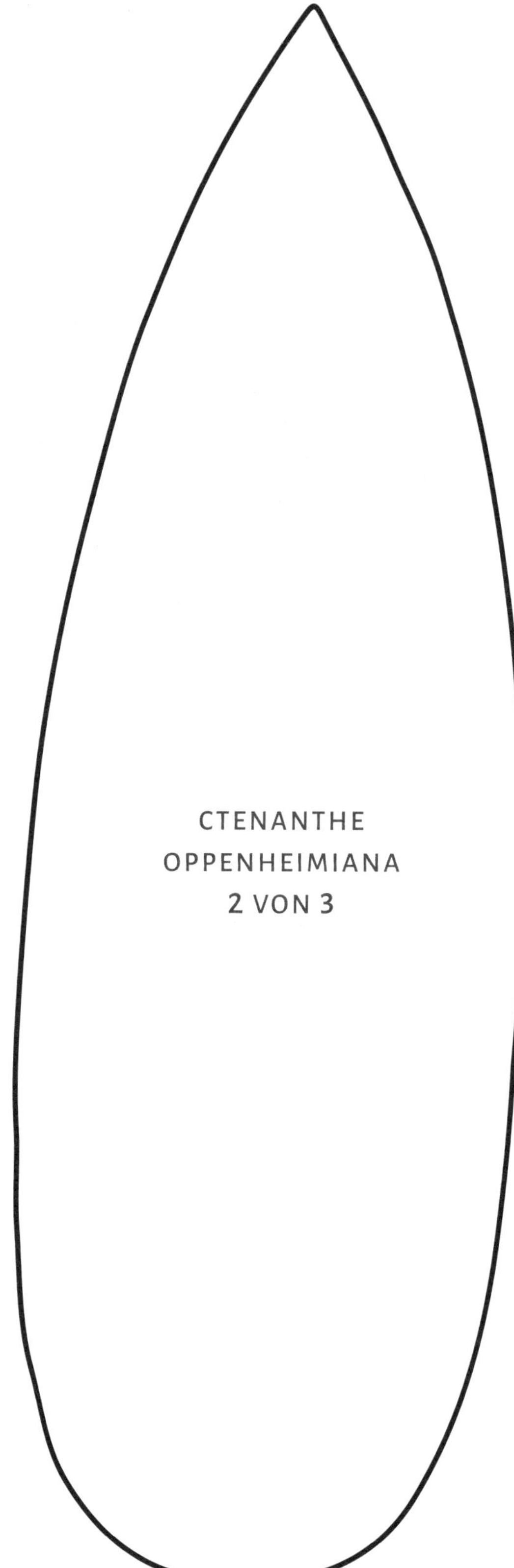
CTENANTHE
OPPENHEIMIANA
2 VON 3

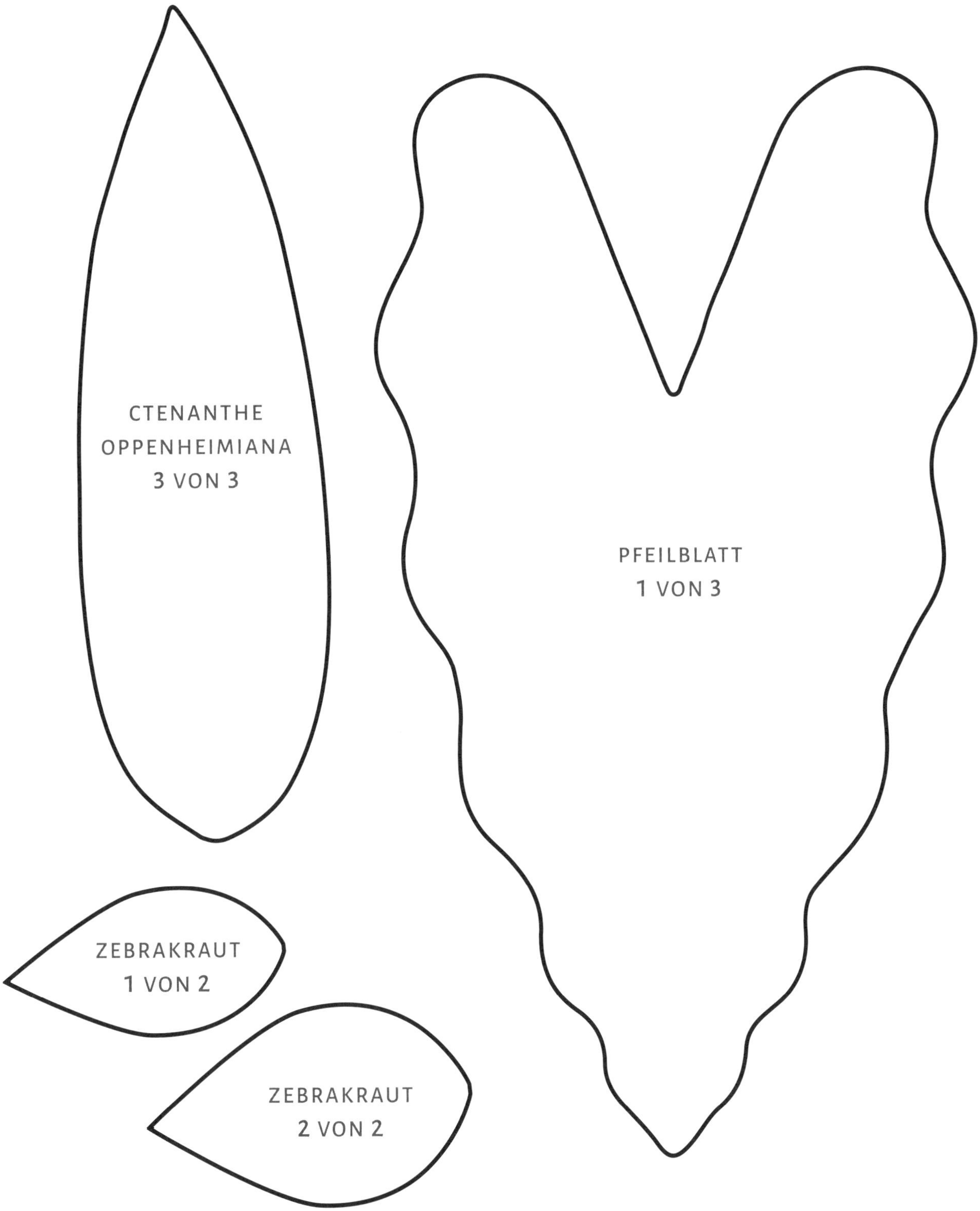
CTENANTHE
OPPENHEIMIANA
3 VON 3
PFEILBLATT
1 VON 3
ZEBRAKRAUT
1 VON 2
ZEBRAKRAUT
2 VON 2

DIE SCHABLONEN AUF DIESER SEITE AUF 125 PROZENT VERGRÖSSERN

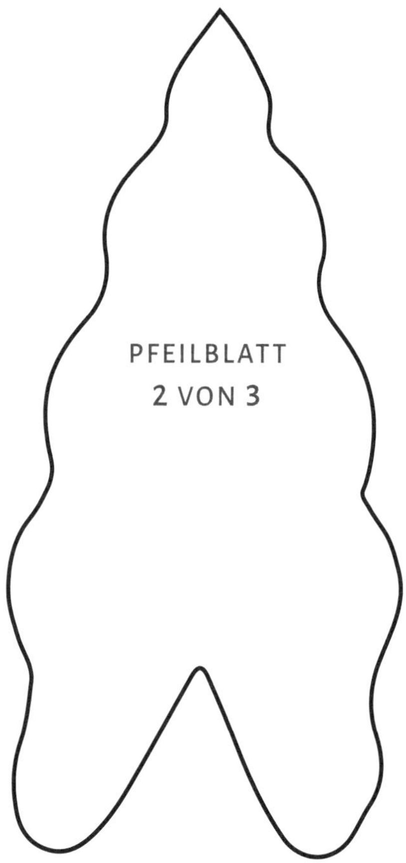

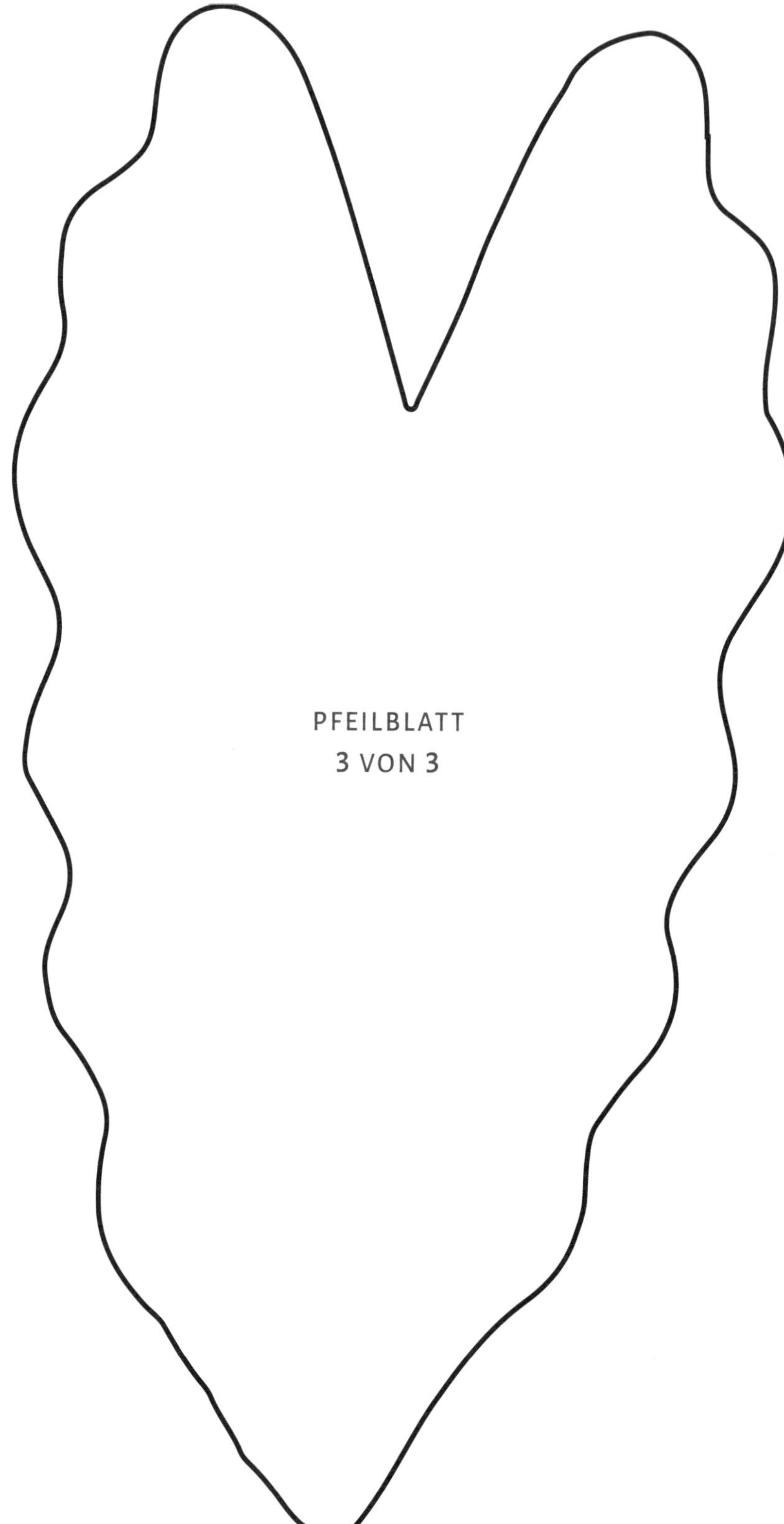

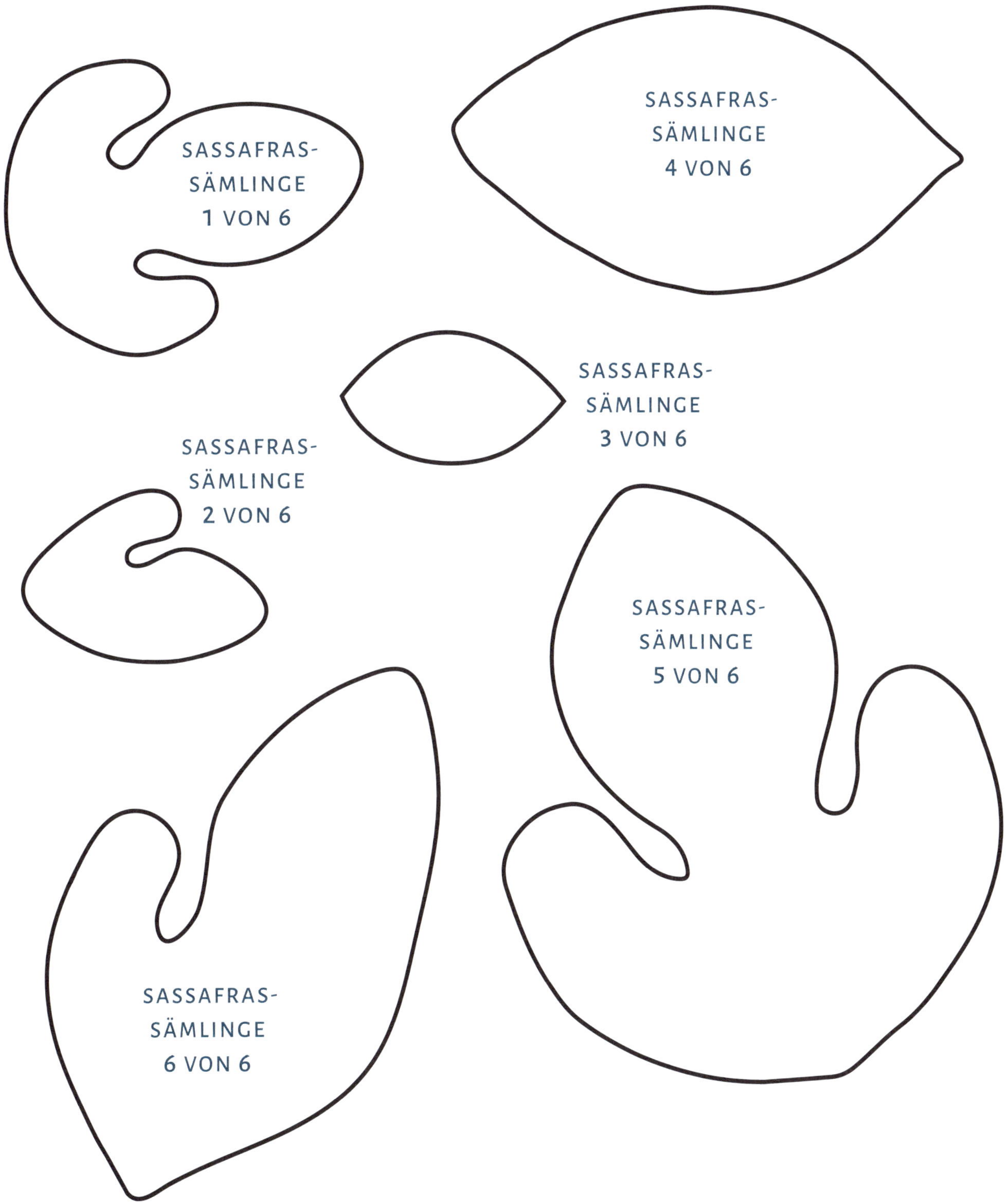
SASSAFRAS-
SÄMLINGE
1 VON 6
SASSAFRAS-
SÄMLINGE
4 VON 6
SASSAFRAS-
SÄMLINGE
3 VON 6
SASSAFRAS-
SÄMLINGE
2 VON 6
SASSAFRAS-
SÄMLINGE
5 VON 6
SASSAFRAS-
SÄMLINGE
6 VON 6

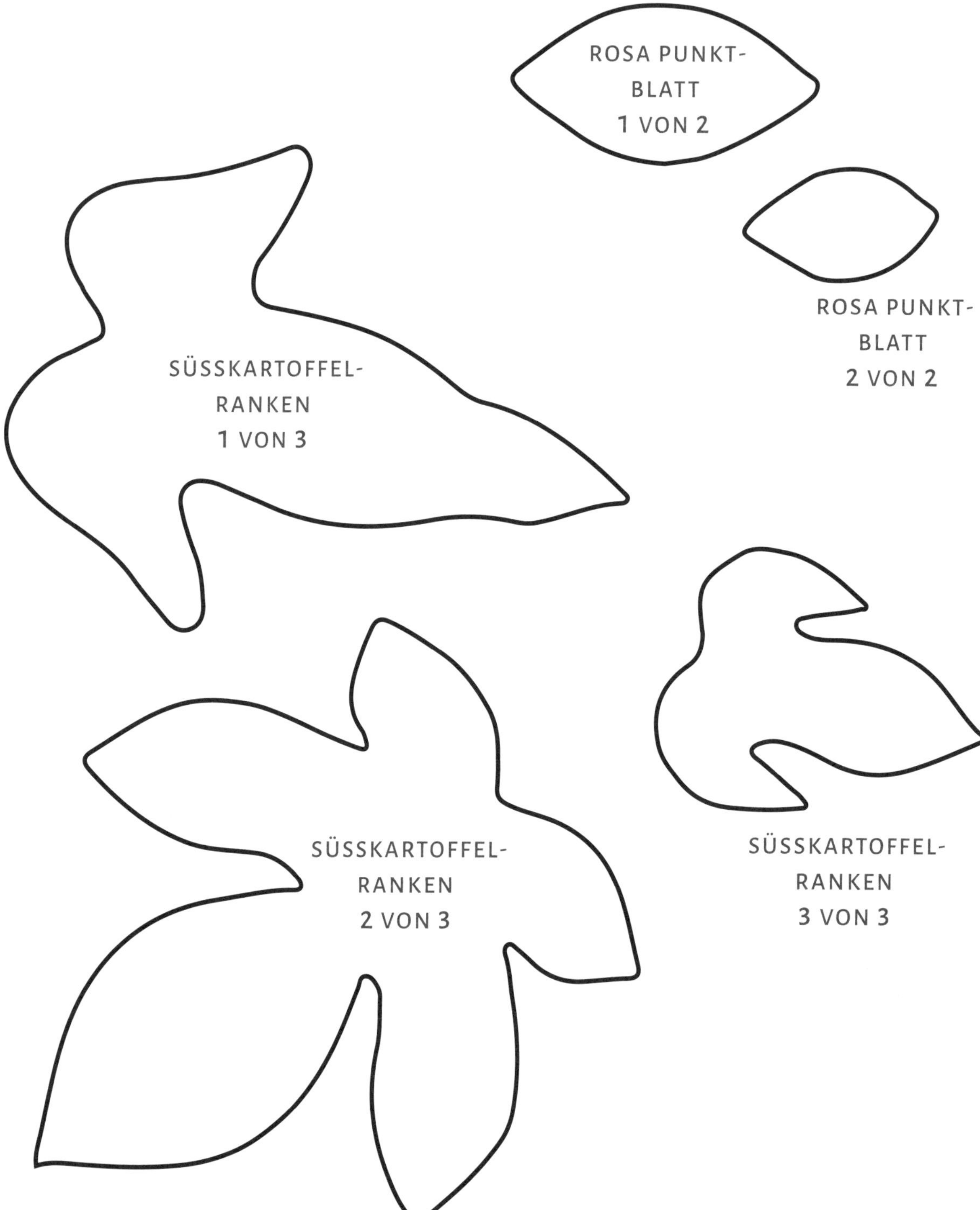
ROSA PUNKT-
BLATT
1 VON 2
ROSA PUNKT-
BLATT
2 VON 2
SÜSSKARTOFFEL-
RANKEN
1 VON 3
SÜSSKARTOFFEL-
RANKEN
2 VON 3
SÜSSKARTOFFEL-
RANKEN
3 VON 3

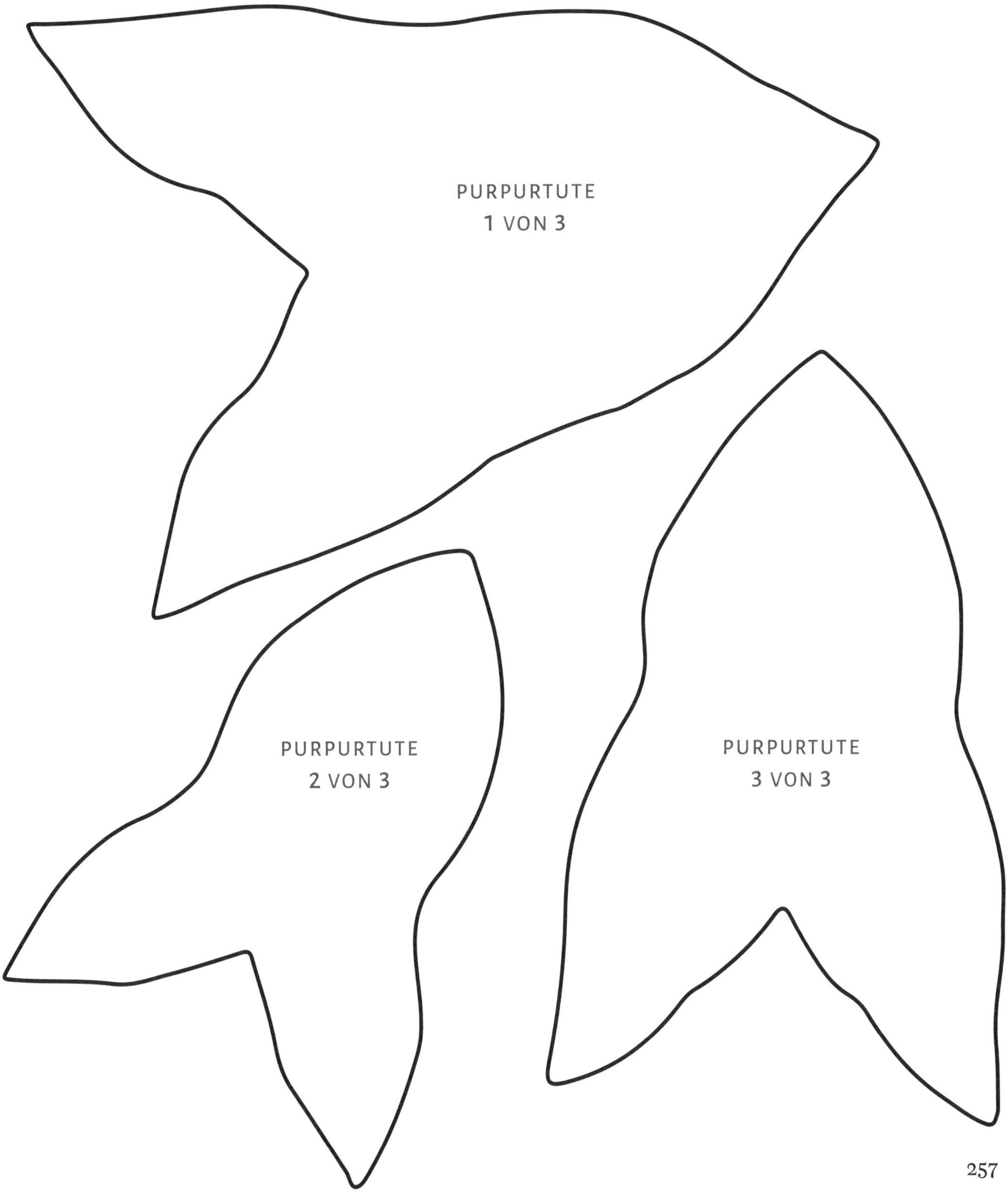
PURPURTUTE
1 VON 3
PURPURTUTE
2 VON 3
PURPURTUTE
3 VON 3

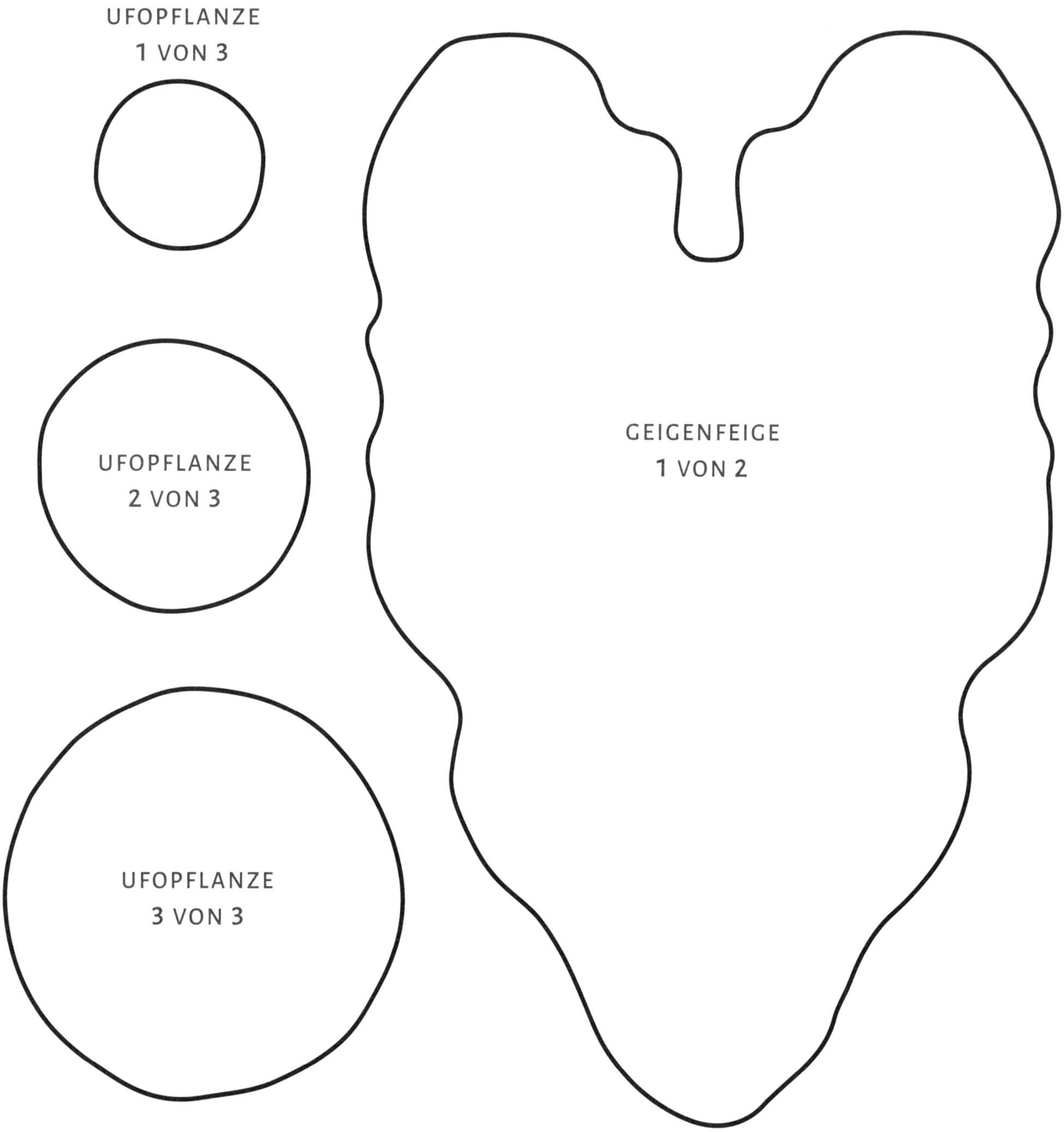
UFOPFLANZE
1 VON 3
UFOPFLANZE
2 VON 3
UFOPFLANZE
3 VON 3
GEIGENFEIGE
1 VON 2

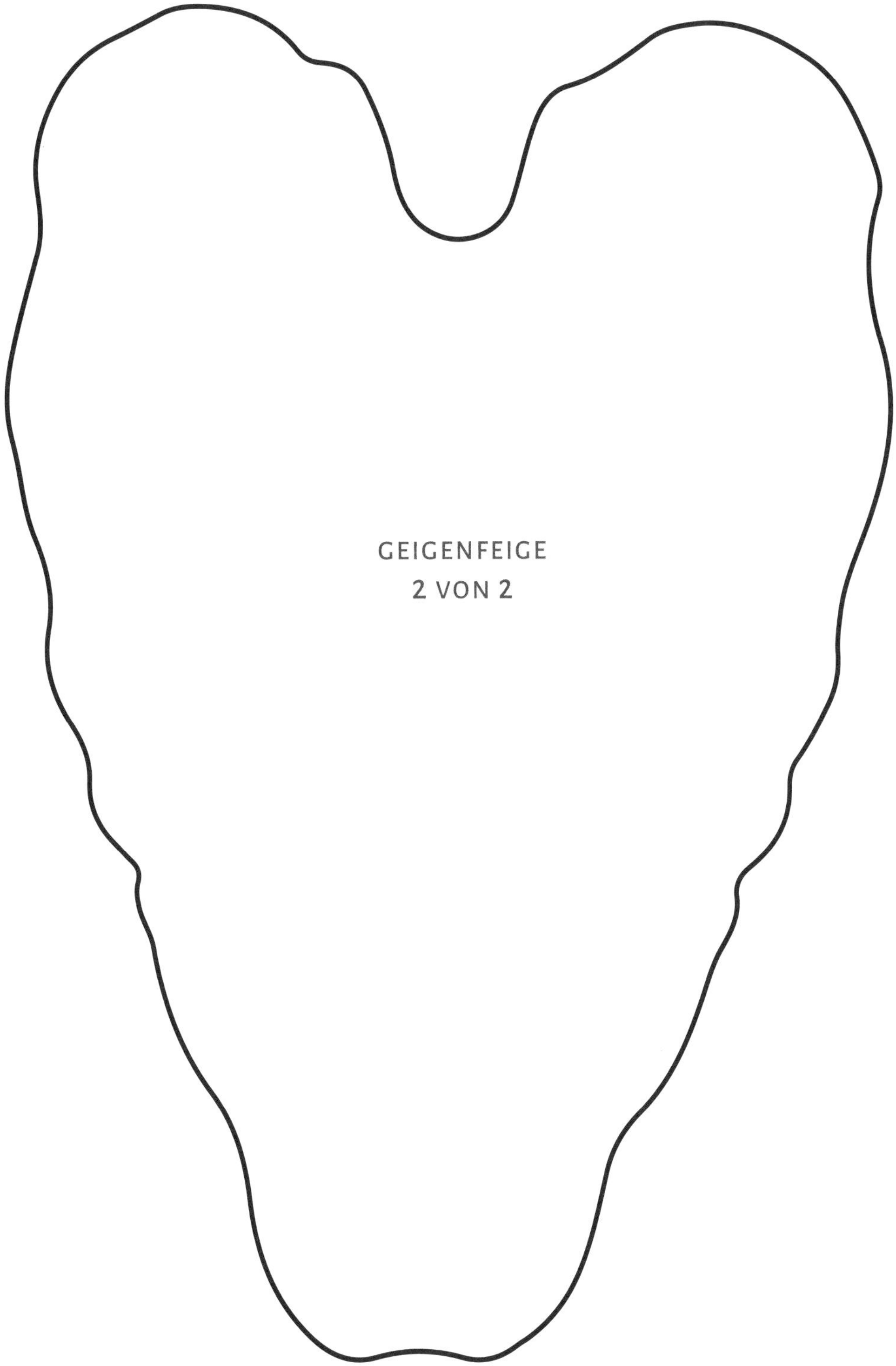
GEIGENFEIGE
2 VON 2

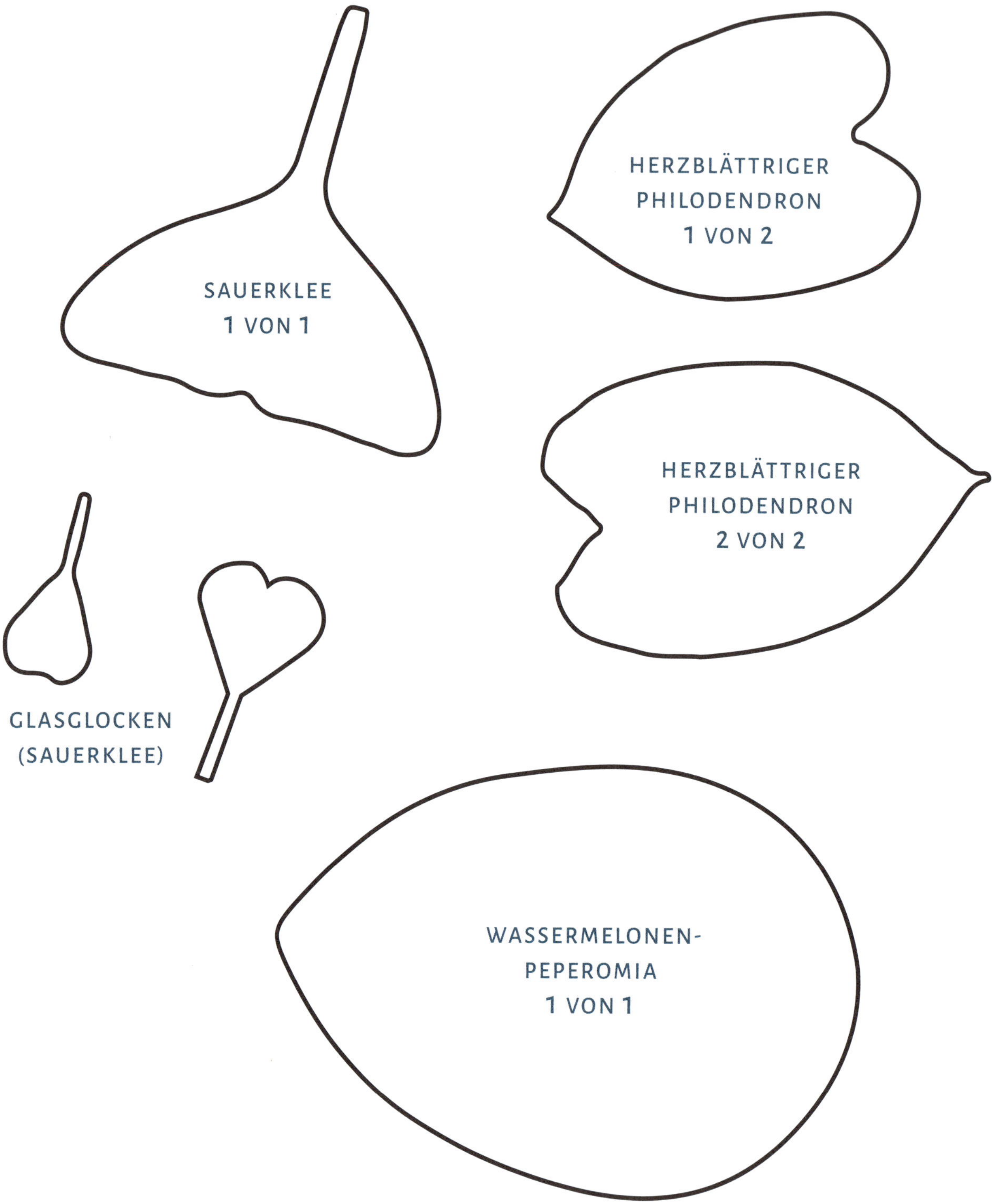
SAUERKLEE
1 VON 1
HERZBLÄTTRIGER
PHILODENDRON
1 VON 2
HERZBLÄTTRIGER
PHILODENDRON
2 VON 2
GLASGLOCKEN
(SAUERKLEE)
WASSERMELONEN-
PEPEROMIA
1 VON 1

DIE SCHABLONEN AUF DIESER SEITE AUF 133 PROZENT VERGRÖSSERN

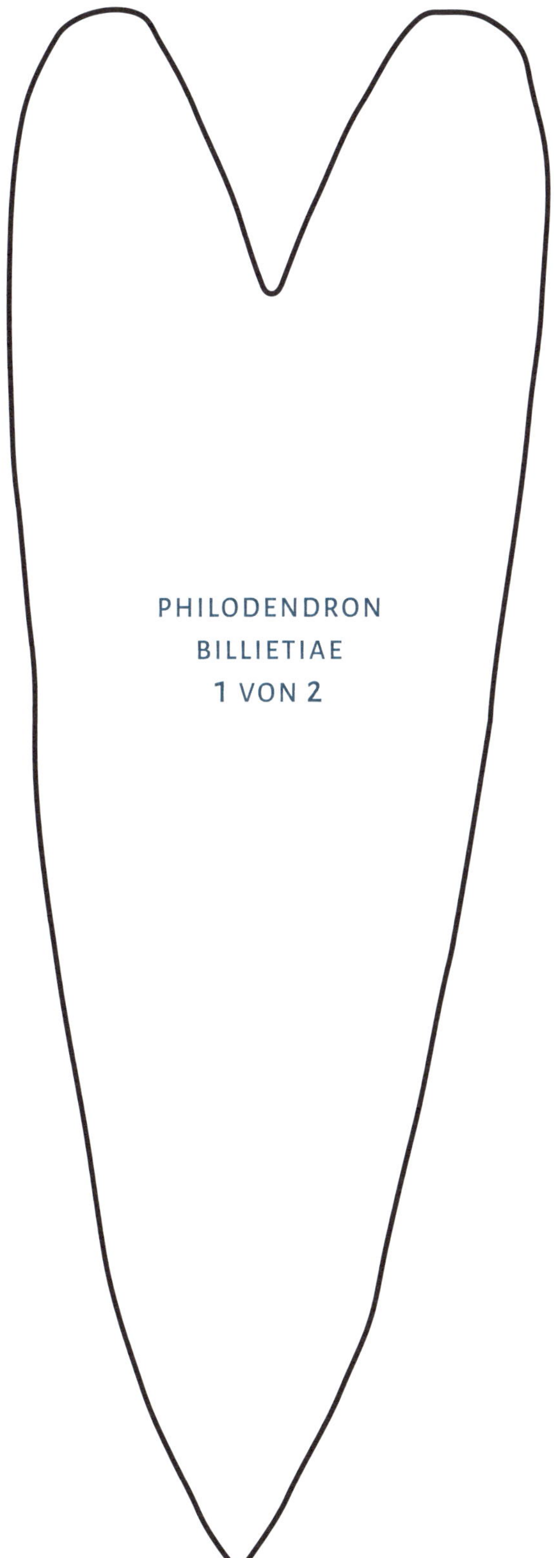

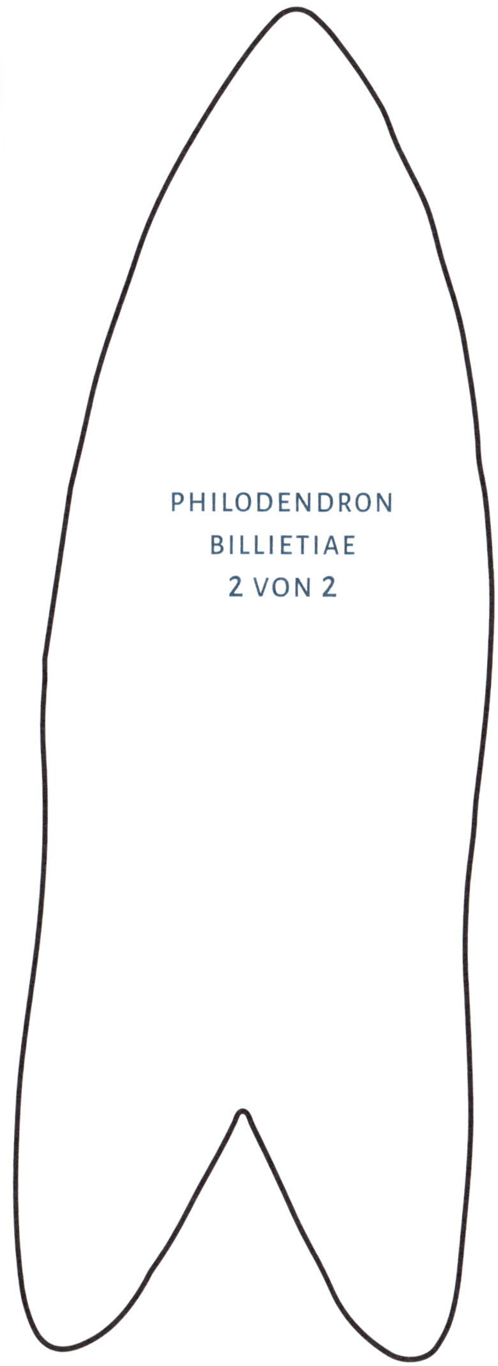

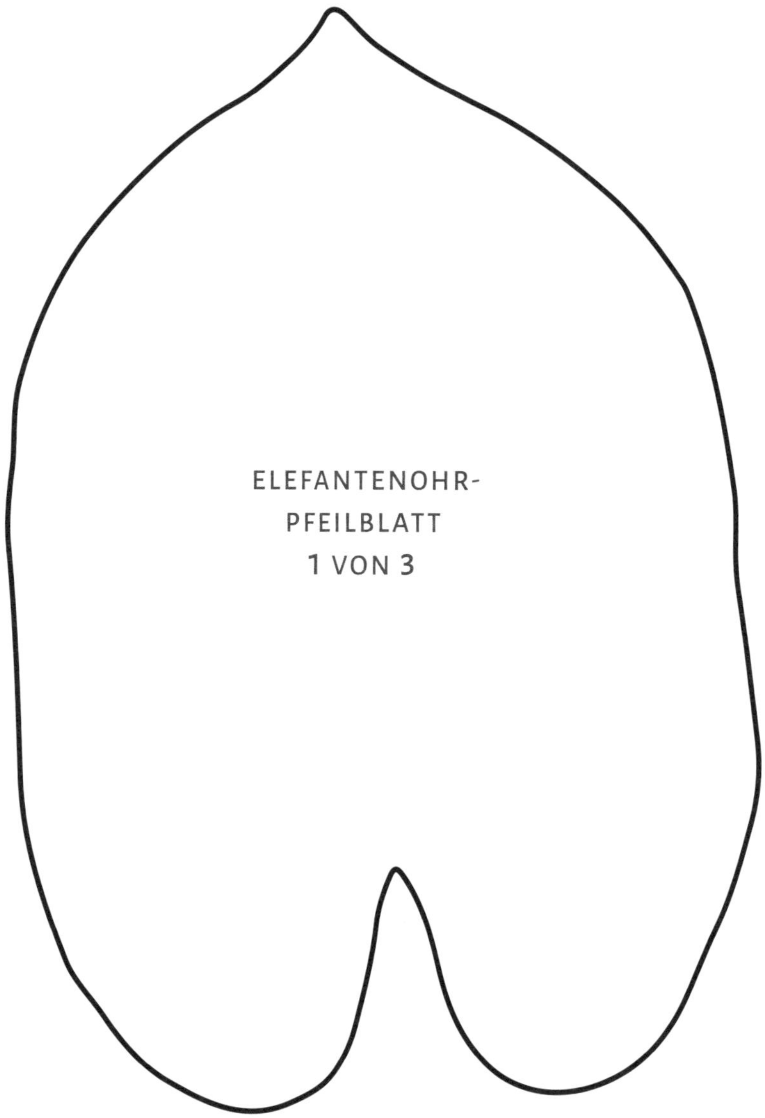
ELEFANTENOHR-
PFEILBLATT
1 VON 3

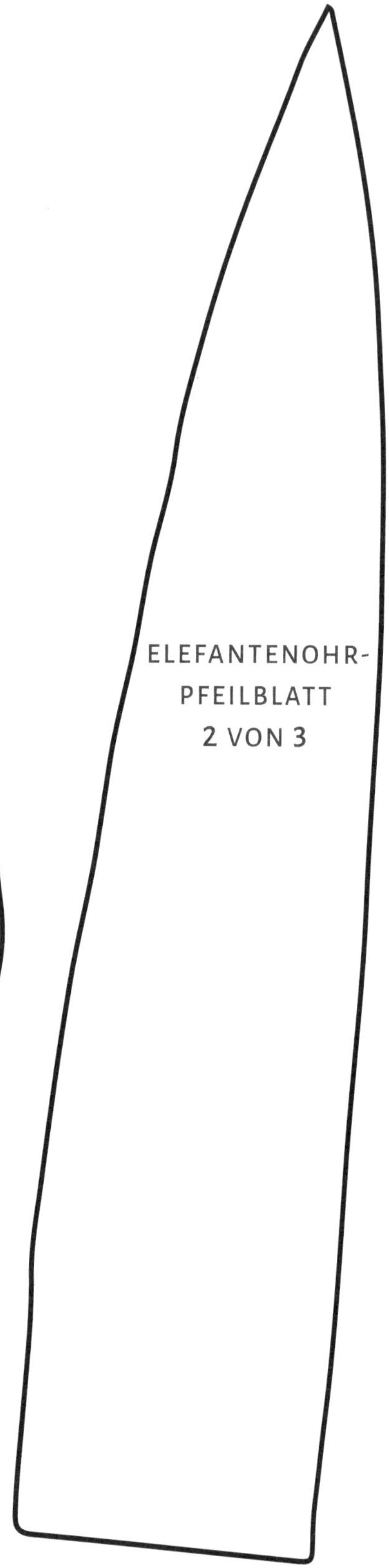
ELEFANTENOHR-
PFEILBLATT
2 VON 3

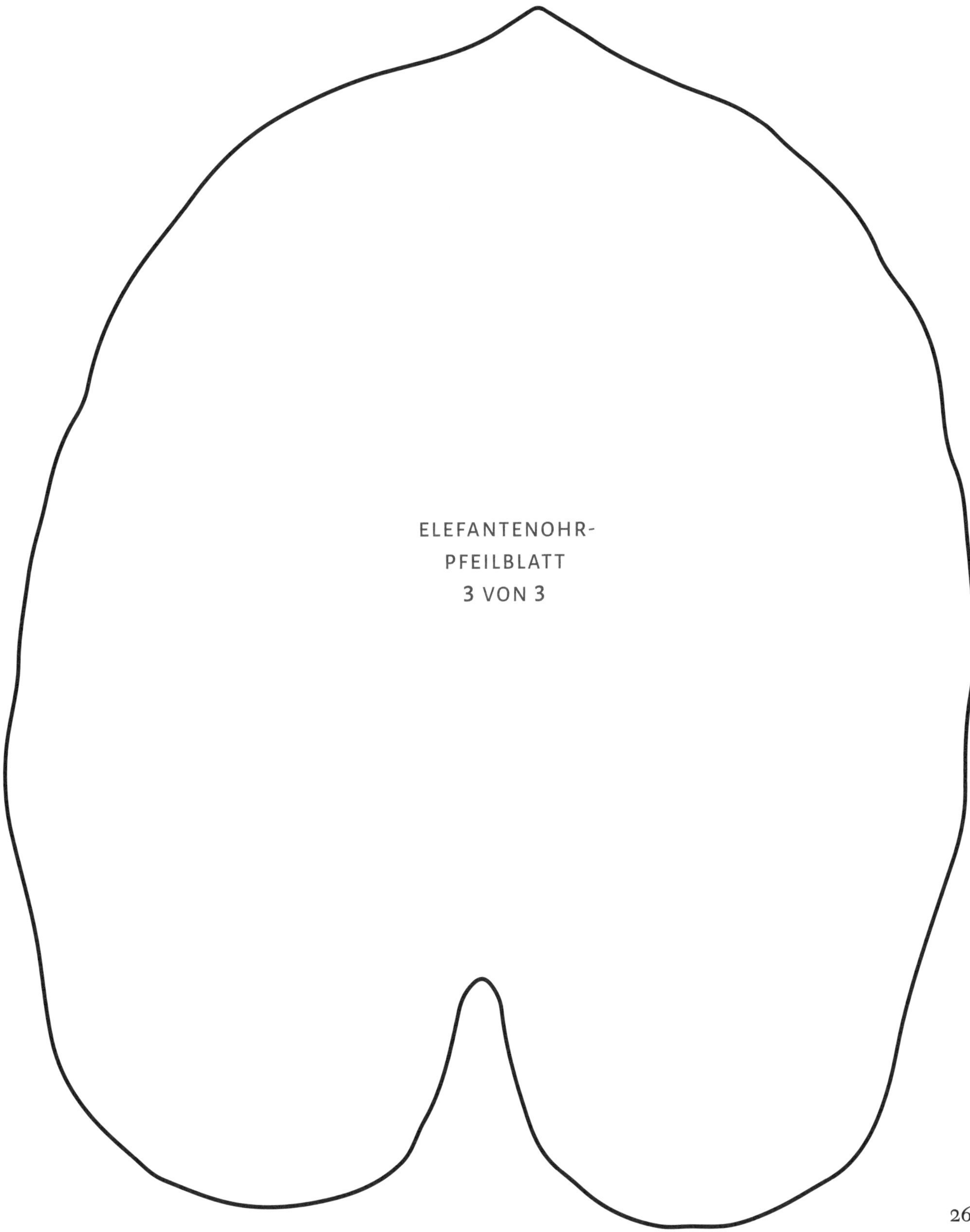
ELEFANTENOHR-
PFEILBLATT
3 VON 3

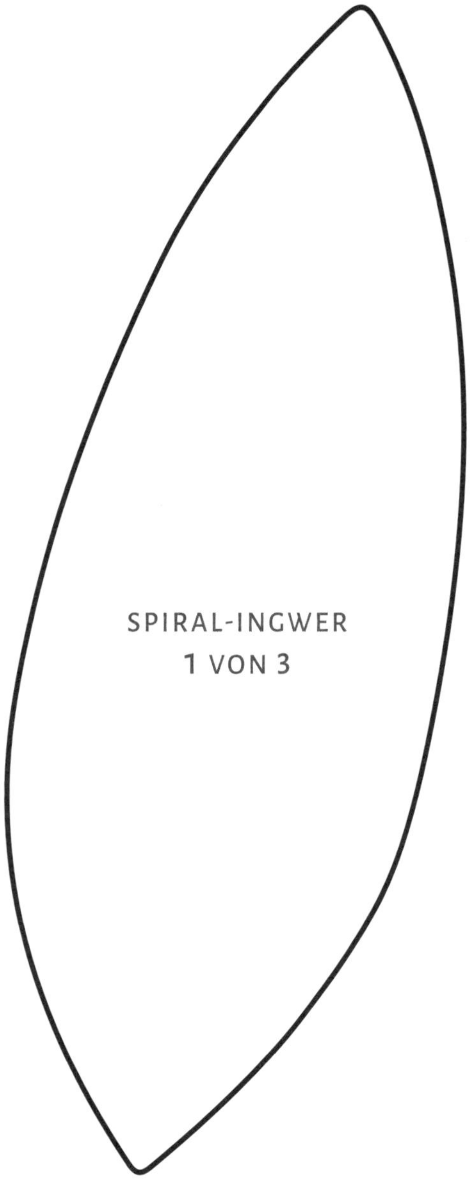
SPIRAL-INGWER
1 VON 3

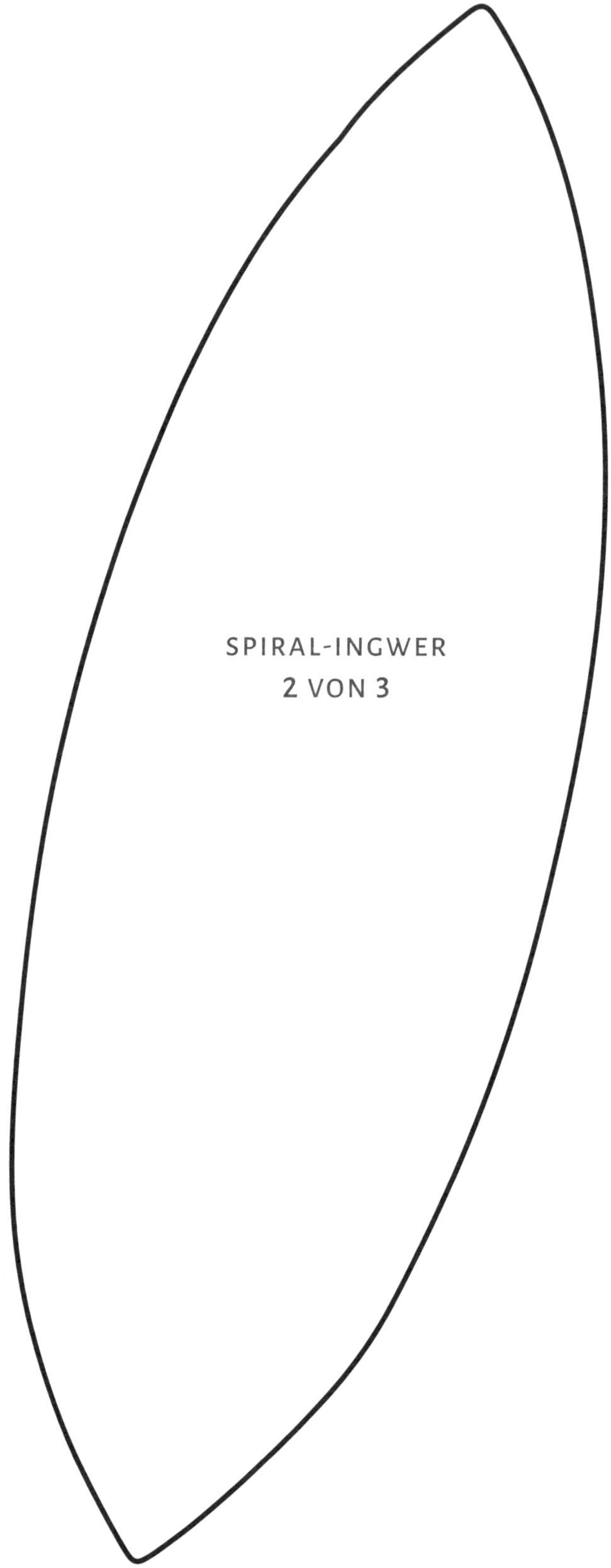
SPIRAL-INGWER
2 VON 3

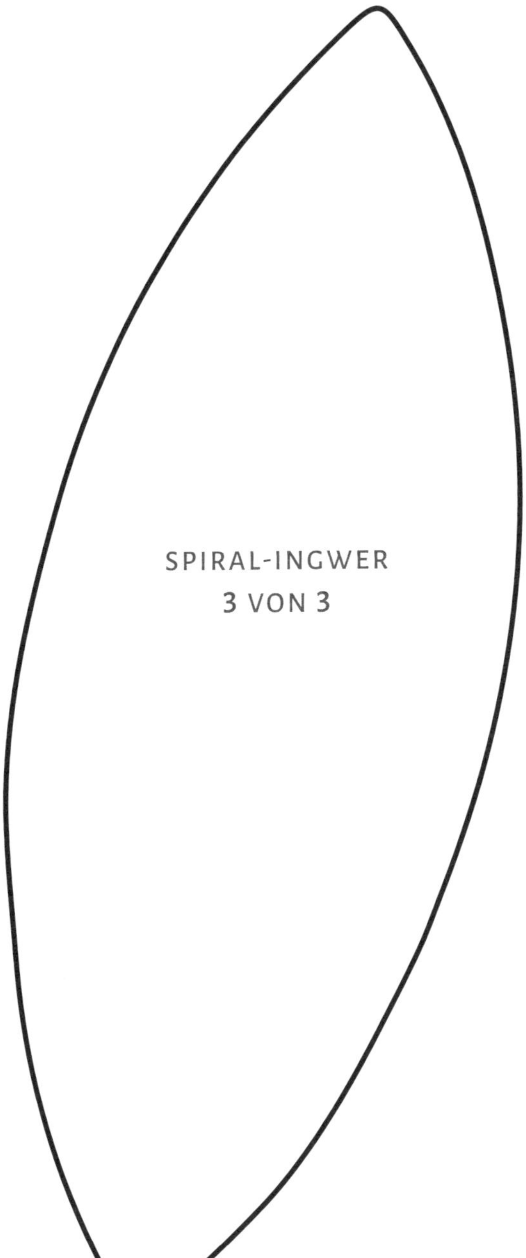
SPIRAL-INGWER
3 VON 3

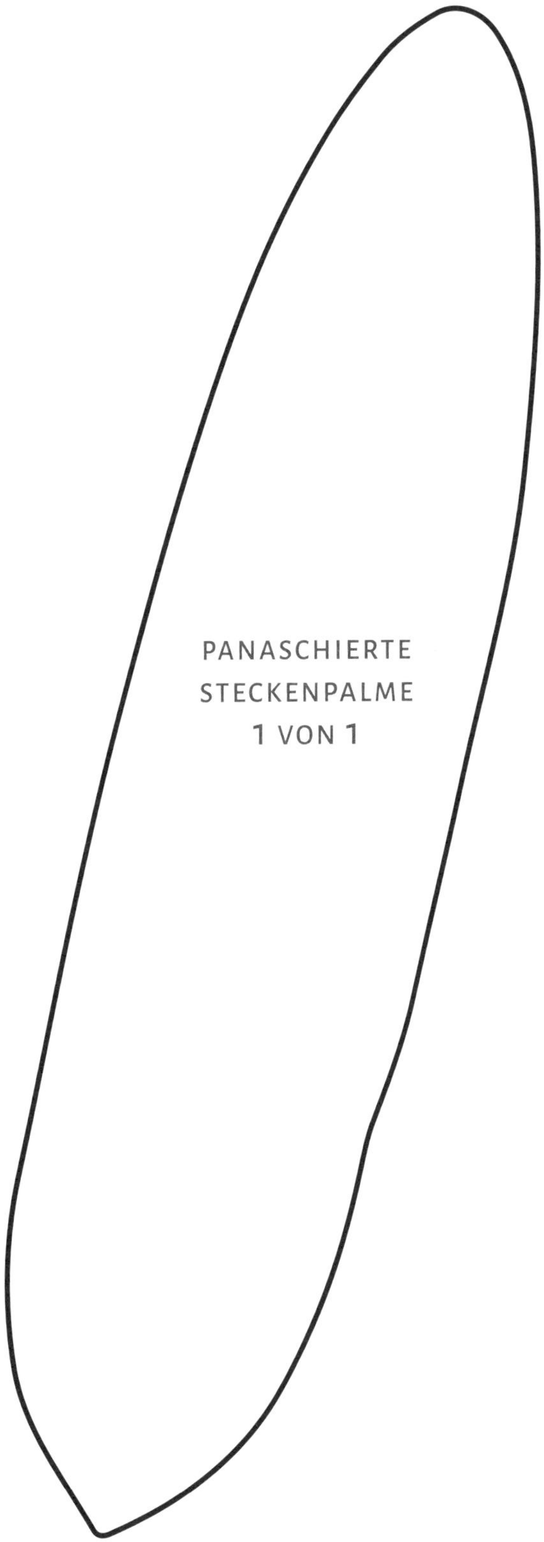
PANASCHIERTE
STECKENPALME
1 VON 1

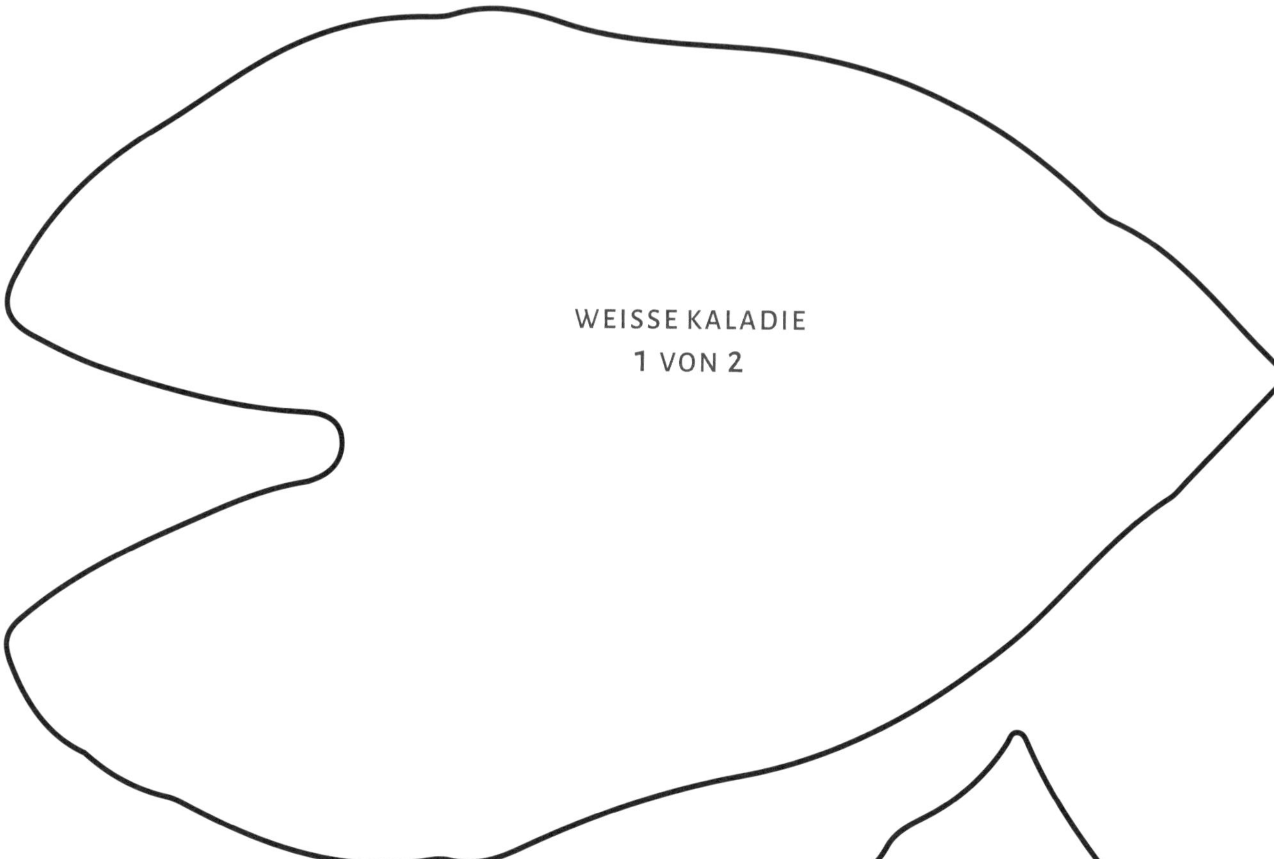
WEISSE KALADIE
1 VON 2

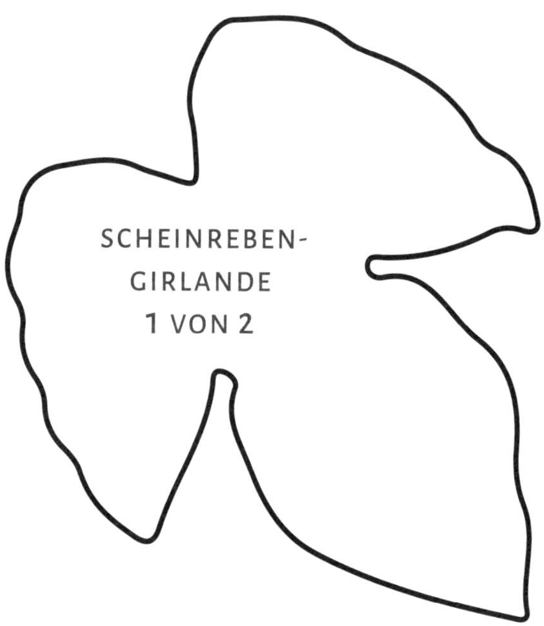
SCHEINREBEN-
GIRLANDE
1 VON 2

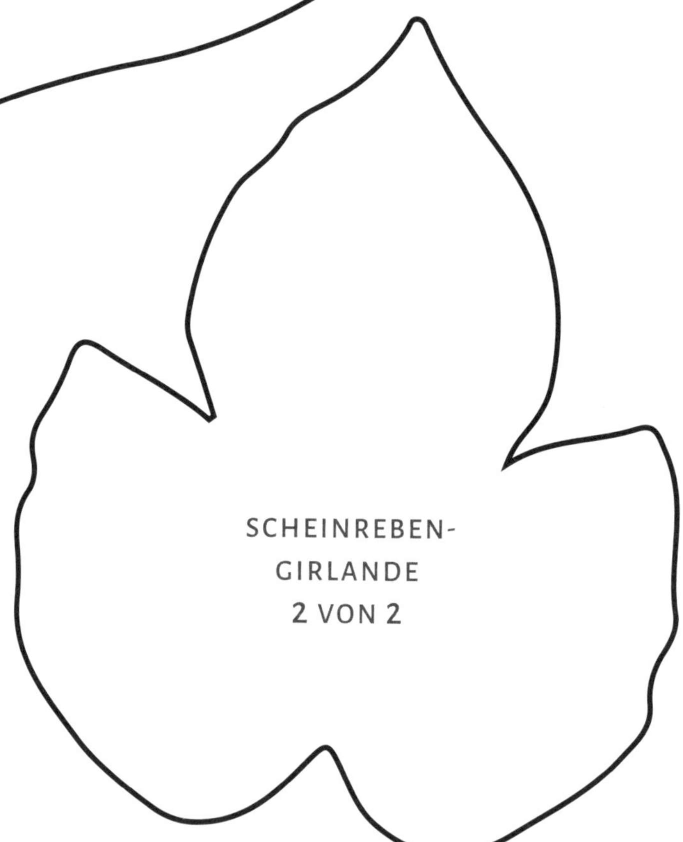
SCHEINREBEN-
GIRLANDE
2 VON 2

DIE SCHABLONEN AUF DIESER SEITE
AUF 139 PROZENT VERGRÖSSERN

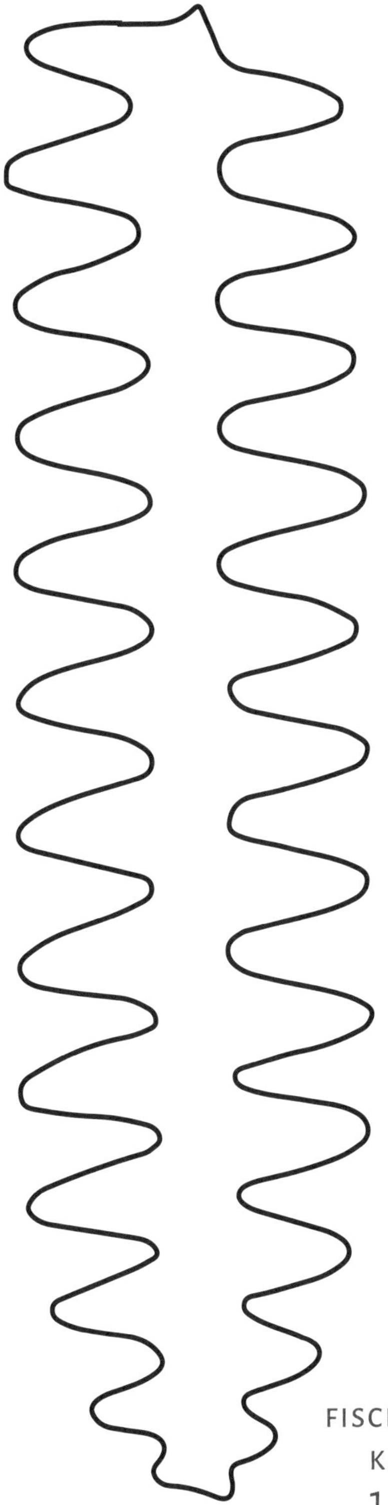

FISCHGRÄTEN-
KAKTUS
1 VON 1

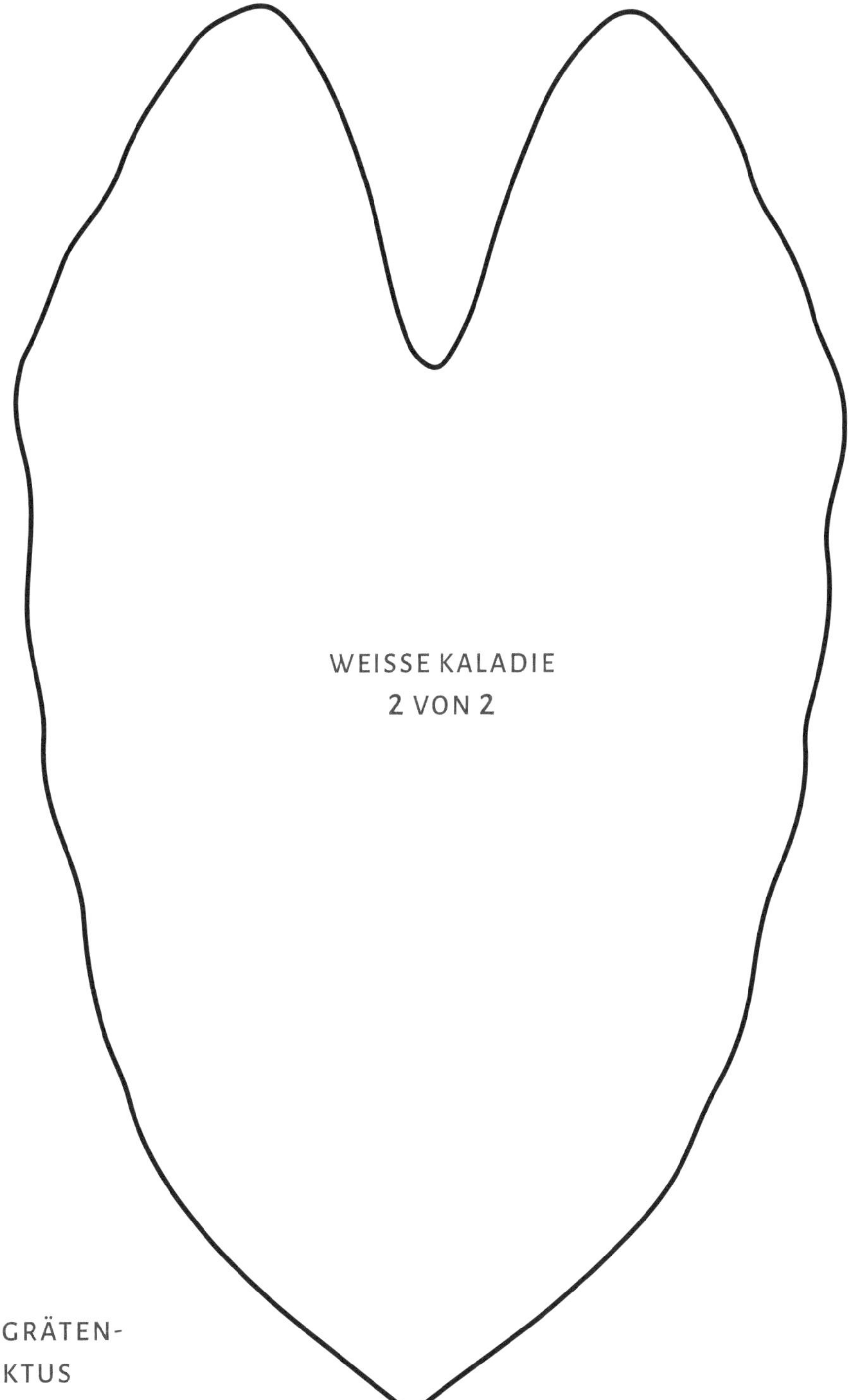

WEISSE KALADIE
2 VON 2

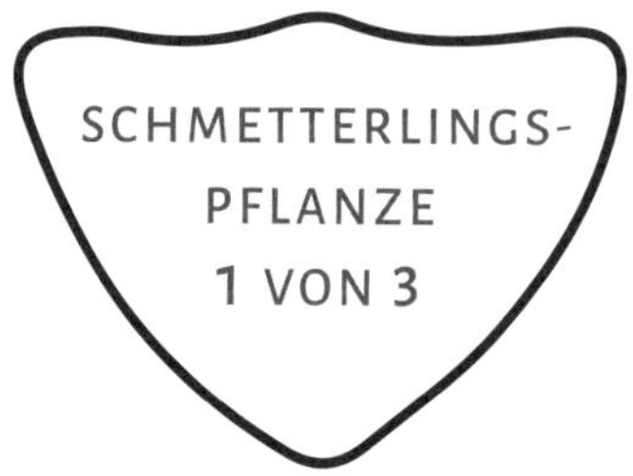

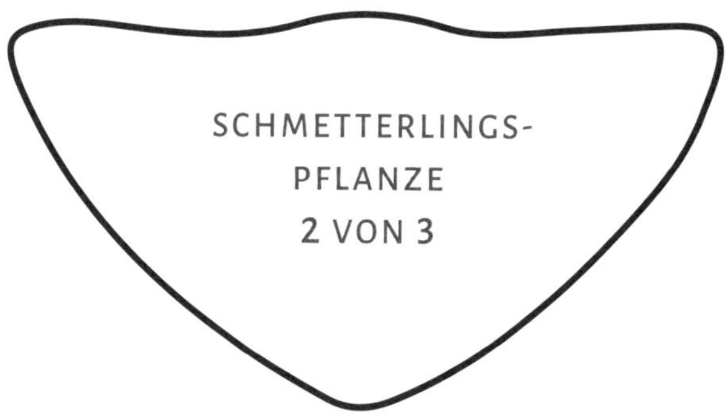

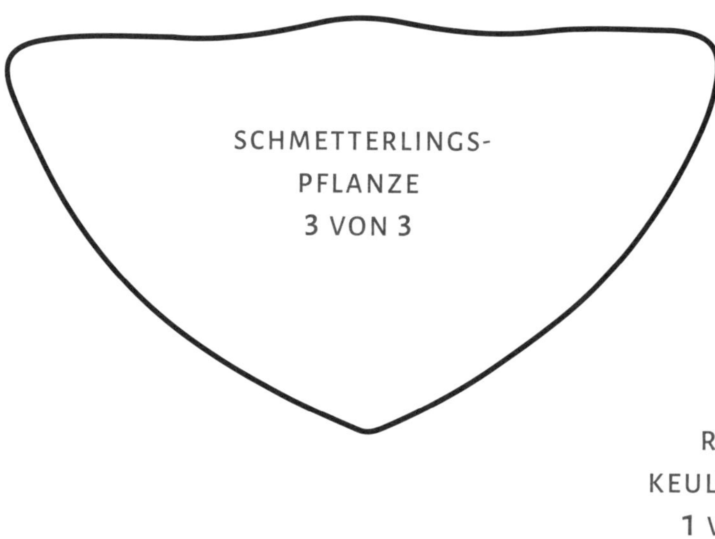

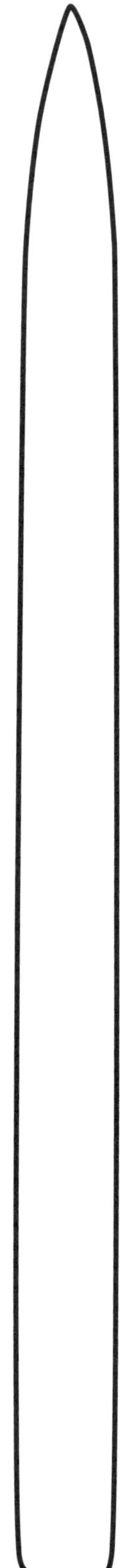

ROSA
KEULENLILIE
1 VON 1

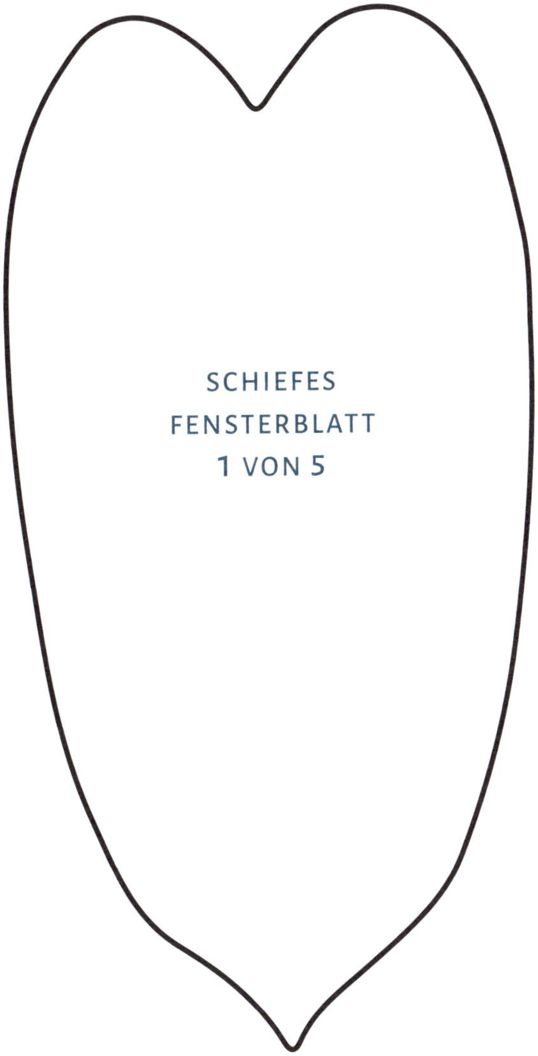

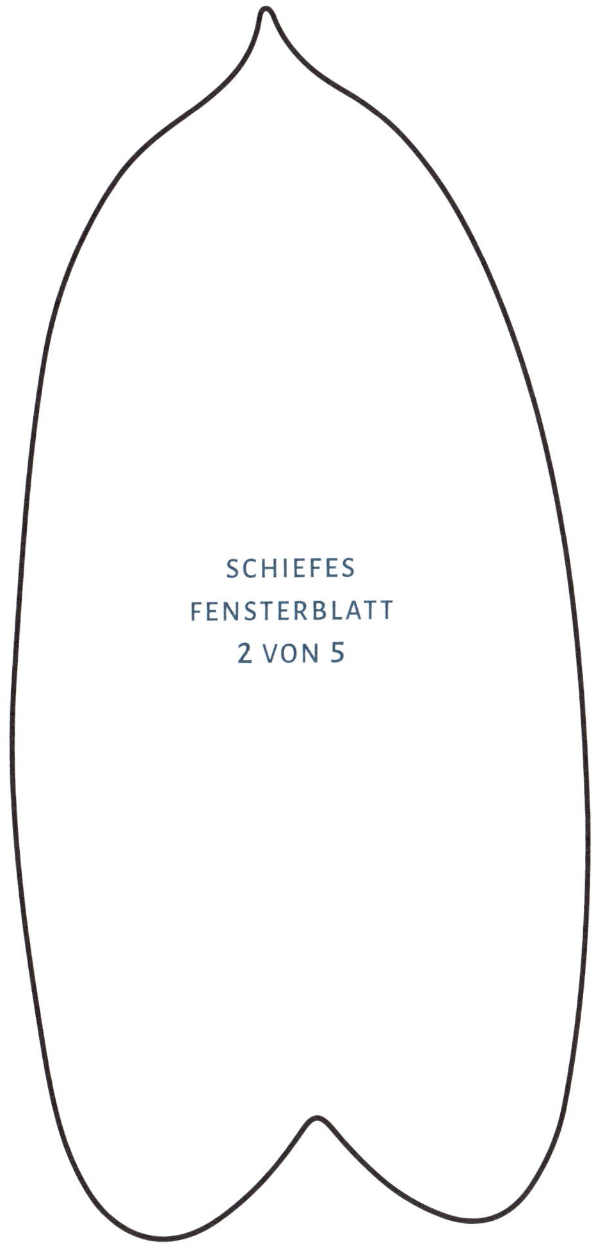

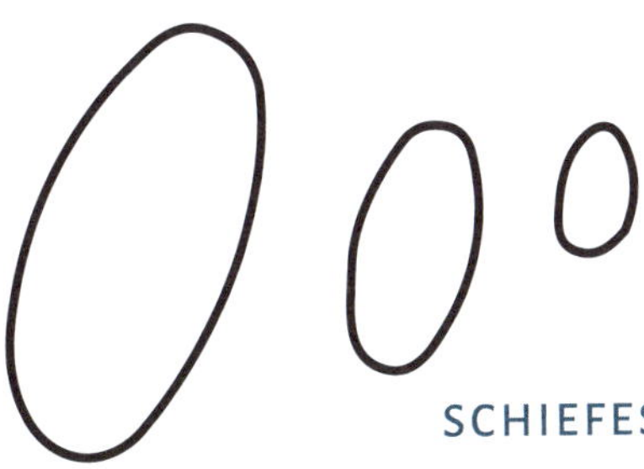

SCHIEFES
FENSTERBLATT
3–5

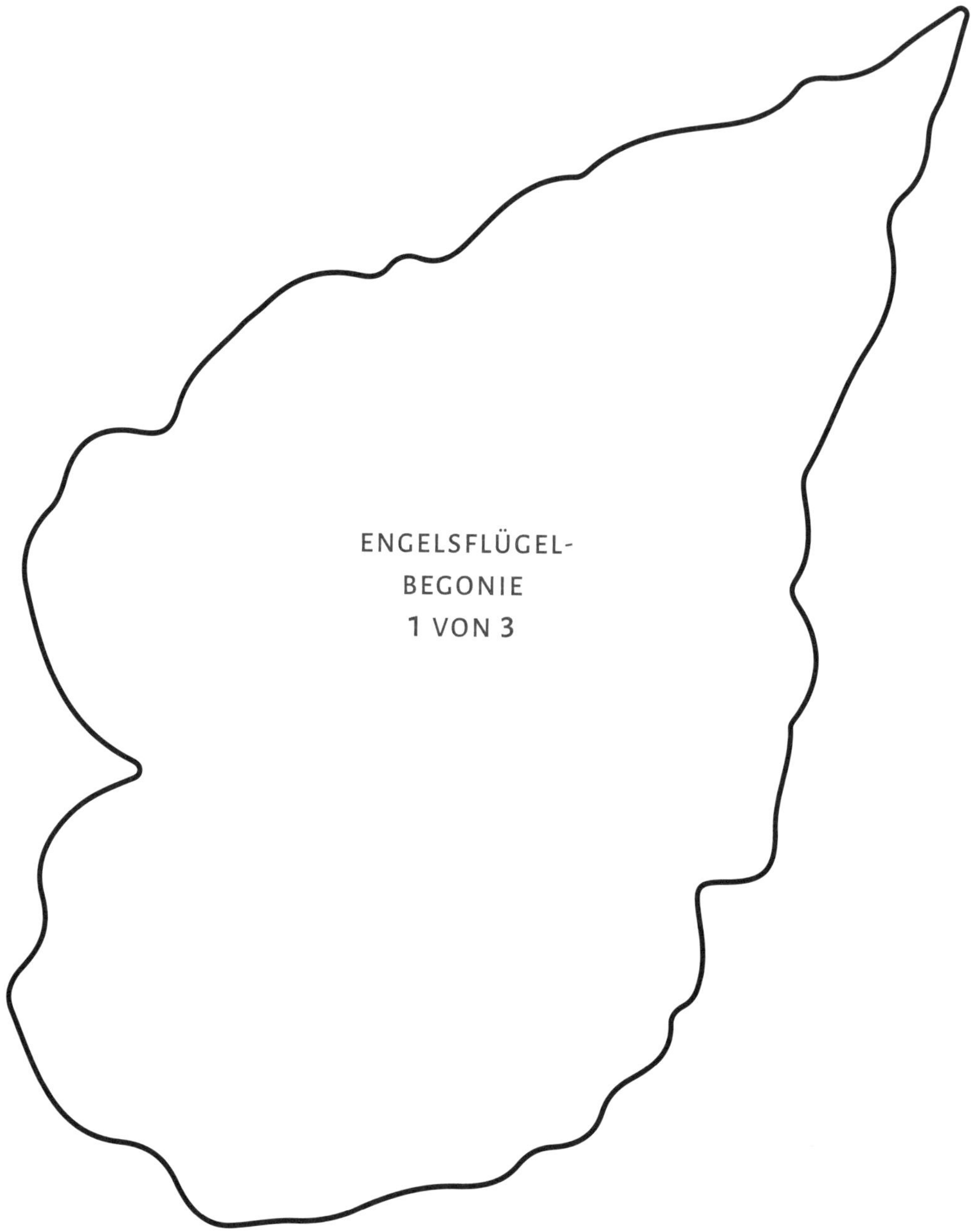
ENGELSFLÜGEL-
BEGONIE
1 VON 3

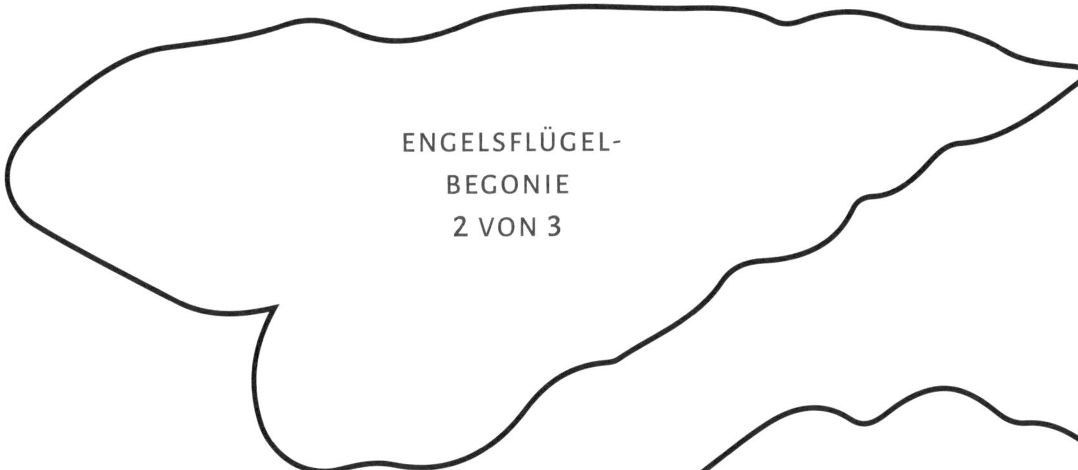
ENGELSFLÜGEL-
BEGONIE
2 VON 3

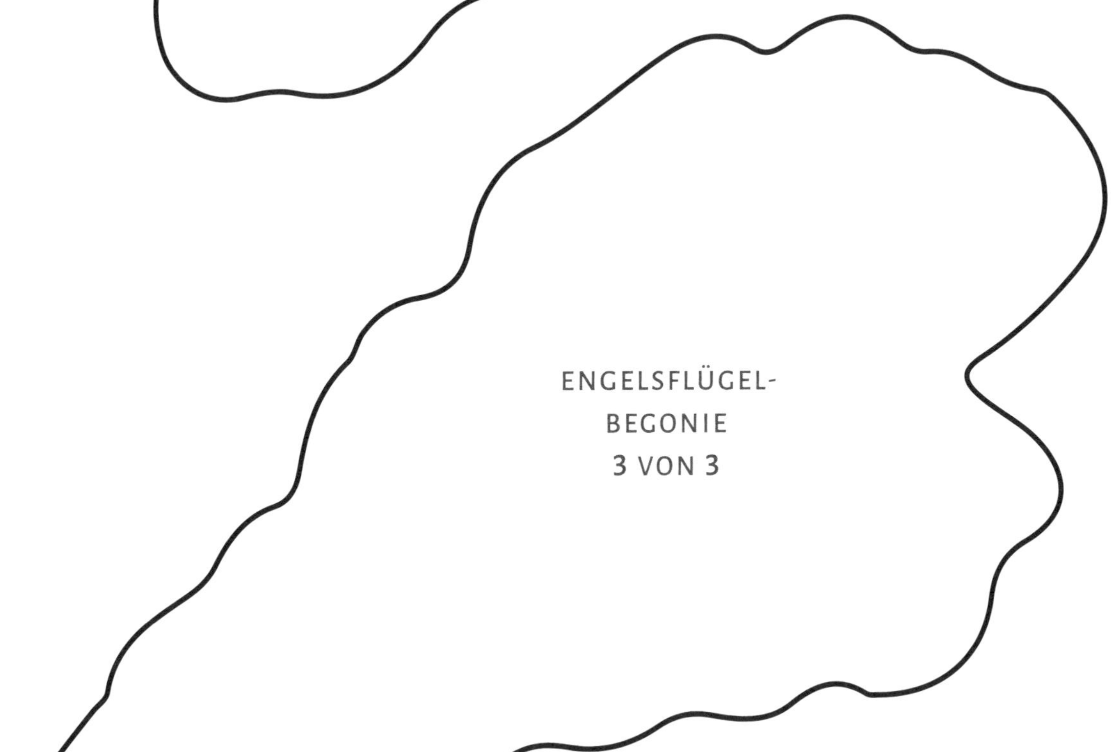
ENGELSFLÜGEL-
BEGONIE
3 VON 3

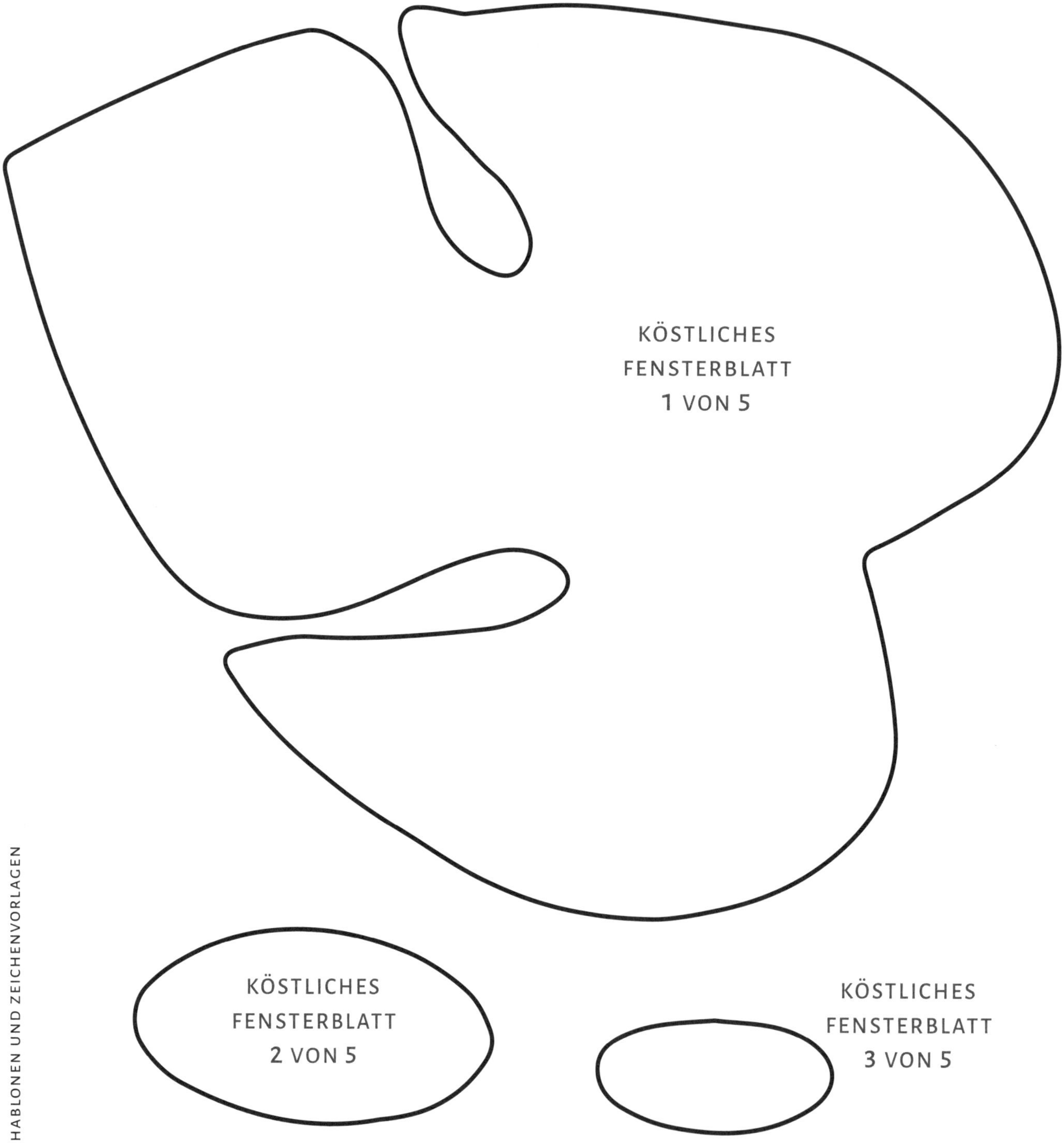
KÖSTLICHES
FENSTERBLATT
1 VON 5
KÖSTLICHES
FENSTERBLATT
2 VON 5
KÖSTLICHES
FENSTERBLATT
3 VON 5

DIE SCHABLONEN AUF DIESER SEITE AUF 200 PROZENT VERGRÖSSERN

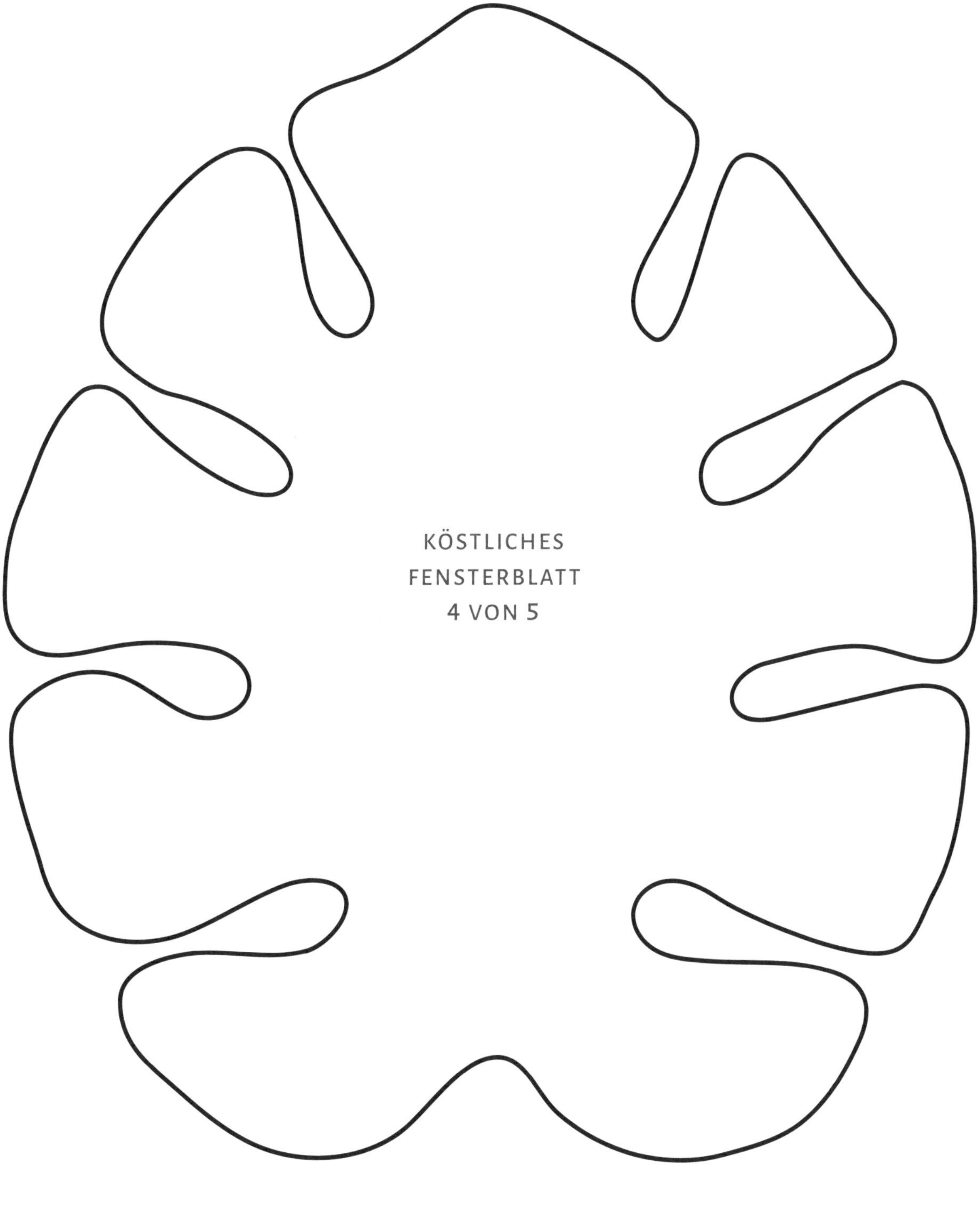

DIE SCHABLONEN AUF DIESER SEITE
AUF 250 PROZENT VERGRÖSSERN

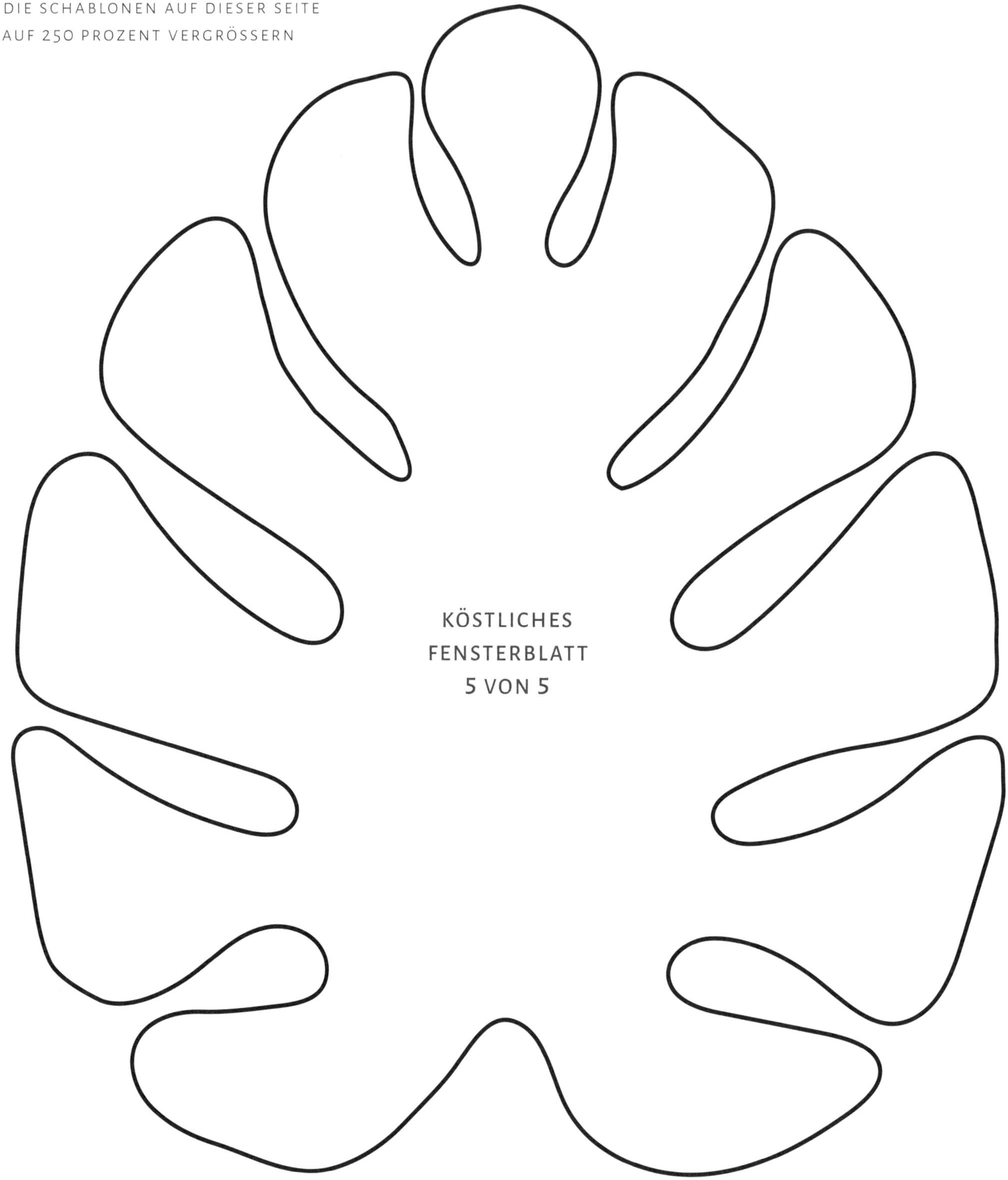

DIE SCHABLONEN AUF DIESER SEITE
AUF 112 PROZENT VERGRÖSSERN

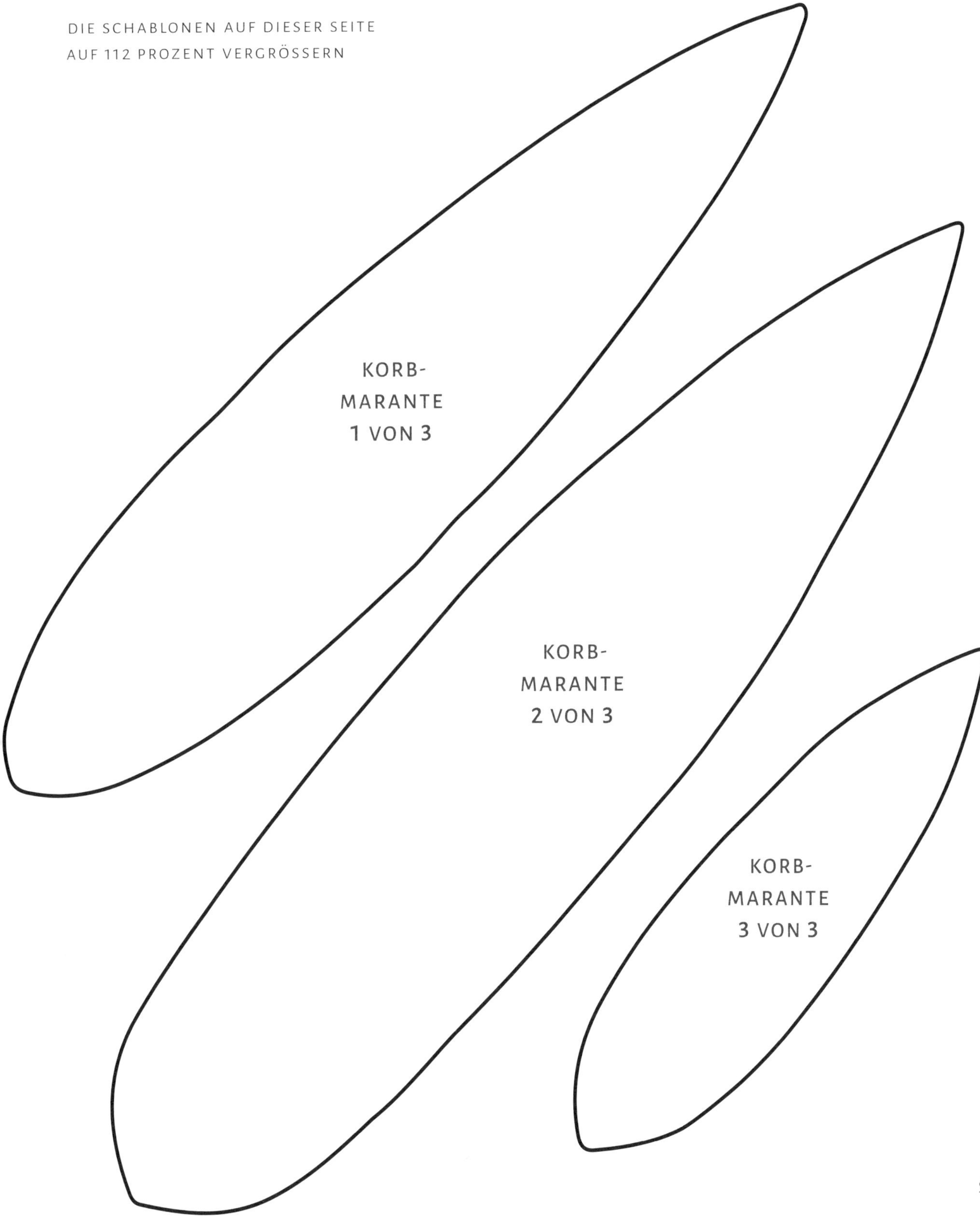

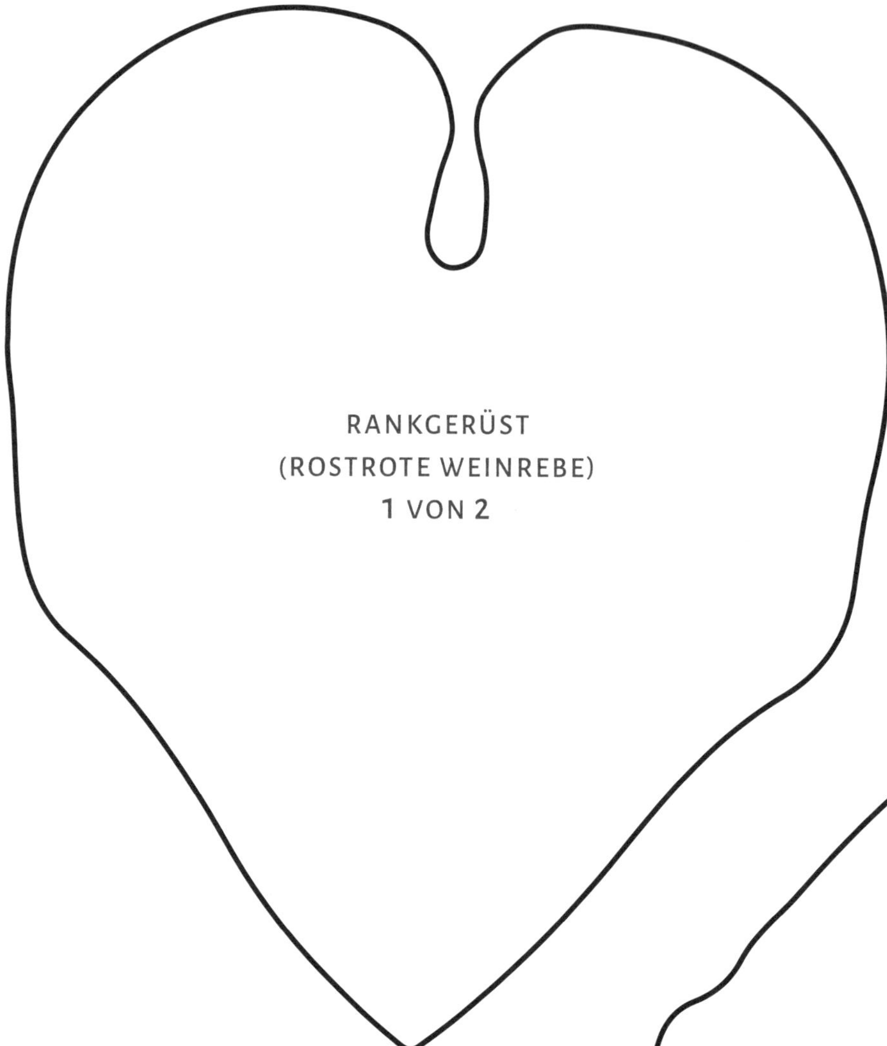
RANKGERÜST
(ROSTROTE WEINREBE)
1 VON 2

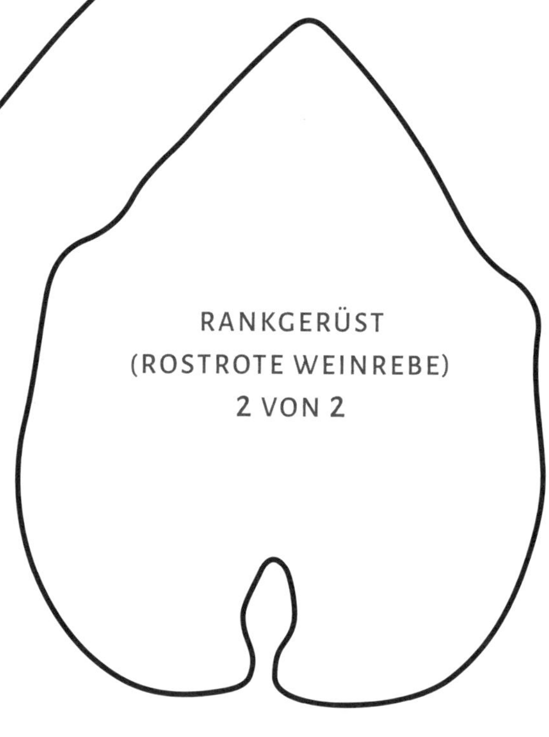
RANKGERÜST
(ROSTROTE WEINREBE)
2 VON 2

DIE SCHABLONEN AUF DIESER SEITE AUF 111 PROZENT VERGRÖSSERN

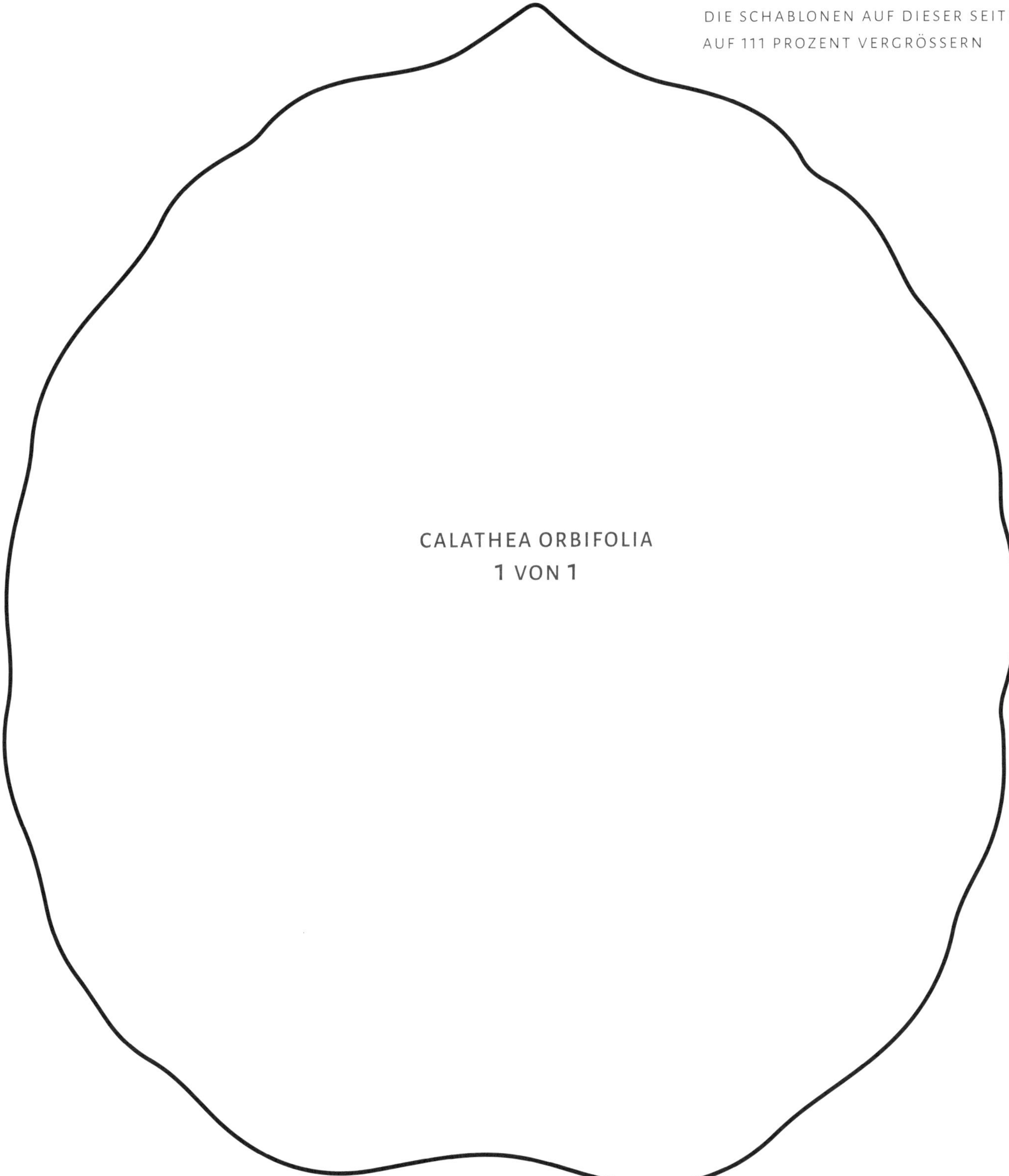

DIE SCHABLONEN AUF DIESER SEITE AUF 154 PROZENT VERGRÖSSERN

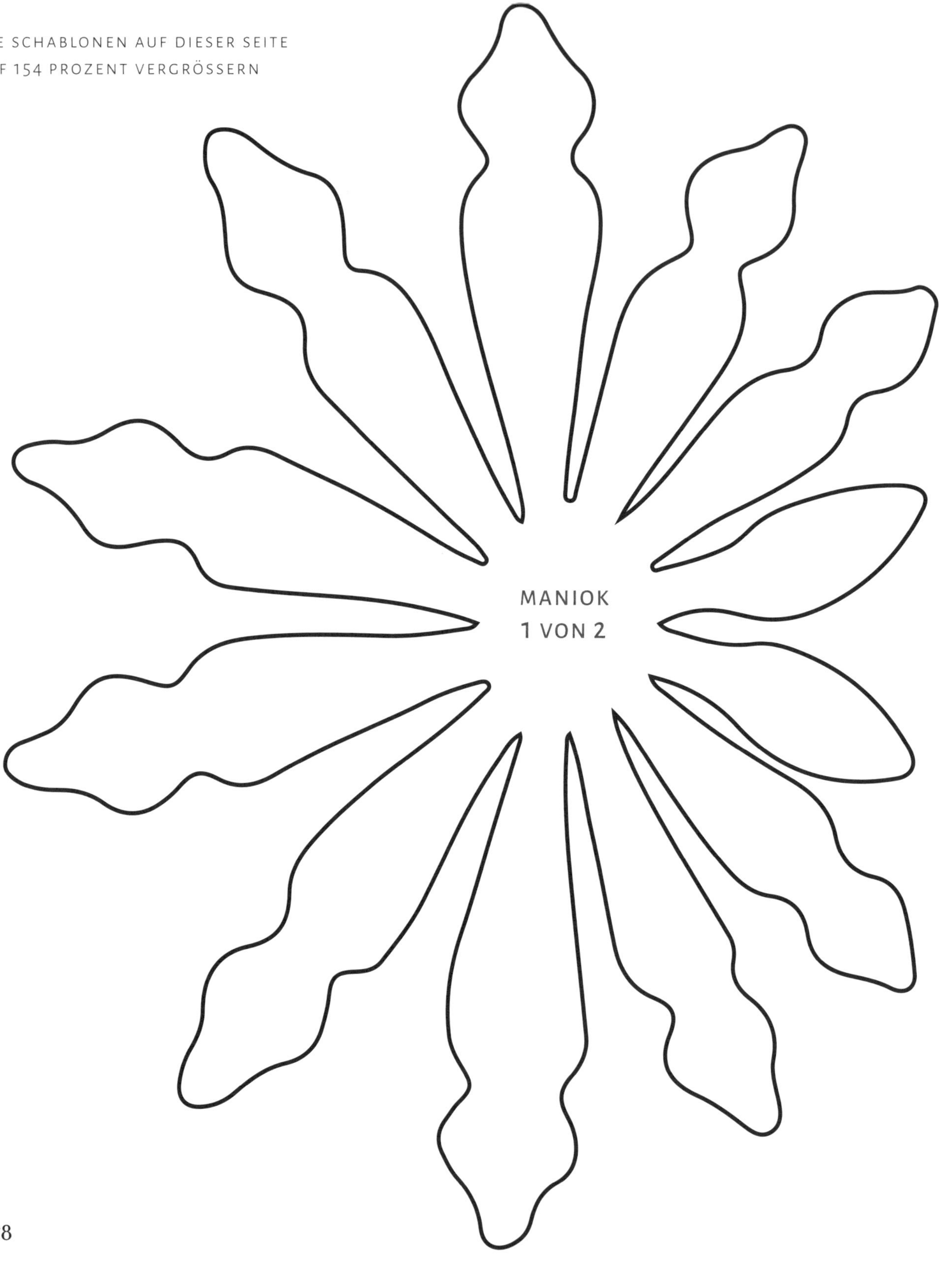

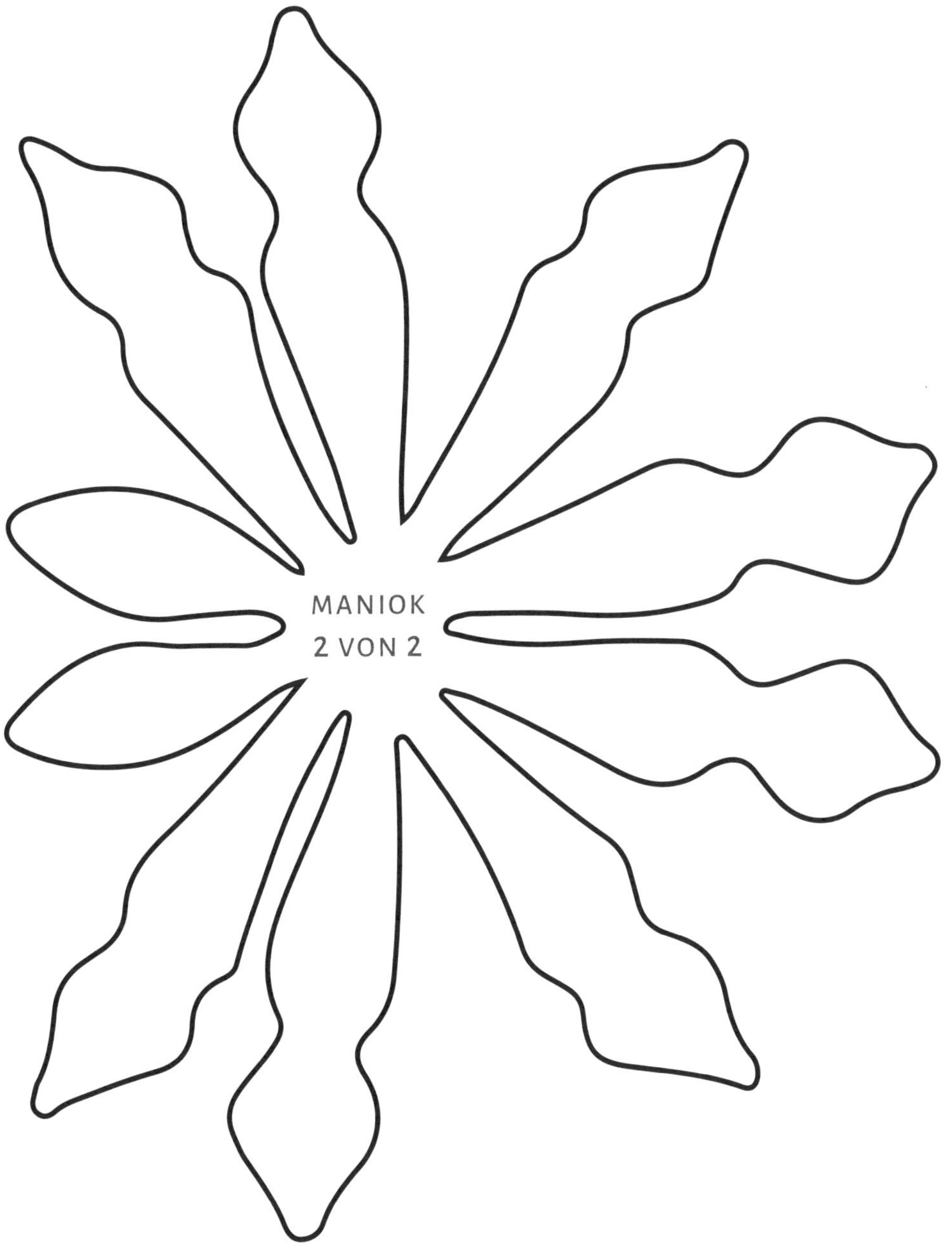
MANIOK
2 VON 2

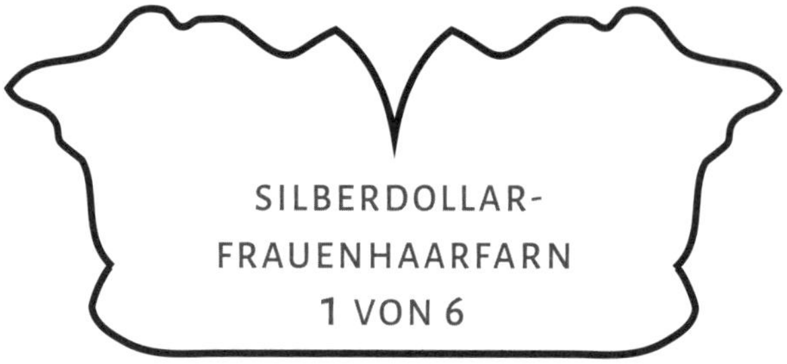
SILBERDOLLAR-
FRAUENHAARFARN
1 VON 6

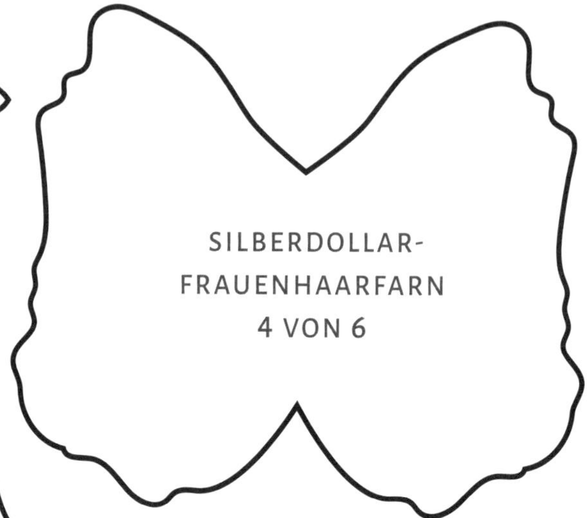
SILBERDOLLAR-
FRAUENHAARFARN
4 VON 6

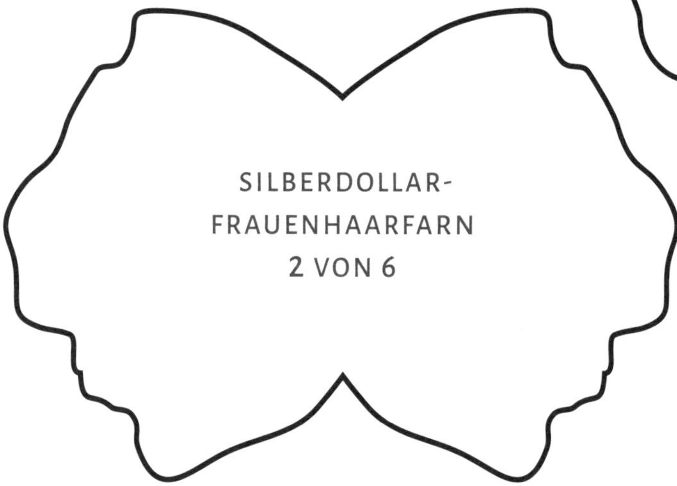
SILBERDOLLAR-
FRAUENHAARFARN
2 VON 6

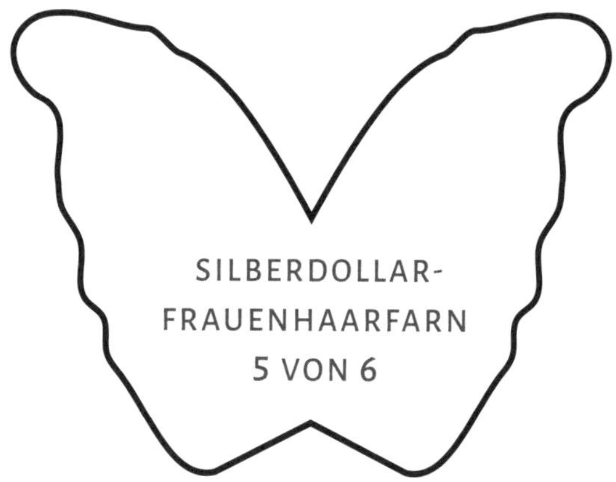
SILBERDOLLAR-
FRAUENHAARFARN
5 VON 6

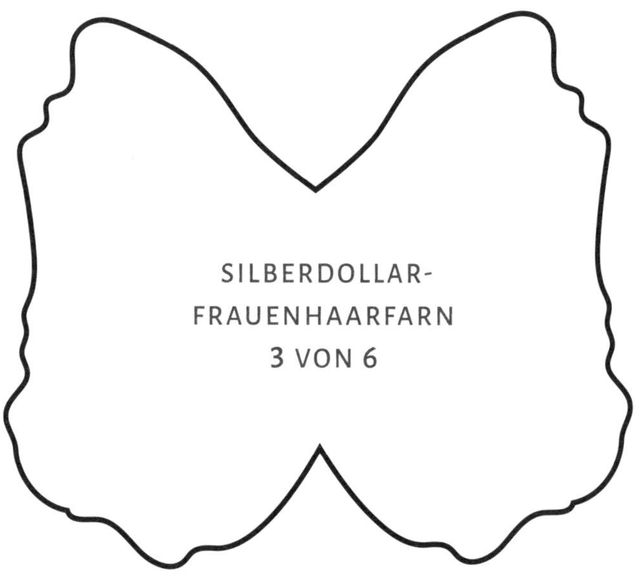
SILBERDOLLAR-
FRAUENHAARFARN
3 VON 6

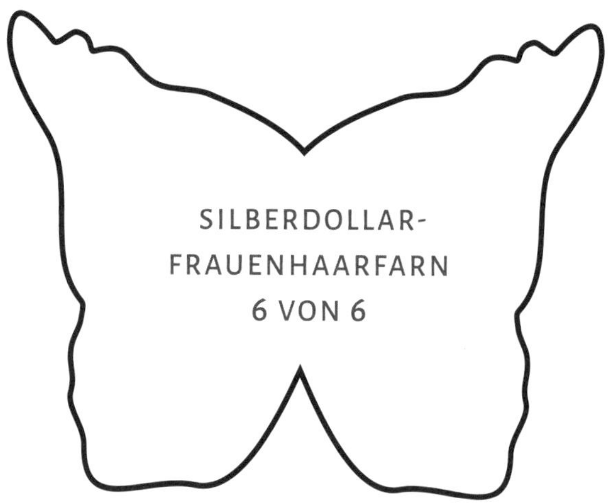
SILBERDOLLAR-
FRAUENHAARFARN
6 VON 6

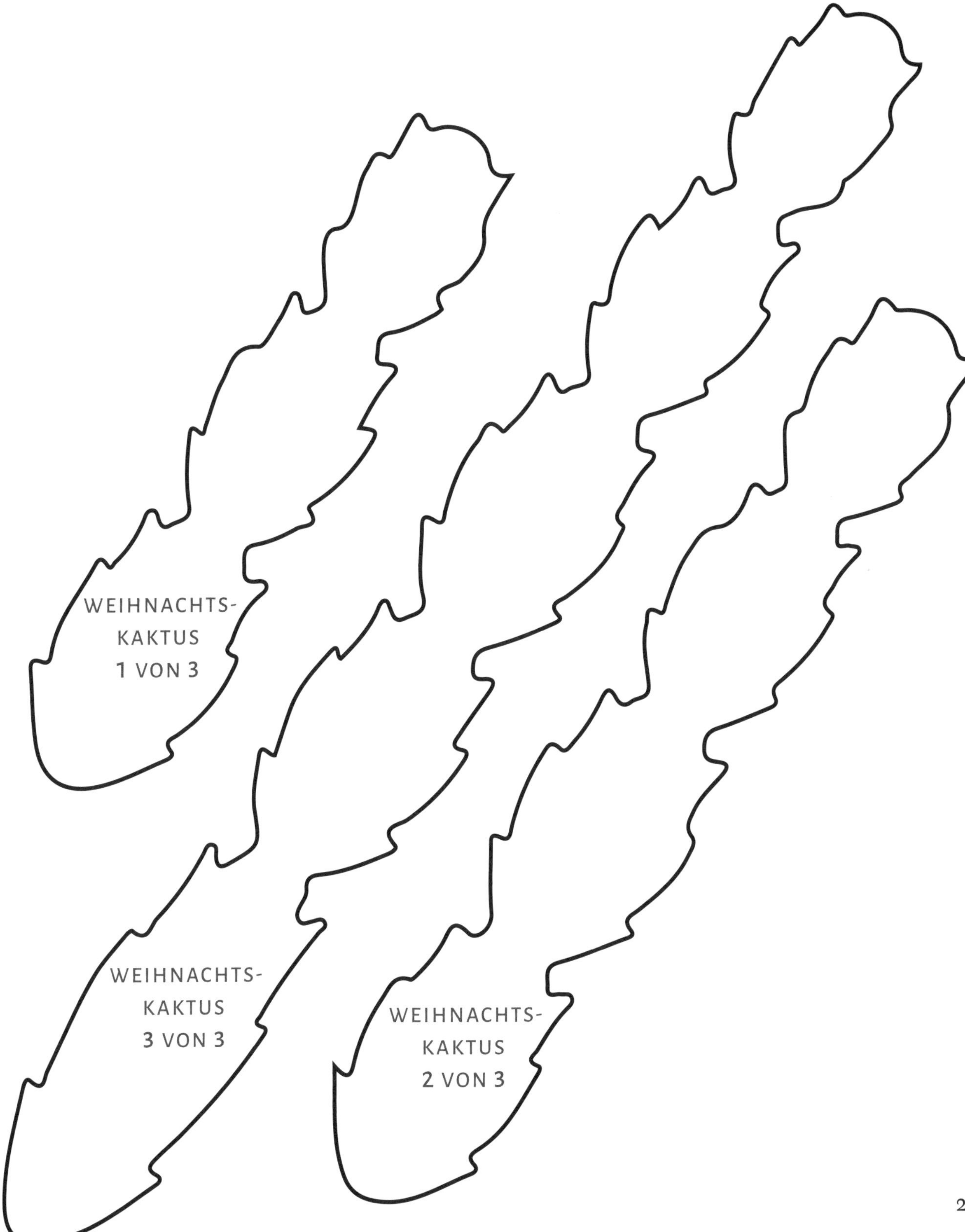
WEIHNACHTS-
KAKTUS
1 VON 3
WEIHNACHTS-
KAKTUS
3 VON 3
WEIHNACHTS-
KAKTUS
2 VON 3

DIE SCHABLONE AUF DIESER SEITE
AUF 111 PROZENT VERGRÖSSERN

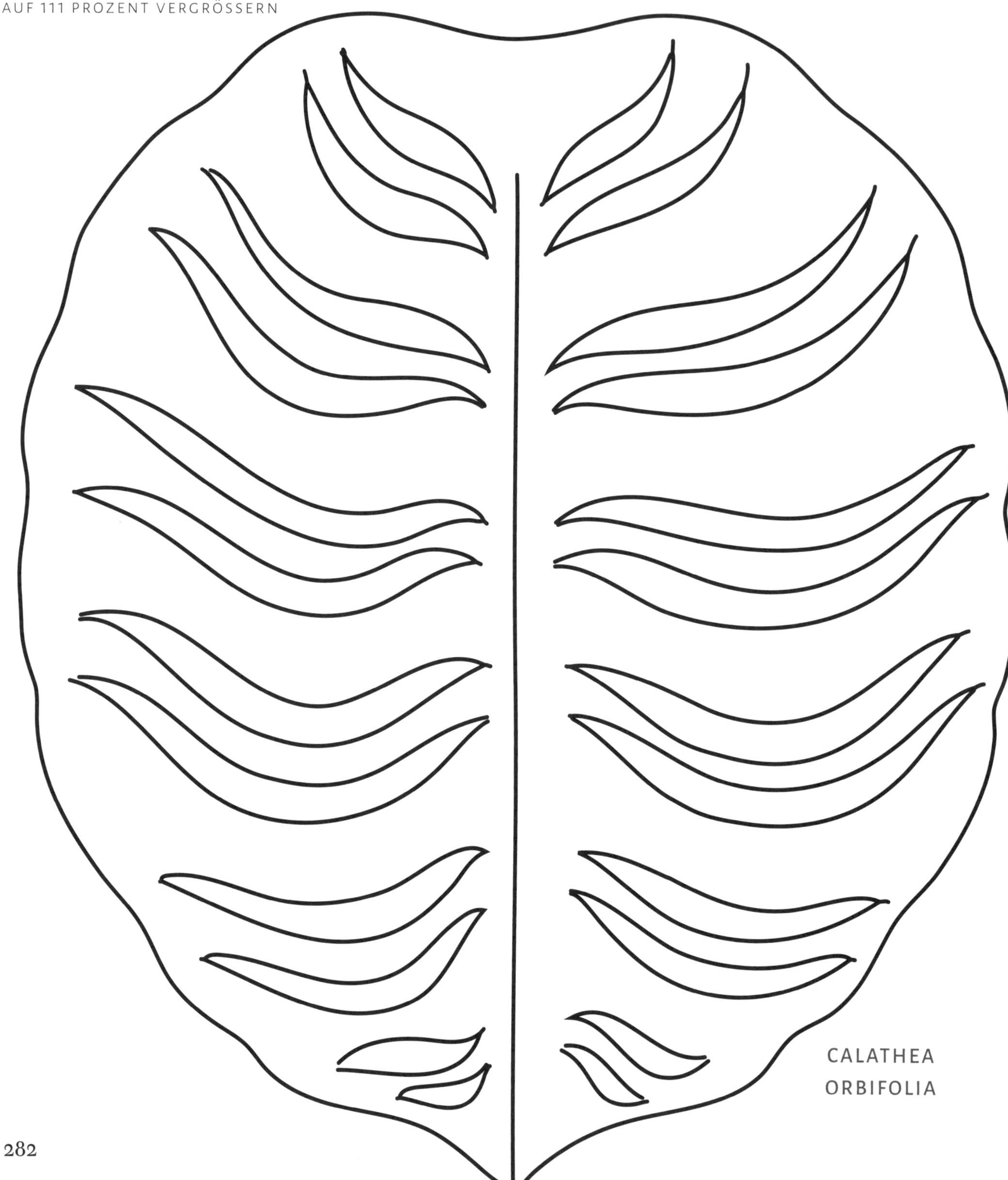

CALATHEA
ORBIFOLIA

DIE SCHABLONE AUF DIESER SEITE AUF 125 PROZENT VERGRÖSSERN

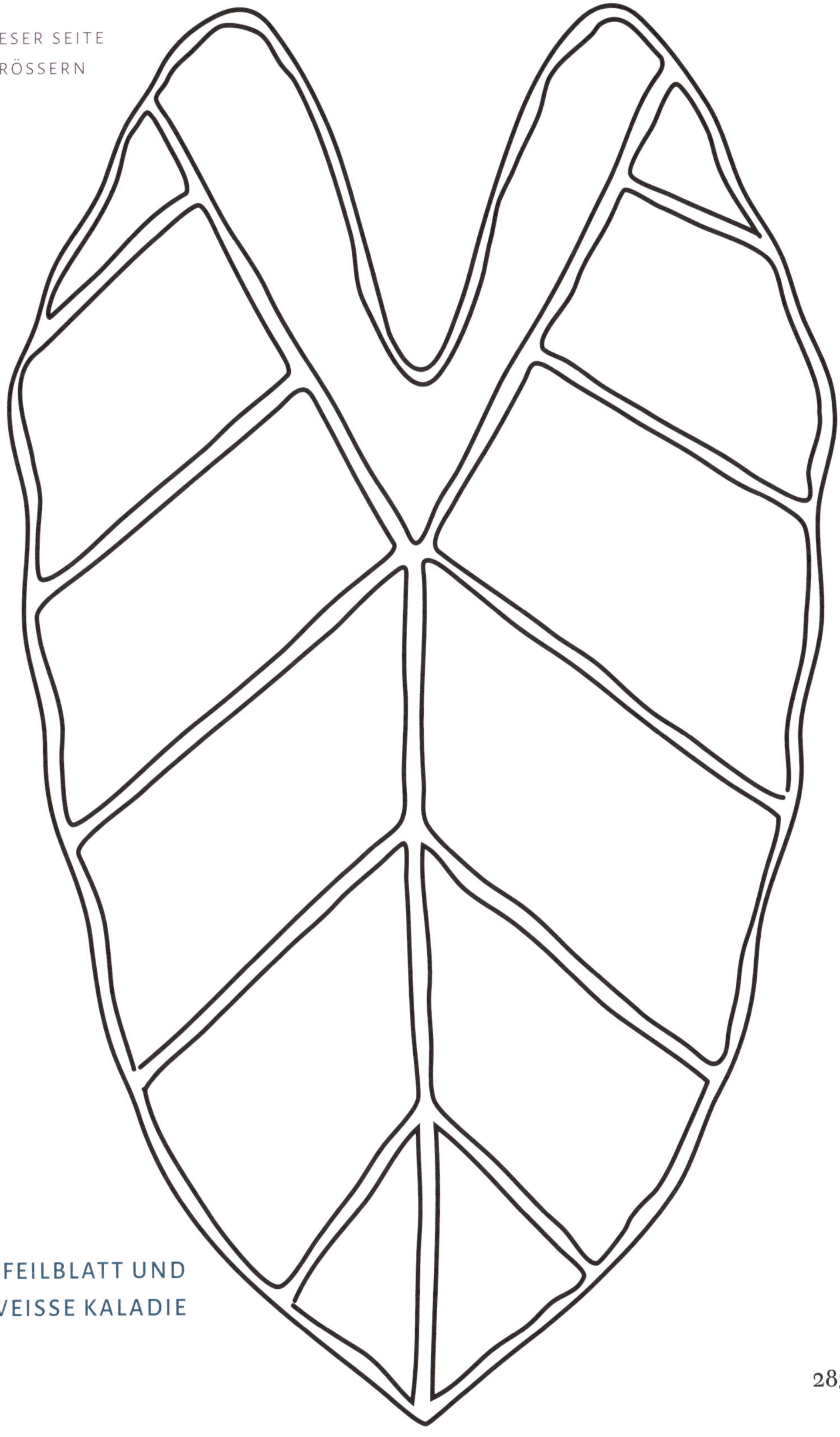

PFEILBLATT UND WEISSE KALADIE

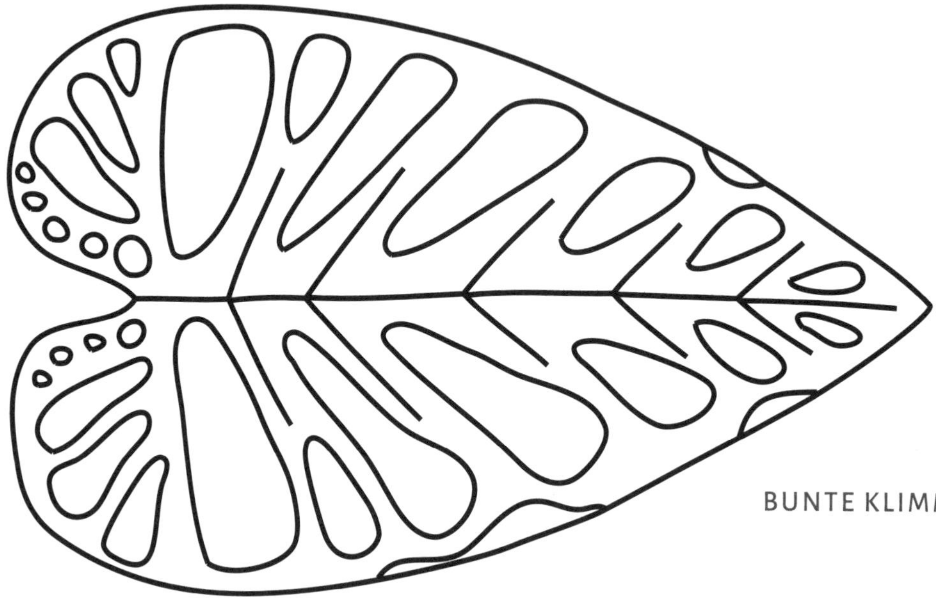

BUNTE KLIMME

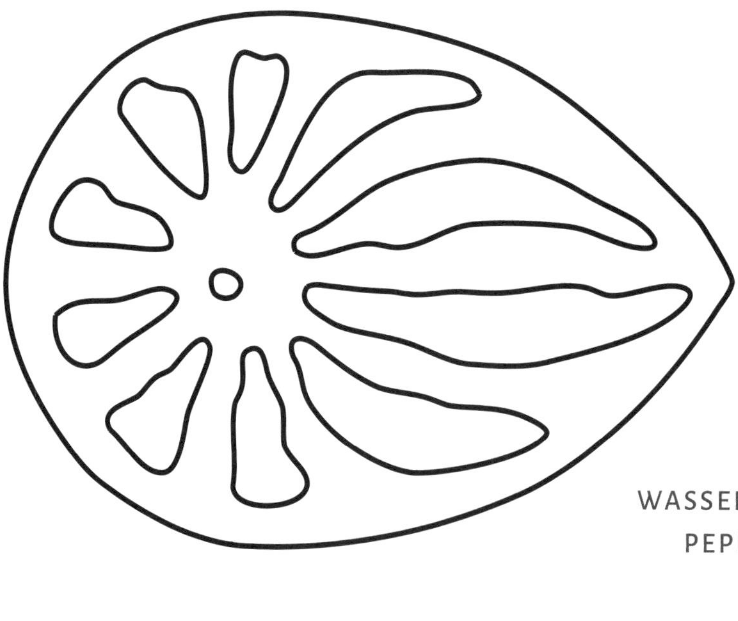

WASSERMELONEN-
PEPEROMIA

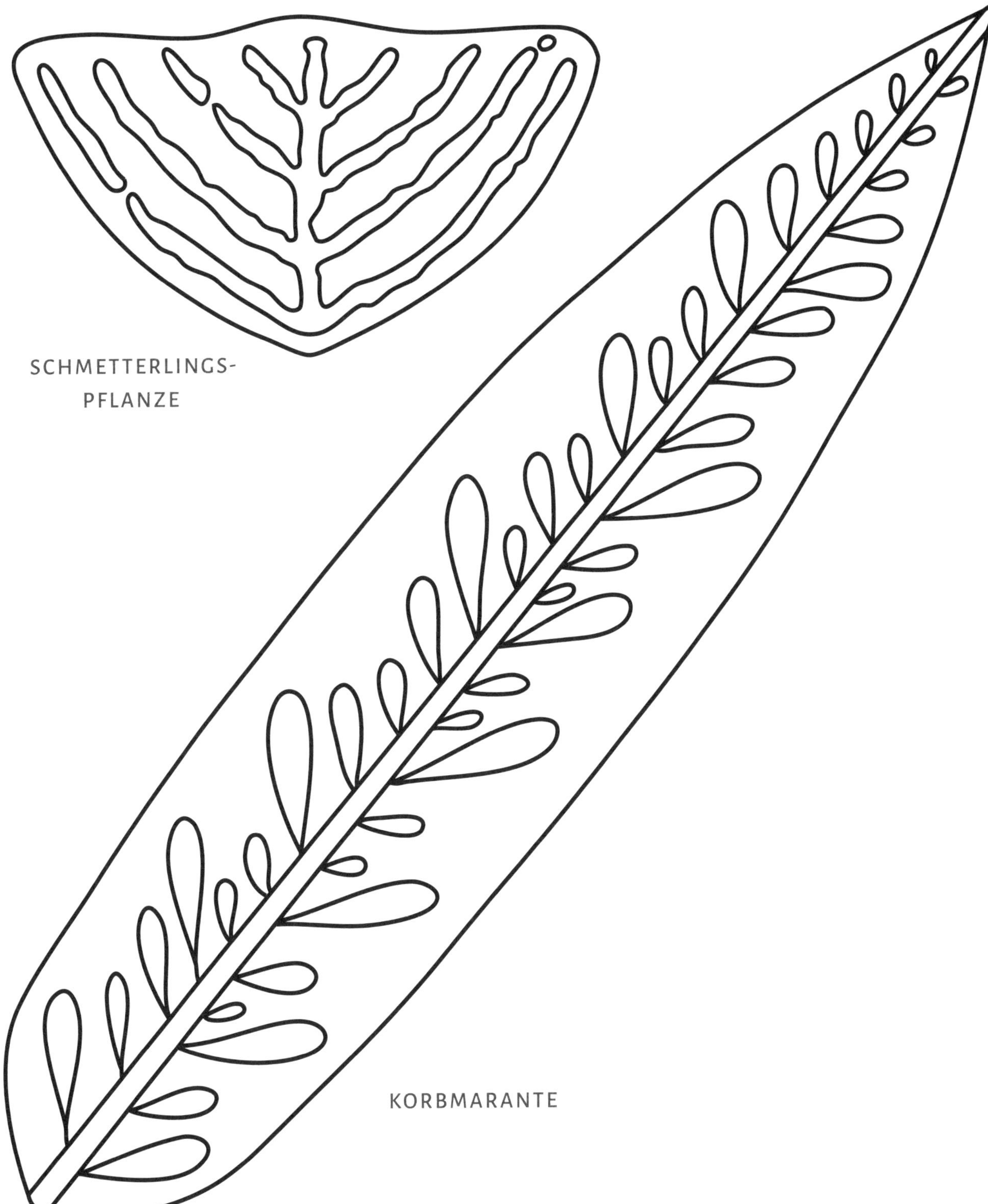

SCHMETTERLINGS-
PFLANZE

KORBMARANTE

Bezugsquellen

Wenn Sie jetzt voller Vorfreude Ihre ersten Zimmerpflanzen aus Papier herstellen und Ihren eigenen Jungle entstehen lassen wollen, aber noch nicht wissen, wo Sie die Materialien dafür herbekommen, haben wir Ihnen ein paar Anlaufpunkte zusammengetragen: Der Gang in den Baumarkt, zu Boesner oder in Bastel- und Schreibwarengeschäfte lohnen sich – schon um die Papiere selbst in die Hand zu nehmen oder unter verschiedenen Qualitäten auszuwählen. Je nachdem, ob Sie sich noch mit Werkzeugen ausstatten müssen, es am Blumenstieldraht scheitert oder die unterschiedlichen Papiere und Stifte fehlen, sind Sie bei den genannten Adressen genau richtig. Natürlich besteht auch die Möglichkeit, die Materialien online zu bestellen, wenn Sie nicht auswählen möchten oder schon genau wissen, was Sie brauchen:

www.boesner.com

www.amazon.de

www.oasisfloral.de

www.floristik-geschenke-bastel-shop.de

www.creativ-discount.de

www.idee-shop.com

www.baumann-creative.de

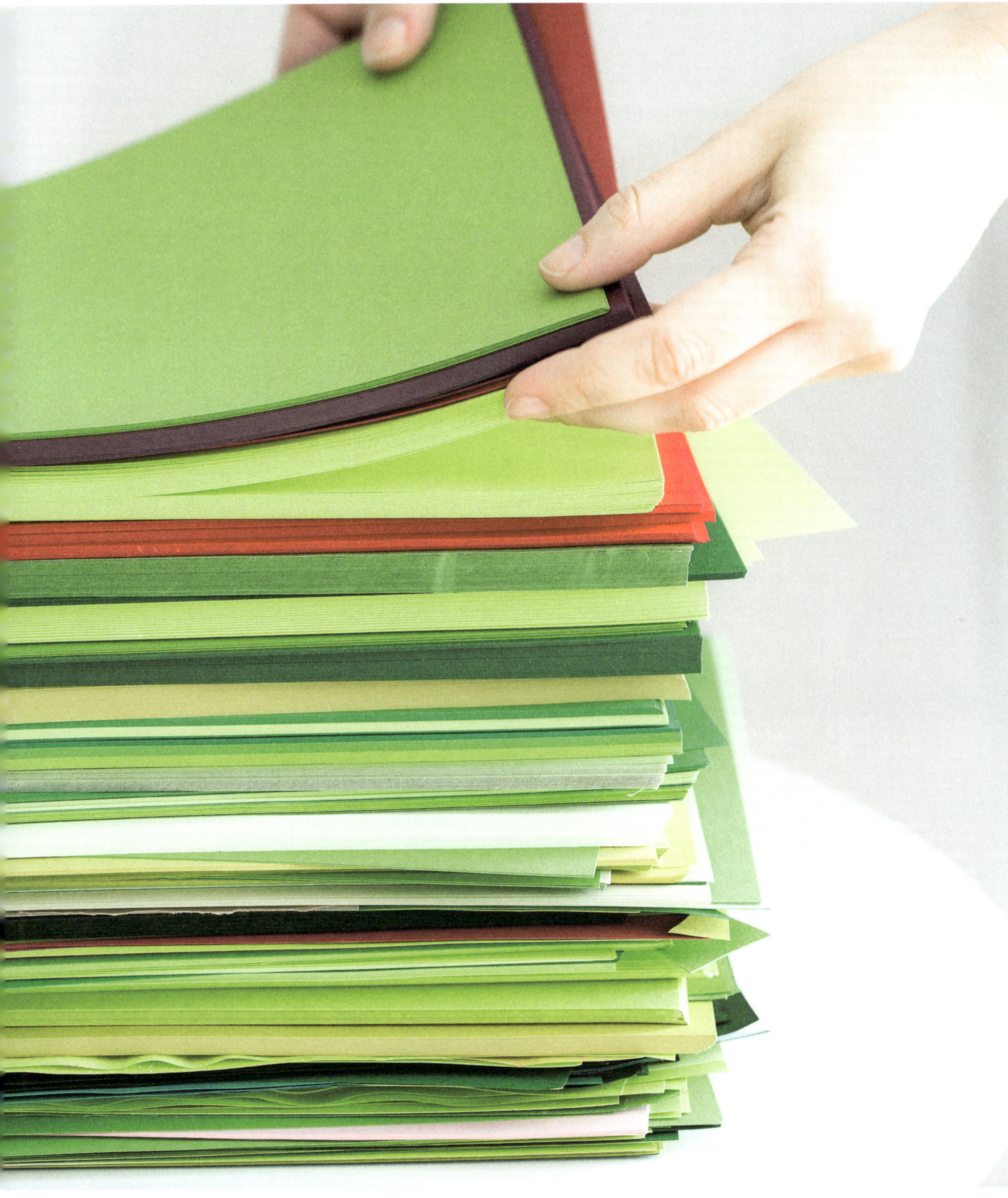

Dank

Zu allererst möchte ich Ihnen, liebe Leserinnen und Leser, danken – für Sie habe ich dieses Buch geschrieben! Ich fühle mich geehrt, die Möglichkeit dazu bekommen zu haben. Dieses Buch wäre niemals möglich gewesen ohne die wohlwollende Geduld, Unterstützung und Ermutigung meiner Freunde und Familie. Danke, Ryan, für deine unerschütterliche Unterstützung und dafür, dass du es monatelang mit all den Papierpflanzen ausgehalten hast, die sich überall in unserer Wohnung breit gemacht haben. Ich liebe dich bis zum Mond und zurück. Corey, ich danke dir für die Weitergabe deines unendlichen Know-hows und deiner Weisheit. Vielen Dank, Christine, für deine wunderschönen Fotos und unsere neuentdeckte Freundschaft. Das macht mich so glücklich! Ein Dankeschön an Steph fürs Basteln, Schleppen und abgefahrene Fertigkeiten. Danke, David, dass du mich immer unterstützt und an mich geglaubt hast. Alicia, danke für deine frühe Motivation und Anleitung. Du wirst immer eine Inspiration für mich sein. Danke, Alexis, für deine Freundschaft und deinen Rat von Anfang an. Dank an meine Lektorin, Lesley Bruynesteyn, für ihre aufmerksame und durchdachte Liebe zum Detail. Ein Dankeschön an Anne Kenady Smith und Hillary Caudle, die dieses Buch gestaltet haben, und an alle meine Partner bei Timber Press. Ich danke außerdem: Russ, Kristen, James, Audrey, Sarah B., Sarah M., Jodi, Brittany, Aaron, Susie, Gustavo, Jillian, Joey, Lauren, Laura, Aly, Katie, Mary Kate, Allisan, Malinda, Peyton, Matthew, Marilyn und allen, die mich angefeuert haben. Ich bin für immer dankbar.

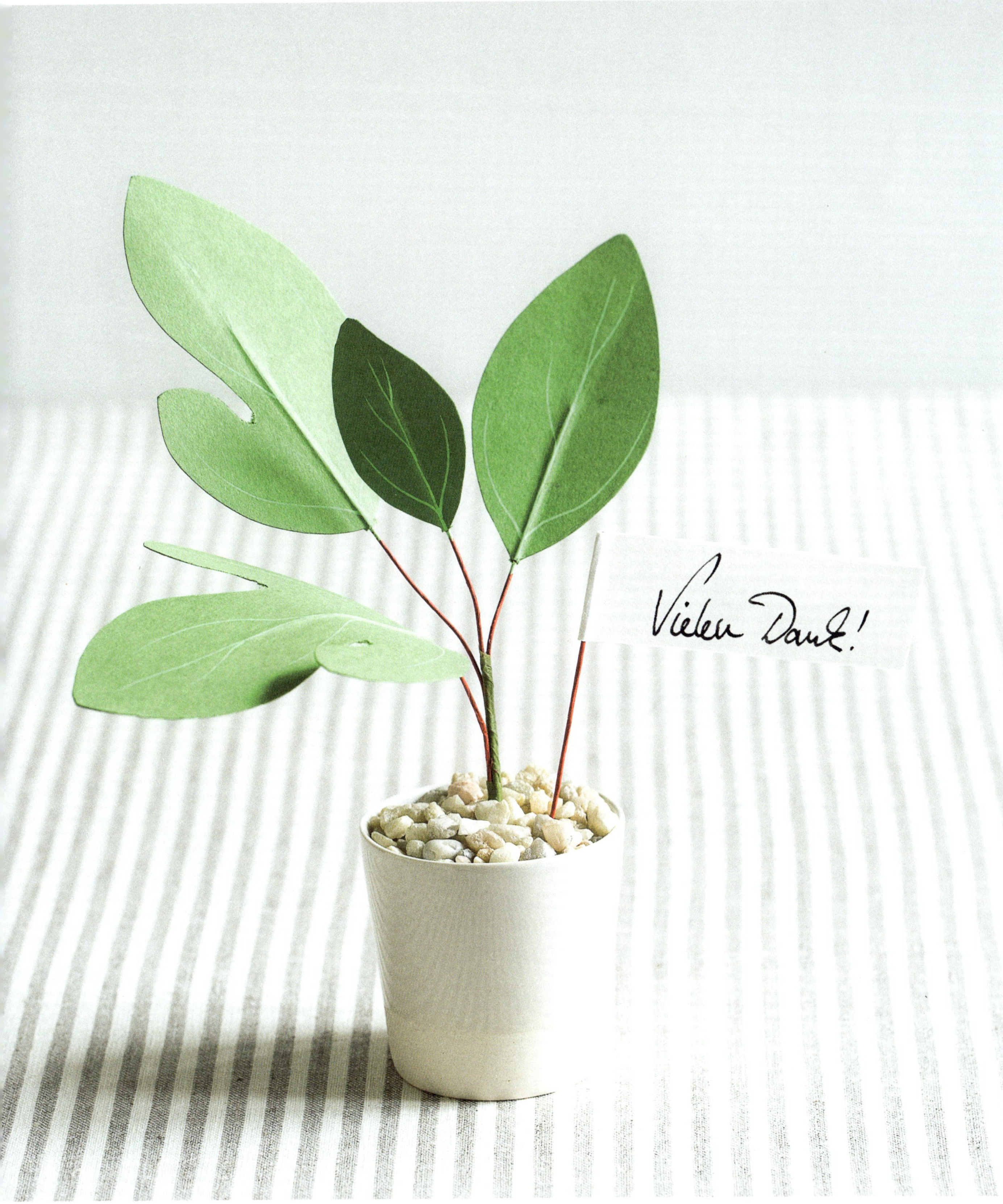
Vielen Dank!

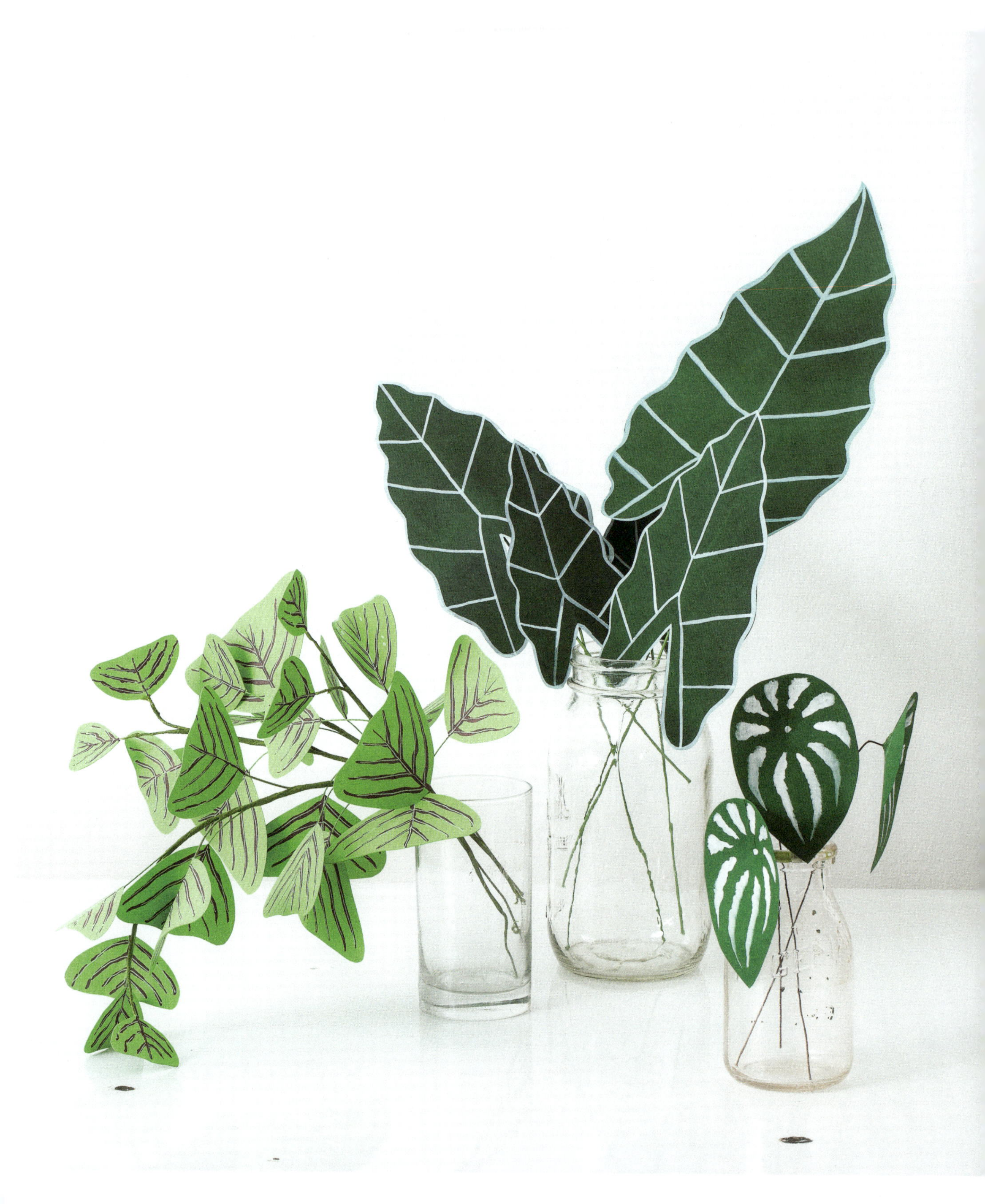

Register

Impressum

FOTOS Christine Han
ÜBERSETZUNG Julia Gilcher
SATZ Sandra Mulitze
KORREKTORAT Sandra Mandl
VERWENDETE SCHRIFTEN Linotype Didot, Didot Elder, Farnham Text, Alegreya Sans
PAPIER 100 g/m² PlanoPlus PEFC
GESAMTHERSTELLUNG Pustet, Regensburg

ORIGINAL PUBLISHED 2018 in the United States by Timber Press, Portland, OR under the title: Handmade Houseplants Remarkable Realistic Plants You Can Make with Paper

STAY TUNED Alle zwei bis vier Wochen versenden wir Newsletter, in denen wir über aktuelle Neuerscheinungen, Veranstaltungen und Aktionen informieren. Abonnieren auf: www.verlag-hermann-schmidt.de

WIR ÜBERNEHMEN VERANTWORTUNG.
Nicht nur für Inhalt und Gestaltung, sondern auch für die Herstellung: Das Papier für dieses Buch stammt aus sozial, wirtschaftlich und ökologisch nachhaltig bewirtschaftetem Forst und entspricht deshalb dem Standards der Kategorie »PEFC«

BÜCHER HABEN FESTE PREISE!
In Deutschland hat der Gesetzgeber zum Schutz der kulturellen Vielfalt und eines flächendeckenden Buchhandelsangebotes ein Gesetz zur Buchpreisbindung erlassen. Damit haben Sie die Garantie, dass Sie dieses und andere Bücher überall zum selben Preis bekommen: Bei Ihrem engagierten Buchhändler vor Ort, im Internet, beim Verlag. Sie haben die Wahl. Und die Sicherheit. Und ein Buchhandelsangebot, um das uns viele Länder beneiden.

verlag hermann schmidt
Gonsenheimer Straße 56
55126 Mainz
Tel. 0 61 31 / 50 60 0
info@verlag-hermann-schmidt.de
facebook: Verlag Hermann Schmidt
twitter/instagram: VerlagHSchmidt

ISBN 978-3-87439-932-6
Printed in Germany with Love.